心灵的教育

翟小宁 著

新华出版社

图书在版编目（CIP）数据

心灵的教育 / 翟小宁著. -- 北京：新华出版社，2021.9
ISBN 978-7-5166-6036-2

Ⅰ.①心… Ⅱ.①翟… Ⅲ.①教育研究 Ⅳ.①G40-03

中国版本图书馆CIP数据核字(2021)第186374号

心灵的教育

作　　者：翟小宁	
出 版 人：匡乐成	
责任编辑：徐　光	封面设计：李尘工作室

出版发行：新华出版社
地　　址：北京石景山区京原路8号　　　邮　　编：100040
网　　址：http://www.xinhuapub.com
经　　销：新华书店、新华出版社天猫旗舰店、京东旗舰店及各大网店
购书热线：010-63077122　　　　　　　中国新闻书店购书热线：010-63072012
照　　排：六合方圆
印　　刷：三河市君旺印务有限公司
成品尺寸：170mm×240mm　　　　　　字　　数：380千字
印　　张：30　　　　　　　　　　　　彩　　插：8
版　　次：2022年1月第一版　　　　　印　　次：2022年4月第二次印刷
书　　号：ISBN 978-7-5166-6036-2
定　　价：86.00元

版权专有，侵权必究。如有质量问题，请与出版社联系调换：010-63077124

让生命发光

心灵的觉醒多么美妙神奇！春风化雨，万物复苏，登高望远，心智开明。天朗气清，一切都有了意义。精神如此丰富，世界如此生动，生命如此鲜活！

太阳升起，照亮了心灵，心灵的世界气象万千！

智开慧朗，金光普照，心灵澄澈光明！

一

晨曦中的树林，我在路口久久伫立，向着一条路极目望去。这条路通畅宽阔，又十分幽寂，可以看到闪闪发光的足迹。那天清晨芳草鲜美，这条路未经污染，散发着质朴的气息。我从此喜欢上了这条道路，选择寂静，放弃喧嚣，不畏艰难，坚忍不拔。多年后回顾这一天，我自豪地想，我选择了一条寂静而又光明的路，从此决定了我一生的信念和境界。

生命是有灵魂的。在生命的进程中，我们静静地雕刻自己的时光，看云、看海、看花、看树，让心灵光明，对世界好奇。时间不再追赶我们,我们也不必再视时间为生命唯一的度量衡。珍惜所遇,珍视所爱,一起体验这世间的苦与乐,在爱和风雨中,让彼此的灵魂更加厚重。我们永不孤单,永远被爱,总有人在乎我们、守护我们,总有一片祥云为我们缭绕。我们有自己,有信仰,就有希望。我们永远是独立自由而且充满着爱与被爱的灵魂。

生命是神秘而坚韧的。请用心灵与思想陪伴成长,信念可以穿越一切障碍。请把智慧看成一个宇宙去探索,新鲜感就会永不消失。不必自卑和迷茫,相信爱和希望的力量,让我们一起相互陪伴,一起探索生命从何而来、为何而生,一起走在更加光明美好的道路上。跋涉和等待,思念和守候,梦想与旅途,徘徊和仰望,清晨和仲夏夜的星空,让我们与挚爱的人一起体会共享。

生命是会发光的。正像一首诗描绘的那样:"你是黑夜的星光,闪闪烁烁;你是江湖的水波,层层荡荡;刹那的光亮,足以划破暗宙,点亮心窗;片刻的停留,也能洗尽浮华,永恒流芳。心啊心啊,我要开一扇窗,让你不再迷茫,持久清亮;我要建一座房,让你不再迷茫,永葆安详。"

心灵的觉醒如金声玉振。觉醒的力量能唤出生命最真的那部分。信仰之光穿越心灵的旷野,如同阳光穿透水晶。沉浸到自己的生命之河中,成为真正的自己,好好地修炼,建立起深沉的自尊和庄严。我们如果对自己很满意,就会鼓舞和激励每一个爱我们的人。如果生命散发一种安静却又震慑人心的力量,就会为时光赋予新的光彩,那正是我们所追求的光明,是从灵魂深处涌动喷薄出的本真的力量。我们心里最美丽的地方,被纯净智慧的金色光芒照得通亮。信仰的力量将生活的土地化为神奇的所在。因为信仰,我们的生命不再平凡,日复一日的工作生活,充满天籁一般美妙的旋律。我们将把全部的爱与热情无条件地奉献给信仰之光!

二

教育是通过现存世界的文化而导向人的灵魂觉醒。

柏拉图说:"教育非他,乃是心灵的转向。"

教育向善,引领人向着真善美,追求爱与智慧。

教育是生命与生命的对话,教育赋予生命的应该是健康,是幸福,是温暖,是向上的力量。

教育是人与人心灵上微妙的接触,教育应该在人的心灵中播种爱心,播种善美,播种智慧,播种光明。

教育是人类文明的薪火相传,连接着过去、现在和将来,应该用文化的火种点亮心灵,点亮希望,点亮未来。

教育是唤醒。唤醒生命,觉醒灵魂。教育的目的是使人成其为人。人的成长是一个不断觉醒的过程。教育最重要的是自我教育,自我教育的本质是生命的自觉。传播文化、传授知识、培养技能是教育的重要内容,但这一培养过程显然还要有一个根本性前提,即灵魂的唤醒。

心灵是自然宇宙与人类智慧的结晶,每一个孩子都有丰富的心灵与巨大的潜能,教育要将其内在本质的力量唤醒。孩子的内心就是一个藏满宝藏的世界。[1]在这个世界中,有良知、有智慧、有理性、有激情、有意志、有品格、有美感、有火种。如果不能潜入人类灵魂的最深处去感悟生命的神奇,我们就永远找不到教育的力量。

苏格拉底的父亲是一位著名的雕塑师,苏格拉底小的时候,有一次看到父亲正在雕刻一只石狮子,小苏格拉底观察了好一阵子,突然问父亲:"怎样才能成为一个好的雕刻师呢?""看!"父亲说,"以这只狮子来说吧,我并不是在雕刻这只石狮子,我是在唤醒它!""唤醒?""狮

---

[1] 李春霞:《"美唤"教学主张的应用》,教育周刊,2020年第4期。

子本来就沉睡在石块中，我只是将他从石头里解救出来而已。"

苏格拉底由此受到启发，教育所做的无非就是把学生心中的真知唤醒。

苏霍姆林斯基说："教育——首先便是人学。"教育本身与人的灵魂密切相关。教育是科学也是艺术，是引导学生在基本人格、道德修养、思想品质、人文情怀等方面的养成，是唤醒生命的良知，是激发人生的愿望——对灵魂丰富的渴求，对真善美和爱的追求，对意义的探索。要想造就丰富而高贵的灵魂，令其拥有丰富的情感体验和内心生活，以及崇高的精神追求[1]，就需要适合心灵生长的沃土，需要正确的教育理念与适宜的成长环境，需要爱的阳光。童蒙养正，人在幼年时期所接受的教育和生活的环境是极其重要的。幸运的人用童年治愈一生，不幸的人用一生治愈童年。

当生命的意识被唤醒，灵魂的世界便有了自由。经由被唤醒的自由意识，人可以实现生命的自主成长。自由的精神会不断给人以思想的力量。我思故我在，人因为有了思想而变得富有智慧。

当心灵的火种被点燃，灵魂的世界便有了光明。教育之道，就是使人心中光明的道德更加光明，日新又新，止于至善。人生向善，人类向善，教育向善，世界才有希望。

教育如果偏离了其本质，就会成为功利主义的附庸，它带给学生的不再是气象庄严的整体教育，而是琐碎的知识。教育要使人成为完整的自己。只有内心被唤醒的人，才能找到自己生命的根源，成就最好的自己。教育就是要启迪人，使人觉醒，使人认识并成就自己。教育乃是人的第二次诞生，因为当人尚未被启蒙的时候，就需要教育来

---

[1] 徐洁：《回归生命的意义世界——关于学生观的追问与省思》，《中小学教师培训》，2006年第6期。

唤醒。唤醒是要通过文化的力量，引导人的灵魂觉醒。

在德国哲学家雅斯贝尔斯看来，人的教育首先是一个精神成长的过程，然后才是获得科学知识的过程。教育关注的应该是如何最大限度地发现并激发人的潜力，如何生成人的内在灵性与发展可能性，如何使教育完成对灵魂的铸造功能。而笛卡儿的沉思，本质上就是为了使理智摆脱感官的影响，回到精神的世界。

教育原初的含义是"引出"或"导向"，即导向生命的本源，把生命内在的天赋本性引发出来，形成健全的人格，使生命富有意义。

三

一个阳光明媚的日子，在一个风景优美的地方，我与一位贤者相携同行。天气晴朗，香光庄严，美妙的音乐从纯净的天空中轻盈地传来。我们沐浴在音乐声中，随着乐曲轻轻吟唱，悠扬的音乐印在了心中。

绿树浓荫，春意盎然。踏上登山的路，悠扬的音乐似乎萦绕在脑际，但想吟唱时却忘记了旋律。

第二天，似乎不经意间，那美妙的音乐忽然清晰地浮现在脑海中。轻轻吟哦，竟然准确地唱了出来。那庄严的音乐，像阳光一样照耀着我们的心房。

那天听到的音乐，尽管一时之间记不起来，但第二天却又神奇地吟唱了出来。由此我想：只要在心田播种，种子就藏在了心里，静静地孕育，默默地扎根，发芽，生长，终有一天，会开花结果。

心灵是田地，信仰是种子。播种真善美，生长真善美。

让我们播种善德的种子吧，让美好的种子在心灵之中孕育生长。

种子是有心的。文化的种子，核心是信仰。我郑重地用手捧着这颗珍贵的文化种子，奉献给教育，奉献给学生，奉献给世间，愿种子的力量得以不断传承；愿善良的人们寻找属于自己的春风和阳光，培育那颗属于自己的种子。

愿父母陪伴孩子走过风、走过雨，含吮过冬日的雪水和泥土的养分，让种子孕育、发芽，汲取大地的营养，向着阳光生长，度过寒冬的静谧，唤醒暖春的希望，享受盛夏的热情，收获金秋的辉煌。我想，终有一天，闪耀着金色光芒的种子，会在更多的地方生根发芽，茁壮成长，开出美丽的花儿，结出丰硕的果实。

只有心灵纯净，才能生活干净；只有心灵丰满，才能生活丰富；只有心灵高尚，才能精神高贵。造就美好人生，要修炼干净善良、丰富高贵的灵魂。

灵魂教育意味着追求广阔的精神生活。爱是一切创造的源泉，爱是一轮温暖的太阳。心灵高尚的人最主要的天赋是爱，其精神生活的主要内容也是爱。用全身心的爱来对待今天——每一个人、每一件事、每一棵小草、每一寸时光。最好的教育直抵灵魂，是文化的传承与精神的自由交往，是达成每个人的自我实现。

灵魂教育意味着珍爱生命，舒展生命，赋予生命以使命，提升生命的价值和层次；意味着培养大写的健全人格，使人的生命经教育而更加和谐美好，情韵悠长，正大光明。生命教育就是为生民立命，使生命文明化，使生活更有意义。

灵魂教育意味着将人类的精神内涵转化为生机勃勃的精神追求。对知识的好奇心，运用知识处理解决社会问题、人生问题的思维能力，这是智慧教育的价值所在。知识是认知世界、认知社会、认知自然、认知生命、认知宇宙、认知未来的基础。智慧是知识的高级阶段，是人类的一种生存和发展能力。追求智慧，不是让人成为知识的容器，而是点燃人心灵的火种。

四

  出席 G20 国际中学校长峰会时，英国斯多学校的校长带领我们参观校园。走到一座雕像前面，他停下脚步，认真地给我们讲起了这尊雕像的故事。这是一位空军飞行员，为了不伤及无辜平民，他执行战斗任务时超低空飞行。后来他不得不去参加一次远东的轰炸任务。那次战斗之后，他得了严重的精神抑郁症。病情痊愈后，他立志终身从事慈善事业，将飞行表演所获得的一切款项全部捐给慈善机构，成为一位著名的慈善家。英国斯多学校是一所贵族学校，培养了很多达官显贵。可在众多的毕业生中，学校只选取这样一位普通的飞行员为其塑像，是要告诉每一位到这里来求学的学生——人性中最重要的是良知，是善良的心灵。只要有了一点良知，有了一颗善良的心，人就是高贵的，人生就是有意义的。

  一位纳粹集中营的幸存者当上了美国一所中学的校长。每当新老师来到学校，他就会交给老师一封信："亲爱的老师，我是一名纳粹集中营的幸存者，我亲眼看到了人类不应当见到的情景：毒气室由学有专长的工程师建造，儿童被学识渊博的医生毒死，幼儿被训练有素的护士杀害，妇女和婴儿被受过高中或大学教育的士兵枪杀。看到这一切，我疑惑了：教育究竟是为了什么？我的请求是：请你帮助学生成长为具有人性的人。你们的努力绝不应当被用于创造学识渊博的怪物，多才多艺的变态狂，受过高等教育的屠夫。只有在使我们的孩子具有人性的情况下，读写算的能力才有其价值。"

  曾有人询问人类学家玛格丽特·米德，何为人类文明最初的标志。她的回答是"一段愈合的股骨"。在远古时期，倘若有人断了用以支撑全身体重的股骨，就无法拖着堪比累赘的残疾身躯，在野兽四处游荡的世界之中生存。因此，如果有古代的大腿骨呈现出断裂而又合拢的痕迹，就表明有人将伤者带到了安全的地方，并花费了很长时间去照顾对方，直至康复。人类文明最初的起点始于善性。当人选择在困难中帮助他人、善待自己以外的生命时，文明方能开始建构。教育也是如此。教育应该从尊重生命开始，使人向善、胸襟开阔，使人唤起自己身上美好的善根，克服兽性，转向人性，修养善性，培养德性，传递爱与慈悲，实现生命的价值，修炼高贵的灵魂。

灵魂教育追求人类的终极价值：智慧、真理、善良、正义、自由、和平、希望和爱。一个人真正接受灵魂教育时，当能感受到精神的价值和生命的美丽，有信仰、有追求、有道德、有智慧，成为身心灵和谐发展的人，成为灵魂高尚的人。

雅斯贝尔斯认为：教育是人的灵魂的教育，而非理智知识和认识的堆积，"正如一棵树摇动另一棵树，一朵云推动另一朵云，教育是一颗灵魂唤醒另一颗灵魂"。

无缘大慈，同体大悲。一点慈悲，会深藏在心灵深处，像种子一样生根发芽，开花结果。一切智慧从爱中彰显，一切文明因爱而存在。所有人类都是我们自己灵魂的一部分，用爱来和每一缕灵魂共鸣。

当教育与人的生命融为一体的时候，生命教育就诞生了；当教育使人的灵魂得以觉醒的时候，灵魂教育就诞生了。幸福的教育要舒展生命，真正的教育是灵魂教育。

真正的教育就像柏拉图阐明的一样：它让你挣脱心灵的枷锁，实现灵魂上的自由和解放，获得重生。

点燃火种，智慧光明，照亮宇宙深空。发光并不是太阳的专利，生命也是会发光的。每个人身上都有太阳，灵魂教育就是唤醒心灵，让生命发光；就是为了生命的自由舒展，心灵的光明善好，灵魂的智慧觉醒。

是为序。

目录
CONTENTS

第一章　心灵觉醒：创造神奇的生命力量 / 001

　　第一节　生命如此美丽 / 002

　　第二节　提升灵魂的高度 / 007

　　第三节　创造生命乐章 / 011

第二章　智开慧朗：涵养师者仁心 / 023

　　第一节　泥土的事业 / 024

　　第二节　仁爱的芳香 / 031

　　第三节　心中的明灯 / 040

　　第四节　神圣的好奇心 / 049

　　第五节　一德立而百善从之 / 057

　　第六节　善心善行　润泽生命 / 065

　　第七节　用光照亮光 / 072

　　第八节　教育的智慧 / 077

　　第九节　用力工作　用脑思考　用心感悟 / 083

　　第十节　教育家的境界 / 087

第三章　培根铸魂：点燃生命的火种 / 097

  第一节　涵养美好心灵 / 098
  第二节　实现自我超越 / 112
  第三节　播种真善美　生长真善美 / 120
  第四节　培养道德心 / 129
  第五节　培育创新力 / 139
  第六节　塑造中国魂 / 148

第四章　守正鼎新：生命与使命同行 / 159

  第一节　思想领导力 / 161
  第二节　人格领导力 / 172
  第三节　凝心领导力 / 178
  第四节　共情领导力 / 183
  第五节　共生领导力 / 188
  第六节　变革领导力 / 201
  第七节　超越领导力 / 211

第五章　解放心灵：教育要舒展生命 / 227

  第一节　顺天致性　发现生命的神奇广阔 / 229
  第二节　解放天性　让生命美丽芬芳 / 234
  第三节　爱是一轮温暖的太阳 / 240
  第四节　步入书籍的星辰大海 / 247
  第五节　融入生活的海洋 / 258
  第六节　吹送生命的气息 / 269

第六章　灵魂之爱：凝聚祥宁的善好光明 / 277

  第一节　家国文化的基因与价值 / 279
  第二节　神圣的天职 / 284

第三节　心灵的成长 / 297
　　第四节　生命有无限可能 / 304
　　第五节　让信念眷顾一生 / 309
　　第六节　品格的力量 / 320

第七章　点亮心灵：拥有发光的智慧人生 / 335
　　第一节　成为世界上一颗美丽的种子 / 336
　　第二节　人是自己生命的雕塑师 / 342
　　第三节　精神花园的神奇乐章 / 358
　　第四节　心灵高贵祥和 / 366

第八章　唤醒心灵：天地精神与教育本真 / 379
　　第一节　与天地合其德 / 381
　　第二节　臻于至善的境界 / 388
　　第三节　真正持久的力量 / 394

第九章　无边界教育：创造人类文明新时代 / 403
　　第一节　世界大变局中的教育创新 / 405
　　第二节　未来世界与人工智能教育 / 416
　　第三节　新理念是变革的先导 / 426
　　第四节　在变革中创造新秩序 / 430
　　第五节　无边界学习　心智成长共同体 / 433
　　第六节　无边界学校　无限神奇的未来 / 452
　　第七节　心灵的觉醒与智慧的光明 / 456

后　记 / 465

遇见，便是永恒。

第一章

心灵觉醒：
创造神奇的生命力量

灵魂教育走过之处，求知的心醒来，求真的心醒来，自然醒来，正义醒来，爱与被爱醒来。我看见夜空的星星沿途闪烁奔向希望，深海的珍珠打开牵绊绽放璀璨。我看见归鸟飘逸地盘旋，花瓣悠然地飘入梦中。纯真的童年，故乡的草木，绚丽的梦想，从此道路被阳光照亮。每个生命，都不可替代，都是一个独一无二的美的存在。披星戴月走过千山万水，祝自己与自己重逢。没有一朵花，从一开始就是花。找到自己的命运，不是一个随意的命运，而是深感欣慰的命运，用自己的感受建立坐标，不会随意游走，不会按部就班，在自己的命运里尽情生活，全心全意、不被动摇地生活。满天星河，静静注视着人间，披着叶木幽兰，把所有的馨香归还给流年，把所有的丝光归还给琴弦，把所有的落日归还给过去的远山。明日之我，踏着星光而来，迎着黎明的曙光，奔赴虔诚与渴望。

第一节　生命如此美丽

生命如此美丽，如此神奇，令人目眩神迷。

生命之美犹如，我是一滴水，我有水的生命，和小伙伴们一起手拉手，簇拥成一股清流，欢呼作汩汩清音，流成了黄河，流成了长江，流成了太平洋。

我是一滴水，深藏在平静的水面。一颗石子扔进水面，会激起阵阵涟漪，有一个点会形成一圈圈的波纹，最内圈的波纹就像人的童年，逐渐扩大变成了少年，到最大的时候就是青年，最后波纹完全消散，和水融为一体。美丽的涟漪，让一滴水体验了不平凡的生命。

我是一滴水，有时会孤独的水，力量是薄弱的，总是随波逐流，难以保持自己，很难形成一个强大的力量。但当我把自己投入大海的怀抱，我便能获得足够的力量来抵御各种惊涛骇浪和风雨的侵扰。

我是一滴水，当我进到一片海洋，我可以站在海浪的顶端，我可以进到深海的底部，因为这个集体，我拥有了力量，我能够引导整个海洋！进入海洋，我永远不会干涸！

我是一滴水，你是一滴水，我们把自己放飞吧，把自己融入无边无际的海洋中，努力地让自己成为海洋的王者！

灵魂教育是什么？谁能定义它？灵魂教育是静夜中皎洁的月光，是阳光下细细簌簌的叶语，是夕阳下和炊烟一起飘来的邈远的钟声；它出自心里，抵达心灵；它是爱，是诗篇，最为抒情、优美、壮丽的诗篇。它犹如诗句般娓娓道来，犹如和声，将爱的情感一层层地升华，它从柔软和微弱逐渐走向悠扬而邈远，走向一个又一个自我实现的高峰，令人无法忘怀，情不自禁憧憬着美好的未来，期望在起起落落中寻觅美好的光明。

灵魂教育是静夜中皎洁的月光。皎洁的月光拨开夜幕，从高高的枝丫流泻而来，仿佛智慧的光轻柔洒下，仿佛身处幽暗的心灵被一点点照亮，并随着云的飘移不断变换，体验着成长的喜悦；有时，清一色辽远的夜空下霜华白雪般的明月就这么猝然跌进视线里，仿佛无数的孩子期盼的心灵正要向它扑个满怀。它那满目的纯真无瑕，瞬间把孩子们震慑得不知所措，莫名地感动不已：生命是如此美丽。如果一个人喜欢沐浴在宁谧的月光下，那他必然习惯独自思索和成长，高尚而不自卑，离群而不单调，内心丰富，强大如千军万马。独自在安静的月色皎洁的夜晚，月光似乎总会赐予孩童思维上的灵感，芳香四溢的草丛边，仰头望月，感觉自己被一位智者深刻地了解。世间总有那么一种美，让你在它的善良和光芒里震颤，也让你染着它的芳香自然成长。生命如此美丽，这种美，对于求知若渴的孩子们，便是清朗夜空下的那片月光，便是涤荡身心的灵魂教育。

灵魂教育是阳光下细细簌簌的叶语。鲜嫩的春，它为自然增添一抹绿色。炎热的夏日，它为世界洒下一片荫凉。温薰的秋日，它飘落而多彩，为大地披上绸缎。寂寥的冬日，它温柔而沉默，为土壤提供新的营养。这就是叶，沉默平凡却又伟大。没有人懂得它的坚持与执着，没有人理解它的付出与艰辛！它不及花，也不及草，亦不及大树与顽石，但它，日复一日，年复一年。坚持着！生命多么美丽，多么像一位可亲可敬的老师在孩子们身旁伫立！请尊重与善待你身旁的那片叶！那是柳叶的绵绵情意，芭蕉的厚重扎实，荷叶的默默付出，仙人掌的隐忍坚定，竹叶的清高文雅，橄榄叶的安详和平，也是君子兰的纯洁美丽，栀子叶的坚强守候，松菊的坚强刚毅。生命如此美丽，吹奏着动人的弦韵。千树万树的红叶，就像无数圣贤先师的仁爱之心！若把收集的落叶拼成一幅幅图案，那会是世上最漂亮的图画，就像灵魂教育在孩子们心上刻下的烙印！生命如此美丽！

灵魂教育是夕阳下和炊烟一起飘来的邈远的钟声。悠悠钟声穿越了千百年的迷雾与黑夜，从历史深处传来，以亘古的穿越力向孩子们诉说着爱、温暖和关怀。孩子们急急地赶着路，从校园的一角走向另一角，从生活的一端奔向另一端。钟声，唤醒孩子们的心，唤醒他们的思考，唤醒他们的良知。而教师，是这伟大旅程中起点的指引，中途的陪伴，和终点的等待。世界上的温柔有无数种，教师这一个职业就拥有了所有。生命如此美丽！你的双眸有不变的期待，你的微笑有炙热的梦，你一转身便有山川为伴，你一抬头便有繁花盛开，孩子在老师心里，孩子便拥有全世界。

灵魂教育，那是太阳与海的交相辉映，是温暖的群星沉寂之中闪耀晶莹，是苍穹中高飞的鸟儿从天空划过。是暮色四合群山连绵的壮阔，是山峦之巅伫立不语的永恒。灵魂教育，这是个庄严的字眼，它的内涵如大海浩瀚。它不只是芳香夜晚天使的舞蹈，它还是厚重泥土里生生不息的根，是用汹涌的倔强把看似不可能变为成功，是让有限的生命发出无穷无尽的光亮。

生命中想要遇见什么样的人，最好的方式，莫过于先成为那样的人。人总是以群而分，人的磁场吸引的也永远是相似的人。一直相信，我若盛开，蝴蝶自来；你若盛开，清风自来。泥有泥的厚重，根有根的深沉，它们的结合，成就的是片片碧荷和朵朵莲花。我们每一个人，都可以选择做荷的根，与泥共生；也可以选择做荷的花，与蝶共舞。

教育的探索之旅就像一条河，时而湍急时而平缓，时而咆哮时而旖旎。有高山流水，也有泥泞洼地；有碧水青山，也有曲折蜿蜒。倒影过桃源仙境，也留恋过万家灯火；从雪山之巅跨越千山万水，一路奔向辽阔的大海，最终回归大地，一切回到原点，然后等待下一次的漫长旅程。

教育者就是这样一种人，看着、听着、做着、体验着、想念着、思考着；教育者就是这样一种人，想在平凡的生活中，挣脱陈旧的桎梏，去找寻教育之美、生命之美。

生命之美在于感受。感受能力是我们心灵的根本。繁华世界，森罗万象，对于愿意去接纳它的人来说是天然的宝藏，像心灵的泉眼一样提供着源源不断的能量。感受力强大的人，能从一花一世界中寻得生存的意义。清冽的空气，雨滴落地的水花，太阳蒸腾的热气，正是这些毫不起眼的点滴汇聚成我们珍贵的日常，爱诞生于此，组成自我的元素亦诞生于此。

生命之美在于敬畏。片片绿叶，株株小草，他们如此渺小，如此卑微，却又如此美丽，如此顽强地活着。他们看似渺小，却努力扎根生长，成了生活的强者。我放不下这一缕缕生机无限。蝉鸣隐约，夜色阑珊，我曾忘记拥抱一朵花的美丽，但我有一颗敬畏的心。生命没有大小之分，强弱之别，露珠被风吹散之前仍在闪耀，风雨即将来临蚂蚁还在路边来回奔波，它们对生命的执着会深深地感动我们。岁月匆匆，记忆如花，一切生命都值得我们去珍惜。心可以容纳海洋，智慧可以延伸至宇宙，渺小如沧海一粟，坚强可以绝处逢生。热爱生命，永不退缩，珍惜一路的风景，珍惜生命之树的新叶，珍惜五彩缤纷的岁月，珍惜生命花朵的每个花瓣！生命承载太多的美丽！

生命之美在一缕夕阳的金辉。她温柔的陪伴勾勒着人间最美的画卷，池塘里阵阵荷香，随着晚风悠哉游哉飘散四处的村庄。飘过忽闪忽闪的萤火虫,飘过清凉的芭蕉扇,飘过浓密的古槐,飘过茵茵的竹林,仍是那么沁人心脾。我想与她相伴，融入她的怀抱，以此点燃我心中的荒芜。这是人与自然间最美丽的表达。

生命之美是晶莹剔透的卵石。它仿佛把家安在沙里，像一座青山、一片海岛。清澈见底的波光粼粼，能将一切变得纯净。岁月沧桑，锋芒毕露化为深沉内敛，尖锐的棱角渐渐消散，成了竹林小径独特的风景。阳光像利剑穿过浓雾，陪伴它的是翠绿的屏障，竹香鸟鸣，禾苗茁壮，树木矗立，与土地相守相知。

生命之美在于一场寻找自我的旅程。在自己力所能及的范围内改变世界。如果说我们从感受中获得自我的碎片，从思考中拼出完整的自我，那么改变世界则是做自己的最后一环，是为履行"自我的意义"。

生命之美在于坚持做自己。永远拥有一颗色彩鲜活明艳的心，尽自己的力量将世界导向我们所希望的方向。只要是遵从本心而努力，不是为了别人的期许，而是为了自己的自由，便是在凭自身改变世界了。

　　生命之美在于坚守理想。人生的路，因为有了理想这盏灯才不再黑暗。生活，因为有了理想才不单调，再远、再难的路我们也无所畏惧。我们来到这个世上，有的人彪炳千古，有的人似落叶默默离开，没有留下一丝痕迹。歌德说："你若要喜爱自己的价值，就得给自己创造价值。"梦想是我们每个人的人生方向，它将指导我们向前。没有梦想的人生是空洞的，没有梦想的人生是茫然的，没有梦想便不知道为什么而活，没有梦想便不知道为了什么而想，生命的意义就在于拥有自己的梦想。让别人生活得更美好，便赋予了生命特殊的美。梦想就像是星星，也许我们永远到不了那里，但是就像指南针一样，我们用梦想之光指引航向。

　　生命之美在于洞悉人性。发现人性之美，明白爱的要义。爱是人类终身追求的最高目标。所有的诗歌、思想和信念所传达的伟大秘密的真正含义是：拯救人类要通过爱与被爱。爱一个人可以远远超过爱自身。爱在精神和内心方面具有深刻的含义，不因世间的丑恶而失去对人性的信心，相信这个世界和人的善意，相信爱。相信生命的意义在于每个人、每一天、每一刻都是不同的，每个人都有自己独特的使命。

第二节　提升灵魂的高度

　　时间像一个顽皮的精灵与我们擦肩而去，有时候我们会突然发现自己的生活如此平淡，一样的微风、一样的阳光、一样的欢笑、一样的泪水，我们从未留下过什么，时间永远不会为我们停下脚步。

　　是的，平凡不可改变。我们不能决定人生的长度，但我们能够不断地拓展人生的宽度，提升灵魂的高度。重要的不是我们是否如水滴一般弱小，而是我们自己想把现实的长河引向何方。

　　穿过广袤宇宙，穿过起起落落的人生，微微荡漾的云海，我们可以涉足最远的星系、若隐若现的天幕，感受遥远的爱与热。乾坤朗朗，宇宙浩瀚，眺望漫天星斗布满天幕，无限遐想与惊鸿一瞥，不管我们随光走了多远，留下的沧桑才最有力；无论怎样天各一方，无论我们穿过了多少亿英里，灵魂的高度，才能使我们能踏上更丰富的旅程，走向亿万里之外那些安详的大地。那些真爱的光束，古老的光束，是遥远过去的信使，终将把我们联系在一起。星语重生，第一束光奏响的乐章，它们带来了一个故事，生命的故事，绚丽的旖旎，桀骜的风骨，炽热的情感。在广袤的空间和无限的时间中，滑翔在无声的宇宙间，数亿的距离眨眼间越过，血液间的默契融合，一颗星追寻另一颗星的轨迹，共同凝望夜空，读懂宇宙，共享一望无际的天宇，遨游在宁静与浩瀚之中。凝神止息的相遇，魂牵梦绕的传奇，一丝一缕姗然而至的幸福，是我的荣幸。我们都是星星的孩子，我想与你书写一部属于自己不朽的传奇，在重生的一刻永不坠落，在心中修篱种菊，如风的往事，如歌的岁月，在心湖里开出了芬芳优雅。

　　光荣，庄严，欢喜。人类有一种共同的渴望，就是要超越自身的限制，联结到某种比"小我"更大的东西：一种更大的力量，一种存在之外的存在，它无法被任何过往的事件所削弱；一种更大的爱，它是永久的，不朽的，不可战胜的；一种能含融万物的更高生命境界，追寻自己灵魂的高度。灵魂高度是"与天人物我的联结"。灵魂的高度，最终都是将我们引向无条件的爱，去享受我们身上彰显出的那份爱，享受他人给我们的爱，让每个人在爱里彼此连接。在人的平凡生活中，始终在努力提升灵魂的高度，没有任何力量能够阻碍我们达成这一目标，无论多少人反对，无论自己多么抗拒，灵魂都不会在平庸中屈服。宇宙中没有任何力量比我们的灵魂更加强大。有高度的灵魂，才能深切体会到生命中存在着真正的美和真正的幸福。

明月星辰天宇，清风深夜鸣蝉。雾色朦胧，星光浅淡，海洋中微风吹拂，一个波浪诞生于另一个波浪之上。沙漠里永远有生命，天上永远有星星，森林的呓语，静默如谜，这一切的美，都无法固定，变化无常，就像每个生命都是充满色彩地活着，热情的红，正义的蓝，寂寞的灰，青春的粉，高贵的紫，做着自己的决定，承载着自己的幸福。灵魂的高度，是一种自我的认识，更是一种生命的觉醒。不管你是谁，也不论那是什么，只要你真心渴望一样东西，整个宇宙都会联合起来帮你完成。因为渴望是源自天地之心，当你愿意聆听自己的真心，渴望美好的生活时，生命就会发出郑重的召唤，日月星辰会赶来帮忙。生命就是一场盛大的庆典，自我成熟的探寻，只要有爱，永夜也是永昼。所有热烈的生命，必然包含对自由的不懈追求，因为生命就在我们追求更美好的心灵的每一刻。

提升灵魂高度，不断地奉献和付出，把无私的爱作为生命主旋律；热爱光明，喜欢创造，生存不再是体验的课题，而是思考如何表达自己和创造新生；热爱宁静，顺其自然地生活；坚定梦想，无所畏惧，知道天真的美好，眼眸深邃明亮，热爱纯净的心灵和外表，只有无私的爱和奉献，没有互相争斗，热爱是真诚的，精神世界格外充实，永远充满新期待；内心繁花似锦，在灵魂层面日益走向自己的丰盛与富足，更倾向于无限的付出和给予他人，以此诠释怒放的生命，燃烧的激情；追求使命感，远离过于物质的生活，把自己完全奉献在传递爱与光明的使命中，享受热爱的过程，绽放生命的光彩。心中装有万水千山，胜过家财万贯。提高灵魂高度，会和地球、大自然产生某种内在的联结。看到人类的贪婪和无知，会全力以赴保护

心灵的教育 | XINLING DE JIAOYU

自然敬畏生命。大自然与我们本是一体，一荣俱荣，一损俱损。大自然已经对人类包容的太多太多了，从自身出发去爱护自然母亲吧！提高灵魂高度，依从本心走出最希望自己走的路，赋予生命以超越于个人进化的使命。

弗兰克尔的存在（主义）分析治疗的理念是通过引导灵魂找到生活的意义而治愈心灵创伤，他通过积极抵抗奥斯威辛集中营里的极度痛苦并存活下来的事实使其理念获得可信度。生活是充满意义的，人们要摈弃环境的侵扰，学会追寻生活的意义。他还强调，生活是有终极目的存在的。1946年，他完成了《活出生命的意义》。他著作、讲学、传播意义疗法，他对人性的洞察通过多产的著作、富于感染力的演说和个人魅力影响了几代人。他生命的意义在于帮助他人找到他们生命的意义。在他那温暖、不断闪烁着智慧与伟大胸襟的光芒里，我们每个人都能感受到有一个堪为灵魂导师的长者对着我们的心灵发出呼唤。弗兰克尔一生都在为人的存在寻找意义，也希望每个人都能找到生命更好的意义。

弗兰克尔特别强调责任，他提出，每个人都有自己独特的使命，这个使命是他人无法替代的，每个人生命的任务是特定的，他必须通过对自己生命的体验来理解生命。对待生命，应该勇于担当起自己的责任。因此，意义疗法认为，负责任就是人类存在之本质，每个人生命的任务应该对社会和自己的良心负责。在集中营的经历，使他意识到，不论发生什么，他仍有自由去选择如何应对境遇，如何"担当自己生活重负"。弗兰克尔还通过更多的道德劝诫呼唤人们意识到"人是负责任的，应当实现自己生命的潜在意义"。他视自由与责任为一枚硬币的两面。"正是在极端困苦的环境下，人才有实现精神升华的机会"，"在心理和精神的层面，基本上任何人都能够决定自己成为什么样的人。即便在最痛苦的境遇，他也能保持自己作为人的尊严"。

陀思妥耶夫斯基说过:"我只害怕一样——那就是配不上我所受的痛苦。"在任何地方,人都会遇到通过勇敢地面对苦难而实现道德升华的机会。

第三节 创造生命乐章

连续几天绵雨后难得的晴天,梧桐树舒展身子,叶片交错正好让阳光洒下来,一对老人带着孙子散步,小孩蹦蹦跳跳地冲着路上的梧桐叶跑过去,捡起来,再抬头一看,发现宝藏似的跳过去,又捡了一个,一小团,像只小青蛙,然后他举着比他的手还大的梧桐叶跑向爷爷奶奶。我久久望着这纯真的一幕,微微笑了,眼眶也湿润了。雨之美,叶之美,一切是那么洁净,处处是无忧的欢乐,内心的平静带来的眷恋,棉花糖般的甜蜜,流淌出最温暖的感动,那样直入人心,触动每一个细胞,那样令人陶醉和迷恋,我第一次懂得了孩子的内心世界。我追忆似水年华,多少温馨和美好被我淡忘?我感到自己真真切切地活在此时此刻,活在自己的纯真里,活在宁静的自由里,活在彩虹般的美好里。

去爱这个世界,尝试和世间万物对话,保持对各种事物的好奇心。试着多去幻想,换个角度看世界。和小朋友交流,观察他们是怎样看世界、爱世界的。孩子们教会我们许多许多!生命是鲜活的,它也是你与自己的内在玩的游戏,一次次超越恐惧和信任生命的过程。小小的选择和突破都会带来内心的兴奋,让你对生命充满敬畏和好奇。生命流动的美,超越的美,当你敞开心去互动与交流,它都带来生命的喜悦。

尽管曾经风雨,遭受打击,但在美丽的春天,当春风吹来,稚嫩的叶儿，你会奏响生命的乐章，唱出自己美妙的歌！一树花开，安静热烈，经年流转，云帆回眸。童真仅有一次，生命仅此一回，让我们用心、用真情歌唱这美丽而又珍贵的生命之音吧！

整个世界，实际是一本名为"生命"的乐章，演绎爱与美的传奇，句句敲打着我们的心扉。每个人、每颗心，都是这画卷上独一无二的音符。生命的乐章是无坚不摧的。无须雕饰，就能构建最深的感动，就像琴键的纯白圣洁。循环往复的旋律，叫醒沉睡的心。山河霁月，一碧万顷。这乐章，为自己每一分钟的生命奏响，感谢时间的宽待。这乐章，为自己的亲人奏响，赞美命中注定的恩情。这乐章，为自己的朋友奏响，歌颂不变的情谊。这乐章，为身边的所有人奏响，让世界因为有你而更好更美妙。

体验生命乐章，感悟生命乐章，于是你有更多的机会去认识自己，认识世界。让自己和世界发生关联，让世界因为你的存在而更加美好，世界上不存在孤立的生命。每个生命都从别处获得滋养，同时滋养别处。只有创造对别的生命有用的东西，你的生命才有价值。

特别的你，拥有最真实的爱，你谱写自己的乐章，一点点接近世间的美好。驾驶生命之舟，徜徉于爱的海洋，你的生命是一场没有终点的旅行，你的生命是一支划破天空的嘹亮歌曲，你的生命是破茧成蝶的惊喜，你的生命创造无限奇迹。生命中难免有些挫折，但那是美妙的五线谱，它为生命奏出无与伦比的交响乐。用晨曦擦亮天际，弹奏生命的欢乐，那是神奇，是激昂奔放，是前行的勇气。有了它，才能开出长盛不败的生命之花！

有没有爱与被爱，是否度过了充满自我价值的一生。人生的两件大事，从来无法割裂开来，就像流淌的溪水与汹涌的大海。如果说幸福是一种感受，不再有缺憾与空虚，那么生命的意义更多的是创造，哪怕遇到困难，哪怕现状无法改变，我们是动态的有趣的生命，必然不被物质所控制。但愿生命如同那跳动的音符，无论是平和还是激昂的音律，都希望它渲染我的绚烂，感受世界为我创造的愉悦。

现代都市，很多人身处喧嚣被名利淹没了本心，迷失了自己的方向。而灵魂教育告诉我们，每个人在骨子里都需要一个留白的空间，想象的美感，朦胧之美尽显智慧。残缺就是圆满，余香更是悠远。就像一段音乐正是有了休止符才能让人产生共鸣。它是"梧桐更兼细雨"，它是小舟里轻盖的帆篷下的灯笼，散发忽明忽暗的诗意。它是"此时无声胜有声"，寂静中余音未尽的遐想，似水平川而不滞留，一片静谧天地返璞归真后的淡泊悠长。

如果听从内心深处的呐喊，那么会有震耳欲聋的声音：不必给我钱，不必给我名誉，给我真理吧！我们身体内的生命像鲜活的水，新奇的事物正在无穷无尽地注入生命的世界，创造的力量悄然萌动。

创造需要智慧，需要不断学习。（学而时习之，不亦说乎？——孔子）

创造需要勇敢抉择。（老师，如果您走了，我们要选择什么作为生活的指导原则呢？今后你们要按照你们所知最善的方式去生活。——苏格拉底）

创造需要保持好奇。（哲学起源于惊讶。——古希腊语）

创造带给我们的是一颗无比高贵、深远的灵魂。

好的教育不教知识和技能，却能让人胜任任何学科和职业。

好的教育令人们看清世界的本来面目，解开思绪的乱麻，识破似是而非的诡辩，撇开无关的细节，直达本质。好的教育能让人令人信服地胜任职位，驾轻就熟地精通专业和学科。

理查德·莱文是享誉全球的教育家，曾在 1993 年至 2013 年任耶鲁大学校长。他说："如果一个学生从耶鲁大学毕业后，只是拥有了某种很专业的知识和技能，这是耶鲁教育最大的失败。"他认为，专业的知识和技能，是学生们根据自己的意愿，在大学毕业后才需要去学习和掌握的东西，那不是耶鲁大学教育的任务。《大学的理念》的作者约翰·亨利纽曼所说："只有教育，才能使一个人对自己的观点和判断有清醒和自觉的认识；只有教育，才能令他阐明观点时有道理，表达时有说服力，鼓动时有力量。"

2005年，美国小说家大卫·福斯特·华莱士曾在凯尼恩学院的毕业典礼上发表演讲。他讲了一个小故事："两条年轻的鱼遇到一条老鱼。老鱼打招呼道：早上好，孩子们。这水怎么样？两条年轻的鱼继续游了一会儿，终于，其中一条忍不住问另外一条：什么是'水'？"如果一个人成年累月机械地生活，很容易在这样的生活里，形成无意识的惯性：无意识地翻手机、给生活加速、陷入琐碎、忽略身边的人和事、冷漠、愤怒、抱怨。就像故事里所说的一样，生活在"水"中太长时间，已经不知道水是什么。

好的教育能让你活得幸福。哈佛大学的《幸福课》泰勒·本·沙哈尔教授认为：幸福取决于你有意识的思维方式。不断问自己问题。每个问题都会开启自我探索的门，然后，值得你追求的东西就会显现在你的现实生活中。通过每一次解决问题、接受挑战，相信自己，告诉自己一定做得到，也相信他人。人生就是一场长途跋涉的旅程，有时候我们会遇到一片浓雾，不知所向，这时候，如果我们试着爬上一处高地，对照着手里的那张信念地图，往往就能辨别出旅程的方向，然后继续鼓起勇气，耐心地走下去。创造是一个故事，赋予生活以意义的不是终极的目标或生活的结局，而是故事的质量、一个人生活和扮演角色的质量。如果选错了角色，或者没有意识到自己的角色，都会失去生活的意义。

创造是一种使命，为了诗歌，为了科学，为了受苦的人，为了老弱妇孺。

创造是一种艺术，活出精彩，活出风格，活出独一无二。

创造是一场冒险，尽情享受并迎接挑战和不确定。

创造是利他主义，帮助别人是为了赋予自己生活的意义，并不期待能够换回什么。创造是荣誉和责任。

当你凝望深渊时，深渊也在凝望着你。我们反复追问生命的意义是什么，生命也在追问我们。纯洁善良，热情开朗，刚毅坚强，似乎都是，似乎又不全是。这个意义是要寻找的，不会凭空而来。仰问于天，俯察于地，于无解中求解。这个意义是具体的，而非抽象的。这个意义因人而异，因时而异。不是退缩，不是放弃，不是死气沉沉。而是珍惜上苍的厚礼，珍惜与时间的赛跑，珍惜让心飞翔的自由时光。任何一个人的生命都无法重复，也不可取代。正是由于这种独一无二性，也只有他自己发出根本的追问，生命的尊严，无法摧毁的信念，完成其独特的天职与使命。

无形的束缚看不见摸不着。创造是闪耀自由的光辉，敢于冲破束缚的温柔泥潭。无处不在的围墙高大如山，挡不住向往自由的创造之心。面对世俗的唏嘘，创造者只是淡然一笑，沉浸于创造之海，另辟蹊径，永不言败。充分展开想象的翅膀，勇于从内突破，这样才能迸射出创造性的火花，冲破形形色色的障碍，屹立于巅峰。法国作家莫泊桑说："应时时刻刻躲避那条走熟了的路，去另寻一条新的路。"

创造是拼尽全力保护自己的梦想，期待自己发光发热，把思想不受约束地尽情表达出来，能够勇敢去做自己喜欢的事，才是真正的赢家。欣喜狂热，磕磕绊绊，离经叛道，但却始终向前。坚持属于自己的梦，也是一种伟大。心甘情愿，无限接近内心渴望，启发我们来重新认识世界，那种自由欢欣不由让人大加赞叹！明净纯粹的目标，像照亮了茫茫黑夜的银色圆月，支撑梦想启航。今天激起的几朵浪花，长大后，就会掀起崭新的时代大潮。

蒙蒙晓雾初开，皓皓旭日方升。创造是约翰·克利斯朵夫那喷发式的生命热力，怦怦跳动的自由不羁的心。

"创造才是欢乐"是罗曼·罗兰这阕大型交响乐中的基调。"当你知道世界上受苦的不是只有你，你会减少痛苦，也会在绝望中燃起希望。""一个人生气蓬勃的时候绝不问为什么生活，只是为生活而生活——为了生活是桩美妙的事而生活[1]"。读着这样火热的文字，可以感受到其中蕴藏的自由生命的内涵。罗曼·罗兰曾经满怀深情地说："生命是一组连续的死亡与复活。克利斯朵夫，我们一齐去再生吧！"这是作者罗曼·罗兰借约翰·克利斯朵夫这一形象力图为我们展示的一种超功利的人生追求，可以称之为"活着之上"，是一种高级的人生追求：既不是为了现实的物质利益，也不是为了世俗的名和利；而是来自宇宙间普遍存在的那种神秘但又强大的生命力。

纵使历史的长河前不见源头后不见终点，纵使平凡构成了我们人类数量上和个人生命跨度上绝大多数的主旋律，在这望不见边际的世界舞台上仍有闪耀着永恒光芒的时刻。短暂却璀璨，稀有却珍贵，遥远却伟大。

人是渺小卑微的，但可以用天空的蔚蓝书写自己的名字；人是伟大骄傲的，但可以沉默而情真意切，卑微地匍匐于地，开出圣洁的花。可以是凡人，但从不胆怯，不懦弱。也可以是英雄，渺小却心向大海无所畏惧。而一切的一切，历史会陪着我们深情追忆。历史像冷静的旁观者，记载浓缩的奇幻，不平凡的故事，兴盛与衰弱，辉煌与暗淡，沉思良久，留下永恒记忆。

---

[1] [法]罗曼·罗兰：《约翰·克利斯朵夫》，傅雷译，天津人民出版社，2017年版。

当你绝对相信自己的内在力量的时候，当你真正遵从本心、遵照本愿的时候，当你真正无私利他、活出自我生命状态的时候，你会发现你根本不需要刻意，一切都是水到渠成的，你会在对的时间、对的地点，遇到对的人，做对的事，仿佛整个世界都帮你布局好了。敢于创造，会让我们体验到不同的人生经历，感受抑扬顿挫，提升灵魂高度。创造的过程中，思维的高度在提升，精神的领域在扩展。当你回忆过往，无论是成功还是失败，都是你独一无二的经历，他人无从复制，也不可复制。创造自由，热爱生活，思维不被枷锁禁锢，成为一个闪闪发光的人吧！你必然是与众不同的，你终将属于辉煌。坚持自我灵魂高度的人，一定能够在我们的生命中指引些什么，世界像一张白纸，而你是那个执笔书写的人，生命是黑白之间还是五颜六色，全由你来掌控。

激情创造，就是不断地为世界留下礼物，爱的礼物，美的礼物，永恒的礼物。动画片《大耳朵图图》中有一集叫《永远活下去》。图图知道鹦鹉的平均寿命只有七年后，就开始难过。他不明白鹦鹉为什么要离开？爸爸妈妈带着图图去看毕加索的画，爸爸对他说：虽然毕加索爷爷离开了这个世界，但是他给这个世界留下了很多画作为礼物。他的生命就永远地活在这些画里面，陪伴着我们。曾经翠绿轻盈的树叶挥别枝头，滑落枝头，但是它会飘落入大地的怀中，化作春泥，变成大树的养分，来年大树就能长出很多新的树叶，这就是树叶留在这个世界的礼物。落叶的季节变成永生的季节！一定会有人记得，向从容的落叶致敬！生命的意义就是不断地给这个世界留下礼物。留下笑容，成为礼物。留下希望，成为礼物。流动的小溪，金黄的麦浪，丰收的消息，布谷鸟的歌唱，作为最深的感谢，成为最真的礼物。

尽情去爱、尽情去创造，生命力的本相就是创造欲。

心灵的教育 | XINLING DE JIAOYU

一个人与这个世界的关系越丰富饱满，越容易呈现鲜活的生命力。而当一个人切断了与这个世界的所有关系时，其生命力也会日渐匮乏干瘪。

全心贯注创造你的思想，将你心中的愿景刻画播种出来。坚守理想之树，用心去沉淀耕耘你想做的事情，将自己微薄的潜能释放到合适的位置，绽放出更大的光芒，创造出更有价值的东西。思悟，沉淀，等待时机，努力创造。创造生命音符，即使从未去往远途，但是你的心早已飞翔到那广阔无边的大千世界；创造生命乐章，看看你心中的大千世界，去收获一路的喜悦和惊喜，探寻那人间少有的独特风景，坐享那一抹清新脱俗而别致的色彩。

真正高创造的个体不会为了别人的认可而学习，坚持自我必须要有强大的生命力。生命力是成为突破、创新、创建的关键。拥有强大生命力者，才能在困境中使大脑达到觉醒的最佳状态，从而突破已有的思维模式产生新模式的雏形，并能坚持到底创建新的思维模式。

每个刚出世的孩子，都是一颗还未被定义的无辜的种子。所谓创造力，是与生俱来的天赐能力。在大人、学校、社会给予孩子教育和定义的过程中，正确的教育和引导是不可缺少的，这是保证幼苗能够正常生长的基础，但我们需要做的只是辅助和引导，而不是按大人的想法压制他们。我们可以给幼苗保暖和护板，但不能规定幼苗成长的路径。给予孩子足够的发展空间，让他们接受雨露阳光的滋润，长出自己的形状与姿态。当病菌、虫害来袭的时候，我们需要做的也不是一味地说不，而是要适当放手，在需要的时候给予孩子正确的引导和保护，让他们在可承受的艰苦环境中更加茁壮地成长。

读书、见识、思考赋予一个人生命力和无限的创造力。一位老师告诉我"每天半夜面对孩子们的海量作业，虽然困倦疲惫，但仿佛看到一张张笑脸，安慰着你的心灵"，一位学生感恩老师的教诲"他的形象高大、光辉，我在他面前显得太平凡、太渺小。它的光芒照耀我、指引我、温暖我"。这无数的平凡英雄给予我们伟大的启示：学习就是创造，学生教育老师，生命启示教育，人类走向美好。

创造需要从错误中学习。Frank Wilczek 教授表达了这样一个观念：很多学生在学习过程中有一个误解，认为学习就是吸收知识。他们没有意识到吸收知识其实是为了创造知识。我们应该鼓励年轻人去创造知识和解决难题。为了这个目标，他们需要不断地犯错误、不断在错误中学习，只有这样才能加深对一个学科的理解。

创造是无数人智慧的凝结。John Wheeler 教授说过一句话：学校存在的目的在于拥有优秀的学生，从而使教授们不断地接受教育。学校是学生与教师共同学习，共同创造新知识新思想的地方。在教育里面，其实并没有教授与学生的分野，大家都在互相学习，学习新知识的过程，也就是创造新知识的过程。《荀子》提出：积土成山，风雨兴焉；积水成渊，蛟龙生焉；积善成德，而神明自得，圣心备焉。奇迹是持之以恒积累的结果。

感受美，发现美，创造美。我们所处的世界既有真善美，也有假恶丑。我选择看见世界的美好，坚定地与真善美相伴而行。有光明就有黑暗，我们不仅在黑暗中寻找光明，更要用光明照亮更多的黑暗。如果我们本身以审美的眼光、以积极的眼光、以创造的眼光、以感激和宽容的眼光去看待眼前的事物，必将会发现其本身的美好之处，这便是用光明照亮了黑暗，这便是一种积极的智慧与美。

创造来自赤子之心。世界需要"幼稚"的思维：大胆的想法，疯狂的创造力，乐观主义。人们应该对孩子的远大梦想寄予厚望。成年人应不仅传授经验，也应该向孩子学习。去向自己想去的远方，去完

心灵的教育 | XINLING DE JIAOYU

成不论大小的梦想。活泼生动，充满拙趣之美；新颖大胆、不拘一格，具有突破性；主观，自由，具有鲜活的生命力。儿童的世界是干净的，但成长又是必然接触灰尘和杂质的，我们要记得打扫这片纯净的心田，去除杂草和荆棘，播种善良、真诚、仁爱和关怀。当心灵的镜子落满了灰，便要及时擦拭，使它光亮如新。心田打扫干净，纯净无瑕，充盈开阔，就会带来雅致的意境，通向自然、轻松、和谐。心是透明的，世界就是简单和美丽的。

生命如此美丽，帮我们展开翅膀，飞过大地飞越海洋，飞过星星飞越月亮，迎接太阳升起。

拥抱灵魂教育，你就是宇宙的繁星，点燃星际灿烂的光，即使天有乌云，光也只是暂时被遮挡。世界被爱点亮，当爱注入你的心灵，你就是那闪耀的光芒。

创造神奇的生命力量，让所有的美好进入你的生命，让灵魂教育引领着你，校准生命的航向，坚实大地是你的根基，这个世界因为你多姿多彩的生命而美丽，我们每个人一生的起伏跌宕、循环往复也从我们拥有了生命那一刻开始。生命不可重来，极其宝贵。如何使我们的生命平稳积极，如何使我们的生命有价值有意义，如何欣赏它的风平浪静、也敢于面对它的波涛汹涌，问题的答案我们要用一生的时间去寻找、去探索。

在《人间词话》中，王国维将人生分为三个境界，其境一："昨夜西风凋碧树，独上高楼，望尽天涯路。"其境二："衣带渐宽终不悔，为伊消得人憔悴。"其境三："众里寻他千百度，蓦然回首，那人却在灯火阑珊处。"这是在经历了心灵的迷茫，战胜了生命所带来的挑战之后，创造神奇生命力量的一种顿悟。

日出山河灿烂，夜半星月生辉。对一颗种子而言，它的使命就是生长自己、实现自己，尽可能地发挥全部潜能，开花结果。愿我们都能在茫茫人世,成为一棵顶天立地的参天大树;铮铮铁骨,无畏风雨、追逐阳光,历练成长,幸福度过一生。

愿灵魂教育的光芒永驻我们每个人的精神家园。

精神的自由源于灵魂的净化,智慧的提升源于心灵的升华。

第二章

智开慧朗：
涵养师者仁心

你有忠诚的心灵、勇敢的精神，你有纯洁真诚的灵魂，把你最美好的一切献给世界，世界也将还你一份精彩。献出爱，爱会注满你的心田，你的言行充满自信，你的心意天地可鉴，你的力量将不断壮大。

为别人照亮道路，自我必定放出光芒。有一样东西不会随着年龄的增长老去，反而会越来越活泼，那便是心灵。真正的师者，是心灵的导师，是仁爱的化身，给予人的是喜悦、平和与宁静。师者的瞳孔反射你的本质，最终你发现了你和师者一样的心灵的资源。平和教导着平和，喜悦传递着喜悦，宁静显示着宁静；以人格化育人格，以仁爱培养仁爱，以智慧启迪智慧。师者，做着自己，以自己的品质开启人的心灵，以自己的灵魂唤醒人的灵魂。

罗曼·罗兰说："世界上只有一种真正的英雄主义，那就是在认清生活的真相之后，依然热爱生活。"

第一节　泥土的事业

教育是泥土的事业。泥土的事业是平凡的，但平凡中也有伟大，泥土的伟大就在于养育万物。花的艳丽、果的甘甜、树的伟岸都离不开泥土无私的滋养。教育是用生命感动生命，用生命培育生命，用灵魂唤醒灵魂。

泥土的虔诚就是一种无形的教育。春生夏长，秋收冬藏，万物有序，人间有常。大自然有丰富的教育资源，是取之不尽用之不竭的财富。

海德格尔说："人生的本质是诗意的，人是诗意地栖息在大地上的。"当清晨的第一缕阳光洒在美丽的校园，一切都充满了生机，仿佛经历了一场爱与善的洗礼。阳光像师生情，因为阳光总是纯净的，没有一丝杂质；阳光像亲情，因为阳光对世界有一种爱，因为它将自己奉献给人类。世界上最美好的莫过于清晨的阳光，莘莘学子沐浴在阳光下，太阳从苍苍的山巅升起来，那耀眼的光芒，温暖而静谧，使人感到一种安心和甜美。清晨的第一缕阳光照亮心房，清晨的第一响钟声唤醒希望，清晨的第一声问候在阳光中氤氲：孩子，新的一天，新的希望，爱与关怀永远陪伴你！

一、松林书香和火红的枫树

我有好多次梦见一片茂盛的松林。松林沿着山坡缓缓展开，宛如一幅优美的风景画。松林里点缀着火红的枫树，小鸟在树上清脆地鸣叫，一派生机盎然的景象。松林前面有一片田地，新苗沐浴着清风茁壮成长；这片田地有时会幻化成一汪湖水，水势旺盛，清波荡漾。松林对面，有一个静谧的庭院，庭院里种满了梧桐，氤氲出一片浓浓的绿意。透过居室的窗子，可以望见松林，夜深人静的时候，可以听见阵阵松涛声。离庭院不远处，矗立着一棵千年古槐，根深深地扎在地下，不知有多深多远；树干高大苍劲，满是岁月的刻痕，不知经受了多少风风雨雨，却依然顽强而充满了生命力。

松林、古槐、静谧的庭院，似乎已融进了我心灵的深处，成为童年生活中最深刻的记忆。就在这里，我度过了幸福的童年时光。母亲是教师，在我的记忆中，母亲总是那么辛苦而坚强，备课、批改作业、操持家务，整日不停地干，永远无怨无悔。作为母亲，她对孩子生活上关心、品行上严格要求。作为教师，她对学生充满了爱心。当我也做了教师之后，母亲对我说："当老师要爱学生，不爱学生当不了好老师。"从母亲那里，我感受到了教师的辛勤和无私，感受到了母爱的深厚和博大，学会了如何面对生活的压力而坚忍不拔。

当年我们一家人最惬意的莫过于周末父亲休息的时候。坐在院子的梧桐树下,听父亲漫谈,在我是一种享受。由此我了解了许多知识,懂得了许多做人的道理。我知道了屈原、李白、陶渊明,知道了"凿壁取光"的故事。父亲在医院工作,懂医学,善书法,阅历广,为人端方厚道,喜欢读书思考。他经常挂在嘴边的话就是"种花得花、种豆得豆","以诚待人,宽厚待人","堂堂正正做人,踏踏实实工作,认认真真学习"。父亲的人格与学识对我产生了深远的影响,启迪了我对文化的兴趣。

父母很注重培养我们读书的兴趣。记得我从父亲手中接过第一本书的时候,真是如获至宝,爱不释手,从此便陆续有了更多的书。我先后阅读了《红岩》《青春之歌》《红楼梦》《第二次握手》《福尔摩斯探案集》《钢铁是怎样炼成的》《复活》《安娜·卡列尼娜》《童年》《在人间》《唐诗三百首》《唐诗选析》《宋词选注》等中外书籍。我对于中国古典诗词的兴趣就发源于小时候的大量诵读。有的书我很喜欢,喜欢的就反复读,特别是《钢铁是怎样炼成的》这本书,没事的时候就总想翻翻,看了不知多少遍。像钢铁一样坚强的保尔·柯察金、穿着洁白长裙热情美丽的冬妮娅,都印在了我的心中。至今我都十分怀念那段自由自在、兴趣盎然的读书生活。我非常庆幸在童年生活中能有幸读了一点有益的书,这是在我最需要精神营养的时候,洒向心灵深处的甘霖。

天高地厚父母恩,门前古槐君子魂。

松涛阵阵书声朗,故乡明月赤子心。

我从故乡启航,驶向了广阔的生活海洋,但不管生命的航船驶向何方,我都一直保持着对文化、对学问的执着追求,一直没有放弃读书学习,刻苦用功,勤奋努力,始终保持着读书人的本色。我深深感到:学习是生命的源头活水,是生命的第一需要。

二、泥土是一切之本源

我踏上讲坛所教的第一篇课文是朱自清先生的《荷塘月色》。为了备好这一课，我几乎用了一个暑假的时间，整整写了一大本备课笔记。我反复阅读课文，总觉得文字后面有丰富的内涵和生动的美感需要去品味、去体会。我读了《朱自清传》，对朱自清先生有了形象的了解。随着阅读的不断深入，我感觉自己逐渐进入了朱自清先生的心灵世界和《荷塘月色》的艺术境界，与文中的每一句话，每一个字，好像都有了情感、有了生命似的，在我的心中活了起来，一种如月光般朦胧而纯净的情致萦绕于胸。我怀着一种激动的心情走进了教室。伴随着我动情的朗读，同学们也似乎进入了《荷塘月色》的情境之中。赏析课文的时候，我分明看到学生们眼中闪烁出欣喜的神采。第二堂课我一走进教室，教室里立刻爆发出了一阵热烈的掌声，同学们情不自禁地表达了对我的欢迎。这掌声是莫大的鼓励，特别是对于我这样一个刚刚踏上讲坛的年轻教师来说，显得更加珍贵，成为我上好课的一种动力。

我把热情和精力都投入了工作之中，白天与学生一起上课，晚上备课一直到深夜。所用的教材因反复翻阅，仅半个学期就像用了多年的书一样"陈旧"，许多篇目能在不知不觉中熟读成诵。有位学生曾对着我的课本感叹说："老师真是在'吃书'啊！"为了准备一堂课，我不知要付出多少时间和精力；为了研究课文而大量阅读，为了课堂设计而冥思苦想；课堂上的一段话、一个提问、一个情境，我都会反复斟酌、精益求精……对灯苦熬，我无怨无悔，人生的价值就在于吃苦、在于奉献，其中意蕴无穷！

爱是教育的灵魂。教师的成长源于对学生、对教育的热爱。因为热爱，所以充满激情：用生命拥抱事业，热情地迎接每一天的到来。

心灵的教育 | XINLING DE JIAOYU

因为热爱，所以乐于奉献：静下心来教书，潜下心来育人。因为热爱，所以富于创造：每一天都是新的，每一节课都有新意。从市级十佳语文教师第一名，到省十佳语文教师，到全国语文教师课堂教学比赛第一名，我的课受到了学生的欢迎。一位学生为我刻了一枚印章，上为"博观约取，厚积薄发"八个字；还有一位学生升入大学后来信说："难忘那荷塘月色，难忘那梅雨潭的绿，真想再听您一堂课！"许多年后的一个春天，我应邀回故乡的学校去讲学，当年的学生闻讯赶来，一定要再听我讲一次课，重温一下当年的感受。他们说：这么多年了，忘不了老师的语文课！

教师要由从业而敬业，由敬业而乐业，要将自己的幸福与学生的幸福紧密相连，将自己的成功与学生的成功有机结合，在与学生的交流中体会一种发自内心的快乐，以感恩的心感受做教师的幸福。

有一年春天，我收到了一份珍贵的礼物：一本写满全班同学感言的感言簿，还有一张学生为我画的肖像。

——老师：当我得知我的语文老师是您时，我的确感受到一种真实的兴奋和激动……我确确实实感受到您的魅力。您的语文课充满了活力与知识，我不仅学到了书本上的知识，还学到了许多课本不能教给我们的"知识"，做人的道理、态度、方法……我度过了十分有意义的时光。

——老师：感谢您给我的这份甘露般的鼓励，将我带入了这座学习的殿堂……听您的课，对我是一种启发，更是一种享受。

——我一直觉得您特别神奇……您只要一站在讲台上，就可以集中所有人的注意力；当您开始读课文的时候，所有人都会立刻安静；就算没有那么多硬性作业，但只要一想到是您的课，我们就会好好学；您哪怕从来不讲那些所谓的技巧，但凭借您给的知识和教的如何读书，我们已可以在考试中取得很好的成绩……最让我感动的是您对语文的热爱。我想作为您的学生,我学到最多的也是这种热爱。如果有一天我也可以对一项事物有这样的热爱,也许就是再好不过的事情!

读着同学们饱含深情的话语,我心里非常感动!似乎有很多的话要说,却又不知从何说起:我爱学生,我爱祖国的语言文字,我爱在三尺讲坛耕耘的感觉!

我们为什么做教师?第一,为了促进学生的健康与发展,实现学生的人生价值,提升学生的精神境界,使学生变得更好、更有智慧、更加幸福。第二,与此同时,也要实现自己的人生价值,提升自己的精神境界,使自己变得更好、更有智慧、更加幸福。第三,通过对学生的教育,使学生对社会产生良性的影响,从而为人类的进步、世界的和谐尽一点绵薄之力。简言之,即自立而立人,自育而育人。立人必先立德,育人必先育心。教育是心灵与心灵的交流,教师是靠心灵而高尚的。

有人问特蕾莎修女什么叫神圣,特蕾莎修女没有直接回答,而是把他领到了贫民窟。在那里,特蕾莎修女精心地照顾着每一个病人,热情地关心着每一个家庭。看了这一切,他非常感动,他明白了:神圣,存在于平凡的生活中,存在于善良的心灵中;神圣,就是以真诚的爱心关怀每一个需要关怀的人!

泥土最珍贵。将美德的种子种进心灵的土壤里,种子孕育生长,终有一天会破土而出,绽放华美与精彩。教育是播种,是厚重质朴而又光荣的事业。

泥土是一切之本源。泥土给了我们生命、滋养、无限的希望和信心。人可以如泥土一般质朴,平凡无奇。但平凡正是美的极致,正是平凡的泥土中诞生了硕果与丰收。付出智慧汗水,才有桃李芬芳。让教育离泥土再近些,让泥土孕育丰硕的收获,这是新时代教育的希望。

三、生活在感恩的世界中

偶然的生活事件有时可以改变一个人的生命轨迹，伟大的历史转折却可以改变无数人的生活道路。中国大地上兴起的那场波澜壮阔的改革开放，改变了中国的命运，改变了中国教育的命运，也改变了无数中国人的命运。国运从此昌盛，教育由此振兴，人的命运开始有了新的转机。民族迎来了一个崭新的春天，生命焕发出勃勃的生机与活力。

我亲身感受到了教育的发展，体会到了昌明盛世带给人的幸运。我由衷地感谢这改革开放的新时代！

教育是塑造灵魂的事业。我追求洋溢着人性光辉的温暖的教育！教育是心灵与心灵的交流，当我们向学生奉献真爱的时候，也会唤醒学生的爱心与信心。我从心灵深处热爱学生，经常是怀着一颗感恩的心上课的！

身处教育的热土，会不知不觉地融入敬业奉献、开拓创新的洪流中来。夙兴夜寐，风雨兼程，是一种幸福的经历和珍贵的体验。教育之爱的体现，就是一切为了学生的健康、幸福与发展，就是要创造适合学生成长的教育。要通过多元开放的课程体系，丰富多彩的社团活动，健康文明的校园文化，使学生找到展示才华的舞台，接受适合自己的教育；要将道德教育放在首位，将传统文化与现代文明有机结合，在学生的心灵中播种真善美，让崇高精神的光辉照耀进学生的心灵世界，让学生在这种光辉的照耀下生活得更自觉，更有价值，更完美，更幸福！

生活在伟大的时代，我对于所经历的一切都心怀感激！无论是做教师还是做校长，我都把孩子们放在第一位，永远保持善良的天性，怀着一颗慈悲的心，热爱学生，关怀学生，引领学生成长，用真诚的爱心为孩子们开启美好的未来！

《礼记》云:"师也者,教之以事而喻诸德也。"知识不存在的地方,愚昧就自命为科学;教师不存在的地方,无知就变成了聪慧。陶行知说:"在教师手里操着幼年人的命运,便操着民族和人类的命运","你的教鞭下有瓦特,你的冷眼里有牛顿,你的讥笑中有爱迪生。你别忙着把他们赶跑。可不好等到坐火轮点电灯学微积分,才认识他们是你当年的小学生"。教师是学生的镜子,学生是教师的影子。要永远用欣赏的眼光看学生,永远用宽容的心态对待学生。一句话,一盏灯,也许改变他们的人生。

当决定要出发时,最艰难的部分已经结束;当为梦想而奋进时,最深刻的经历将成为力量;当一直守望心中的明灯时,就意味着希望永远存在。

任凭光阴荏苒,岁月更迭;任凭春去秋来,历尽沧桑,我将无悔守望心中的明灯,用奉献写就生命的长卷,用无私大爱铸就不朽的师魂!

第二节 仁爱的芳香

有一种精神,像阳光一样,可以温暖人的心灵,为世界带来和平,这就是慈爱。有一种情怀,像春风一样,可以吹走天空的阴霾,为人类带来福祉,这就是悲悯。

如果一个人由慈爱自身开始,生发出对他人、对社会、对人类的大爱精神;由悲悯弱者开始,生发出对一切苦难的深刻同情和对人类命运的终极关怀。这个人就是人世间善美的花朵,他的心灵就会时时散发出仁爱的芳香。

一、爱和善

课堂上，我和同学们一起学习《奥斯威辛没有新闻》，事先我让学生收集了有关奥斯威辛大屠杀的历史照片。当一幅幅惨不忍睹的照片在悲怆的音乐声中一一呈现，教室里一片沉静。通过这节课，同学们对奥斯威辛那场灭绝人性的屠杀加深了认识，心灵上受到强烈的震撼。

上完课，我回到办公室。一位同学来了，仍然一脸的凝重。他说："老师，这堂课我感触很深。可有一点我不明白，我是喜欢音乐的，都说音乐对于人的心灵有熏陶作用，但我却在一本书中看到，当年大屠杀的时候，一些纳粹士兵一边欣赏音乐，一边却在杀害犹太人，丝毫没有良心的不安。"

我回答他："音乐确实对人的心灵有陶冶作用，但最重要的还是人的信仰。一个信仰真善美的人，具有深厚的同情心，珍惜生命，热爱生命，心灵才会是善良仁慈的。一个心地善良的人，就不至于有灭绝人性的行为。"

第二天，我收到了这位同学的一封信：

翟老师：第一次听您的课是在入学教育时。令我耳目一新的是，您并没有讲在高中如何适应紧张的学习与激烈的竞争，而是谈到了一个人最根本和最重要的部分——道德观。您提出的两个问题经常回荡在我的脑海里："我究竟要做什么样的人？我究竟要成为一个什么样的中国人？"记得听完您的第一课我想到了爱因斯坦的一句名言："学校的首要任务是培养出一个真正意义上的'人'。"

后来在9月1日的开学典礼上，我听到了林茜姐姐在学校就读三年的体验。她说："我觉得在这里学到的最重要的东西并不是具体的知识，而是学会了怎样做人。"在随后的新生宣誓上，我真的感到心潮澎湃——"心系祖国，胸怀天下"——这是怎样神圣的责任感啊！宣誓完毕后，紧接着响起了那首熟悉的《在灿烂阳光下》。那音乐真是太动人了，当合唱团唱道"吃水不忘挖井人"时，我不知不觉地流下了眼泪。

在9月30日的中午和您的谈话中，您那以低位待人的品格更深地触动了我。那短短20多分钟的交流却比我十节课上学习的知识分量更重。令我感动的老师很多，但在您的课堂上，我想用一个比感动更崇高的词——幸福。在您的课堂上我真正感到幸福——事实上，您的语文课传达给我们的不仅是知识，还有爱和善……

二、爱与光明

2008年，四川大地震之后，我带领20多位教师赶赴地震灾区做志愿者。在什邡震区的帐篷里，志愿者开辟了简易的课堂。帐篷不够了，就在小树林里放几张课桌，小树林便成了课堂。我在小树林里给孩子们上的课，成为难以忘怀的不寻常的记忆。

我问孩子们："希望老师讲什么呢？"孩子们回答："讲讲写作吧。"我让孩子们自己命题。有一个孩子站起来说："希望！"接着，孩子们一个个站起来说："梦想""坚强""光明""磨炼""意志""鼓劲""加油""感恩""爱"……在一场地动山摇、天地同悲的灾难之后，在刚刚经历了生离死别的巨大痛苦之后，这些词语由孩子们的口中说出来，有一种让人心痛的悲怆，也有一种特别悲壮的力量。

我请每一位同学就其中感受最深的题目构思一篇作文与大家交流。小树林一片沉静，同学们在静静地思索。一位女同学激动地站起来，说："老师，我要写'爱'，我要写地震发生后全国甚至国际上的人，对我们四川的大爱！""很好！"我启发说，"您能不能具体写一个故事，一个感人的细节？"那位同学略一沉思，说："我要写向倩姐姐的故事。"

向倩是龙居小学一名年轻的教师，地震发生时，她正在上课。本来她已经跟学生一起从教室跑出来了，当得知还有两位同学没有出来，她立即返回教室救学生。就在这时，又一次强烈的地震袭来，生死关头，她一下子扑在学生身上，紧紧护着学生。等人们从废墟中找到她的时候，她的身体已被砸成了两截，但还是死死地护着身下的孩子！

我说："向倩老师以她年轻的生命诠释了爱的真义。生命是可贵的，但在生死面前，向老师却义无反顾地以自己的牺牲挽救了学生的生命，这是多么感人的人间大爱啊！有爱就有光明，就有希望。不管在什么样的境遇中，我们都要有一颗爱心，都要带着一颗感恩的心，不断地给自己加油，给自己鼓劲。其实真正能够使自己坚强的是自己的心灵，是在自己心灵深处最核心的那个地方，那个地方有一个声音在呼唤着爱，呼唤着希望，呼唤着光明！"

三、慈祥的智慧

教师的心应该是慈祥的。教师没有了慈祥，教育就没有了温暖。慈祥的心给软弱的孩子以坚强、给自卑的孩子以信心、给无望的孩子以希望，给苦恼的孩子以欢喜，给孤独的孩子以温暖，给不幸的孩子以幸福，给幸福的孩子以激励。

慈祥的教师，以一颗善良的心对待学生，一个眼神、一个微笑、一句话语、一举一动，都能给学生以温暖、以慰藉、以鼓励，都能传达给学生以爱。

一位同学深情地回忆：

随着岁月的推移，淡忘了很多往事，但是翟老师的品格却一直伴随着我成长。现在想来，我已经有四五年的时间没有见过翟老师了。

老师是我高中时候的语文老师，记忆中的翟老师，温和的目光，从容地讲课。老师的语文教学，从不拘囿，也从不泥古。记得高二的时候我的哥哥因病去世了，我们全家都笼罩在万分的悲痛之中，我当时正处在躁动的青春期，心里的痛苦不愿意去直接向别人诉说，只是把那种刻骨的疼痛不停地宣泄在作文中和日记中，每天神思恍惚。当时老师看到我有这些情绪的时候，都在文章的后面给我认真细致地写上他的批阅，有谆谆的教诲，有耐心的劝说，有无微不至的关心……

老师的话语渐渐使我明白了很多的道理，逝去的已经不在，而活着的人们还要继续，年迈的父母需要我赡养，未完成的学业需要我潜心攻读，我慢慢地恢复了平静，开始以一种积极的人生态度对待未来的生活。虽然时间已经过去了将近20年，但是当时老师的一言一语我都铭刻在心，都心存感激。

老师经常和成绩差的学生谈心，交朋友，像师长、像兄弟，上课经常提问他们问题，下课经常关心他们的作业和生活，使这些学生强烈地意识到自己是不会被老师和社会遗忘和抛弃的。这一点是老师的做人原则中非常重要的一点，也是我一直最敬重他的一点。

一个人的一生会遇到许多位老师，但真正能影响他一生、改变他命运的老师却不多，我是幸运的，是老师用他那高尚的人格修养、用他那无私的师爱，改变了我的性格，改变了我生命之舟的航向。在人人忙于追名逐利的今天，我能独守一份心灵的净土，怀有一颗淡泊宁静的心，坦然地面对我周围的世界，无不受到老师的影响。

教师要热情关怀学生，在教书育人的实践中提升自己的德识才学，要以崇高的信念将每一天的生活照亮。

每天多说一句好话，多做一件好事。日行一善，日新其德，愈积愈厚，越来越好，就能汇聚为善德，修炼成一颗珍贵的慈祥之心。

四、发现生活的美丽

柏拉图在《理想国》中说：

开一个好头对于做任何事情都是最重要的，尤其是那些尚处于年青和稚嫩阶段的事物，因为这时正是个性形成的时候，此时留下的印象也最深刻。

年轻时形成的观念是很难消除和改变的，因此，年轻人成长时首次听到的故事应该是美德的典范……

这样，我们的年轻人才能在健康的土地上成长，沐浴着阳光雨露，接受美好的事物。一切美好的东西，辛勤工作的本性，像来自纯净之地的和煦的春风，吹尽了人们的心扉，不知不觉地，从幼年时候起，孩子的心灵就与一切美好的事物拉进了，对它们有了天然的亲近之感。

没有哪种训练比这更高贵了。

美好是人们的一种理想。罗丹说：生活中不是缺少美，而是缺少发现。引导学生热爱美、发现美、欣赏美，让学生有一双发现美的眼睛，以鲜活的心灵感受世界的美好，从而激发对生命、生活和自然的热爱，以美育人，提高学生的审美素养与人文修养，是教育的一项重要使命。一位同学说：

翟老师：在语文这个学科上，您给我的启示就是：学语文不是为了争分数，而是为了提高文学素养。您引导我们走进了超越考试的文学之门，让我们知道这扇门的背后有无限宝藏，并且这扇门是虚掩着的。

您教给了我学习的精华，那就是自主探索与发现的精神，这是怎么也忘不掉的。这种精神，会让我一生受益，当有一天离开学校，离开了老师的帮助，这样的精神会指引我走下去，让我活到老学到老。

甚至，您改变了我的世界观与价值观。在以前，只为考试而活的学习之路上，我每天的心情完全由分数与排名决定。是您告诉了我，即使作为学生，生活也不能完全被考试占据。从此，我开始发现生活的美丽，以一个幼童似的期待的目光发现美丽。

我每天放学经过学校那个球形的天文台，现在我觉得它就像美丽的眼睛，每天在黄昏的日光下，目送我回家，并默默地祝福我；学校南门外的那条小路，一侧是人民大学的校舍，我竟然最近才发现，很多的楼上都铺着爬山虎！我每天从这里经过，却从未发现这些美丽的爬山虎，他们好像一夜之间生长出来似的，好奇地看着我们，我们也好奇地看他们。

每天一个小时的车程，我在嘈杂的喇叭声中度过，毫无新鲜感。但您给我的启示，使我发现路边的树，迎春花，小灌木，来往的人，每天都不一样。我经常用相机记录他们的变化与一如既往的美丽。

回到家，妈妈蒸了白白的豆包整齐地放在盘子里，它们就像一群听话的小孩，安静而乖巧地坐在一起，把小脑袋凑在一块说悄悄话……我在这个世界上生活了这么多年，是您的指引才使我发现生活给了我们的如此之多，我们却只把那些当作理所当然。生活本应该是丰富多彩，充满阳光的！

爱是滴滴甘露，即使枯萎的心灵也能苏醒；爱是融融春风，即使冰冻的感情也会融化。

当你的学生拥戴你、仰慕你，觉得你好，你的样子也就成了他想活成的样子。桃李不言，那是无悔的春蚕；红烛不灭，那是无疆的大爱；脊梁不屈，那是伟大的师魂。让师魂重放圣洁光芒！

五、未来之树

2017年，我出席G20国际中学校长峰会时，参观了非洲肯尼亚首都内罗比的贫民窟。贫民窟的一个学前教育学校是用废旧的板子搭起来的，简陋不堪。一个幼童，眼神充满好奇，尚不知道在贫民窟之外还有另一个世界。可在一些七八岁孩子的眼里，却充满了忧伤、自卑和茫然。他们知道在所生活的世界之外还有另外的世界，远比这个世界要好。如何改变悲惨的命运呢？教育也许是必由之路。这个简陋不堪的学校，校门是用破旧的铁皮做的，就在这个锈迹斑驳的铁皮门上画着一棵树——未来之树；写着一行字——种子学校。对于这个学校的孩子们来说，这扇门代表着希望。未来之树寓意教育培养的是未来人才，种子学校又让人联想到种子的象征意义。有学校就有教育，有教育就有希望。这个学校是一位慈善人士创建的，我们不知道这位慈善人士是谁，但却分明感受到一种爱心，这种爱心会像种子一样生长发芽、开花结果。

从这个学校出来，我们在贫民窟看到了另一群孩子，这些孩子十来岁的样子，正上小学。他们是幸运的，因为贫民窟里仅有一所小学校，只有很少的孩子能有上学机会。这些孩子刚刚放学，看到陌生人之后，纷纷跑过来握手、击掌、交谈。我看到了他们眼神中的善意和脸上的微笑。我们没有到这些孩子的学校去参观，也不知道学校的老师是什么样子。但我切实感受到，这个学校的教育是成功的，老师是优秀的。因为学校的老师培养了孩子们对世界的善意——这是教育的意义和价值所在。

出席G20国际中学校长峰会的校长代表，来自英国、加拿大、美国、澳大利亚、德国、日本等国家。作为来自中国的唯一一位校长代表，在与各国校长的交流中，我会介绍中国的文化和教育。在这次峰会上，我讲到了中国文化的仁爱思想，讲到了自己对教育的理解：教育改变命运，赋能未来；教育是唤醒，点燃，播种，熏陶，激发人的潜能，塑造灵魂，塑造生命，塑造新人；教育要培养人的良知，培养人对世界的善意，真正的教育是灵魂教育。

六、人生的航船

心存善良，就会光明磊落，乐于对人敞开心扉；心存善良，就会以他人之乐为乐，乐于扶贫济困，心中就常有欣慰之感；心存善良，就会与人为善，乐于友好相处，心中就常有愉悦之感。心存善良，也会得到更多人的支持和帮助，甚至有时会获得意外之喜。明朝年间有个《援溺得子》的故事：一位姓张的军官负责漕运，路过家乡时，他打算回家一趟，看看老婆孩子。小船行驶在湖上，突然大风把船掀翻了，只有他一个人幸免于难。于是他走陆路，沿着湖堤走了很久，他看到湖上也有一只船翻了，船底朝上，还有人喊救命。水雾萦绕，也看不清呼救的人到底是谁，善良的张先生，立刻喊上岸边的渔船一起去救人，回到岸上，张先生才猛然发现：原来被救的人是自己的儿子。原来，听说父亲要回家，张先生的儿子便划船出来等候，不料也遇到了大风翻了船。父子俩喜极而泣，也庆幸获救。我们深深地相信，即使不是自己的儿子，这位张先生也会去搭救。无论我们救起的是谁，都能让这个世界少一些不幸，多一分温暖。

涵养德性，教书育人，教书是为了育人，育人要育心，育心的关键是净化心灵，启迪智慧。正确的观念会给学生以深刻的影响，一位同学曾说："至今还记得翟校长毕业典礼上的讲话，我觉得说得很对，当时的主题是和启航相关，我印象最深的就是翟校长说，人生的航船经常会碰到风浪，而保证人生的航船平稳行驶最坚固的龙骨，不是能力或者别的什么，而是一个人的道德品质。"教人学做人，才是好老师。

只有站在育人的高度来教书育人，以一种人文情怀来教书育人，课堂才有灵气，学校才有正气，学生才能茁壮成长。

联合国大厦有两座著名雕塑。其中一座雕塑是残缺的地球，意在告诫人们：地球只有一个，要爱护人类家园，不要无休止地破坏环境，攫取资源，使地球走向毁灭。另一座雕塑是一把枪，枪管被卷起来，寓意要仁慈，不要枪杀；要和平，不要战争。这都是在倡导和平、仁爱和善良。

深怀教育使命，仰慕圣贤之道，崇尚君子之风，以播美德于天下、启智慧于心灵、立大美于人间为己任，以一介书生之力立德树人，以美德种子奉献于世，德润心田，福慧双增。唯愿世界和谐，人类和平，家庭和睦，人人幸福！唯愿青少年沐浴着金色的阳光茁壮成长！

第三节　心中的明灯

心与心的融合之处是爱的圣地。课堂要成为师生的精神家园，使师生在这里生活得更幸福、更有尊严。加拿大教育家史密斯先生说：在课堂教学中要追求三种真理、一是个人的真理，二是共享的真理，三是回归的真理。所谓个人的真理，是课堂属于每个人，学生是学习的主人，应该各得其所，主动学习，享受学习的快乐。所谓共享的真理，是指每一个人都是一个发光体，都是智慧的载体，课堂应该实现人与人之间的交流，思想与思想的互动，生命与生命的融合，智慧与智慧的共享。所谓回归的真理，就是要增强课堂教学的魅力，提升课堂教学的育人功能，使课堂成为学生的精神家园。让每个生命自由舒展，让每个学生得到发展。课堂教学要追求个人的真理、共享的真理、回归的真理，提升文化的魅力，提高育人的价值，点燃生命的激情。

爱尔兰诗人叶芝说："教育不是注满一桶水，而是点燃一把火。"

一、心与心的共鸣

不忘初心，方得始终，在前进的道路上，回顾往昔，展望前景，有助于澄静心灵，厘清思想，描绘愿景，成就梦想。我热爱教育、热爱教学、热爱课堂、热爱学生，将整个身心投入教育教学之中，常常是夜以继日、废寝忘食，却乐在其中，享受着一种纯净的幸福。我跟学生一起感受祖国语文的魅力，体会祖国文化的深厚。

语言文字是一个民族心灵的声音，是文化的基因。这富有灵性的文字，是有呼吸、有情感、有生命、有灵魂的。与这样的文字对话，就是在感受民族文化的呼吸、情感、生命与灵魂！面对内涵如此丰富的母语，我们怎能不怀着一颗感恩的心，亲切地吟咏，深切地品味，自由地书写，去领略母语世界的美好风光呢？

我体会到：真正的课堂是心灵课堂，应该唤醒生命的感受，提升文化魅力，提高育人价值。

教育应该成为教师与学生互动的学习过程，共度的情感历程，共创的人生体验。巴金先生的《灯》是光明、温暖、希望和爱的象征。在引导学生学完课文后，我对同学们说："巴金先生的心中有一盏永远亮着的灯，在你自己的心中，有没有这样一盏灯呢？请讲述一个你自己的关于'灯'的故事。"经过片刻思考，同学们纷纷发言，一位同学说："在我心中有一盏灯，每天早晨，我起早上学时，天还没有亮，路灯却已经熄了，路上黑沉沉的一片，让人害怕，但一走到街口，这种害怕的感觉就消失了。因为那里有一盏灯。那是'治安服务岗'的灯光，在一片黑暗中，它给我一种力量，一种安全感。路过民警值班室，透过玻璃可以看到叔叔们忙碌的身影。每天早晨，只要没有任务，他们都会很认真地打扫卫生，把玻璃擦得纤尘不染，让灯光更好地透出来，照亮每个路人的心。"

另一位同学说："在我的心中也有一盏灯。有一天，我去老师家里上课，回来时已经很晚了。风呼呼地刮着，四周死一般的寂静，我独自走在空荡荡的大道上，缩着脖子往前赶，感到有些害怕。我想，都这么晚了，妈妈还在等我吗？我这样想着，不由加快了脚步，离家越来越近了，当我到楼下时，心不禁微微一颤，原来整个楼上，就只有我家的灯在亮着。'妈妈在等我！'我心里默默地说。我一进门，妈妈就放下手中的活对我说：'今天怎么这么晚才回来？快洗洗睡觉吧。'我躺在床上，怎么也睡不着，始终想着刚才那孤孤单单的灯光。这灯光是平常的，可在我看来是伟大的，因为它象征了伟大的母爱，它多像母亲的眼睛啊！"

我说："是啊，我们每个人的心中都有一盏灯。这灯光，给了我们光明、温暖和希望，给了我们继续赶路的勇气和力量。人的一生会遇到许多坎坷和磨难，有时可能要走一段泥泞难行的路，但不管在什么样的困境中，我们永远不要忘记心中的这盏灯，永远要记住巴金先生的话：'在这人间，灯光是不会灭的！'"

任何一部成功的作品，都融合着作者深刻的思想内涵、深切的情感体验和丰富的人生经历，这是一笔宝贵的精神财富。刘勰说："夫缀文者，情动而辞发；观文者，披文以入情。"当老师与学生一起深入作品之中涵泳品味、受到感染的时候；当师生的思想情感与作品的思想内容融为一体，并进而引发新的联想、迸发新的灵感、产生新的感悟的时候，课堂就会成为师生互动的学习过程，共度的情感历程，共创的人生体验。

头脑不是一个被填满的容器，而是需要被点燃的火把。点燃火把，使之放射出美丽的光焰，是教师的使命，也是课堂教学所追求的理想境界。学生素质的形成是一个持续不断的内化过程，内化的不可替代性，决定了教育活动必须发挥学生的主体性。

鲁迅先生的小说《祝福》塑造了祥林嫂这一悲剧形象。要引导学生深入体会，应找准切入点，创设有启发性、激励性的问题情境，让学生主动思考，深入探究，通过品味语言，体会小说深刻的思想性。我从肖像描写入手引导学生分析人物形象，首先让学生从课文中找出关于祥林嫂的三次肖像描写，并朗读体会。然后问道："在祥林嫂离开人间的最后一次肖像描写中，哪一点使你感受最深，为什么？"学生认真思考，积极发言：

"我对'她一手提着竹篮，内中一个破碗，空的'这句话感受最深，这说明她已经是一个乞丐了。'空的'是为了表明祥林嫂连讨饭的生活也难以维系了。"

"'空的'还说明鲁镇人的冷漠，连一点施舍都是不肯给祥林嫂了。"

"还说明祥林嫂因为嫁过两个男人，被认为是有罪的人、不吉利的人，在祝福的时候，人们更厌恶她上门乞讨，这表现出鲁镇人思想的陈腐、守旧。"

"'五年前的花白的头发，即今已经全白，全不像四十上下的人'这句话使我感触最深。仅仅四十上下，头发就已全白，可见她的生活是如何悲惨，心情是如何痛苦，生活的煎熬已经使她过早地衰老了。"

"'五年前的花白的头发'说明她在三十五岁之前的日子也很苦。五年中头发就全白了，说明这五年的生活实在太苦了。"

"我对'脸上瘦削不堪，黄中带黑，而且消尽了先前悲哀的神色，仿佛木刻似的，只有那眼珠间或一轮，还可以表示她是一个活物'这句话感受很深，这说明祥林嫂的精神已经崩溃了、麻木了，这使我想起了'哀莫大于心死'这句话。"

"'一手拄着一支比她更长的竹竿，下端开了裂'说明她沦为乞丐的时间已经很长。比她更长的竹竿，反衬出她身体的衰弱瘦小。"

"这支比她更长的竹竿可能是祥林嫂随便从什么地方捡来的，从一个侧面说明她生活的悲惨，精神的麻木。"

我问："在祥林嫂初到鲁镇和重回鲁镇的肖像描写中，都有'顺着眼'的描写，这表现了什么？两次描写的内涵是否相同，为什么？"

"顺着眼，表明祥林嫂是一个安分耐劳的人。"

"表明了祥林嫂的善良。"

"她是想到鲁四老爷家做工，'顺着眼'说明她有些紧张、胆怯。"

"重回鲁镇时，'顺着眼，眼角上带些泪痕'，说明经历了一次次命运的打击，特别是经历了痛失爱子的悲剧后，她更加痛苦了，这里的'顺着眼'应该有更多的悲哀在里面。"

"她初到鲁镇时，'顺着眼'说明在婆家过着很低微的生活，可能还背着'克夫'的骂名，因此，很自卑。重回鲁镇，她又背上了新的罪名，更加自卑了，有一种负罪感。"

我又引导学生思考：为什么三次肖像描写都是写到了祥林嫂的眼睛？为什么鲁迅先生要先后三次描写祥林嫂的肖像？经过讨论，学生认为：眼睛最能表现一个人的内心世界，"要极俭省地画出一个人的特点，最好是画她们的眼睛"，祥林嫂的这双眼睛是苦难的写照，让我们看到了封建社会是如何一步一步吞噬了祥林嫂的。多次描写祥林嫂的肖像，是为了反映祥林嫂悲惨人生的几个典型片段，是与人物的命运紧紧联系在一起的。可见，肖像描写要表现人物的内心世界和性格特点，要反映人物的命运。

学生的潜能是巨大的，只要给他们提供表现、思考、研究、创造的机会，他们都能学习，都会学习。课堂教学应该创造平等、民主、和谐、生动的氛围，创设新颖、巧妙、有趣、有益的问题情境，设计符合学生实际又有适当难度、紧密联系课文又有充分创造空间的问题引导学生思考、探究，激发学生的创新精神，让学生享受到自己思考的果实。

二、有境界则自成高格

王国维在《人间词话》中说："词以境界为最上，有境界则自成高格，自有名句。"又说，"境非独谓景物也，感情亦人心中之一境界。故能写真景物、真感情者谓之有境界，否则谓之无境界"。

艺术都是相通的，课堂教学也要追求境界美。这里所说的境界，是指在教学过程中所创造的融知识性、科学性、形象性、情感性为一体的富有强烈艺术感染力的教学氛围，它以激发学生兴趣，更好地传授知识、培养能力、启发思维、陶冶情操为目的，以知识性和科学性为前提，以形象美、情感美、结构美为主要因素，是教学的一种理想境界。

形象美。课堂教学的形象美是通过生动的教学活动感悟作品的艺术形象，或者将抽象的知识、道理转化为具体可感的形象，从而达到教学目的一种教学艺术形式。

文学作品是通过塑造艺术形象反映社会生活、表现作者思想感情的。恩格斯说："我认为倾向应当从场面和情节中自然而然地流露出来，而不应当特别把它指点出来。"古人所谓"立象以尽意"，也是这个意思。对作品中的艺术形象，老师要引导学生涵泳体味，使之如闻其声、如见其形、如临其境。

教学语言的形象生动、教态的自然得体、板书的直观醒目，以及图画图表、影视作品的合理运用，也是增强课堂教学形象性的重要手段。

情感美。罗丹说:"艺术就是感情。"如果说,创作过程是一个"情动而辞发"的过程,那么,欣赏过程则是一个"披文以入情"的过程。

要引导学生"入情",老师必先"入情",只有深刻感动自己的东西,才能深刻地感动别人。这就要求老师要准确地把握作品的时代背景,深刻地挖掘作品的思想感情内涵,努力与作者的思想感情融为一体。在此基础上,设计恰当的教法,用充满感情的语言与学生交流,创造一个适合作品基调的情感氛围,让感情弥漫在课堂之中,融会到学生心田。

实现课堂教学的形象美与情感美,途径很多。我以为,要特别注重美读、情讲、涵泳、联想这几个方面。

叶圣陶先生把有感情的朗读称为"美读",要"激昂处还他个激昂,委婉处还他个委婉"。他还说:"语文学科,不该只用心与眼来学习;须在心与眼之外,再用口与耳才好,吟诵就是心、眼、口、耳并用的一种学习方法。"教师要选择恰当的朗读方式,用富有感染力与形象性的"美读"来增强教学的艺术魅力。如讲《与妻书》一文,教师满怀激情地诵读,会使学生感到一种浩然正气磅礴于世间,心灵自然受到震颤。

要做到"情讲",关键是备课时要"入得去",上课时要"出得来"。备课时有了深厚的感情,教课时又"出得来",学生自然情不自禁。

朱熹讲读书之法,倡导"涵泳"与"体察"。涵泳体察是阅读欣赏文学作品、得其主旨、悟其神妙的重要方式。教材中值得细细品味的地方随处皆是。学习陶渊明的《饮酒》一诗,讲道"采菊东篱下,悠然见南山"一句,我引导学生体会"见"与"望"的区别,经过吟诵体味、讨论分析,同学们认识到:"见"是不经意而见,表现了诗人的悠闲与自在;而"望"是有意而望,着一"望"字而"神气索然",由此可以见出古人在炼字炼意上是如何讲究。

联想是人们根据事物之间的某种联系，由一事物想到另一事物的心理过程。语文教学的联想空间是相当广阔的，由课文到课文，由课内到课外，古今中外，天上人间，都可旁征博引，为我所用。如教《五人墓碑记》一文，当讲到"五人之当刑也，意气扬扬，呼中丞之名而詈之，谈笑而死"的内容时，笔者引导学生联想到"舍生而取义"及"威武不能屈"的千古名言，联想到文天祥"人生自古谁无死，留取丹心照汗青"的诗句，联想到史可法、谭嗣同英勇就义的壮举。在联想的过程中，使学生受到熏陶感染，得到教育启迪。

需要指出的是，课堂教学的形象性与情感性离不开一个"真"字。美是至情至性的流露，存于中然后形于外，不容有丝毫假饰。只有至诚的性情，才能产生美感。

结构美。实现课堂教学的境界美，还要注重结构的完美。任何艺术作品都离不开一定的结构。写文章要注意布局，绘画要讲究构图，一堂成功的课也同样离不开完美的构思。

构思一堂课应注意以下几个方面：

一是完整性。一般地说，一堂课有开端、发展、高潮、结尾这样几个环节，要有一条线索贯穿始终，每个环节都要围绕教学目标展开。但更重要的是，要有一股生气贯注于全体，使之成为一个完整的机体。课堂教学的开头和高潮部分具有举足轻重的作用，应精心设计。

开头导入得好，就能定下恰当的感情基调，为后面教学活动的展开开创理想的教学情境。执教孙犁的小说《荷花淀》时，笔者设计了这样的导语："在辽阔的冀中平原上，有一个风景秀丽的村庄。村南是一片大苇塘，经常可以听到鸟的叫声；村北有一条河，能听到纤夫的号子，能看到河中行进的白帆……这就是著名作家孙犁的故乡。当日本侵略者的铁蹄践踏我神圣国土时，这片土地被惊醒了，这里的人民同仇敌忾，纷纷投入抗战的洪流中去。目睹抗日军民可歌可泣的业绩，孙犁的创作热情空前高涨，他紧紧把握着时代的主旋律，流金泻玉般地写出了一系列圆实、光润的佳作，《荷花淀》就是其中的一篇。"这个富有感染性的导语，简介了作者的历史背景，将学生带到了抗日战争的岁月里，定下了与《荷花淀》相吻合的课堂基调。

高潮部分是一堂课最精彩之处，成功的高潮设计能像一道强光照亮整个教学过程，将课堂教学提升到一个新的境界。文学作品的高潮设计相对容易，而议论文的高潮设计往往比较困难，但也不是不可能。我执教邓小平《讲讲实事求是》一文时，在高潮部分设计了这样一段话："历史已经证明：没有实事求是，就没有新中国的诞生；没有实事求是，就没有改革开放的今天。历史还将证明，只要我们坚持实事求是，坚持一切从实际出发、理论同实践相结合，我们的国家将会更加富强，我们的人民就会更加幸福，我们的民族就会以更加雄伟的姿态屹立于世界民族之林！"充满感情的议论，再配以教师慷慨激昂的语调，造成了一种气氛，震撼了学生的心灵。

二是条理性。一堂好课应如一泓秋水，清澈见底。每堂课先讲什么、再讲什么，都要清清楚楚、条理分明，同时还要注意巧妙地过渡。在这一点上，板书的清晰也较为重要。我执教《荷塘月色》时，设计了这样的板书：家里（"颇不宁静"）……路上（渐趋宁静）……荷塘（"受用"荷塘月色）……回家（惦着江南）。既勾画出了课文的线索思路，又见出了作者情感的变化；在家里的时候，他"颇不宁静"；置身于荷塘月色的美景中时，他得到了片刻的安宁，有了"淡淡的喜悦"；但一回到现实中，他又陷入了深沉苦闷之中。"颇不宁静"这感情的潜流制动着全篇，一切写景言情都由此生发出来，是全文的"文眼"。再联系当时的社会现实和作者当时的心境，作品的主题便不言自明了。

三是结构的起伏性。音乐的命脉在节奏。课堂教学也要有节奏感，做到张弛有度，起伏有致。我执教鲁迅先生的小说《祝福》时，开头先用形象的语言导入课题，然后引导学生分析作品情节，继而进入祥林嫂形象的分析。讲到祥林嫂临死时的情节，课堂上出现了第一个高潮。接下来分析祥林嫂捐门槛前后的情节时，出现了第二个高潮，师生们的感情都陷入了深沉的悲痛之中。这样的波澜起伏、层层推进，使课堂教学呈现出参差错落之美。

一堂成功的课必须追求一种知情结合、文质兼美的艺术境界，学生才能在接受知识、提高能力的同时受到美的陶冶，提高审美情趣。

第四节　神圣的好奇心

苏霍姆林斯基说："学习的愿望是一种精细而淘气的东西。形象地说，它是一支娇嫩的花朵，有千万条细小的根须在潮湿的土壤里不知疲倦地工作着，给它提供滋养。我们看不见这些根须，但是我们悉心地保护它们，因为我们知道，没有它们，生命和美就要凋谢。"我们要保护学生的学习愿望，激发学生的学习热情。学习所获得的快乐会使学生增长自尊、增强自信，学习会渐入佳境。

从来没有一个时代，像今天这样需要随时随地、敏捷高效地终身学习。那种依靠在学校时学到的知识就可以应付一切的时代，已经一去不复返了。教育要培养学生终身学习的能力，所谓"不愤不启，不悱不发，举一隅不以三隅反，则不复也"。[1] 正像达尔文所说："最有价值的知识是关于方法的知识。"

让孩子的生命永远焕发旺盛的活力，让孩子的眼睛永远闪着神圣的好奇之光！

---

[1]（《论语·述而》）

一、生命成长课堂

生命主体课堂，促进学生成长，焕发生命活力。培养学生终身学习的能力，注重改变课堂，赋予课堂以新的内涵。教学合一，师生合一，自主学习，充满活力；以人为本，尊重生命的主体地位；入乎其内，出乎其外，对教材进行再创造；提升课堂的育人价值，创造生动和谐的教学情境，使课堂变得更加丰满有魅力。

课堂是为人的学习与成长而存在的。课堂教学应该尊重生命，唤醒生命，发展生命，彰显生命的价值，激发生命的活力。好的课堂焕发生命力，是生命主体课堂。每一个孩子都各有天赋，要全面正确地认识并尊重每一个学生，尊重个性，因材施教，赏识激励。要改进教学行为，形成多样化的教学策略，积极营造和谐的课堂气氛，让学习更加自主，让学生主动发展。

学习是一种活动。著名教育学家克伯屈认为：应该把学习主要看成是一个活动，而不是一件静态的事情。学生是在行动中，通过行动来学习的。学习的结果是获得一种新的行为方式。学习是一个人经历过的任何部分或方面留存在学习者的身上备将来相机发挥作用的一种活动。克伯屈将学习分为三种：主学习、副学习、附学习。主学习是学习的主要内容，副学习是主学习之外的学习，附学习是附着在主学习之上的一种学习。学习是一种立体化的活动，不是单一的内容，也不是单项的活动，其收获也不是只局限在知识的获取。学习是师生共同创造的学习活动，是知识与能力、过程与结果、情感态度价值观的相互融合。

赋予课堂新的内涵。课堂是师生互动的场所，是学生学会学习的场所，是学生自主学习的场所；是师生智慧充分发展的场所。建构主义教学论认为：人的知识不是通过别人的传授而获得的，而是依靠自身的经验，通过自身的学习而建构起来的。建构是需要条件的，如情景、群体、资料、建构的时空、和谐的环境等。学生是知识建构的主体，是学习的主人。

尊重人的主体地位。教学要从学生的学出发，以学生的有效学习作为出发点，深入探究，充满活力，让学生知道学什么、怎么学；把学习的时间和主动权还给学生，引导学生自主学习、探究合作，使学生兴趣高涨，思维活跃，提高课堂效率。美国伊克中学校训是：让我看，我记不住；让我听，我会忘记；让我参与，我会明白。要将课堂还给学生。让学生自主探究，主动发展。将创造赋予教师，使教育成为充满智慧的事业。将世界引进课堂，使课堂成为现实生活的一个真实的组成部分，使课堂流淌着时代的活水。

课堂教学要确立以生命为本的价值观。这种生命为本的观念，既珍视学生的生命价值，也珍视教师的生命价值。生命是课堂的主体，相对于生命主体而言，知识、能力、过程、方法等等，都是教学的客体，都是为人的发展服务的。正是有了人的主体地位的凸显，知识、能力、过程、方法等才有了生命的热度，才能更好地内化为学生的素质，从而与生命融为一体。只有尊重了人的主体地位，才能使学生和教师焕发生命的活力，才能使课堂充满生命力。

课堂教学的过程是师生对教材再创造的过程。课堂教学存在于心灵与心灵的交流之中，存在于课堂与生活的联系之中，存在于师生与教材的对话之中。刘勰说："夫缀文者，情动而辞发；观文者，披文以入情。"入乎其内，出乎其外。教师的备课是对教材的挖掘，是探寻教材内在价值的发现之旅，是由教材而拓展开去的课程开发，是对教材入乎其内，出乎其外的提炼与升华，是对教材进行再创造。

生动和谐的"人的情境"。课堂中的每一个人，每一种教学因素，都是教学的资源，也都是教学的环境。多向互动的教学情境，师生共同参与，思想、情感、知识、能力互相交流。教师可成为发光体，每一个学生都可成为发光体，都可把自己的才智辐射到其他人的身上。教师与学生既引导学生学，又从学生的学中得到启发。研讨空气浓厚，课堂气氛活跃，学习情境优化。

探究发现的教学情境。陶行知先生说："教育不是灌输知识，而是将开发文化宝库的钥匙，尽我们知道交给学生。"而叶圣陶先生认为："教师之为教，不在全盘授予，而在相机诱导。"

开放融通的教学情境。教育与生活融通，教学的外延与生活的外延相等，让教学成为生活的一部分，努力营造生活化的教学情景。运用互联网、线上教学等现代教育技术创建开放有效的教学情景，构成线上线下相互融合的教学情境。

学习《岳阳楼记》，可以回顾范仲淹从小怀抱远大志向的经历，通过历史故事，影视片段，帮助学生领会"先天下之忧而忧，后天下之乐而乐"是范仲淹一生行为的准则。这样独立的人格和高远的境界，使人油然而生钦佩和敬仰。

课堂教学深层的价值越来越重要，那就是人格的影响、智慧的启迪、情感的熏陶，以及对学生终身发展的引领与促进。因此，教师的人格与智慧就是教师的本质力量之所在；而注重启发式教学，激发学生的学习兴趣，引导学生学会学习，就成为课堂教学的重要使命。从这个意义上说，好的课堂应该成为学生心灵成长的源泉、终身发展的动力。好的课堂是丰满的，学生在成长过程中，既需要知识的营养、能力的提高，更需要文化的引领和智慧的启迪，而课堂教学应该是以上各种功能的集合体。丰满的课堂既要有知识的传授、能力的提高，又要有情感态度价值观的培养，还要内蕴着一种文化的魅力。好的教育要感动心灵，提升品性，让人永远铭记。

二、心智共生课堂

"有一种人生最为美丽，那就是教师；有一种风景最为隽永，那就是师魂。"这句话揭示了教育的人文关怀——这个时代呼唤着文化的多元共存、和而不同、融合创新。心智共生课堂展现了一幅孩子们心智水平协调发展的理想图景，同时提供了思维导图等能使理念落地的强大工具。只有这种"有方法的思想"和"有思想的方法"，才能完成传统课堂全系统的改变。

心智成长，是一个神奇的过程。人全身的细胞每七年更换一次，成为一个全新的人；人的心智模式也需要不断迭代，重塑全新的自我。学生需要不断地升级认知、自我精进、发掘潜力以及自我重塑，找到终身成长的路径。

寻找自我，是一段漫长的旅途。心理学家爱利克·埃里克森认为，人的发展在青少年到成年早期中有一项重要的发展，就是自我同一性的建立，知道自己应该做什么，做什么样的工作，成长为什么样的人，构建自己的人生观、价值观、世界观，将自己的过去、现在、未来整合成有机的整体。也可以说，所有的教育都是在帮助孩子找到自己。

苏联心理学家加里培林提出了心智动作按阶段形成的理论。加里培林将心智动作的形成分为五个阶段：

一是活动的定向准备阶段：使学生预先熟悉活动任务，了解活动对象，知道将做什么和怎么做，构建关于认知活动本身和活动结果的表象，知道操作的技巧和方法。

二是物质活动阶段：引导学生通过从事物质活动掌握活动的真实内容。

三是出声的外部言语活动阶段：心智活动不直接依赖物质或物质化的客体，而是借助出声言语的形式来完成。

四是无声的外部言语活动阶段：从出声的外部言语向内部言语转化。增加了更多的思维成分。

五是内部言语活动阶段：心智活动借助内部言语完成，高度简要、自动化，是很少发生错误的熟练阶段。

点燃激情，激发兴趣，享受学习。把学习热情注入孩子的心灵深处；让课堂成为学生梦寐以求的学习胜地；让学生享受到学习的快乐与成功、意义与价值。教师最关注的应该是学生。学生的声音是应该被听到并被尊重的。学生应该是积极投入、充满热情的。教师和学生之间的课堂时间应该充满魅力。当教师和学生在教室里的时候，除了积极的探求新知，其他的一切都应该消失。应该让学生感觉到，在那一刻，与他们的求知欲相比，世界上所有其他的东西都不重要。比如，教师给学生一个题目《颐和园》，学生借助思维可视化手段，通过阅读、实地考察等方式进行课题的自主及合作研究，并运用学科思维导图进行成果汇报。通过对颐和园课题的深度研究，学生探究出颐和园背后所蕴藏的政治、经济、文化、科技等诸多领域的内涵，甚至还给老师当起了老师。这样的课程真正打破了课堂的边界、打破了学科的边界、打破了师生的边界。这样的"打破"，正是基于心智课堂对学习策略及方法的启迪。

探求真知，积极主动，学会学习。让学生明白，成功来自兴奋与积极的大脑，来自自在与活跃的身心。创新源于好奇心、想象力和批判性思维。让学生懂得，恰当的有价值的提问，跟得到正确答案一样重要。教师要帮助学生探索，对研究与学习内容做出适当的选择；引导学生提问，以深化学生的认知和能力；引导学生积极主动学习，提高学习效率；引导学生在发现中获取知识，从知识出发来创造意义。相对结果而言，知识的习得是在发掘中，在过程中，在重构中，在创造中。教师既要"传道，授业，解惑"，又要"激趣，启思，导疑"。在信息化时代，教师，课堂，甚至学校，不再是学生获取知识的主要途径，学生可以利用更加多元化的渠道展开学习，但是否愿意保持开放的心态，终身学习，则首先取决于学生的内在动机和学习兴趣。

建立梦想，树立信心，终身学习。作为教师，必须用一种积极向上的态度与孩子在一起，别摧毁孩子的梦想，而且要帮助孩子建立梦想；要善于发现每个孩子身上的潜能，坚信每一个孩子都能学好，引导学生养成终身学习的兴趣、习惯与能力。

启迪心智，文化润泽，价值引领。要善于营造和谐的氛围，充满人文关怀，富有人文情韵；要展现文化的魅力，富有审美情趣；要培养学生的思维品质，循循善诱，启迪心智；要以高尚的道德和人格魅力影响学生，以正确的世界观、人生观、价值观引导学生，引领学生向真、向善、向美、向上。

如果教学过程中只是注重科学知识的传授，而忽略了人文教育的实践，将课堂变得程式化、机械化，使本来生动活泼的学科变成了应付考试的工具，那么本来应该充满人文情怀的课堂，就会变成功利化的产物。新时代的课堂需要源头活水，需要与时俱进，需要人文情怀。课堂有温度，人人有温情。让课堂成为师生共同的精神家园——在这里，学生与教师都能获得健康、幸福与发展，都能得到人生价值的提升。

课堂是属于课堂中的每个人、每个学习者的。每个人都应该受到尊重，都应该在自由的状态中自主学习。课堂是人与人共同构成的，情感的共鸣、思想的碰撞、智慧的共享是课堂的独特魅力所在。课堂教学既要注重个体的学习，又要注重团体的学习；既要实现个体的习得，又要实现团体的共生。好的课堂应该成为精神家园，学生在课堂上如沐春风，就像回家一样有安全感，就像进入知识宝库一样有获得感，就像徜徉在美丽花园一样有幸福感；而当学生离开课堂的时候，会怀念你的课、留恋你的课。你的课使学生终生难忘——课是他的精神家园。

三、德慧双增课堂

捷克教育家夸美纽斯曾说:"孩子们求学的欲望是由教师激发出来的,假如他们是温和的,是循循善诱的,不用粗鲁的办法去使学生疏远他们,而用仁慈的感情与言语去吸引他们;假如他们和善地对待他们的学生,他们就容易得到学生的好感,学生就宁愿进学校而不愿停留在家里了。"

课堂是教育的重要载体。课堂既指教学的课堂,也指社会的课堂和生活的课堂。课堂的本质应该是道德的。所谓道德课堂,含义有二:一是应该合乎人的发展规律,为学生的健康成长服务;二是应该播种美德,以立德为本。

面对孩子,教育者要学会耐心等待,等待学生慢慢学会,慢慢领悟。因为教育是一个过程,不是一个立竿见影的行动,需要给予学生反思进步的时间和空间。

课堂应该是个性的课堂,有自由的精神。把课堂还给学生,使课堂充满生命力;把自由还给学生,使每一个学生各得其所,各展其长;把探究的权利还给学生,让每一个学生得到自主的发展;让个性得到尊重,使课堂充满创新的乐趣。课堂应该让学生过一种有尊严的、自在的、探究的生活。

课堂应该是探究的场所,有创新的精神。以创新精神和实践能力的培养为重点,为学生创造丰富多彩的学习生活。必修课要突出强调自主性与探究性,选修课要突出强调丰富性和多样性,校本课程要突出强调时代性与实践性,研究性学习要突出强调渗透性与生活化。要使课程成为促进学生健康成长的平台。

课堂应该是共享的学习园地,有开放的精神。学生应该感受到一种快乐和自在,有充实的收获,得到健康和谐的发展。课堂存在于学生、教师与学习内容之间,要实现资源的共享。教学的过程就是对话的过程,教师既要善于表达,也要善于倾听,要成为学生观念的淘金者。要使课堂走进学生的心灵。

课堂应该是情感的陶冶,有人文的精神。要成为心灵的家园、美德的家园、智慧的家园,使学生有一种强烈的归属感;要在学生的心灵中播下真善美的种子;要创设情境,通过情感的陶冶、智慧的启迪和生活的体验,提升人的德性,启发人的良知,塑造健全的人格,实现心灵的净化与升华,使人变得更美好、更高尚、更有价值。在学科教学中渗透灵魂教育,让学生受到情感的熏陶,提升人生的境界。

语言具有能量,语言之于教师,正如骏马之于骑士。教学成功与否,在于作为骑士的教师驾驭骏马的潜质高低。

道德与智慧是一体两面,有机统一的,有道德的教育才是有智慧的教育。自然即"道",顺应自然即"德"。"自然"作为一个哲学概念,是对宇宙人生的本真描述,包含自然规律的含义在内。"道德"作为一个哲学命题,不仅指人的品行,更指宇宙人生的本质。从这个意义上说,与道德合一,就是与自然合一,就是顺应自然规律。只有道德与智慧合一的教育,才能顺应规律,赋予人生以真正的力量,实现德慧双增。

第五节 一德立而百善从之

宋代理学家程颐说:"一德立而百善从之。"道德是人的立身之本,是真善美的根基，是人生幸福、生命发展、世界和谐、人类和平的基石。一个有道德的人，才是一个有尊严的人；一个有道德的民族，才是一个有希望的民族；一个有道德的世界，才是一个能长久和平的世界。

美德是生命之根，自律是幸福之源，同情是善良之本，慈悯是贤德的种子，精进是成功的基石，智慧是精神的财富。

一、美德是生命之根

尼采说："人与树其实是相同的。它越是想上升到光明的高处，它的根就越是坚定地伸向泥土中，向下深入，进入那黑暗的深处去！"

尼采在《查拉图斯特拉如是说》中说："这棵树孤独地生长在这里的山中；它生长得如此之高，甚至超越了人类与动物。如果它要开口说话，那么没有人能够理解它：它长得如此之高。现在它一再地等待，可是它在等待着什么呢？它所居之处离云层太近了；它也许在等待着第一道闪电？"

查拉图斯特拉说道："因为你还不自由，所以你仍在追寻着自由。你的追求使你过于清醒，彻夜难以入眠。你想要到达那自由的高处；你的灵魂渴望着星辰。但是甚至你那糟糕的本能也在渴望着自由。"

精神上的自由者仍有必要净化自己。他的身上仍然存在着很多禁锢和污垢；他的眼神仍然需要变得更为纯净。

不要抛弃你的爱与希望！你仍然感觉自己很高贵，而其他对你心怀怨恨或是向你投来恶意的目光的人也会仍然觉得你很高贵。你要知道这一点，那就是，高贵的人会成为任何一个人的障碍物。甚至对于一个好人来说，高贵的人也是障碍物，即使好人们把他称之为好人，他们也总是极力想排挤他。因为高贵的人想要创造一种新事物与一种新美德，高贵者的精神在高处。

"我用我的爱与希望恳求你：不要抛弃你灵魂中的英雄！维护你那神圣的最高的希望吧！"

成为"大树"。须具备六个条件：恒久：从树苗长成大树，一定是岁月刻画着年轮，一圈圈往外长。持之以恒，久久为功。定力：一棵大树一定是屹立不动，一定要"任凭风吹雨打，我自岿然不动"，坚守信念，专注内功，保持定力！根本：树有千百万条根，深入地底，吸收营养。绝对没有一棵大树没有根。一定要不断学习，不断充实自己。自己扎好根，事业才能基业长青。树高千尺，营养在根。向上长：大树是向上长的，一定是先长主干再长细枝，一直向上长。一定要向上，不断向上才会有更大的空间。向阳光：阳光，是树木生长的能量源。树立一个正确的目标，并为之努力奋斗，愿望才有可能变成现实。要接受阳光的沐浴，向着光明生长。经风雨：经风霜，历雨雪，历尽沧桑。正是无数次的风吹雨打，才最终成为大树。风雨压不垮，苦难中开花。

宇宙间有一种伟大的力量。深深扎根，敞开心胸，纳天地之正气，养心中之灵气，跟自然交流，跟社会交流，与天地和谐共生，与纯真美好的心灵在一起，使能量不断增强。

二、自律是幸福之源

在美好的青春时代，播下幸福的种子。灵魂教育精彩纷呈，幸福如花，开在学生的心中。

教育是为孩子的未来人生点燃幸福的灯，为未来人生打好幸福的根基。人生之树，用善良作根，正直为干，学识如枝叶般繁茂。让自己长成一株大树，当大树顶天立地，我们就不惧风雨！

面对诱惑，学会说"不"！灵魂教育课"面对诱惑，学会说'不'"

心灵的教育 | XINLING DE JIAOYU

展现了教育的生动性和实效性。一位同学设计了一个小品，以"同学的一天"浓缩了学生时常会遇到的不良诱惑，以心灵天使和心灵魔鬼的表演展示人物在诱惑面前的挣扎，以讨论来帮助同学"学会说'不'"，促成心灵的坚强；制作动画短片，用生动的图片告诫同学要对香烟毒品、黄色网络、权钱交易大声说"不"；参加的家长、老师、专家就自己的人生体会为同学们提出建议。一名同学起草了《自律宣言》，全班同学用青春和信誉承诺：

从此刻做起，从点滴做起，加强自律，拒绝诱惑！在学习上，我们要拒绝安逸、懒惰的诱惑，用目标来自律，做到刻苦努力；拒绝骄傲、浮躁的诱惑，用平和来自律，做到踏实上进；拒绝网络、游戏的诱惑，用学业来自律，做到专心求知。在生活中，我们要勤劳，拒绝懒散的诱惑；我们要节俭，拒绝奢侈的诱惑；我们要诚信，拒绝虚假的诱惑；我们要正直，拒绝奸邪的诱惑。

诱惑中有欢娱、浮华，拒绝诱惑会拥有充实、本真；诱惑中有放纵、神秘，拒绝诱惑会收获高尚、坦然。我们用坚强的意志筑起自律的长城，诱惑也就轻如鸿毛；我们用高尚的道德修炼干净的灵魂，诱惑也就不能污染。

拒绝诱惑，我们将在自爱中充实，在自强中提升，在自律中完善。

孩子是生命力旺盛的新一代，珍惜生命和幸福，崇尚美德和智慧。

杰斐逊说："如果人类的生活像我们所希望和相信的那样应该一步步改善的话，教育应该是达到这个目的的主要手段。"

为实现教育理想，应该创造一种新的人文环境：这种人文环境集东西方优秀文化元素于一体。在这种环境中成长的人，自尊心将得到保护，自信心会进一步增强，道德素质、文明程度、民主意识、责任感、合作意识、创造精神都将得到发展。孩子们的生活会更幸福，人格会更健全，心胸会更开阔。

时间是一个伟大的作者，它会给善良的人写出完美的结局来。只要种了善的种子，定会结出善的果实。

三、同情是善良之本

道德是教育的根本，有道德的教育才是有生命的教育。"幸福课堂"和"道德课堂"如春天一般生动。"爱的教育"系列主题——"爱的内涵""爱我中华、壮我中华""爱在我们中间""母爱，永远的歌"等，从爱的责任、爱的根脉、爱的理解、爱的实践等方面使孩子们学会爱人，懂得责任；而人格教育系列主题——"对自己负责、对他人负责""坚韧——我所追求的品格""做健康的人，做卓越的人""面对诱惑，学会说'不'"等，又从品行方面来塑造孩子，提升他们的认识。还有"把握今天，走向成熟""学会感恩""学习苦乐观""感受幸福""珍惜幸福""创造幸福"等系列主题教育课，教师与学生一起精心设计，共同生成，构成丰富生动的教育景观。

课堂当然不限于教室，服务社会、奉献爱心的活动带给学生们书本之外的震撼。一位同学写了《明天的"光明"在哪里》一文，文中写道：

很幸运地，我们身受上苍的眷顾，拥有健全的双腿，有力的臂膀，明亮的眼睛，敏锐的双耳。时时刻刻，我们身处多姿多彩的世界，享受着我们拥有的一切。回忆起那一天，我们到聋哑学校帮助那里的孩子的时候，回忆起我们俯下身子望着有听力障碍的孩子藏着无数言语的双眸时，回忆起我们触到他们的双手，感受他们的体温时……心中有无尽的感慨，有很多话想说给残疾孩子听，说给自己听，说给社会听……

学校是社会给他们独特的关爱，但他们毕竟要长大，要离开这里。那个时候，谁又是为他们遮风避雨的羽翼呢，又有什么能帮助他们呢？

望着那一双双天真的大眼睛，那绽放的灿烂笑容，那挥动着略显残破的衣袖，心中有种莫名的酸楚蔓延开来。我深深感到我们能为他们做的还有很多很多。不仅是我们，偌大的社会，给予他们的还远远不够。挥挥手与聋哑孩子们告别，心里为他们默默祝福——不仅有快乐的今天，还会有一个灿烂的明天。

教育应以德性的提升为核心，以身心的健康为基础，以人文精神、科学精神、创新精神和实践能力的培养为重点，以知识与技能、过程与方法、情感态度与价值观作为教育评价的维度，以课程改革为突破口，以促进人的发展、提高民族素质为使命，培养德智体美劳全面发展的优秀人才，培养担当民族复兴大任的时代新人。

四、慈悯是贤德的种子

波斯古语云：温暖的手能用头发牵着大象走。爱支撑着生命，没有爱就没有教育。一点慈悲，不但是积德的种子，也是积福的根苗，哪有不慈悲的圣贤。一念容忍，不但是无上的德器，也是无量的福田，哪有不容忍的君子。

教师最重要的品质是善良，教师的心应该是慈悲的、宽容的，教师没有了慈悲，教育就没有了道德；教师没有了宽容，教育就没有了和谐。给软弱的孩子以坚强，给自卑的孩子以信心，以无望的孩子以希望，给苦恼的孩子以欢喜，给孤独的孩子以温暖，给不幸的孩子以幸福，给幸福的孩子以激励。慈悲的教师以一颗善良的心对待学生，一个眼神、一个微笑、一句话语、一举一动都能给学生以温暖、以慰藉、以鼓励，都能传达给学生以爱。

播种慈悲种，传承智慧光，弘扬真善美。感恩能使我们成长，顺境逆境都是好境。每天多说一句好话，多做一件好事，能在每一时刻让心灯通体明亮，从内心向外烛照，就是生命的无上之宝，就是对所处世间的一个光明供养。

每天说一些欢喜的话，激励自己不要悲伤；每天做一些有意义的事，激励自己不断精进；每天谈一些励志的事，激励自己增长智慧；每天观想圣者的慈祥，激励自己增加内心的善美。当我们面带笑容，看到对方眼中，那种微笑是发光的；当我们口出赞叹，听在对方心底，那句赞美是发光的；当我们伸手扶持，那温暖的一握是发光的；当我们静心倾听，在对方的感觉里，那神情是发光的。因为发心向善，人人可以拥有一个发光的人生。

五、精进是成功的基石

年轻时读富兰克林的传记，记住了富兰克林的人生准则，受益匪浅。富兰克林的人生信条是：1.节制。食不可过饱，饮不可过量。2.缄默。避免无聊的闲扯。言谈必须对人有益。3.秩序。生活物品要放之有序，工作时间要合理安排。4.决心。要做之事，要下决心去做，决心做的事，一定要完成。5.节俭。不得浪费，任何花费都要有益，无论是于人于己。6.勤勉。珍惜每一刻时间，去除一切不必要之举，请做有益之事。7.真诚。不损害他人，不使用欺骗手段，考虑事情要公正合理，说话要依据真实情况。8.正义。不得损人利己，履行应尽的义务。9.中庸。避免任何极端倾向，尽量克制报复心理。10.清洁，身体、衣着和居所要力求清洁。11.平静，戒除不必要的烦恼，也就是琐事，常见的和不可避免的、不顺利的事。12.贞洁，不可损害自己和他人的声誉或者安宁。13.谦逊，以耶稣和苏格拉底为榜样。富兰克林的修身准则值得学习。

美学家朱光潜先生说："艺术家要有工匠的手腕和诗人的妙悟。"

工匠的手腕就是基本功，基本功一定要过硬，但是光有基本功还不够，还要有悟性。庄子《庖丁解牛》中写庖丁解牛达到了出神入化的境地，庖丁说之所以能达到这一境地，是因为"所好者道也"。"道"的获得，要靠悟性和功夫，靠长时间的努力。

时间是组成生命的材料，我们要做时间的主人。要经常问自己，时间是不是花在最重要的事情上了，有效的、有产出的工作时间究竟有多少。管理好时间是成功的前提。如果每天都能管理好自己的时间，成就应该大很多，创造的精神财富应该更加丰富而有价值。

六、智慧是精神的财富

学为人师，行为世范。学问精深方能做众人之师，品行高尚方能为世间楷模。学高为师，身正为范，臻于这样的境界，生命就是光明的。而要臻于此境，就要自立立人，自育育人，愿乘长风破万里浪，甘面壁读十年书，修炼慈悯、精进、智慧之心。

《论语》说："泛爱众而亲仁。"一个人能够遇到有德行和智慧的人，亲近仁德，尊敬智者，聆听其教诲，是人生的幸运。道德智慧是最宝贵的财富，这样的财富是人生幸福、事业成功的基石，是生命最大的力量源。生命中有了这样的精神财富，遇顺境则不为所迷，遇逆境则愈显其光。

人生的意义是得智慧。博学可以得智慧，审问可以得智慧，慎思可以得智慧，明辨可以得智慧，笃行可以得智慧，与智者交往也可以得智慧。虚一而静，静能生慧，智慧来自心灵，应该清净自己的心灵，宁静自己的心灵，在清静与宁静中聆听心灵之声。

教师有智慧，智慧教育方能诞生。从事教师职业，就是走上了终身学习的道路。优秀教师是终身学习、不断发展的教师。他有过硬的功夫、深厚的功底、过人的教育教学能力；他善于思考，善于探索，善于创新；他有较好的悟性，从教育实践、文化典籍和自己心灵中不断汲取智慧的源泉；他注重行动学习，在行动中研究，在行动中感悟，在行动中成长，在教育教学的实践中，通过不断的学习而逐步成长起来。学习是教育生命的源头活水。

信念指导人的行动。教师要有先进的教育理念和正确的教育信念。蔡元培先生有三大教育思想：尚自然、展个性；思想自由、兼容并包；完全人格教育。教育的使命应该是舒展学生的生命，培植学生的德行，净化学生的心灵，创造幸福的人生，提升精神的境界。

热爱学生，鼓励学生，尊重个性，舒展生命，点燃学生向上的激情，激发学生向上的力量。让每一个孩子都成为学习的主人，让每一个孩子都爱上学习，让学校成为教师和学生共同学习的学习共同体。不伤害任何一个学生，不浇灭学生任何一点热情向上的火苗，要让这个火苗越来越明亮。

教育为了人的健康，健康包括人格的健全和身心的健美；教育要调动学生的兴趣，激发学生的激情。教育要把人的创造力量引导出来，将生命感和价值感唤醒。教育是一种活跃的创造，是以生命影响生命。生命之美丽，在于生动；生命之价值，在于创造。

第六节　善心善行　润泽生命

夏丏尊谈到李叔同大师时说："李先生教图画、音乐，学生对图画、音乐看得比国文、数学等更重。这是有人格作背景的缘故。因为他教图画、音乐，而他所懂得的不仅是图画、音乐；他的诗文比国文先生的更好，他的书法比习字先生的更好，他的英文比英文先生的更好……

这好比一尊佛像，有后光，故能令人敬仰。"教师的素养其实是一个人全部素养的集成，他的课堂、演说以及与学生的交流，乃至他的言谈举止、语默动静、音容笑貌，无一不是他整个人生修养的体现。优秀教师善良、慈爱的品格，需要有文化的滋养和价值的引领，才能发扬光大。

一、清风明月 良师情怀

在一个宁静的深夜，我撰写了《良师》一章，以此自勉，祈望仁者吉祥：

明月在天，清风满怀，万籁俱静，星河浩瀚。于此良辰，心领神会。问曰：为人师者，人之师表。如何为良师，如何获吉祥？答曰：学为人师，行为世范；自立立人，自育育人；传播文明，净化心灵；如是修行，可获吉祥。

深怀仁慈心，长行善良事，热爱众学生。尊敬有德者，应与智者交，端正有德行。敬业又勤勉，乐于做奉献，修养身与心。好学又深思，业务又精湛，聪明有悟性。理念当精进，守正又创新，掌握新本领。教书又育人，育人贵育心，净化其心灵。涵养其德性，尊重其个性，舒展其生命。启人以慧心，给人以信心，予人以真心。自强而不息，厚德而载物，天地人和谐。播下慈悲种，传承智慧光，点亮信仰灯。

教师的人格就是教师的一切。理想的人格是慈爱的仁者，聪敏的智者，坚强的勇者：仁慈，善良，爱学生；崇德，尚智，有德行；勤勉，奉献，修身心；好学，精深，有悟性；精进，创新，有本领；教书，育人，育心灵；德性，个性，重生命；慧心，信心，有真心；自强，厚德，讲和谐；慈悲，智慧，有信仰。

人生可贵的是信心，珍贵的是真心。给孩子多一点爱，多一点尊重，多一点鼓励，哪怕是一个微笑、一句赞许的话，都可能改变他的心情，使他生活得愉快一点，成长得更好一点。如果给孩子一个漠视的眼神、一丝讥讽的微笑，都可能会改变许多纯真的想法，甚至会使其失去信心。有一位女同学一到讲台上讲话，就羞涩得讲不出来，脸红红的，低着头，在那儿含羞地笑着。每当这个时候，我总是温和地鼓励她，看似简单的鼓励，因为是在课堂上面对着几十名同学，就显示出更大的效果。经多次鼓励，这位同学终于能在大庭广众之中开口讲话了，开始讲得断断续续，后来慢慢就讲得多了。再后来，这位同学升入师范大学，现在已经是一名优秀教师了。学生需要鼓励和帮助，教师的慈爱对于学生来说弥足珍贵。对一位拄着双拐上学的同学，我付出了更多的关心。常常跟他谈心，为他鼓劲。这位同学后来成为一名成功的企业家。教师的工作很平凡，但一点仁慈却可以给脆弱的心灵以温暖和鼓励。

二、让孩子爱上学习

让每一个孩子都能爱上学习，是父母和教师最重要的工作。采用如 Sternberg（2001）开发的项目来促进学生的智慧，是一种很有价值的探索。这样的项目中包括：建立智慧的角色榜样，邀请学生阅读有关智慧的案例；探索一些观念，如"会读书和考试并不足以造就满意的人生""人间深刻的互相依赖""目的和手段同等重要""重要的问题和答案会随时间变化"等和智慧有关的话题；提高学生识别和管理情绪的能力；帮助学生在决策时平衡自我、他人和机构的利益，以及平衡什么时候应该"适应环境""塑造环境"和"选择环境"。

佐藤学老师问："你们觉得什么是最适合学习的环境？"大家陷入沉思。他自己回答："是安静的教室！是静悄悄的环境！是让每一个孩子都能够安心地说出自己的想法和观点的环境。而不是那些老师大声地提问，孩子们争前恐后去抢答的课堂。那样的课堂，大家什么也听不到。"没错，对于学习来说，最重要的是相互倾听的关系，安静下来，静静地去听、去思考，才是能够真正学到东西的学习方式。

教学相长，教师既要做教的专家，也要做学的专家，只有不断学习的教师，才能真正体会到作为教师的快乐。只想着怎么去教的教师，最后只会被自己的工作拖到疲惫不堪。佐藤学老师推崇备至的理念，如"在实践中学习，在教育现场中找到问题的本质，在教学研究中去寻找如何指导学生学习的奥秘"等，他自己都是践行者。在35年间访问遍布世界各国的3000多所学校（每所学校不只一遍），这样惊人的数字就足以看出他对于自己作为教师仍然在不断实践中去验证与更新教育理念的坚持与执着。

学生是学习的主人，教师则是辅助学生学习的人。不仅仅研究应该如何教，还要研究学生怎样学才能更有效率，更有动力。任何一个生命的存在都有价值。要发现学生的闪光点，使之发扬光大。好孩子都是夸奖出来的。一位英国校长曾幽默地说："教育一个人，要先说其3个优点，再指出其0.1的缺点，这个人才能接受。如果是对你太太，那就要先表扬她6个优点，再指出她0.1的缺点，她才能接受。"虽是幽默之言，却也不无道理。

生命的成长不仅要有肥沃的土壤、宽松的环境、学习的共同体，更要有自主自由的精神。人的成长是生命主体性成长，是灵魂的自我觉醒。

三、阳光中的守候

每个人的心灵深处都藏着一个真我，教育要引导人发现真我；每个人的心灵深处都藏着对美好生活的向往，教育要启发人的理想；每个人的心灵深处都藏着巨大的能量，教育要激发人的能量；每个人的心灵深处都有两种力量，教育要扬善惩恶、弘扬真理和正义；每个人的心灵深处都藏着真善美的种子，教育要唤醒心灵中的真善美。

所谓成长，就是不得不伴随着接连不断的创伤，用爱滋润自己的心灵，用痛苦作为代价，用赤子之心与冷酷的现实搏斗。接纳不完美的自己，百分之百地承担起责任。

俄国教育家乌申斯基说："使学生对教师尊敬的唯一源泉在于教师的德和才。教师的人格就是教育工作者的一切，只有健康的心灵才有健康的行为。"我经常应邀在全国各地上示范课，做学术报告，与教育界同仁交流心得，共享教育智慧，也经常在大学为师生讲学。每次讲学，我都要求自己传播先进理念，弘扬正能量，引发了同仁和同学的共鸣。有一次我应邀在师范大学演讲后，一位同学说："翟校长用慈悲、善良、正直、德行，为学生未来的人生点亮幸福的灯；用爱、尊重、激励，为学生的未来打下幸福的基础。真诚地捧出自己的心，会赢得真心的回报，这是教师最大的幸福！"有一位同学写了一篇文章《阳光下，缝补天使的翅膀》，文章写道：

有人将孩子比作折了翅膀落入凡间的天使，他们等待着有人缝补翅膀，那样他们就能重回天堂。很多时候我会问，谁能托起天使，又是谁在尘世间呵护希望？有幸的是，2010年的秋天，我结识了这样的天使守护者。

他的目光是澄澈的，透过他的眼睛，就能感受到他内心的平和与宁静，这样的气质符合我一直以来对"温柔敦厚"的遐想。他如此亲切，即便站在高高的演讲台上也不觉陌生，即便曾经只能在书上见到他的名字，见面的时候也没有距离感。他是无数杏坛上布道者景仰的大师，但是他自己说，他只是一位教师，他喜欢学生叫他"老

心灵的教育

师",更喜欢学生称呼他"小宁老师"。小宁老师的演讲,用诗一般的语句概括他的教育理念,每个关键词的背后是一个又一个用心灵温暖心灵的教育故事。

教育的成功与失败,教师几乎起着决定性作用。学生羞怯或自信、消极或积极、孤僻或开朗,翟老师总是温和地微笑,真诚地赞美自己的每一名学生;他知道每一颗心灵都有着不同的温度;他会在学生的作业后面写上长长的批语;他推心置腹地与学生畅谈人生哲思。好老师绝不只是站在讲台上传授知识,孩子们需要的是真诚宽厚、慈爱智慧的长者。教育的原点是育人,育人应该舒展生命,培植德性,播种慈悲,播种善良。

教育所给予人的滋养,除了情感之外,是精神文化的力量。优秀的教育者往往有着一些共性,那就是对事业的执着,对业务的精益求精。透过文字,如何挖掘文本之外的蕴含,如何找寻喧嚣尘世间的心灵家园,如何从往圣先贤的故事里看出成长的轨迹,每一次上课又何尝不是心灵的洗礼呢!

作为资深的语文教育专家,小宁老师无论哪一堂课都沉浸其中,学生在他深情的朗诵中跨越时空,与作者对话。情感体验过后便是师生间的对话,由文及人,常常引发深刻的思考。讲巴金的《灯》时,让学生们讲述自己心中的灯的故事,引申出每个人心中都有一盏灯,在这人间灯光是不会灭的;又引出陀思妥耶夫斯基的"只要有人的地方就有生活;只要有生活的地方就能活下去"的坚强意志。

课堂的曼妙在于师生能在同一平台上共同成长。没有清晰的划分,弟子不必不如师,抱着谦虚平和的态度,师生无芥蒂。成功的老师一定是学生的知己。学生离开学校若干年后,记忆中磨灭不去的还是堂课和那个亲切熟悉的人。那个人其实和自己一样平凡,只是少一分青涩，常常能设身处地了解自己。心灵的力量真的可以很强大。

心存大爱的教师能培养出真性情的学生，敬业乐业的教师会培育出博学善思的学生，而真正能做到因材施教的教育家才能点拨时代的英才，此之谓"立人"。

学校的个性化培养，平等自由、以人为本的先进理念；学生能够自由选择适合自己的道路，没有来自升学率的压迫，没有应试的束缚，没有任何苛责。正如小宁老师所说，每个孩子都是优秀的，只是闪光点需要老师们用心发现。

成全个性即是成全生命，以人为本是古往今来许多教育家的教育理想。优质的教育培植的是学生对生命的热爱，引导孩子对更美好的未来充满期待。这是一种真正的善意，它顺从天命，敬畏自然，用平等、宽容和慈爱善待所有的生命个体。涵养德性，尊重个性，舒展生命，启人以慧心，给人以信心，予人以真心，收获吉祥。我想，用人格影响人格，用心灵熨帖心灵，将因材施教付诸实践，并且始终坚持，他的幸福感也溢满整个杏坛。

十八岁的时候，我许了自己未来，我要做一名教师，因为我坚信我的选择会让我获得内心的平和、充盈、幸福。哪怕上空有乌云，年轻的生命依旧苍翠傲然，因为乌云遮不住太阳。当乌云化作雨滴，每一寸土地都会鲜活起来，因为我埋下的希望种子一定有发芽的一天。兴许不久的将来，我也能像小宁老师一样，在和暖的阳光下，缝补天使的翅膀，微笑地望着他们飞向理想的天空。

陶行知说："教师的成功是创造出值得自己崇拜的人。"没有爱的教育，宛如无水池塘，终将群鲜枯竭。教学的艺术不在于传授本领，而在于激励、唤醒和鼓舞。教育是点燃求知欲和道德信念火把的第一颗火星，教师要执着地众里寻她千百度。

教师的关心和爱护，会给学生心灵以深刻的影响，甚至会影响学生一生。每人都渴望遇到一位能改变自己命运的好老师，好老师必须做到热爱每一名学生，关注每一片绿叶，把阳光洒向每一扇心扉。

第七节　用光照亮光

人有巨大的潜能，教育有无数种可能。而爱与相信是激发各种生命潜质的动力。

爱，是一种多么神圣的感情。教师对学生的爱，播下的种子，能改变学生的心理，甚至可以影响学生的一生。在任何时候都要对孩子抱有美好的期待，都要相信孩子成长的力量。

有一个孩子4岁才会说话，7岁才会写字，老师的评价是："反应迟钝，思维不合逻辑，满脑子不切实际的幻想。"他甚至曾经遭遇到退学的命运。

有一个孩子曾被父亲抱怨是白痴，在众人的眼中，这是一个没有前途的学生，艺术学院考了三次还考不进去。他叔叔绝望地说："这个孩子不可能成才！"

有一个孩子经常放着正经事不干，整天打猎，捉耗子，玩耍。教师和长辈都认为他资质平庸，长大后成不了大器。

令人吃惊的是，这三个孩子分别是爱因斯坦、罗丹和达尔文。

其实，每个孩子都心存着一个梦想，都有很大的潜力，都有自己的禀赋，我们应该善于发现。

教育是对生命的启迪，心灵的净化，潜能的激发。教育的灵魂是爱，教育的智慧是唤醒，教育要以崇高的信念将人的心灵照亮。

教育者要有一双智慧的眼睛，要给予孩子信任的眼光。

一、心灵的升华

学生，无论他是主动、杰出、敏锐、积极、灵动向上的；还是倦怠、迷茫、被动、抗拒、抵制、叛逆的，对于他们，你期待他们做得更好的愿望，你对他们爱护、包容、谅解的心，他们都能感受到。教师的职业决定了你要爱每一个孩子。教育不是简单的说教，而是自然而然的模仿。心向往之，行必能至。当你的学生拥戴你，仰慕你，觉得你好，你的样子也就成了他想活成的样子，他也愿意为之付出积极、持久的行动。而这个时候，教育的目标才更容易实现。今天的积蕴，是为了明天的放飞，还有什么比看着自己的学生飞得更高更快更远，更令教师欣慰的呢？

许多年前，唐普逊老师对着学生们说：她会平等地爱每个孩子！但是，因为前排坐着泰迪·史塔特——一个邋遢、上课不专心的小男孩。事实上，唐普逊老师经常用粗红笔在泰迪的考卷上画大大的叉，然后在写个不及格！

有一天，唐普逊老师检视每个学生以前的学习记录表，她意外地发现泰迪之前的老师给的评语十分惊人。

一年级老师写道：泰迪是个聪明的孩子，永远面带笑容，他的作业很整洁很有礼貌，他让周围的人很快乐！

二年级老师说：泰迪很优秀，很受同学欢迎，但他的母亲患了绝症，他很担心，家里生活一定不好过！

三年级老师：母亲过世泰迪一定不好过，他努力表现但父亲总不在意，若再没有改善，他的家庭生活将严重打击泰迪。

四年级老师：泰迪开始退缩，对课业提不起兴趣，没有什么朋友，有时在课堂上睡觉。

唐普逊老师终于了解泰迪的困难，而当她收到泰迪送的圣诞礼

心灵的教育

物——别人的礼物用缎带及包装纸装饰得漂漂亮亮，泰迪送的礼物却是用杂货店的牛皮纸捆起来。唐普逊老师觉得更难过。

唐普逊老师忍着心酸，当着全班的面拆开泰迪的礼物，有的孩子开始嘲笑泰迪送的圣诞礼物：一条假钻手环，上面还缺了几颗宝石，另外是一罐只剩四分之一的香水，但是唐普逊老师不但惊呼漂亮，还戴上手环，并喷了一些香水在手腕上，其他小朋友全愣住了。

放学后泰迪·史塔特留下来对唐普逊老师说："老师，你今天闻起来好像我妈妈啊！"等泰迪回家，唐普逊老师整整哭了一个小时，从那一天，她不再只是教书，不只是教阅读、写作、数学，相反地，她开始"教育孩童"！

唐普逊老师开始特别关注泰迪，而泰迪的心似乎重新活了过来，老师越鼓励泰迪，他的反应越快，到了学年尾声，泰迪已经成为班上最聪明的孩子之一。虽然老师说过，她会平等地爱每一个孩子，但泰迪却是她最喜欢的学生。

一年后，唐普逊老师在门边发现一张纸条，是泰迪写来的，上面说唐普逊老师是他一生遇到的最棒的老师！六年过去了，唐普逊老师又发现另一张泰迪写的纸条，泰迪已经高中毕业，成绩全班第3名，而唐普逊老师仍是他一生遇到的最棒的老师！

四年后，唐普逊老师又收到一封信，泰迪说有时候学校生活并不顺利，但他仍坚持下去，而不久的将来他将获得荣誉学位毕业，他再一次告诉唐普逊老师，她仍是他这一辈子遇到的最棒的老师。

四年过去，又来了一封信，信里面告诉唐普逊老师，泰迪大学毕业后决定继续攻读更高学位，他也不忘再说一次，唐普逊老师还是他这一生遇到的最棒的老师，而这封信的结尾多了几个字："泰迪·史塔特博士。"

有一年春天又来了一封信，泰迪说他遇到生命中的女孩，马上要结婚了。泰迪解释说他的父亲几年前过世了,希望唐普逊老师可以参加他的婚礼并坐上属于新郎母亲的位置,唐普逊老师完成了泰迪的心愿。唐普逊老师戴着当年泰迪送的假钻手环,还喷了同一瓶香水,是泰迪母亲过世前的最后一个圣诞节用过的香水。

他们互相拥抱,史塔特博士悄悄在耳边告诉唐普逊老师:"唐普逊老师,谢谢你相信我,谢谢你让我觉得自己很重要,让我相信我有能力去改变(make a difference)!"

唐普逊老师热泪满盈地告诉泰迪:"泰迪,你错了!是你教导我、让我相信我有能力去改变,一直到遇见你,我才知道该怎么做教师!"

布贝尔指出:"当教育者赢得了学生的信任时,学生对接受教育的反感就会让位于一种奇特情况:他把教育者看作一个可以亲近的人。"

教师对自己的教育生命有一种成就感,是一件幸福的事情。教师的幸福是一种通融、豁达、敞亮和感激,是基于智慧的幸福。教师的教育生命是满足和宽容、感恩与和谐。安静、安宁、安心才能打开心障,体察自我,寻找和发现教育的幸福。幸福既在心灵深处,也在我们的眼前和手边。

教育是以生命影响生命的事业。为人师者,首先应该把自己的生命塑造好,把自己的心灵修炼好。修身齐家治国平天下,一切皆以修身为本。修身必先修心,教师除了提高教育教学能力之外,还要提升心灵的境界。教师之修心,尤其应该修养仁爱之心、宽容之心、真诚之心、平等之心。仁者,爱人;宽者,容人;真者,感人;平者,得人。

二、走进孩子的内心世界

教师对于学生的尊重会给予学生安全感，会让学生受到莫大的鼓励。一位同学回忆道：

小学时我喜欢画画，并且喜欢看漫画，也喜欢把自己的画给同学看。按理说，小学是最无忧无虑的时光，因而孩子的兴趣爱好都会得到尊重、理解、培养。画画作为我的爱好，也被爸妈认为是有益的、值得培养的技能。问题在于，我喜欢画画是因为当中有趣、幽默、丰富和活泼的内容，多样的形式，甚至是展示自我、与人交往的手段，而非技能和实用。即便在画画的安排上，父母也对我喜欢漫画心存偏见，只希望我跟着补习班的老师学习素描。在他们的观念中，实用之外便是不务正业。孩子想玩，是正常的，但"不能过度"，学习要放在第一位。小学阶段的学习为了什么？重点初中，重点高中，重点大学，为了赢在起跑线。但是，教育对孩子心智的培养，并非单纯在乎成就，更关乎他生活的活力、乐趣和追求。追求并非给定的，而是需要探索和明确的。乐趣和活力，则是需要逐渐养成适合的生活方式和兴趣爱好，在非功利的追求中得到的。它们让生活真正鲜活和有意义，让生活不再只是一条路，而更是值得享受和珍惜的风景。

在家里我变得不敢画漫画，藏着掖着，一旦被发现，又要被责备，然后莫名其妙地被撕掉。于是我把漫画带到学校。

但是在学校，五年级的时候，也是有风险的，老师会和家长沟通，知悉家长的要求。

五年级下学期的一个中午，我提前到班，班上空无一人，我就开始坐下画画。画的是小人大战火龙。画得太投入，完全忘了周遭。突然，我发现班主任站在我旁边。我条件反射得非常紧张，收起我的本子。老师只是温柔地跟我说，看到我画的画了，画得很不错。她问我是不是以后想学画画。我说只是作为兴趣爱好。她说，那也很好，你以后一定要坚持下去。只要从小培养的兴趣爱好，一直坚持到长大成人，一定会有了不起的成就，而且，这也会让你的生活更加开心和丰富的。老师对我的这番鼓励一直被我记着。因而绘画一直是我的坚持。这不只是一个如何看待兴趣爱好的表现，也是尊重一个孩子的内心世界、鼓励他有自己的生活、让他懂得发掘生活的乐趣、而非功利地生活的态度。这种态度鼓励着我一直走向更加丰满的生活，走向理想的道路。

尊重孩子的兴趣爱好，会让孩子感到开心快乐，会激发孩子的自信心和上进心。"尊重一个孩子的内心世界，鼓励他有自己的生活，让他懂得发掘生活的乐趣"是多么重要啊！

苏霍姆林斯基说："最好的教师是在精神交往中忘记自己是教师，而把自己的学生视为朋友、志同道合的那种教师。"要想让学生有积极心态，老师必须是灿烂阳光。找不出学生优点的老师不是好老师。

教育虽有解不完的难题，但爱与坚强永在。用生命激励生命，用生命点燃生命，让生命带动生命。用心中最光辉、最温暖、最有爱的一面触动心灵，将善良与高尚延续下去。

第八节　教育的智慧

教育者的个性、思想、信念及其精神生活的财富，是一种能激发受教育者反省和教育自己的力量。追求理想是一个人进行自我教育的最初动力，而没有自我教育就不能想象会有完美的精神生活。教会学生自己教育自己，是一种高级的教育艺术。任何人如果不能教育自己，也就不能教育别人。自我教育需要强有力的促进因素——自尊心、自信心和上进心。

一、改变一生的力量

一句话可以改变一生。"我一看你修长的小拇指就知道，将来你一定会是纽约州的州长"，一句普通的话，改变了一个学生的人生。此话出自美国纽约大沙头诺必塔小学校长皮尔保罗之口，话语中的"你"是指当时一名调皮的学生罗尔斯。罗尔斯出生于美国纽约的大沙头贫民窟，这里环境肮脏、充满暴力，是偷渡者和流浪汉的聚集地。罗尔斯从小受到了不良影响，经常逃学、打架、偷窃。一天，当他又从窗台上跳下，走向讲台时，被校长皮尔保罗发现了。出乎意料的是，校长不但没有批评他，反而诚恳地说了上面的那句话，并给予语重心长的引导和鼓励。当时的罗尔斯大吃一惊，因为在他记忆中只有奶奶让他振奋过一次，说他可以成为五吨重的小船的船长。他记下了校长的话并坚信这将会成为真实的。从那天起，"纽约州州长"就像灯塔在他心里亮着。罗尔斯的衣服不再沾满泥土，罗尔斯的语言不再肮脏难听，在此后的四十多年间，他一直按州长的身份要求自己。51岁那年，他终于成了纽约州的州长。

著名作家，《鼠疫》作者阿尔贝·加缪的小学老师是路易·热尔曼。在阿尔及尔，路易·热尔曼老师鼓励这个父亲去世、母亲是文盲的天才男孩参加奖学金考试，用奖学金把学业继续下去。1957年，加缪在获得诺贝尔文学奖后写信向这位老师表达敬意。他写道："我得知这个消息后，除了我母亲之外第一个想到的人就是您。如果没有您，没有您向我这个穷苦的小孩伸出关爱的手，没有您对我的教导和做我的榜样，这一切根本不会发生。"

教师对学生无私的爱和鼓励，可以改变学生的精神，指引学生前进的方向。电影《放牛班的春天》的马修老师，把一群"坏学生"变得越来越好。他的到来，影响了莫翰奇的人生，让他成为著名的指挥家。

马修为学生编歌,歌词说他们是精英,给他们自信,给他们一种心理暗示,让他们认为自己是优秀的人。正像一位通过读书改变命运的山村男孩所说:"是老师让我拥有更高的目标,让我有理由不安于自己原本的位置。"

鼓励的眼神是灿烂的阳光。一位上幼儿园的小女孩心里经常存在着胆怯,她不敢大声说笑,不敢参加活动,总是用一双羞怯的眼睛看着外面的世界,看着小朋友们快乐地跑跳追逐。她更不敢跟老师讲话,见了老师总是躲得远远的。慢慢地她越来越孤僻了,跟她所生活的世界隔得越来越远了……有一天,幼儿园来了一位年轻的女教师,女教师美丽的眼睛里流露着和善与温柔,她给小朋友们讲故事:"古时候,有一个孩子很聪明,一次他跟小朋友们一起玩,不想有个孩子掉进了盛满水的大缸,别的小朋友都被吓得手足无措,这个孩子灵机一动,救了那个掉进缸里的小孩,同学们猜猜:他用的是什么办法?"女教师的眼睛投向了听故事的孩子。那小女孩一下子就想到了答案,可她不敢说。女教师似乎看出了小女孩的心思,用鼓励的眼光看着她,那眼光给了小女孩巨大的精神力量,她脱口说道:"是把那大缸砸破的。"女教师笑了,抚摸着小女孩的头,热情地赞扬了她。小女孩望着老师的脸,也高兴地笑了。

小女孩后来回忆说:那是一个阳光灿烂的日子。从那时起,小女孩在那位老师的爱护与鼓励下成长,她的胆怯慢慢地改变了。现在的她早已成人,可是她一直忘不了那个可爱的日子。

二、爱与智慧的融合

爱与智慧的融合,必将谱写最为美丽的教育诗篇;爱与宽容的融合,必将催生最为绚丽的生命之花。

心灵的教育

教育的智慧发源于深厚的情怀。陶行知先生当校长的时候，有一天看到一位男生打同学，便将其制止并叫到校长办公室去。陶行知掏出一颗糖给这位同学："这是奖励你的，因为你比我先到办公室。"接着他又掏出一颗糖，说："这也是给你的，我不让你打同学，你立即住手了，说明你尊重我。"男孩将信将疑地接过第二颗糖，陶先生又说道："据我了解，你打同学是因为他欺负女生，说明你很有正义感，我再奖励你一颗糖。"这时，男孩感动得哭了，说："校长，我错了，同学再不对，我也不能采取这种方式。"陶先生于是又掏出一颗糖："你已认错了，我再奖励你一块。我的糖发完了，我们的谈话也完成了。"

教育要启发良知，启发良知需要智慧，教育的智慧发源于满腔的热爱。怀着对学生、对教育以及对专业的热爱，因为热爱，所以充满激情，富于创造，乐于奉献。对这样的教师而言，每一天都是新的，每一节课都有一种新意。他用生命拥抱事业，热情地迎接每一天的到来；他静下心来教书，潜下心来育人，舍得用功，不计得失，长时努力，甘于奉献。

教育的智慧发源于生命的激情。做一位热情的教师，即使劳累也有激情。学生可以忘记所学的知识，但是永远不会忘记曾经拥有的激情感人的教师。教师必须要有自己的激情，自己的创造，自己的追求。一位同学回忆道："依稀记得语文老师讲解一篇文言文的时候，讲解过程中因为文中的一句话，自己感动得哭了。十多年过去了，我甚至忘记了是哪篇文言文，但我能明白，我的语文老师是带着深厚情感和责任心帮助我们学习的，我敬重他。"

教育的智慧发源于正确的信念。优秀教师是信念驱动的教师，具有先进的教育理念，正确的教育信念，为信念而工作。美国教师凯伦·道森的信念是："帮助学生走出迷茫，发现自我。"另一位美国教师的信念是："每一个人都有价值，每一个差异的存在都值得庆贺。"优秀教师能够将工作的意义浸融于教育人生之中，对事业具有深刻的体验和感悟；能够以宽厚仁爱的心关怀学生，以高尚的精神引领学生，他的心与学生在一起。

无疆的大爱，永远的师魂。爱自己的孩子是天性，爱别人的孩子是神圣。

三、尊重儿童　热爱儿童　解放儿童

教师要在德化的人生中升华自己的精神境界。优秀教师是具有人格魅力的教师，他的人生是道德化的，在德化的人生中，升华自己的精神境界，也升华学生的精神追求。他是儿童成长的引领者和促进者，是孩子的良师益友。

对教育付出真情，对儿童付出真爱，儿童是能体会得到的。因为我是父母，我是教师，我必须在任何情况下，都能给儿童战胜困难的勇气和方法。哪怕只是一句鼓励的话，一个鼓励的姿势、动作、眼神……在父母和教师的字典里永远没有"不行"和"讨厌"，有的只有"努力"和"快乐"。

教师对学生的爱犹如父母，鼓励学生早睡早起，追求健康的生活方式，每天相互督促，拒绝快浅碎，做深入阅读、独立思考的个体，告诉学生，老师的生活里也有低落有悲伤，但更多的时候，会有光。

学生学习生涯里最难忘的老师都是独具人格魅力的。有扎实的专业背景，在课堂上如鱼得水，思路清晰；不仅是教师，更是独立的人，有自己的思想，懂得用成熟的方式对待学生，对自己的授课内容了如指掌，对工作热情而自信，能抓住学生的注意力，不会设置蹩脚的笑点，一切都很自然，有很多经典语录，融合进教师本人的价值观。

在这样的教师面前，你能感觉到你被当作人对待，被尊重，被理解，也被引导。让教育者享受人文的课堂，享受动感的课堂，享受智慧的课堂，用千百倍的耕耘，换来桃李满园香。黄庭坚的诗句"桃李春风一杯酒，江湖夜雨十年灯"，可以用来形容相处融洽的师生情谊。和蔼可亲是教师良好教态的注脚，感人肺腑的话语能医治孩子心灵的创伤。

教育要教给学生终身受用的东西。真正的教育在于自我教育，引导学生进行自我教育，首先要培养他们的自我反省能力，让他们清醒地认识自我。引导学生进行自我教育，还要激发学生内心的力量，让他们自己去思考和解决问题。

法国思想家卢梭说：在大千世界中，人类有人类的价值，自然有自然的价值，在人类的发展阶段上，成人有成人的价值，儿童有儿童的价值，要把成人当成人，把儿童当儿童。把儿童当儿童，就是要研究儿童，尊重儿童，按照儿童的生长规律来教育儿童。

鲁迅先生的人生观是：一要生存，二要温饱，三要发展。他解释说："我之所谓生存，并不是苟活；所谓温饱，并不是奢侈；所谓发展，并不是放纵。"巴金先生晚年躺在病榻上依然关心着孩子们，他说，他被梦魇所缠绕，是因为"孩子们不能过他们自己的生活"。陶行知主张六大解放：解放儿童的头脑，使之能思；解放儿童的双手，使之能干；解放儿童的眼睛，使之能看；解放儿童的嘴，使之能讲；解放儿童的空间，使之能接触大自然和社会；解放儿童的时间，不逼迫赶考，使之能学习自己渴望的东西。这是陶行知先生的创造教育思想，主张将学习的基本自由还给儿童。

鲁迅、巴金、陶行知……他们火热的心肠、智慧的思考、真诚的呼吁，让人感动，令人警醒，使人禁不住心潮起伏，深长思之。

第九节　用力工作　用脑思考　用心感悟

好的学校是智慧的组织，学习的共同体；好的学校既是学生成才的摇篮，也是教师成才的摇篮；好的学校尊重教师、关怀教师、激励教师，引导教师树立崇高的信仰和正确的价值观，为教师的发展创造条件，搭建平台，使教师实现人生的价值和事业的成功；好的学校是一个文化场，使生活于其中的人呼吸着文化的气息成长，与之同化，与之共进。

一、让人生成为一本精彩的书

一个国家的强盛是在教育的启蒙中开启的。振兴教育的希望在于教师。当年的抗大和陕北公学，学员搬个小板凳，坐在黄土飞扬的土地上，听毛泽东讲话。西南联大、抗大、陕北公学怎么不是伟大的名校呢！物质不是最主要的，人是最主要的。人类灵魂的工程师受到尊重，这个国家才有希望。

教师是最重要的教育力量。学生发展是学校一切工作的出发点，教师发展是学校一切工作的着力点。教师成长是学校至为关键的生长点，师生关系是教育至为重要的动力源。

人文生态，价值引领。关怀理论是关于人性关怀的理论，洋溢着温暖的气息。课堂教学要重视师生之间情感沟通和互动交往，不仅重视知识的传递，更要重视与学生的情感互动与交流。教育必须关注教师与学生之间的关系——真诚的情感互动。

营造良好的人文生态，建立并发展积极真诚的师生关系，使得每位师生的个性和看法都得到珍视。价值引领对于教师发展非常重要，正确的价值导向是教师发展的精神指南。学校价值引领，校长思想特别重要。作为校长，要积极倡导正确的世界观、人生观、价值观，倡导爱、和谐、尊重、关怀、激励、欣赏，营造一种春天般温暖、促使生命生长的良好教育生态。

文化的影响是潜移默化的，要着力进行师德文化、人本文化、创新文化建设，为教师专业发展提供良好的沃土。创建师德文化，引导教师树立爱岗敬业、关爱学生、严谨笃学、奋发进取、淡泊名利、志存高远的师德观念，通过评选"立德树人楷模"树立先进典型，营造崇尚师德的学校文化。建设人本文化，尊重和关怀每一位教师，创造适合教师发展的教育环境，实现教师与学校共同发展。杰出成就的取得离不开对美的境界的追求，好的教育往往蕴含着秩序、纯洁和美。缺乏审美的追求，什么低端的事情都敢做、不择手段，一点都不高雅，必不能长久。

拥戴程度，爱心善意。尊重教师的教学风格和学术研究，同时特别看重教师的人气指数和受拥戴的程度，这是衡量教师的重要指标。每个人心中都有善意，每个人都有爱别人的动机和接受别人爱的需求。要激发老师的爱心，激发老师的善意，因为教育是最需要爱的，老师的爱心和善意一旦被激发并在学生身上发生作用的时候，就会形成一种爱心之场、善意之场。老师在付出爱心和善意的同时会收获更多的爱和善意。由此循环往复，爱会越来越深，善意会越来越浓，从而形成爱满校园、善行天下的教育气象。

内功修炼，事上磨炼。李贽说："动人以言者，其感不深；动人以行者，其应必速。"在书本中学习、在环境中磨炼、在事情上锻炼、在静定中体悟。强调情景体验和实践研究，实践出真知。把教师的专业功底、教育基本功、教学基本功作为基础。年轻老师要从达标课开始上起，首先站稳讲台，带好班级，教好学科，在促进学生人生价值实现、为教育事业服务的过程中，实现个人的人生价值。教师要有实践智慧，教师不是先掌握所有的知识体系才可以成为合格教师，而是在做教师的过程中，不断地发展与完善，形成教师所需要的角色意识、教育能力与策略。

课题研究，专家引领。研究学科教学，研究学校发展，研究教育规律，研究人才培养模式的国际经验及改革创新。进行 STEAM 课程的教师培训，引导教师自己研发课程。任何一项改革都要紧紧依靠教师。筹划学校改革与发展，我多次召开教师研讨会，专家研讨会，学科教研组长研讨会。改革与发展方案经过反复研究打磨，方可实现。实施专家治学，专业的事情交给专家来做，专业的事情尊重专家选择。倡导老师与学生一起成长，与学校一起成长，与课程一起成长，与课堂一起成长，与课题一起成长，与时代一起成长。

专业热忱，自由精神。这是影响教师成长的精神品性。赋予教师自主规划、自主创新的能力，以充分激发其专业潜能，实现自主成长，激发教师主动参与课程改革的积极性，鼓励教师的创造性和创新性，提升教师的自主创新、自我发展能力，引导教师在教育教学改革中积极探索与创新。

优秀教师用力工作，用脑思考，用心感悟。用力工作的老师是勤奋的老师，用脑思考的老师是聪明的老师，用心感悟的老师是智慧的老师。老师要爱学生、爱教育、爱每一天平凡的教育生活，在教育工作中善于感悟，用力工作，深化内功。这个"爱"字有一个"友"字旁，说明要跟学生做朋友，跟每一天的教育生活做朋友。这个"悟"字的意思是自己用心来感悟，只有亲身实践，在情境中磨炼，敞开心灵，感悟教育，才能不断提升。"功"是用力工作。用力工作，方能功底厚，功夫深，功力强，功绩大，方能获得成功。

二、好的教育就是好的教师和好的师生关系

教师的角色要求教师不仅是知识的传授者，而且是学生学习的组织者、指导者，要教会学生如何学习。置身互联网时代，教师若要胜任本职工作，必须不断更新观念，创造性地开展教育教学工作。

教师要走上幸福的探索之路，强化创新意识，改变教书没有味道的心理，真正做到常教常新。

教育工作者要有钻研精神。提高教师素质的一个行之有效的途径是引导教师进行教育科研。研究教育艺术、教育技术，研究各种方式方法，才能不断提高教育教学水平。教育和科研是一样的，需要遵循规律和坚韧不拔的毅力，需要精益求精。教师要直面变革，研究变革，做出变革，这样才能迎接未来的变革，为国家培养未来人才，让中华民族永远屹立于世界民族之林。

好的教育就是好的教师和好的师生关系。门捷列夫说："教育是人类最崇高、最神圣的事业，上帝也要低下至尊的头，向她致敬。"教师是一种成就感伴随终生的职业，是庄严而神圣的。教育的目的不仅是传授已有的知识，而是要把人内在的本质力量引导出来，把人的创造力量诱导出来，将人的生命感和价值感唤醒。美国学者威尔逊指出，有效的教师发展必须具备的关键特征是：教师的发展应该是被激发的，而不是被灌输的；教师专业发展发生于学习共同体之中。

人类的发展，一靠人才，二靠教育。在教育的沃土中辛勤耕耘，以研究的方式做好每一天的工作，使教书育人的实践更加符合教育规律，成为优秀的教师，建立良好的师生关系，培养更多优秀人才，既是为了学生的发展，也是为了个人价值的实现；既是为了教育的发展，也是为了国家和人类的未来！

教师是学生的人生导师。纪伯伦说："一位确实明智的教师并不

要求学生进入他的智慧的王国，而是引导学生开拓自身的思想。"明智的教师尊重学生的主体性，正如陶行知先生所言，先生的责任不在教，而在教学，而在教学生学。教是为了不需要教，教给学生借助已有的知识去获取知识，这是最高的教学技巧所在。一个好的教师应该具备心理咨询师的素质，一个善于学习、善于思考的教师应该多读一些哲学、心理学和教育学的书籍。

教师与学生是一种准血缘关系。学生需要教师父母般的关爱，伊拉斯谟指出："一个好的教师的标志就是坚守他的类似家长的职责。"教师是学生的良师益友，科恩说："理想的师生关系通常总是以友谊为象征。"

教师以他的整个人格，以他的全部自发性，对学生的整个人起着真实的影响。教师是人类灵魂的工程师，是人类文明的传承者，也是人类未来的创造者。教师肩负着传承文明、传播真理、塑造灵魂、塑造生命、塑造新人的神圣使命。

第十节　教育家的境界

萧伯纳说："一个人如果不到最高峰，他就没有片刻的安宁，他也就不会感到生命的恬静和光荣。"当你认识到了生命的珍贵，你就知道，每一个年纪都是重新出发的年纪，请不要停下来，请你远离无知和束缚，请你去学习、去进步，请你去爱、去追寻，去活出一个最好的你。

翻开中国教育发展史，有一个耀眼的词叫师德，其丰富的内涵发人深思，令人感动。教育家陶行知曾说："真教育是心心相印的活动，唯独从心里发出来，才能打动心灵的深处。"

世界经合组织（OECD）强调："教师是影响学校教育质量的关键因素，并直接决定着教育的成败：这一点，无论如何强调都不过分。"

一、珍贵的精神世界

时代呼唤教育家。教育家办教育，是教育的迫切需要，是时代的必然要求。倡导教育家办教育，实际上就是倡导按照教育规律办教育。教育有自身的规律，只有靠爱教育、懂教育、有丰富教育实践经验的人来办教育，才能真正把教育办好。应该珍视教育家，爱护教育家，鼓励教育家。

当代英国教育家肯·罗宾森（Ken Robinson）在《让天赋自由》（*The Element: How Finding Your Passion Changes Everything*）一书中批判了英美教育体系的三大问题：一是注重某种特定的学术能力，学校往往偏重严谨的分析和推理。二是学科等级森严。数学、科学和语言能力位于学科中的最高级别，人文学科位于中间层次，处于最底层的则是艺术学科。艺术学科里还有级别之差：音乐和视觉艺术通常比戏剧和舞蹈高一级。越来越多的学校已经将艺术课从必修课中取消。三是越来越依赖某种特定的评判标准，使世界各地的孩子们都为了在范围狭窄的标准考试中取得更高的成绩而承受巨大的压力。近年来，越来越多资深教育人士开始反思并改变这种做法。Osterman & Kottkamp认为："要改进教育，我们必须变革学校；要改进学校，我们必须变革学校中的人；而要改进人，我们必须改变我们试图引发变革的方式。"而斯滕豪斯（Stenhouse）认为："没有教师发展的课程开发是不存在的。教师即研究者。"成人先成己，自育而育人，自达而达人。教师成人是学生成人的前提，教师发展是学生发展的基础。要解放教师，激励教师，给教师以学术自由，为教师成长提供宽广平台，唯贤是用。

作为教育发展的核心要素，教师能最大限度地重建和振兴一个国家的教育希望。教师是推动社会进步的力量，要做传统教育的继承者，现代教育的追寻者，成功教育的践行者，未来教育的创造者，要在做教师的过程中实现教育意识的觉醒。

教育信念是教育的心脏，教育意识是教育的大脑。教育意识的觉醒，将增强教师的自由精神、主体参与性，发展教师的批判态度、质疑意识、创造性思维，使教师保持好奇心与创造力，走上教育科研的道路，不断提升教育智慧和教学能力。研究始于好奇，自由精神和独立思维至为宝贵，教师必须对自己以及所身处的世界有更多觉知，教师应该有符合正义的独立思想，应该有批判性思维，能够质疑、挑战习以为常的做法和现象。从新的眼光来看，教师不能视现状为理所当然，为使事物产生更大的意义，他必须根据经验来诠释并重新组织所看到的事物；他必须有意识地进行探究，做有良知和自主精神的知识分子。

叶澜教授说："没有教师的发展，难有学生的发展；没有教师的解放，难有学生的解放；没有教师的创造，难有学生的创造；没有教师的转型，难有学校的转型。"优秀教师要立志成为教育家，国家需要真正的教育家，时代呼唤卓越的教育家。

二、教育家的精进与信仰

中国历史上，影响深远的圣贤往往是教育家。孔子是教育家，他是中国第一位伟大的教师。孟子是教育家，他以得天下英才而教育为乐。荀子是教育家，他开创稷下学宫，培养了很多人才。

孔子的思想千古流芳，影响不仅在当时也在后世，不仅在中国也在世界，他被尊为至圣先师。在古代西方，苏格拉底、柏拉图既是哲学家，也是教育家。这样的教育家寥若晨星，但其思想源远流长。

杰出教育家如蔡元培，他任北京大学校长时，尚自然、展个性、兼容并包，造就了北京大学气象，直接影响着北京大学的教育。而北京大学的教育又影响着中国的现代史进程。还有陶行知先生，他学问深厚，思想深邃，有杰出的教育思想，成功的教育实践，是一代教育大家。

中国当代也有真正优秀的教育家：具有先进的教育思想，正确的教育理念，鲜明的教育风格，成功的教育实践，丰富的治学经验，深厚的文化修养，崇高的人生信仰，产生了广泛的影响。

教育家成长既有内因，也有外因。公正的环境、适宜的气候、宽松的氛围、自由的空气、肥沃的土壤，是教育家成长的良好生态。其中公平正义的人文环境尤为重要。只有公平正义，才能造就真正的教育家，才能保护真正的教育家不受迫害，才能形成教育家办真教育的良好局面。独立的人格、自由的思想、坚忍的意志、专注的力量、锲而不舍的追求，是教育家成长的内在条件。教育家成长是一个自主成长的过程，他固然需要良好的外部环境，更需要自身的素质与努力。没有对教育的热爱、没有先进的理念、没有植根于教育情境中的丰富实践、没有对实践的反思与升华，就不可能成为真正的教育家。

教育家成长的核心问题是信仰：对教育的信仰、对人生的信仰、对文化的信仰。由信仰外化出来，就是人生的愿望和教育的理想，就是现实教育情境中学习、实践和研究的活动，而核心是信仰。

教育家成长要有根有本。根和本是一个教育家成长的内在因素，是不可或缺的。外在因素就是土壤、阳光与气候，也就是外部环境。教育家要扎根于实践的土壤，有丰富的实践经验；扎根于教育的土壤，有深刻的教育感悟；扎根于文化的土壤，有深厚的文化修养；要德才兼备，德力俱足；再加上合适的阳光、土壤、空气，就会不断成长，成才成家。

第一，教育家的精进力。

教育家的精进力主要包括恒久力、思想力、实践力、感悟力、学习力、创新力和理想力。

教育家要有恒久力。投身于自己所热爱的事业，久久为功，是成功的重要条件。坚定的恒久力能够使人集中心力和精力，产生意想不到的神奇效果。只有长时间凝心聚力，才能成为真正的大师。教育家是在实践的沃土中产生的，对教育有深刻的体验，对学习有执着的追求，学而不厌，诲人不倦，实践与理念融为一体，理想与现实有机结合，专心致志，持之以恒。

教育家要有思想力。要感受并沉思他周围的世界。教育活动进入自己的心灵时是生活，经过心灵的陶冶出来时就是感悟。教育的行动经由心灵的体悟，便产生出思想。教育家应该是思想者，没有思想不可能成为真正的教育家。没有思想，没有人格，没有良知，只是蝇营狗苟于争斗之中，追逐奔忙于交际场所，也许可以暂时获得功名利禄，蝇头微利，但绝对成不了真正的教育家。

教育家要有实践力。他应该是在教育实践的沃土中产生的，唯有植根于教育情景中的丰富实践，唯有对实践的反思与升华，才是成为教育家的真正途径。纸上得来终觉浅，绝知此事要躬行。实践出真知，奋斗出成果。事上磨炼，境中历练，方能提升心性，提高功力。孟子云："天将降大任于斯人也，必先苦其心志，劳其筋骨，饿其体肤，空乏其身，行拂乱其所为，所以动心忍性，曾益其所不能。"

教育家要有感悟力。应该对教育有深刻的体验，用力工作，用脑工作，更用心工作。他的心跟学生在一起，跟教育在一起。他有科学的头脑，深厚的功底，又有灵敏的悟性。他动则善成，静则善思，行动生风，宁静生慧，"知止而后有定，定而后能静，静而后能安，安而后能虑，虑而后能得。物有本末，事有始终，知所先后，则近道矣"。

教育家要有学习力。问渠哪得清如许，为有源头活水来。学习是智慧的源泉，生命的活力，成功的基石。教育家应该对学习有执着的追求，强烈的兴趣，持久的热忱；应该对学问和真理有真诚的热爱；应该用研究的态度从事教育，是教育教学的专家，是终身学习的典范。

教育家要有创新力。人类生活在一个创新的世界中，随着时代的发展，科学技术更是日新月异，瞬息万变。唯创新者进，唯创新者强，唯创新者胜。教育家应该具有先进的教育思想，与时偕行的思维品质，开拓进取的创新精神。创新，是教育家的突出特质；创新，是教育家的重要使命。只有创新教育，才能培养创新人才；只有创新人才，才能更好地适应未来社会的发展。没有创新，人类就会止步不前；只有培养创新人才，才能推动社会进步。值此科技高速发展的时代，科技发展对于社会生活的影响是巨大的，对于教育的影响也是巨大的。现代科技使学习变得更广泛，更自由，更高效。学习不仅在课堂上，随时随地就可以学习。要关注时代发展趋势，关注科技的进步、生活的变化和时代的变革。这种变革对教育是挑战，也是机遇，为教育提供了更广阔的舞台和更大的发展空间，教育家要引领时代，顺应潮流，顺势而为，乘势而上。

教育家要有理想力。理想是前进的灯塔，引导着人生的方向。高远的理想是人生成功的强大力量，一个人如果怀抱着梦想而工作，就有无穷的动力。一个人对教育有了崇高理想，当他为这个理想而奋斗的时候，就可能会经过自己的努力成为教育家。一个人追求的目标越高，他的才力就发展得越充分，对社会就越是有利。

第二，教育家的信仰。

教育家要注重修炼心灵，有赤诚心、仁爱心、敬畏心、未来心、使命心和文化心。

教育家要有赤诚心。他对天地怀有赤子之心，循天地之道，法天地之德；他对世界怀有赤子之心，意识到教育是通过培养人而对世界有所影响，只有培养人类良知，方能利于人类的和平与进步；他对祖国怀有赤子之心，认识到教育是实现中华民族伟大复兴的基础工程，教育应该塑造中国魂；他对教育怀有赤子之心，体会到教育的神圣与崇高，捧着一颗心来，不带半根草去，默默奉献，甘愿做泥土的事业。

教育家要有仁爱心。爱是教育的灵魂，没有爱就没有教育。做好老师，要有仁爱之心。热爱能产生神奇的力量。爱教育，对教育就会无限投入；爱教学，对教学就会乐此不疲；爱学生，对学生就会无私奉献。有赤诚之爱，就会有浓厚的兴趣、满腔的热忱。热爱、兴趣、热忱，是成功的动力源。好老师要用爱培育爱、激发爱、传播爱。教育家的心应该是善良慈祥的，美国心理学博士吉诺特说："教育的成功与失败，'我'是决定性的因素，我个人采用的方式和情绪，是造成学习气氛和情境的主因。身为教师，'我'具有极大的力量，能够让孩子们活得愉快或悲惨。'我'可以是创造痛苦的工具，也可能是启发灵感的媒介。我能使学生丢脸，也能使他们开心……这一切都决定于我。"

教育家要有敬畏心。人要心存敬畏，做教育尤其要有敬畏心。要懂得教育规律，尊重教育规律，敬畏教育规律，研究教育规律，遵循教育规律，不浮躁，不功利，不折腾。教育经不起折腾，学生的成长只有一次。如果教育失败了，可以重新再研究，再实验，但是人生的成长不可能重复。要怀着敬畏之心来做教育，有敬天爱人的精神，敬天就是敬畏天道，爱人就是珍爱生命。

教育家要有未来心。作为一个教育家，应该有现实的眼光，是现实主义者；还要有世界的眼光和未来的眼光，是理想主义者。实践与理念融为一体，理想与现实有机结合。离开现实的理想，就像鲁迅先

心灵的教育 | XINLING DE JIAOYU

生说的要拔着自己的头发离开地面一样，往往要失败；没有理想的现实又可能沦为平庸。教育要在理想与现实之间寻找一个适合点，在中外教育之间寻找一个结合点，融通古今文化，熔铸中外精华，创造未来教育。教育是为未来赋能，教育家要密切关注社会的发展和科技的进步，与时俱进，预见未来，守正创新，引领未来。

教育家要有使命心。教育是为未来培养人才的，通过人才培养与国家前途和人类命运紧密相连。教育面对的是活生生的、有无限发展潜力的人。教育家既要立功，又要立言，更要立德。使命在身，心系天下，尊重个性，热爱学生，一切为了学生的健康、幸福与成长，一切为了中华民族的伟大复兴，一切为了人类的和平与进步。立德树人，为国育才，生命与使命同行，对人类命运要有一种深切的关怀，"为天地立心，为生民立命，为往圣继绝学，为万世开太平"。

教育家要有文化心。缺少文化，难成大家。仅有一些实践还不够，教育家身上应该有文化，背后应该有"背光"。学者称赞李叔同先生："李先生教国文，大家就喜欢国文；教音乐，大家就喜欢音乐。"除了音乐、国文的造诣之外，主要是因为他有"背光"，有很深的文化造诣和很高的精神境界。造就未来的教育家，不能忽略文化的作用。教育家应该有深厚的文化功底，在博览群书的基础上阅读经典。不仅要阅读教育的经典，还要阅读更广领域的经典著作。博览群书是一方面，读经典是更重要的一方面。教育家应该站在巨人的肩膀上，与先哲对话，与大师对话，有大家风范，成大家气象。

教育家的信仰，一是人生的信仰，二是教育的信仰，三是心灵的信仰。

孟子说，人生有三乐：父母兄弟俱在，乐也；得天下英才而育之，乐也；上不愧于天，俯不怍于人，乐也。家庭的幸福，这是生活之乐；得英才而育之，这是教育之乐；无愧于天地人伦，这是心灵之乐。人要有生活之乐和教育之乐，更要有心灵之乐：上不愧于天，俯不愧于人。有了这样的心灵之乐、生活之乐和事业之乐才有根基。人生在世，堂堂正正，不愧于天，无愧于人。俯仰无愧，方能心安；心所安处，即是良知；心有良知，方有所乐；心灵之乐，源于良知。

心有所信，方能行远。在教育家心中，教育应该是一项值得奉献的事业，而不是牟取名利的手段。教育家应该有崇高的信仰，为信仰而奉献，为教育而工作。为名利而工作成不了教育家。只有为信仰工作，才会有高远的理想和高尚的境界。有了信仰，才会有正确的方向和宏大的愿望；有了正确的方向和宏大的愿望，自身的能量才会发动起来，天地的能量才会源源不断地加持。愿力宏大，天赞地助，方能玉成其心，终成正果。

心灵是田地，信仰是阳光，信念是种子，美德是花朵，智慧是果实。播种真善美，生长真善美。

第三章

培根铸魂：
点燃生命的火种

教育的意义就在于唤醒生命内在的美好的品质，使人不断超越自己而站立起来、发展起来、成长起来，赋予人以更丰富的内涵，使人获得全面、和谐而自由的发展，使人生活得更美好，更幸福，更有意义，更有价值。

教育的英文单词Education正是此意，e- 是向外的，-duce- 是引导，tion 是名词后缀，也就是说，教育就是把一个人的内心向外引导出来。

教育是一门艺术，因为人是最神秘最复杂的生物。面对一群有思想有情感的学生，如何赢得他们的信任与尊重？如何向他们传播正义和良知？我们手中掌握的是世界上最宝贵的财富——人。我们如同雕刻家雕琢大理石那样在塑造人。只有相信人的人，才能成为真正的教育能手。教师是神圣的雕刻家，每一刀下去，都笔力千钧、责任重大。雕刻家的智慧，表现在善于处理原料玉石上的疵点，要精心设计、雕琢，将疵点变为玉器上的亮点。

真正的教育是灵魂教育。教育是育人的事业，要以人为本、合乎人性，尊重人的个性、珍爱人的灵性、提升人的德性、启迪人的智慧、发展人的能力、培养人的创造性。教育应该让学生享有健康幸福，过自在的生活，过有意义的生活，要让学校成为学生向往和留恋的地方。教育的要义是为了人的健康、幸福与发展。德是教育的根本，智是教育的源泉，爱是教育的灵魂。

第一节 涵养美好心灵

学校应该是精神的家园，是师生相互依存的命运共同体和学习共同体。在这里，应该让学生开心快乐地求知，幸福自由地成长，度过愉快的时光，收获纯真美好的青春记忆。

苏霍姆林斯基在《和青年校长的谈话》中写道:"任何成功都是来之不易的。一切好的东西背后都是巨大的劳动。很重要的一点是要用长远的眼光来看我们所从事的活生生的教育工作:一天从一堆沙土中淘出一粒金子,一千天就能淘出一千粒金子。"

一、怀着信仰工作

德国思想家雅斯贝尔斯曾指出:"教育需要信仰,没有信仰就不成其教育,而只是一种教学技术而已。"朱自清也说过:"教育者须对教育有信仰心,应努力成为以教育为信仰的人。"纵览古今中外,真正的师者无不对教育事业怀着崇高的使命感和强烈的责任心,为了追求真理而上下求索。苏格拉底、亚里士多德、柏拉图等西方哲学家都对教育有深刻的论述,苏联教育家苏霍姆林斯基为教育倾注了毕生的心血。中国的至圣先师孔子,弟子三千,博学好仁,"造次必于是,颠沛必于是"。近百年来,正是因为有像蔡元培、陶行知、夏丏尊等一批中国最优秀的知识分子投身到教育救国的历史潮流中,心怀信仰,身体力行,躬耕讲台,不懈努力,才谱写出中国教育的辉煌,成为当代中国教育的财富和引路明灯。

教育,人生之大事,国家之大事,人类之大事。教育,关系着人的发展、国家的兴旺、民族的未来、人类的进步。教育是提高人民综合素质、促进人全面发展的重要途径,是民族振兴、社会进步的重要基石,是对中华民族伟大复兴具有决定性意义的事业。当今世界的综合国力竞争,说到底是人才的竞争,人才越来越成为推动经济社会发展的战略性资源,教育的基础性、先导性、全局性地位和作用更加突显。两个一百年奋斗目标的实现、中华民族伟大复兴中国梦的实现,归根到底靠人才,靠教育。源源不断的人才资源是我国在激烈的国际竞争中的重要潜在力量和根本优势。

当今时代，科技迅猛发展，日新月异，尤其是互联网的发展、"互联网+"时代的来临，迅速改变着人类生活的方方面面，同时也深刻地影响着教育。互联网时代改变了传统意义上的学习方式以及教育管理方式，教育面临着一系列的新问题、新挑战和新机遇。消费主义、功利主义、信仰缺失等现代性问题不断冲击着教育，这一切都促使我们不断思考互联网时代教育的变革与坚守，促使我们回归教育本质，重建教育信仰——教师是人类灵魂的工程师，教育要塑造灵魂，塑造生命，塑造新人。

二、直抵心灵世界

立德树人是教育的根本任务。《左传·襄公二十四年》中说道："大上有立德，其次有立功，其次有立言，虽久不废，此之谓三不朽。"立德、厚德是儒家追求的理想，是中华民族的优秀传统，是教育事业的重要使命。纵观中外历史，真正有价值的教育一定是直指心灵的教育，是提升人生境界的教育，是培养美好品德的教育。

教育事业，责任重大，使命崇高。青少年是民族的希望，国家的未来。青少年时期是一个人人生观、世界观、价值观形成的关键时期，他们成为什么样的人，在很大程度上决定着整个国家、民族乃至整个人类社会的未来。心灵是田地，美德是种子。在孩子们心灵的田地中播种美德，是对孩子最大的爱，是给予孩子最宝贵的财富；在一个家庭中传承美德，是家庭最大的福气，是家道昌盛的重要保证；在一个国家弘扬美德，是国家人民的福祉，是国家兴旺发达的不竭动力。

一个心灵丰富的人最主要的天赋就是爱。爱是人类的天性，爱具有无穷的力量。教育事业是充满爱的事业，只有拥有仁爱之心的教师，才能培养出有仁爱之心的学生；只有教师真正关爱学生、尊重学生，让学生沐浴在爱的光辉中，才能在学生内心深处播下爱的种子，才能将爱传递下去。从仁爱之心，继而生发出感恩之心、悲悯之心、敬畏之心；从爱父母，爱师友，继而延伸至爱自然，爱天地万物，爱世间一切崇高而伟大的事物。

善待自己，善待他人，善待万物，让灵魂善良、丰富而高贵，这是教育的意义和价值。教育应在孩子们的心灵中播下真善美的种子，呵护孩子们心灵中的真善美，引导孩子们向真、向善、向美，在面对诱惑时有坚守，面对邪恶时有勇气，面对美丑时能分辨。

自古以来，修身、齐家、治国、平天下一直是古代知识分子孜孜追求的人生境界。"鞠躬尽瘁，死而后已"是诸葛亮为蜀汉奔走一生的真实写照；"人生自古谁无死，留取丹心照汗青"是文天祥铮铮铁骨的肺腑之言；"勇往直前，以浩气赴事功，置死生于度外"是伟大革命先行者孙中山的不懈追求。这些嘉言懿行的背后都是一种责任与担当精神，是中华民族伟大的民族精神和优秀文化传统的生动写照。有责任感，勇于担当，敢于担当，是一种优秀的品质，它将激发无穷的力量。

为了在学生心中播种爱、播种真善美、播种责任与担当的种子，在教育课程的设计中通过榜样教育、仪式教育，弘扬志愿精神、奉献精神。举行"身边的榜样"大型评选活动，评选出生活学习、日常表现、意志品质等各方面的榜样，充分发挥榜样的力量与引领作用。学生志愿团是有深刻影响力的社团，新团员代表每年都会在开学典礼上向全校师生郑重宣誓：尽己所能，不计报酬，帮助他人，服务社会。志愿团的成员不仅在学校食堂、图书馆、操场等各个角落进行志愿服务工作，还走出校园，走向社会，去敬老院进行临终关怀、奉献爱心，常年在宋庆龄故居进行义务讲解，风雨无阻。注重红色教育，教育学生铭记苦难历史，珍惜和平生活，弘扬长征精神、抗战精神和抗美援朝精神，缅怀革命先烈，培育和践行社会主义核心价值观，为实现中华民族伟大复兴的中国梦而奋斗。

三、智慧光明朗照

古今中外，智慧不仅是哲学家们孜孜思考的哲学命题，也是每一个人所追求向往的。智慧与知识、智慧与伦理、智慧与德性、智慧与悟性、智慧与境界等密切相关，它是一种对于人生的通达与彻悟、澄明与圆融。

古希腊人认为，哲学就是爱智，是对智慧的追问，他们将一切知识、教养、能力等都认为是"智慧"。柏拉图认为，"爱智慧"是人最重要也是最高尚的需求；赫拉克利特认为，"热爱智慧者必须精通许多事情"；对于伊壁鸠鲁来说，智慧是一种对恐惧和欲望以及一切未经思考的错误想法的摆脱；恩皮里克则认为，哲学就是对智慧的操练；苏格拉底强调要过一种反思的生活；笛卡儿主张智慧和知识等同，人可以通过天生的理性认识真理，这是最高意义上的一种智慧；斯宾诺莎则将智慧赋予道德的意义。

在中国古代典籍中，"知"往往与"智"相通。《论语》中，"知"常常与"仁"联系在一起，如"知者乐水"（《雍也》）、"知者利仁"（《里仁》）、"择不处仁，焉得知"（《里仁》）。孟子对于"智"也有诸多论述，如"始条理者，智之事也"（《万章下》）、"知者无不知也"（《尽心上》）等。荀子将"知"分为圣人之知、士君子之知、小人之知和役夫之知，认为"是是非非谓之知"（《修身》），在论及"知"与"仁"的关系时认为"故知而不仁，不可；仁而不知，不可"（《君道》）。

具体到教育中，要提倡教育智慧、教学智慧，这是一种宝贵的教育品质，是一种良好的教育状态，更是一种美妙的教育境界。启迪智慧的教育，要促进学生从未知到觉醒；要教育学生善于省思，达到向内的反思与提高；要让学生的生命姿态更加安稳舒展，对人生有坚持，对生活有热情；要使学生对人生有深刻的体悟，不断提升自己的心灵境界；引导学生学会正确处理人与自身、人与社会、人与自然的关系，和谐祥宁，共生共荣。在改革的推动下，各种教育思想、教育理论、教学模式纷至沓来，但是，真正的教育一定是有利于启迪学生智慧的教育。

教师应该拥有智慧。为了给学生一颗知识的火星，教师应当从整个知识的海洋中吸取营养。教师是教育事业的根本，是教育目的、意义、价值、任务的直接体现者、承载者和实施者，是教育活动的组织者和主导者。教育的智慧，需要通过教师的教育教学智慧来体现，要培养智慧型教师。教师对教育教学规律要有深刻的把握能力，对突发情况要有灵活机智应对的能力，对复杂多变的教育情境要有创造性驾驭的能力。

从"教学"到"教学生"，再到"教学生学"，是一个逐渐接近教学规律的过程。孩子学会学习的方法后，就可以不用教师事必躬亲、手把手地教了，要让孩子在自由探索、自我发现的成长道路上，不断提高"会学"的能力，从而自己成为自己的老师。

如何把教师和学生解放出来，在一种宽松的环境中完成教学任务，提高学生的学习能力，真正需要教给学生的是学习方法。要从学生的发展出发，大胆尝试，不断改革创新。叶圣陶先生说："教是为了不教。"学生掌握了方法，自然能自主学习，善于创新。

教师不仅传递知识，教授技能，更肩负着启迪智慧、塑造人格的重任。所以，一流的教育需要有一流的师资作保证，需要教师真正对教育事业拥有崇高的责任感和使命感，拥有高超的教育水平、高明的教育智慧以及高贵的教育人格。从塞北大地到烟雨江南，从东部沿海到西部边陲，在祖国大地上，同在一片蓝天下，广大教育工作者为中国的教育事业而辛苦工作着。作为教师，我们需要崇德向善，反思体悟，

心灵的教育 | XINLING DE JIAOYU

增智生慧，不断提升教育教学智慧，用智慧启迪智慧，让智慧引领学生的成长。

阅读启迪智慧。"生活里没有书籍，就好像没有阳光；智慧里没有书籍，就好像鸟儿没有翅膀。"这是莎士比亚的名言，阐明了智慧与书籍的关系。在苏霍姆林斯基看来，一所学校可能什么都齐全，但如果没有为了人的全面发展和丰富精神生活而必备的书，或者如果大家不喜爱书籍，对书籍冷淡，就不能称其为学校。一所学校也可能缺少很多东西，可能在许多方面都简陋贫乏，但只要有书，有能为我们经常敞开世界之窗的书，那么，这就足以称得上学校了。

曾国藩说过："人之气质，由于天生，很难改变，唯读书则可以变其气质。"青少年时期是一个人成长的关键时期，青少年时期读的书对一个人的一生影响深远。所以，要提倡多读书、读好书、读整本的书、读经典的书。通过读书，尤其是读经典，学生不仅可以获得知识、扩展视野、陶冶情操、塑造品格，更能超越时空的限制，同智者交谈，与伟人对话，拥有高贵的精神生活，汲取关于人生、世界、宇宙的智慧，受益终生。

书中自有黄金屋，书中自有颜如玉，绝不是真的让人们到书中去搜寻黄金美玉，而是从中找到像金子和美玉一样珍贵的精神世界。有位学生回首读书的经历写下了饱含深情的文字："阅读很重要。无论环境多么局限，资质多么普通，阅读也能给一个孩子带来广阔的世界——我自己就走过这样的道路。你可以在中间找到自己的思想资源，同伴和朋友。也许你对现实周遭不满，你可以到书里去找你的爸爸妈妈，可以在网络上找到同路人，看到你的理想在面前浮现，寻找让自己也能走上那种道路的知识资源。你终有一天会离开家、家乡、学校，那么现在一定要去寻找那些帮助自己的资源，无论是思想心理上的，还是现实中的。用阅读、用知识去改变自己的道路。"

积极推进书香校园建设，重视传统文化，鼓励学生多阅读传统文化经典，让他们的心灵在博大精深的传统文化中受到熏陶与滋养，开启心智，启迪智慧。

一是营造书香环境，形成良好的读书氛围。教室要设立图书角，放置图书，让同学们在教室中随时可以阅读喜欢的书籍。学校图书馆要定期推荐阅读书目，开展图书漂流、读书讲座、创作比赛、阅读沙龙等丰富多彩的活动。要成立教师阅读沙龙，定期交流，营造师生读书的良好氛围。开设国学读经班，由国学教师指导，带领学生研读国学经典，儒家道家等经典书籍都是研读的对象。除此之外，每年都按期举行爱心书市活动，并成为校园的一件盛事。学生在爱心书市上可以挑选自己喜爱的书，赠送别人所需要的书，乐在其中，形成了良好的氛围。

二是开列阅读书目，探索名著课堂教学。给学生列出必读以及选读书目，古今中外，包罗万象。教师带领孩子们感悟阅读之美，圈点批注，摘抄交流，写读书笔记，培养良好的阅读习惯。重视《论语》的阅读，学校设立"君子日"，旨在弘扬君子精神，纪念至圣先师。

三是开展阅读活动，探索丰富的读书形式。设立小作协、国学社、槐雪诗社等文学社团，开展讲座、笔会等文学阅读活动，编辑文学刊物。开展诵读演讲、征文比赛、历史剧、话剧展演、诗歌朗诵比赛等活动，组织"英伦文学之旅"等各种文化采风活动。读万卷书，行万里路，丰富多彩的形式都有效地促进了读书。

引导孩子们成为这个世界中的旅行者、发现者和创造者，尽量让学习在故事、美、音乐、游戏、幻想和创造的世界中进行，让学习成为乐趣，成为朝气蓬勃的智力活动。引导孩子们观察、思索、谈论、感受创造的欢乐，并为所创造的一切而自豪。引导孩子们创造美和欢乐，并在这种创造活动中获得幸福。引导孩子们热爱大自然、音乐和艺术的美，并以这种美来丰富自己的精神世界。引导孩子们富有同情心，把他人的痛苦和欢乐放在心上，像对待自己切身的事情一样对待他人的遭遇。

四、尊重天性禀赋

自由的富有美感的诗意教育，让精神与精神相遇，让学生拥有自由而舒展的生命，润泽精神，解放心灵，尊重个性，激发潜能。

《中庸》中说："天命之谓性，率性之谓道，修道之谓教。"这句话揭示了"命、性、道、教"四者之间的关系。立足生命，关怀生命，这是教育的原点。教育建立在生命基础之上，直面人的生命，需要理解生命，尊重生命，促进生命的发展，提高生命的质量，提升生命的意义。所以，是否让生命焕发活力，让生命获得提升，应该成为衡量教育是否合理的尺度之一。宋代程颐从孔子教人的经验中概括出"圣人教人，各因其材"的说法，朱熹提出"圣贤施教，各因其材，小以小成，大以大成，无弃人也"。实现因材施教既是人类的教育梦想，也是千百年来教育工作者不懈追求的最高境界。

解放学生，鼓励学生发现自我。教育要解放人、解放人的心灵。学校不应该成为限制生命舒展的囚笼，而应该成为鼓励学生发现自我、体悟生命本真的舞台。生命的本真是自由的、自主的，我们要给学生"松绑"，把自主、自由还给学生，让他们真正成为自己思维的主人、自己发展的主人、自己活动的主人，自由自在地享受生命的快乐，不断发现自我、认识自我、成就自我。

苏霍姆林斯基说："人的内心里有一种根深蒂固的需要——总想感到自己是发现者、研究者、探寻者。在儿童的精神世界中，这种需求特别强烈。但如果不向这种需求提供养料，即不积极接触事实和现象，缺乏认识的乐趣，这种需求就会逐渐消失，求知兴趣也与之一道熄灭。"

对教育而言，有时不评价是最好的评价方式。在法国的小学阶段，包括美术在内的所有科目都不会采用评分制，而仅仅用绿色、红色、黄色对孩子的发展情况进行标记。中国的学校普遍存在一种竞争意识，哪怕是在幼儿园。在幼儿园组织的拼插活动中，老师会将优秀的作品放在大厅中，供其他的小朋友和家长进行观赏。更有甚者，对作品优秀的小朋友给予物质奖励或精神奖励。这难道不是在扼杀其他孩子的创作激情吗？所有孩子的作品都应该受到尊重和认可。

《绿野仙踪》讲述的是自由创造与梦想的故事。一个名叫多萝西的小女孩，跟叔叔婶婶生活在堪萨斯的一个农场上。一天，一阵龙卷风把她和小狗托托带到了一个陌生地方。在那里，多萝西帮助了稻草人、铁皮人和胆小狮。他们成为伙伴，历尽艰险到达奥兹国，实现了各自的愿望。很多小孩读完这本书，就会产生朦胧的憧憬，"我从小的梦想，就是一直在等待那阵能够把我刮走的龙卷风"。这个小女孩去远方的冒险故事，一直在无数孩子的心中激荡。离开家，到外面的世界看一看，去一个自由的地方冒险并实现自己，从此成为许多人多年渴望的人生主题。最好的教育，就是陪伴每一个孩子，寻觅属于自己的绿野仙踪。

五、激发内在潜能

每一个学生都是自由独特的生命个体，教育要尊重个性，激发潜能，一切为了学生的健康幸福和发展，一切为了中华民族的伟大复兴，一切为了人类的进步和福祉。每个孩子都是独一无二的个体，蕴藏着独特的天赋、气质、价值，我们必须充分注意这种差异性和独特性。每个孩子都蕴藏着巨大的潜能，具有无限发展的可能性，需要激发和唤醒。顺应孩子的天性，尊重孩子的个性，追求个性化的教育，努力创造适合每个学生发展的教育，让每一个生命都得到和谐而又充分的发展，这是教育的目的和意义所在。

教育的设想就好比剧本，教师是导演，舞台是学生的。解放学生，尊重个性，改善教学方式，建立系统、丰富、多样化的课程体系。要形成涵盖众多领域、种类丰富的学校课程，构建基础、拓展和荣誉课程。开好国家必修课程、个性化选修课程以及大学先修和荣誉课程，以充分满足学生的个性化需求，让每个学生都可以找到自己喜欢的课程，从而不断激发学生的创造活力、兴趣潜能，促进学生全面而有个性地发展。

组建各类研究性学习社团，从教学形式与方法、课程设置与内容选择、自主探究与实验等方面开展教学活动，创造适合学生发展的教育。教师有针对性地实施不同的教学方式，实现因材施教。通过分层动态调整机制，观察学生的学习进步与变化，分类指导。在教学的过程中针对不同个性的学生进行科学有效的帮助和指导，使学生整体优化，并发展特长。

为了构建学生集体生活中稳定、持久、深入的人际互动，使学生在集体生活中产生归属感，学校要从学生身心特点出发，在为学生创建开放性人际交流平台的同时，保持有意义的稳定的集体生活。

教育上的公正，意味着教师要有足够的精神力量去关心每一个儿童。如果只用一种模式毫无区别地对待所有儿童，或者把儿童丢在一边漠不关心，那是不公正的表现。如果儿童感到别人眼里没有他，感到别人心里不在意他，感到别人不想去知道他个人的小小的不幸与幸运，那么他会认为这是一种痛苦的屈辱和不公正。

六、激励探索精神

随着世界多极化、经济全球化的深入发展，创新人才的培养已成为我国人才培养的重要战略目标，也成为国际社会共同关注的重大课题。创新是民族进步的灵魂，是国家兴旺发达的不竭动力，培养学生的创新精神和创新能力，是素质教育的重要内容。创新，让教育焕发活力，永葆生命力。

教育以培养全面发展的人为核心，综合表现为品德修养、人文底蕴、科学精神、学会学习、健康生活、责任担当、实践创新等素养。这些素养涵盖了学生终身发展和适应社会发展所需的品格与能力，丰富了素质教育的内涵，而实践创新正是这些素养中重要的一维。

让教育观察的目光投向全球，探索创造人类历史上前所未有发展奇迹的教育密码。比尔·盖茨的成功正是由于选择了自己所热爱的研究领域，在自己所热爱的领域中取得了巨大的成功，正是因为在这样的教育土壤的培育下，成就了比尔·盖茨的成功。

引导孩子们勇于探索。孩子刚出生就具有实验和探索的天性。模仿性和探索性是左腿和右腿，一味模仿容易让学生失去另一条腿的功能。当孩子们失去了探究性和创造性，最终只会沦为模仿的那一类人。如今的教育理念实际上踏入一些误区。基本上每一个孩子都或多或少地学习了音乐、艺术、美术课程，可是社会所呈现的却是创造力的下降。人一旦走向模仿的思维模式，社会必然会出现一批"山寨"产物，如果课堂没有带给孩子创造性的思维习惯、探究式的实验习惯，孩子们就永远是在机械地模仿。所有的教育都应与心灵挂钩，如果不跟心灵挂钩，不跟自我创造挂钩，那么这个教育就是伪教育。在未来跨国教育的竞争中，能成为创造者和引领者是最有价值的。

激发好奇心。孩子们满怀兴趣地参与到对智慧的挑战活动，亲自体验这种充满思想、情感、智慧的生活，根据自己的兴趣、体验、理解，能动地认识知识，赋予知识以个性化的意义，生命活力在积极主动的参与过程中充分表现出来，体现了作为学习者的生命价值。在这样的学习生活中，知识的学习已不再仅仅是属于认知的范畴，它已扩展到情感、人格等领域。学科知识增长的过程同时也是人格健全与发展的过程。

鼓励求异思维。求异思维是创新思维的重要特征，对创造力的形成起着至关重要的作用。开发学生的求异思维，让学生多角度、多方向、多途径地思考问题，有利于培养创新精神。如在教授信息学编程时，教师可引导学生分析，让学生小组讨论，探讨不同的解决方法。有了创新的勇气，产生了创新的热情，潜能被充分挖掘，创新意识被激活。学生沉浸在成功的喜悦中，课堂时时迸发出创新的火花。此时学生的创新精神淋漓尽致地表现出来。学生放开手脚，自己想象琢磨，分析综合、抽象概括、演绎归纳等思维活动充分开展。

七、追求教育新格局

教育秉承传统，立足时代，面向未来。教育应该为未来赋能，为学生的未来做准备：准备智慧，准备修养，准备持续的自我发展能力。教育既要守住文化根基，有中国情怀，又要放眼世界，开放创新，创建中国情怀、世界眼光的未来教育。

中华文明光辉灿烂，源远流长。这与教育的文化传承作用是密不可分的，同时，中国教育思想也是中华文明的重要组成部分。从孔子、孟子、朱熹，到梁启超、严复、蔡元培、陶行知，无数教育家的教育思想体现了各自时代的风貌，代表了教育实践和教育思想发展演变的各个阶段，为整个世界教育的发展贡献了智慧和力量，是世界教育思想的重要组成部分。直到今天，这些思想依然有其价值和意义，需要我们不断地研究、继承并弘扬其精华，继往开来，综合创新，让中华教育思想绽放出新的光彩，凝聚中国力量、彰显中国智慧、成就中国梦想。

同中华文明一样，西方文明也是世界文明的重要组成部分，苏格拉底、柏拉图、亚里士多德、夸美纽斯、杜威、苏霍姆林斯基等西方教育家的思想也是世界教育思想史上重要的财富。由于地理环境、历史背景、发展过程、民族文化心理等因素的不同，中西方教育又各自呈现出不同的特点，各有所长，存在着巨大的互补性。我们应该取长补短，学习、借鉴、汲取西方教育的精华，适应世界教育发展的潮流，积极探索具有中国特色的未来教育，以开放的心态、开阔的视野，纳八面之雄风、汇百川之浩瀚、成千秋之伟业。

今天的教育是为明天培养人才。教育理念、课程设计、能力培养都应该以未来社会所需要的人才为依据。教育应该面向未来，熔铸中外教育精华，以中国文化为根基，融合现代世界文明精华，培养中国文化的继承者和传播者，培养具有家国情怀、兼具国际视野和跨文化沟通能力的复合型人才。在世界格局大变化的时代，我们要培养学生的爱国心，培养学生的国际视野和创新能力，吸收世界各国教育的经验，扎根中国大地，融通古今中外，继承借鉴，面向未来，做到民族性与世界性的有机统一，追求教育发展的新格局。

苏霍姆林斯基说："美教给人识别恶，并与之进行斗争。我想说，美是一种心灵的体操——它使我们的精神正直、良心纯洁、情感和信念端正。美是一面镜子，你在这面镜子里可以照见你自己，从而对自己采取这样或那样的态度。美，就是人性，是善良情感和诚挚态度的**具体体现……**"

每一个孩子都是一个鲜活的生命，是宇宙间最宝贵最奇妙的存在，是天地之元气孕育的万物之灵长。选择教育，就是在平凡中选择了崇高与伟大，选择了与人性中的光辉与美好同行。

与生命同行，让生命美好，使生命自由而舒展，这是教育的意义和价值所在。秉持仁人志士的理想与追求，怀抱以天下为己任的情怀与抱负，不忘教育初心，肩负教育使命，志存高远，坚定信念，虽远不怠,精进不息,创造美好的未来!

第二节　实现自我超越

培根在《论人生》中说:"成功与美德是衡量人生事业的两种尺度。同时具备这两者的人,是幸福的。"

成长就是伴随着接连不断的创伤,以爱滋润自己的心灵,以赤子之心与冷酷的现实搏斗,接纳不完美的自己,承担起人生的使命。

学习不仅是为了适应外界,更是为了丰富自己,提高自己,超越自己。发展个人内在的心智,才能在外部现实面前获得自由。正是凭借内在心智的自由,凭借独立人格和独立思考的能力,优秀的灵魂和头脑对于改变人类社会发挥了巨大作用。

带着知识走向学生,是"授人以鱼";带着学生走向知识,是"授人以渔"。教育是生长,需要岁月的沉淀和积累。哪怕在互联网时代,也没有捷径可走。

孔子说:"德之不修,学之不讲,是吾忧也。"俭以养德,勤以修身,静以明心。播种美德,自我升华,做一个有情操的人、有道德的人、脱离低级趣味的人。

一、个性化教育

教育的理想是人的解放和人个性与潜能的自由而全面发展。马克思在《黑格尔法批判导言》中说:"人本身是人的最高本质。"[1]

---

[1] 马克思:《黑格尔法批判导言》,见《马克思恩格斯选集》,人民出版社,1995年版。

人类的解放必须以人的解放为前提，社会的发展必须以人的发展为基础。教育作为一种以人为对象、以育人为主旨的实践活动，在人的发展中起着重要作用。以人为本，促进人的全面发展，是教育的根本价值所在。

教育从终极意义上关注人，是对人的发展的自觉追求。教育应该全面拓展人性，充分尊重个性，深入激发潜能，关注人的发展，促进民族复兴，推动人类进步。教育应该促进人性的发展。人性是人的自然属性和社会属性以及精神属性的统一。教育应该促进人性的发展，使人不断由动物性向人的更高的品性迈进。

教育应该使人的个性得到发展。每个学生都有其个性，由于遗传素质不同，尤其是个人的社会生活与实践活动各不相同，个体人格倾向性和人格心理特征方面都有差异，从而形成不同的人格，即个性。人的需要、动机、兴趣和信念等，以及由此决定的人对现实的态度、趋向和选择各不相同；人的能力、气质和性格，以及由此决定的人的行为方式上的个人特征也各不相同。正是不同个性的人构成了丰富多彩的社会，也正是不同的人才支撑起了社会的大厦。人的个性不可能完全相同。人缺乏个性，一个国家和民族就缺乏多样性，这对于人来说是不幸的，对于国家和民族来说也是不幸的。教育应该既重视共性，又尊重个性，应该追求全面发展与个性发展的有机结合。

教育不能仅仅满足于人的一般的、共同的发展，而应该根据人的不同的自然性，促进个性的发展。学校应该成为尊重学生个性、发展学生个性的乐园，而不应该成为使不同人变成相同人的加工厂。学生有个性的发展是其自身发展的归宿和最终体现。

教育应该使人的潜能尽可能得到充分的发展。人的潜力是巨大的，教育的使命在于开发潜力、发展潜力，而不是遏制潜力、扼杀潜力。人的潜力各不相同，因此应该因材施教，实行个性化的教育。

二、终生教育

教育应该使人获得终生发展的能力。《教育——财富蕴藏其中》指出:"与生命有共同外延并已扩展到社会各个方面的这种连续性教育称之为终生教育。"这里,"与生命有共同外延"是从时间角度进行的说明,指终生教育是与人的整个生命伴随始终的教育形态,是贯穿人类整个生命过程的教育。"扩展到社会各个方面"是从范围角度而言的,是指终生教育不是仅限于传统的封闭式学校教育系统,而是对学校教育有所突破。报告指出:"整个一生都是学习的时间,而每一类知识都能影响和丰富其他知识。……使每个人都能生动地了解世界、了解他人和了解自己。"又说,"终生教育是不断造就人、不断扩展其知识和才能以及不断培养其判断能力和行动能力的过程"。

终生教育具有两个本质性特征:一是从终生教育的外延角度讲,终生教育是贯穿人生始终的一种教育形态,具有时间的延展性;二是从内涵角度讲,终生教育并非单一或纯粹的教育形态,它更多的是一种教育理论和教育观念,是包容了所有现存教育形态的教育过程。在此意义上,终生教育具有极大的包容性,是一种空间上的包容。时间上延展和空间上包容,共同构成了终生教育的内涵和外延,也奠定了终生教育的理论基础。

终生教育是为了建设更美好的新生活。法国教育家郎格朗指出:"教育的目的是为了适应作为肉体的、智力的、情感的、性别的、社会的,以及精神存在的个人的各个方面和各种范围的需要。"

《教育——财富蕴藏其中》认为:"终生教育建立在四个支柱的基础上。""四个支柱"是指"学会认知、学会做事、学会共同生活和学会生存"。"根据对未来的展望,每个人必须有能力在自己一生中抓住和利用各种机会,去更新、深化和进一步充实最初获得的知识,使自己适应不断变革的世界。"而不断获得新知、更新自己的知识结构，最终达到与社会同步的基本能力，就是"学会认知、学会做事、学会共同生活和学会生存"。

三、人的解放

教育应该使人获得尽可能充分自由的发展。教育可以赋予人以认识世界、改造世界的能力。一方面使人更好地适应现实社会生活，而另一方面又使人不断地不满足于现实生活，从而引导人不断地从必然王国走向自由王国，以实现人自身解放的理想。

教育应该使人得到生动、鲜活、幸福的发展。学校应该成为学生成长的乐园。学生不仅要通过现在的努力获得将来的幸福，而且现在的成长过程本身也应该是幸福的。学生只有在成长的过程中感受到成长的乐趣，才能够更好地成长。教育既应该使学生为获得将来的幸福做准备，也应该使学生在成长的过程中获得幸福。

四、宁静的智慧

积善成德而神明自得。道德和智慧是最宝贵的财富，这样的财富人夺之而不去，是人生幸福、事业成功的基石，是生命最大的力量源，生命中有了这样的精神财富，遇顺境则不为所迷，遇逆境则愈显其光。

博学可以得智慧，审问可以得智慧，慎思可以得智慧，明辨可以得智慧，笃行可以得智慧，与智者交往可以得智慧。《论语》中说：泛爱众，而亲仁。善于亲近仁德，尊敬有德者，与有智慧的人交往，特别是人生的关键时期，若能遇到一位良师益友，一位德智具足的贤者，是人生的幸运。

心灵的教育

静能生慧，智慧来自心灵深处，聆听心灵的声音可以得智慧。要清净自己的精神，宁静自己的心灵，在清静与宁静中聆听心灵之声。美国的考门夫人说：

在各种生命力中，唯有安静最具影响力。阳光静静地普照大地，人的耳朵听不见任何声响，但是它却带给人无限的祝福和行善能力。地球吸引力也是沉默无声的，它没有机器的嘎嘎声、铁链的铿锵声，也没有引擎轰隆的噪声，然而它却操纵着宇宙星球按照一定轨道运行不已。

夜晚，露水悄然而降，润泽每一株小草，每一片树叶，每一朵花瓣，使它们焕然一新。它的本源不是轰隆的雷响，而是无声的闪电。大自然的奥秘隐含在安静之中，巨大的力量常常无声无息地进行。自然界的奇迹都是在静谧中酝酿。宇宙巨轮无声地运转。我们处在这个嘈杂的时代，如果想保持圣洁，每天必须有一段孤独安静的时间。

《道德经》云："归根曰静，静曰复命。"回归到根本便是宁静，只有宁静才能回归生命的本真。心静而从容不迫，宁静而美好祥和。静是一种力量，心有多静，福有多深。

宁静能使心灵明净。一位木匠在干活时，将手表掉落在满是刨花和锯末的地上。他当下焦急如焚，寻找自己的手表。可他越是着急，就越是找不到。天色逐渐变暗，几个徒弟也一起来找，仍一无所获。木匠便让他们回家，明天再找。可一会儿的工夫，他的小儿子便找到了手表。木匠惊奇问道："我们那么多人都没有找到，你是怎么找到的？"儿子便说："夜深人静之时，我听到了手表的嘀嗒声，顺着声音，就找到了。"

安静往往比喧嚣更有力量。淡泊明志，宁静致远，聆听心灵的声音，体会寂静的美妙。

18世纪法国思想家卢梭在《爱弥儿》中说："什么是最好的教育？最好的教育就是无所作为的教育：学生看不到教育的发生，却实实在在地影响着他们的心灵,帮助它们发挥了潜能。"随风潜入夜,润物细无声,教育是无形的,它就像水滴,融入教育这片大海的时候,就难以分辨它的形迹;而它又能幻化出美丽的景色,当太阳升起时,海面的粼粼波光就是它温暖的反射。

保持生命的本真,能够安静聆听生命也使生命愿意安静聆听的纯真,心灵的寂静远非浮华功名可以比美。相信种子,相信岁月。播下美德的种子,静待花儿芬芳盛开。

五、教育的本真

道尔顿教育。教育是为人而存在的,教育应该尊重人的个性。道尔顿教育注重对学生个性化的教育。道尔顿教育认为,人的知识结构是因人而异的,由此形成了道尔顿教育的知识结构论和学生选课指导依据。在他们看来,选课必定促进学生的知识构成发生变化,促进学生形成单核(在一个学科领域有发展潜能)、双核和多核等不同类型的知识结构。对于单核或双核知识结构的学生,学术倾向较重,他们未来发展往往是朝着一个或两个领域深化,要注重加强对其核心领域的课程支撑。对于多核知识结构的学生,他们的人生道路选择面广,要注重对他们的领导与组织能力的培养。依据学生的知识结构创设相应的课程体系,能促进学生的个性化知识构成,促使学生的志趣逐步聚焦,从而为学生的专业选择做好准备。

自然教育。自然是一个永恒的话题,我们对自然的热爱与生俱来。随着人类社会飞速工业化、城市化、现代化,我们的身体和心理却被抛却在后,它们依然保留着远古时期茹毛饮血、游牧打猎的偏好,对自然的依恋,是写进基因里的渴望。

走进自然教育,孩子的内心变得强大,变得充实;孩子的生活变得简单，变得幸福。在走进自然的过程中，领略到那么多美好的生命，孩子会不由得赞叹一只翠鸟翠绿的羽毛，赞叹各种植物开花时的渐变色，赞叹石蛙趴在那一动不动的耐力，赞叹松果菊的果实怎么可以那么像松果，感受四季树的轮回，感受大自然的变幻莫测；观察真实的昆虫，感受生命的魅力；这些生命带来的触动不自觉地让孩子对自然有了敬畏之心，这种敬畏之心也让孩子给自己的心找到了一个家。自然教育为生活在钢筋混凝土中的孩子们，提供释放天性的探索和体验空间。法国启蒙思想家卢梭以"归于自然"的性善论为依据，认为"天性的最初的萌动是正当的"，所以"要以天性为师，而不以人为师"，要成为"天性所造成的人，而非人所造成的人"。这就形成了教育史上的自然教育。

六、成为一个完整意义的人

孔子认为理想的社会关系是人与人之间"和而不同"。"和"与"同"是两个不同的概念。各种不同的东西调和在一起产生新的东西，这就是"和"；相同的东西放在一起产生不了任何新的东西，这就是"同"。可见，"不同"是指人的个性、禀赋和特长各不相同，"和"是调和不同以达到和谐统一。

和而不同是关于人与社会的一种理想。就个人来说，应该是德智体美劳等各方面素质构成一个和谐的整体。只有这样，才能成为一个完整意义的人，否则，就会产生缺陷。不管是有德无才，还是有才无德，都不是理想的人才。除此之外，和而不同还指一个人应该正确处理好与他人、社会、自然的关系。一方面要与他人、社会、自然和谐相处，懂得责任和爱心，学会尊重和信任；另一方面还要有独立的人格、独特的个性、突出的专长，要有自己独立的判断力和活跃的创造力。学生如此，教师也同样如此。

一个组织得好的社会，是一个和谐的统一体。其中各种才能、不同个性的人都有适当的位置，发挥适当的作用。人人都同样地感到满意，彼此相合，形成凝聚力，从而产生新的巨大的能量。这种能量不是个体的简单相加，而是一种超于任何个体的巨大的能量场。这种能量场一旦形成，就会产生强大的聚合力，从而更好地激发每个个体的潜能，使之发挥更大的作用。社会如此，学校也同样如此。

未来社会对人才的要求，必然是个性和协作相结合。教育培养的人应该是"和而不同"的人，这里所说的"和而不同"，是指既有鲜明个性又有团队精神。

每个人都有个性，人的个性不可能完全相同。正是不同个性的人构成了丰富多彩的社会，也正是不同的人才支撑起了社会的大厦。如果一个社会都是一些完全相同的人才，人才就不称其为人才，国家和民族就缺乏丰富多样性。学生有个性的发展是学生自身发展的归宿，也是社会发展的需要。

人的生命体是一个有机整体，需要各方面素质和谐发展。作为万物灵长，人各个方面，如思想、情感、道德、智慧、意志、体魄等，水乳交融地统一在一起，相互作用，相互制约，不可分离。可见，和谐是人自身发展的要求。

和谐是中国哲学的一个重要命题。《易经》云："乾：元，亨，利，贞。"乾，象征天。《子夏传》释曰："元，始也；亨，通也；利，和也；贞，正也。""和"是天之"四德"之一。"和"是和谐、协调的意思。《论语》说："礼之用，和为贵。"《孟子》说："天时不如地利，地利不如人和。"《周易·乾·文言》也说："与时俱谐。"可见，先哲非常重视"和"的作用。

和谐是教育的理想追求。所谓和谐教育，首先是指教育与时代的和谐。和谐教育不仅要适应当前社会的需要，还要适应未来社会发展的需要，要有引领时代潮流的前瞻眼光。和谐教育还指和谐、温馨、舒畅的人文环境，要努力做到师生关系的和谐，而师生关系的和谐来源于教师对学生的理解和尊重。

创新是发展的不竭动力。教育应该顺应世界潮流的前进方向，在继承中发展，在发展中提高，与时俱进，开拓创新。其一，要在教育实践中努力营造一个民主和谐的创新氛围，尊重创新，建立创新机制，激发创新能力，为教育事业不断注入永葆生机的动力和源泉。其二，要注重学生创新精神的培养。学生最可贵的是他们的自尊、自信以及强烈的好奇心和创造欲，这是他们创新发展、形成独立人格的宝贵财富。作为教师，我们要珍惜孩子的这份财富，爱护它、尊重它、培养它，千万不能扼杀学生的自尊、自信和创造精神。教育要培养学生开阔的视野、世界的眼光、宽广的胸怀、合作的精神、宏伟的愿望、中国的心灵。

人的发展是教育的永恒主题。教育要使人获得全面自由而幸福的发展。只有自由地发展，才能健康地成长；只有自由地发展，才能活跃地创造。成长需要和谐的环境，创造需要心智的自主。人的个性应该得到尊重，灵性应该得到珍爱，德性应该得到提升，创造性应该得到培养。学生不是容器，不是机器，是具有独立人格和丰富心灵的人。教育不是禁锢、不是扼杀，教育应该是尊重与关爱、引导与激励、平等与合作。教育应该以先进的思想为先导，这个思想的出发点是人的全面发展。

第三节　播种真善美　生长真善美

人的心灵是一个广阔的天地，那里有日月星辰、江河湖海，梦想、希望、爱……都在其中。教育就是唤醒学生心灵中昂扬向上的力量，发现其中真善美的种子，精心培育，使之开花结果。

车尔尼雪夫斯基说："要是一个人的全部人格、全部生活都奉献给一种道德追求……那我们在这个人的身上就看到崇高的善。"

一、心灵的境界

爱因斯坦曾称赞居里夫人说："第一流人物对于历史进程的意义，在其道德品质方面，也许比单纯的才智成就方面还要大。即使是后者，他们取决于品格的程度，也远超过通常所认为的那样。……我对她人格的伟大越来越感到钦佩。她的坚强，她的意志的纯洁，她的律己之严，她的客观，她的公正不阿的判断——所有这一切都难得地集中在一个人身上。她在任何时候都认识到自己是社会的公仆，她是极端的谦虚，永远不给自满留下任何余地。一旦她认识到某一条道路是正确的，她就毫不妥协地并且顽强地坚持下去。……居里夫人的品德力量和热忱，哪怕只有一小部分存在于欧洲的知识分子中间，欧洲就会面临一个比较光明的未来。"

人格的力量是巨大的，品德的力量影响深远。立德树人是教育的根本任务。教育要培养道德人格，塑造道德文化，造就道德生活。道德人格的理想境界是真善美。道德文化的理想境界是自强不息，厚德载物，和而不同，正大光明。道德生活的理想境界是和谐，即人与社会和谐，人与自然和谐，人的身心和谐。

道德的境界有层次之分，可分为三个层次：一是基本道德，二是高尚道德，三是圣贤道德。

基本道德的主要内涵是爱国守法，善良诚信。基本道德要求人们独善其身，具有相应的责任意识。高尚道德要求人们在具备基本道德的基础上，还要有更高的道德素养，具有强烈的责任感和奉献精神。在高尚道德之上是圣贤道德，这是一种崇高的道德境界。圣贤有一颗仁爱众生、善利万物、兼济天下的心，是崇高道德和智慧的化身。他与天地精神相往来，透彻宇宙人生的真相；他站在人类精神的高地，其思想泽被人间，其人格流芳百世。

亚里士多德认为：教育要使学生具备基本的道德素养、底线伦理和与社会发展相适应的能力。道德教育要以培养基本道德为底线，以培养高尚道德为目的。基本道德是基础，高尚道德是提升。基本道德培养的是合格公民，高尚道德培养的是贤明君子。学校德育的主要任务是培养基本道德和高尚道德，培育人格健全的人。圣贤道德的培养不是学校德育所能独立承担的使命，但圣贤的思想却是道德教育的宝贵财富。圣贤就是圣哲。只有透彻真理的圣哲，才有精深博大的智慧；具有精深博大的智慧，才有令人景仰的道德。圣贤的思想是明亮的阳光，照耀着浩渺的人间；圣贤的精神是熠熠的星辰，闪耀在历史的天空。

"高山仰止，景行行止，虽不能至，心向往之。"教育应该让圣贤思想和崇高精神的光辉照耀进人们的心灵，让人们在这种光辉的照耀下生活得更自觉，更有价值，更完美，更幸福。

在中国，孔子被尊为至圣先师；在世界上，孔子也具有重要的影响。1988年，74位诺贝尔和平奖评审委员一致宣称："人类要想永远和平，需要从2500年前的孔子学说中寻求和平共处的方案。在不久的将来，儒家学说会被越来越多的人接受，逐渐成为人类文化的中心。"

孔子思想的核心是仁，仁意味着对人的深切关怀。他说："仁者爱人。"仁的本质就是爱人：爱自己，爱亲人，爱朋友，爱一切善良的人。

如何实践仁？孔子强调要"己所不欲，勿施于人"，即自己不愿意的，也不要强加给别人。我们可以浅显地理解为：自己不想被欺骗，也不要去欺骗别人；自己不想被伤害，也不要去伤害别人；自己不想受损失，也不要给别人造成损失。生活中按照这样的原则对待他人就是在实践仁。同时，"己所不欲，勿施于人"还隐含着这样一个积极的伦理原则："己之所欲，亦施于人。"即"己欲立而立人，己欲达而达人"。就是说：自己想要站得住，就要让别人站得住；自己想要通达，就要让别人通达。放到现在这个时代，可以作这样的理解：自己期望幸福，就要使别人幸福；自己期望顺利，就要使别人顺利；自己期望得到尊重，就要尊重别人……如此说来，实践仁一点都不玄妙，关键就在于将心比心，推己及人，"老吾老以及人之老，幼吾幼以及人之幼"（孟子语）。所以孔子说：仁不是遥不可及的，只要追求就可以达到。就每一个人而言，可怕的不是他不具备仁德，而是他丧失了追求仁德的欲望。

仁是孔子乃至中华民族极为纯粹、极为崇高的道德精神，它是那样的质朴实在，那样的富有人情味，孔子希望建立的正是这样一个充满仁爱的社会。

孔子的思想富有智慧，耐人寻味。像孔子这样的古圣先贤，他们的思想博大精深，源远流长。十八世纪末，法国雅各宾派领袖罗伯斯庇尔起草《人权宣言》，将孔子的"己所不欲，勿施于人"作为自由道德的标志写入宣言。德国哲学家卡尔·雅斯贝尔说："苏格拉底、佛陀、孔子和耶稣四大圣人，在历史上具有无与伦比的深远影响。对于少数人来说，其他圣人可能也同样重要，但是在广大群众中，他们的影响数百年来有增无减，远远超过了其他圣人。如果想对世界历史有明确的认识，就必须将他们单独列出来加以研究。"

二、立德树人　从心开始

立德树人，从心开始。正其心，正其念，致良知，是道德教育的关键。正如苏霍姆林斯基所言：我们努力使每个男女学生不仅成为坚强、勇敢的人，而且还要成为温情、亲切、富有同情心和温柔的人。一个孩子越坚强，越富有成人的性格，使他成为一个细腻、善良和温柔的人就越发重要。……只有出于善良之心而日益增强起来的精神力量，才能使人产生那种创造美的高尚情操。

心正则行正，心美则身美。美好的心灵是一切美德的源泉，从美好的心灵中才能流出美德的泉水。教育即心育，教育要育其心，动其心，正其心，净其心，美其心。

欲正其心必先正其念。所谓正其念，就是要树立正确的信念，建立正确的世界观、人生观和价值观。信仰是人生的灵魂，高尚的信仰是提升人生境界的根本动力。善良，真诚，尊重，宽容，大度，感恩，勤奋，质朴，正义，勇敢，责任，爱心，优雅，文明……这些信仰平凡而又珍贵，朴实而又崇高，外化为行动，涵养为美德，渗透在生活之中，是人生幸福的源泉，是世界美好的基石。

良知是我们心中光明的道德，是存在于灵魂深处的真善美。致良知，就是要在心中播撒光明的道德并使之发扬光大，在心田播下真善美的种子并使之生根发芽；就是要像孟子所说的，启发人的恻隐之心、羞恶之心、辞让之心、是非之心，由此生长出仁、义、礼、智四种美好的品质。简言之，致良知就是要启发善良于心灵，播种美德于心田。

心灵是田地，信念是种子，信仰是阳光，美德是花朵，善行是果实。种瓜得瓜，种豆得豆；一分耕耘，一分收获。播种真善美，生长真善美。

三、内化于心 知行合一

海纳百川，有容乃大。教育内涵深刻，涵盖深广，兼容人类、自然、家庭、社会、学校等各个方面，其途径多种多样，其方式丰富多彩，其方法不一而足，但无论何种途径，都要内化于心，知行合一。

道德教育的途径和方法尽管各不相同，不胜枚举，但我们也应不断探索，提炼出一些行之有效的做法。如：启发道德智慧，陶冶道德情感，培养人文情怀，体验道德情境，树立人生榜样，建立人生准则，播种道德行为，养成道德习惯，铸造道德环境，尊重赏识激励，等等。在此谨撷取几点以略述之。

一是启发道德智慧。道理，乃道德之理。不明白道德之理，就没有道德信念；没有道德信念，就没有道德愿望；没有道德愿望；就没有道德行为。"信、愿、行"三者中，信是基础。信的前提是明理。明理方能启智。道德教育要使学生明白生活的道理，具备一定的道德智慧。

读书以明理。书中蕴含着丰富的道理。读书可明理，感悟生活亦可明理。生活是最好的教科书，生活比之书本，它带给人的启发更多，赐予人的磨炼更丰富。总之，仰观天文，俯察地理，读书思索，与人交流，感悟生活，感受人生……皆可明理。明理重在渗透，启智重在感悟。

二是陶冶道德情感。培养健康高尚的情感重在熏陶，浸润，净化。人的身心常受美的环境熏陶，不知不觉也会生出一腔美的情感，养出一种美的气质。

朱光潜先生谈到美学中的"移情"现象时说："美感经验是人的情趣与物的姿态的往复回流。人不但移情于物，还要吸收物的姿态于自我，还要不知不觉地模仿物的形象。所以美感经验的直接目的虽不在陶冶性情，却有陶冶性情的功效。心里印着美的意象，常受美的意象浸润，自然也可以少存些浊念。"[1]

文学艺术在陶冶情感中具有重要的作用。巴金先生说："我们有一个丰富的文学宝库，那就是多少代作家留下的杰作，它们教育我们，鼓励我们，要我们变得更好、更纯洁、更善良，对别人更有用。文学的作用就是要人变得更好。"

读巴金先生的散文《灯》，从"在这人间，灯光是不会灭的"句子中可以获得深刻的人生启示。读周敦颐的《爱莲说》，吟咏着"莲之出淤泥而不染，濯清涟而不妖，中通外直，不蔓不枝，香远益清，亭亭净植"这样的文字，自会体味出"莲"的君子之风。

三是培养道德习惯。教育的真谛就是培养学生的良好习惯。培养良好习惯，要从日常行为入手，经过一个长期的养成过程，让不良习惯远离自身，让良好习惯成为自然。教育的最高境界是形成自我教育的人格。自主教育是最有效的教育，"有关家国书常读，无益身心事莫为"，要让学生在自主教育中自觉地养成良好的习惯，形成文明的素养。要注重道德细节，教育学生"勿以恶小而为之，勿以善小而不为"。要引导学生存好心，说好话、行好事、做好人，时时处处自尊自律，塑造健康文明和谐向上的良好形象。要使学生从幼年起就能精心爱护和关怀每棵树、每丛玫瑰、每株花草和每只小鸟，热爱一切有生命的美好的事物。

四是让儿童感受心灵美。教育者的任务就在于让每个儿童看到人的心灵美，珍惜这种美，并用自己的行动使这种美达到应有的高度。孩子们在生活中需要一个道德指南针。这意味着要在重大问题上和日常生活中引导孩子树立正确的是非观。当母亲对培养孩子的责任感、

---

[1] 朱光潜：《谈美、谈文学》，人民文学出版社，1988年版。

正直、善良、忠诚给予足够的重视，就为孩子树立了一个正确的价值体系。一位妈妈看到她4岁大的儿子汤姆骑着小朋友的自行车。妈妈说："汤姆把车给朋友送回去。"儿子辩解说："是他放在门口的，我只玩一会儿。"妈妈说："在没有征得他人同意的情况下使用他人的财物是不对的。"最好的示范是母亲自身的行为，如果母亲没有正确的言行，她的孩子就失去了行为的向导。同样，教师是孩子眼中的道德榜样，其行为表象是师德的自然表露。好的教师，能够自觉思考师德的意义，从更高的层面上体会其内涵，把师德与国家的教育意志、人类的和平福祉、家长的意愿及社会的需求联系起来，重视自己的道德形象，使自己的道德认识和教育的日常活动融为一体，形成特定的思维和个性品质，树立高远的师德信仰，淡泊名利，把自身的幸福建立在实践师德、自我完善之上。好的教师只要有机会，就会以积极的人生态度去影响身边更多的人。

道德是人的本质力量，也是维系人类和平、使人获得幸福的基石。教育要引领学生健康成长，过有道德、有意义的生活。

有什么样的信仰，就会有什么样的行为；有什么样的行为，就会形成什么样的习惯。良好的习惯一旦养成，对于一个人的发展将具有积极的促进作用。储蓄好习惯，就等于为将来的生活储蓄幸福。

道德教育——心智向善的训练——涉及诸多方面。它涉及规则和戒律——在日常生活中，什么可以做，什么不可以做——也包括具体的指导、规劝和训练。亚里士多德写道：幼年时形成的良好习惯可以改变一生。道德教育还必须明确道德榜样的绝对重要性。有人说，在孩子的成长过程中没有比默默无声的榜样的力量更有力，影响更大了。要想培养孩子严肃的道德感，周围的成人必须表现出严肃的道德感。孩子们必须要用自己的眼睛看到成人严肃的道德感。

除了戒律、习惯和榜样以外，道德教育的园地里还不能缺少另一种东西，我们把它叫作道德文字。要通过生动的文字让人们看到美好的道德是什么样的东西，它们是怎样在实际中展现的，如何识别它们，它们如何起作用。

以上是美国教育家威廉·贝内特博士在他所编著的《美德书》序言中写下的一段文字，提出教育要点，说明了教育与生活的密切关系。不管是规则的指导，还是习惯的养成；不管是榜样的垂范，还是文字的影响；不管是智慧的启迪，还是情感的陶冶……一切都离不开生活，都要在生活中感悟体验，身体力行，日新又新，日有所进，最终达到"积善成德，神明自得"的境界。离开了生活，教育就成了无源之水。人的德性形成于生活中，体现在生活中，一切不离日常生活，一切都要在日常生活中修养而成。教育源于生活，生活本身就是教育。教育即生活。

四、文化就是使人文明化

文化从深层次上决定着人类历史的走向。中国先秦时代是一个思想的黄金时期。那时候，诸子百家纷纷设坛讲学，游说诸侯，著书立说，首开中国思想文化的先河。从此，先秦思想的河流源远流长，奔腾不息，对中国历史产生了深刻的影响。热爱祖国、崇尚和平、自强不息、厚德载物、与时俱进等思想逐渐融入民族的血脉中，成为民族性格的基石。

人类从蒙昧落后的时代觉醒，是思想文化运动的启蒙。20世纪70年代后期，中国从一个僵化的时代走出来，也是因为真理标准问题的讨论，引发了一场以实事求是为核心的思想解放运动。可见，任何一个新纪元的到来，都离不开思想文化的推动。没有思想文化的进步，就没有人类历史的发展。

文化影响着人的世界观、人生观、价值观的形成。有文化信仰领导着人生，人生才不会迷失沉沦。应该以文化淳化风俗，教化人心；以崇高的信念引领人生的航向。

教育应该延续文化的血脉。人是在自然的哺育下，植根于生活的土壤中，呼吸着文化的空气长大的。文化是人精神生命的根基，康德说："文化的作用就是使人文明化。"教育离不开文化的熏陶，离开了文化，教育就成了无本之木。文化即教育，教育即文化。

教育要促进社会的发展和进步，实现育人的目的——培养道德人格，塑造道德文化，造就道德生活；促进人的全面发展和社会的不断进步；创造幸福的生活和美好的人间！

在中国，遥远而又浑朴的古代，孔子设坛讲学，与他的弟子们谈论着格物、致知、诚意、正心、修身、齐家、治国、平天下的道理。在西方，也是在那样一个热爱智慧、崇尚德性的时代，柏拉图等先哲也在以思辨的形式讨论着人生、自然和理想国。后来，孔子的弟子们辑录成了《论语》一书，柏拉图写成了《理想国》。无论是东方还是西方，无论是孔子还是柏拉图，他们都在谈论着一个与人类命运密切相关的话题：心灵的升华。

第四节 培养道德心

苏霍姆林斯基说："学校所做的一切都应该包含深刻的道德意义。"作为存在的道德有两个层面。一个是人的他我存在道德，像地球围绕着太阳的公转，是保持和维护社会存在的规范和秩序。另一个是自我的存在道德，像地球的自转，是个人存在的道德价值所在。这两个层面都属于道德灵魂的追求。也是老子说的，人法地，地法天，天法道，道法自然。教育应该从根本入手，使学生意识到人的道德灵魂的高贵，在行为中体现出道德的高贵。

《学会关心：教育的另一种模式》认为：学校教育不是通往上流社会的阶梯，而是通向智慧觉醒的道路。成功不能用金钱和权力来衡量，成功意味着建立一种爱的关系，增长个人才干，享受自己所从事的职业，以及能够与其他生命和地球维系一种有意义的连接。

一、塑造理想人格

教育的真谛是塑造灵魂，真正的教育应该是直抵灵魂的。当今中国一方面享有全球化所带来的便利，一方面承受着全球化所带来的危机。在拥有开阔视野、多样资源、自由选择的同时，也要警惕丰富背后的单薄，发现多元之中的本源。随着国力的增强，今天的中国人需要思考的是如何以兼容并包的胸怀确立自身的文化自信。

创建世界基础教育的中国标杆，关键是心中有主，站稳脚跟，不随波逐流，既有国际视野，同时又继承自己的优良传统，这才是正道。

教育培养人，识字教育、知识教育、专业教育、科技教育是途径，这些教育中应该贯彻着精神人格教育、做人做事的态度和方法的教育。重视知识技能教育，轻视精神心灵情感信仰教育，或将两者脱节，都是应该避免的。要引导学生珍惜生命，珍惜时间，珍惜他人，珍惜自然；激励学生善于创造，创造一个美好的自我，使自己更纯洁、更善良、更有智慧、更有本领、更有价值。

教育要关怀人的幸福，解放人的心灵，使人获得自主、和谐、全面而有个性的发展。教育应该使每一个生命自由舒展。教育要培养有现代意识和世界眼光的中华学子，要有真本领，道德心，中华魂。

从 容 前 行

2008年汶川大地震后,带领教师赶赴震区做志愿者,在小树林课堂为孩子们上课

2008年汶川大地震后,为震区帐篷学校的孩子们送来深切的关怀

为四川什邡震区的孩子们上课

课堂是传播文明的地方

教育是师生共度的生命历程

欣赏学生的每一项创造发明,激发学生的创新精神

与学生平等交流,促膝谈心

教育是温暖的关怀和真诚的激励

学生高考时对学生的加油与鼓励

启发孩子思维,倾听孩子心声

师生相知 其乐融融

好的教育是好的师生关系

在学生成人仪式上向学生祝贺

主持国家哲学社会科学重点课题《人才培养模式的国际经验及改革研究》

谈智能时代的科技创新素养与人才培养模式创新

创造温暖而美好的教育：开学典礼寄语

教育：让生命与使命同行——在全国优秀校长翟小宁校长教育思想研讨会上做主报告

天地有大爱

不忘初心，守正创新，立德树人，为国育才

感受中国古典诗词的魅力

出席G20国际顶尖中学校长峰会，与国际教育同仁在一起

向国际友人介绍中国文化

与国际教育界人士共话教育

（一）理想人格

有灵魂的学校教育应该培根铸魂，启智润心，培养大爱之心、创新精神、健全人格。

传统文化对理想人格的描述：

君子仁者。"圣贤气象"与"天地合德"，是一种崇高的气势磅礴的人格境界，君子和仁者是其理想人格。

耿介之士。持中公允的耿介之士是法家对理想人格的追求。

道法自然。人以大地为法，地以苍天为法，天以道为法。道家倡导求真合道，道法自然。世间最朴素的就是人心中的本真。物我两忘、回归自然的本性是道家的理想人格。

现代社会对理想人格的描述：

独立自主的人格。个人是作为主体性而存在的，具有充分的自主性，命运不是操在别人手里，而是在自己手里；人的精神个性——独创性与能动性——应当得到尊重和保护。

理性思考的人格。对一切事物、对象都追寻其合理意义。对生命、人类、文化有勇气发出根本性的追问。

真诚宽容的人格。诚信是人与人之间建立联系和信任的基础，宽容是现代社会一种可贵的精神品性。现代社会是分工无限细密，合作无限繁复的社会，只有秉持开放心态，怀抱美美与共的共享理念的人，才能成为现代社会的强者。

珍爱生命的人格。生命是有尊严的。任何对生命的漠视、伤害、亵渎都是在造恶。没有了尊严，生命就没有价值，人生也不会幸福。

教育要以追求学校的终极意义为价值取向。学术自由是学校特别是大学存在和发展的合理性所在；因为它是探索自然科学和人类秘密的必然要求。由高尚使命引导学校的发展与进步，传承创新，富有传统文化底蕴和现代教育精神。

归根结底，就是学校要有自己的魂魄，要明晰自己的使命与价值，从而获得内在的定力，无论外界的潮流如何变化，都能始终如一地坚守学校的价值观。

（二）理念愿景

真正的教育是直指心灵、提升精神境界的教育，是价值观层面的教育，是纵贯生命过程、精神不断萃取纯化的过程，是灵魂教育。教育不能只局限于教给学生谋生的技能，停留于物质层面；不能只局限于教给学生欣赏文艺的法门，停留在艺术层面。如果只把注意力集中在物质功利层面，而忽视了培养和提升灵魂的境界，就失去了教育的本真。教育要提升学生的灵魂境界，让他们有美丽的心灵和高尚的灵魂。心态决定生态，没有心理和谐，哪来社会和谐；没有美丽心灵，哪来美丽中国。

实行本真教育。使人性中真善美的光辉得以发扬，使学生身心和谐、与他人和谐、与自然和谐、与时代和谐，懂得尊重与关怀。实行本真教育就要培育大人格，培育大人格要重视人文教育，让生命境界得以提升。

培养君子人格。"君子博学于文"，学校在继承与借鉴先圣与今贤的基础上倡导本真教育，形成人文信仰与理想情怀。培养青年人对于文化的领悟力，对美的欣赏力，对善的向心力。君子人格的养成，应包括奉献，利他，乐群，其核心是博爱、仁爱与慈爱的精神。仁爱，是包容、尊重、关切和给予的美德，有仁爱之心的人是善良有智慧的君子。

注重文化引领。文化引领的核心是价值观的引领。文化是空气，它弥漫在校园中，渗透在人心里，起着潜移默化的作用。文化是种子，能在人心中生根发芽、开花结果。文化是一种气息，一种场，能熏陶人、影响人。文化是学校精神风貌的具体体现,是学生文明素养、道德情操的综合反映。优秀的校园文化是在潜移默化中以熏陶的方式达成教育的目标,让生活于其中的每一个人——不论老师还是学生,都能在其中得到成长,并感受到愉悦,从而让每一个人都如火种一般引燃他周围的人,成为优秀文化和高尚道德的继承者和传播者。要提升文化品位,构建和谐、文明、健康、向上的校园文化,为学生发展提供广阔的空间,让每一个学生在丰富的校园生活中找到自信,收获幸福,让校园成为学生向往的精神家园。

坚持创新发展。在全面实施素质教育的基础上综合创新,创造独特的人才培养模式,形成鲜明的办学特色,坚守正确的教育信念和成熟的教育经验,注重课程的丰富多元,培育创新精神。教育模式当随时代之变迁而变迁,随时代之进步而进步。当今社会已经进入信息时代,互联网正在深刻地改变着社会,教育自不能外,应创新教育模式,提高教师素质,探索当代教师发展之道,透析优秀教师成长规律,研究培育优秀教师的有效途径。

追求卓越品质。追求卓越,强基固本,激发活力,面向世界,面向未来,胸怀博大,开拓创新,有更美好的教育理想、更远大的教育志向、更强大的精神力量、更卓越的领导艺术、更优秀的教师团队、更深邃的教育智慧、更厚重的学校文化、更和谐的人文环境、更深切的幸福人生、更先进的教育视野、更神圣的教育使命。

省察教育本真。增简为繁易,化繁为简难;花团锦簇易,拨云见日难;精密繁复易,返璞归真难。在教育改革密集、教育口号迭出的社会,应省察教育本真、思考教育初心,以东方智慧、现代意识做教育界的定海神针。

引领教育方向。引领未来教育的发展方向,解析未来人才的基本特征。

人潜藏在心底的善与美需要外在的善与美去激发。要努力营造文化氛围，用温暖而有美感的学校文化感召每一个心灵，用善意激发善意，用美好激发美好。

广博以立学，中和以立身，太平以立世，守正以出新。日修其身，日行其善，日勤其学，日新其德。继承优秀传统，涵养高尚人格；挖掘经典思想，丰盈人生底蕴；融会创新意识，引领未来人生。教师、学生、学校三位一体，共同成为学校教育的命运共同体；德智体美劳五育并举，共同创造和谐人生；信仰、愿望、行动三种资粮，共同成就美好梦想。

二、崇尚美好品德

人格是最高的学位。教育要培养有高尚品德、健全人格和持续发展能力的学生，铸造精神和灵魂。《说文解字》说："德者，得也，外得于人，内得于己。"《易经》说："积善之家必有余庆，积恶之家必有余殃。"《中庸》说："大德必得其位，必得其禄，必得其名，必得其寿。"

道德境界，天高地厚，要以基本道德为底线，以高尚道德为追求，以圣贤道德为高标。道德教育，修身为本，修身齐家治国平天下，欲修其身必先诚其意，欲诚其意必先正其心。道德修养，从心开始，心正则身正，心美则身美。心和则天下和，心平则世界平。道德之树，自根而生，要注重文化的根基、生活的根基、文明的根基、成功的根基、幸福的根基。道德之理，重在感悟，与天地合其德，与日月合其明，与四时合其序。道德情感，重在体验，亲历健康、文明、有道德的生活。道德习惯，重在养成，日积月累，积善成德。道德教育，兼容并蓄，不拘一格，培育人才，因材施教，尊重个性。道德智慧，融为一体，德性即智慧，智慧与道德同体共生。

道德的分量有多重，人生留下的脚印就有多深。爱心教育，培养胸怀大爱的学生；尊重个性，为学生搭建发展的平台；圣贤经典，培养有修养的君子；生涯规划教育，为人生导航；德育课程，形成德育的有效载体；榜样的力量，树立人生的楷模；养成教育，培养良好的习惯；综合实践活动，体会道德的力量；人格教育，引导学生做人就做阳光的人，做事就做有意义的事；文化引领，让学生过有价值的生活。

启发学生的仁爱之心、羞恶之心、辞让之心、是非之心，由此生出仁义礼智四端。明其理，培养道德理念；陶其情，进行情感熏陶；笃于行，播种道德行为。明理就是要让学生明白人生和自然的道理，从而具备道德智慧。我经常与学生一起探讨人生的道理：自强不息，厚德载物，上善若水，虚怀若谷；尊重，仁爱，责任；自尊，自重，自信。通过生动的演讲，触动学生的心灵，播种美德的种子。

人的生命是人类社会生存和发展的本原，引导学生对生命报以珍惜和尊重的态度，培养学生对他人，尤其是弱势群体的爱心。爱社会就必须了解社会，爱学校就必须参与学校生活，爱家人就必须与家人经常交流。大爱源于日常生活的接触与了解，源于实践接触中所产生的交流与理解。让学生亲历生命的艰辛、顽强与希望，在亲历中体验，在亲历中生成，体会人生的意义和价值。在实践中培育大爱精神。让学生用自己的眼睛去看，用自己的双手去触摸，用自己的心灵去感悟，组织学生到敬老院、儿童福利院、盲童及聋哑学校等机构去参观交流，使学生在人格上获得全面发展；开展以"温馨你我他"为主题的社会实践活动，成立学生志愿团，奉献社会，关注需要帮助的人，培养学生的社会责任感。加强心理健康教育，做好学生心理辅导工作，为学生身心健康成长保驾护航。开展生命教育、生活教育，拓展教育的空间，让教育真正深入学生的心灵。

让教育回归生活。教育应该关注、指导和引导学生感悟、创造、享受生活，重视学生生活世界中道德资源的开发和利用，丰富和提升学生的生活品质，创造性地为学生开拓生活与实践活动的方式与空间。教育要落实在日常生活之中，引导学生在生活实践中尊重他人，遵守规则，进而领悟善良的真谛。让教育渗透到学生生活的方方面面，将教育与日常生活情境联系起来，倡导"日修其身，日行一善，日勤己业，日新其德"，培养学生"一日三省吾身"的意识，引导学生过有意义的生活。

让学生在活动中学会关注社会、关心他人，对世界充满爱心。组织开展以"爱护动物，保护环境，珍爱生命"为主题的活动，把目光投向那些最容易为大家所忽略的细节，从身边小事做起，从一点一滴做起，奉献爱心，服务社会。感恩是每个人都应该有的基本道德修养，感恩系列教育活动让学生懂得："父母养育了我，应该感谢父母；老师培养了我，应该感谢老师；他人帮助了我，应该感谢他人。"让感恩教育走进生活，让人间情更浓、社会更和谐！

文化的力量是巨大的，善于用古今中外的文化精华哺育学生的心灵。源于生命，引领生命，文化导航，感动心灵，学校的道德教育课是一道亮丽的风景。"感恩节的感悟""孔孟之乡话礼仪""爱的零次方""长征精神激励我"……教育活动精彩纷呈，渗透到了学生生活的方方面面。开展仪式教育，让学生在仪式中感受庄严氛围，提升精神境界。升旗仪式强化爱国主义教育，引导学生做一个堂堂正正的中国人。开学典礼、成人仪式、毕业典礼成为理想信念教育的重要契机，学生们用自己的方式表达他们对新生活的期盼，用庄重的誓言许下人生的承诺，这些仪式会成为学生终生难忘的记忆。学生书画展美不胜收。有艳丽绽放的工笔牡丹，有充满灵气和个性的素描，还有遒劲有力的书法"滚滚长江东逝水"……老师写了精彩的评语："书画人生，人生更如书画。与其说是欣赏作品，不如说是赏识身边的同学，希望这里成为所有同学展示自己、欣赏他人的舞台，祝愿同学们像中国字一样有棱有角，祝愿生活充满诗意！"

校园文化是学校精神风貌的具体体现，是学生文明素养、道德情操的综合反映。优秀的校园文化是在潜移默化中以熏陶的方式达成教育目标，让生活于其中的人都有一种成长，都能感受一种愉悦，从而让每一个人都如火种一般引燃周围的人，成为优秀文化和高尚道德的继承者和传播者。

重视文化的引领作用，形成浓厚的文化氛围，让优秀文化植根于学生的心灵深处，融会于学生的血液之中，构建以中华民族优秀传统文化为基石，融合现代文化的新型校园文化。开展"共享读书乐趣，营造书香校园"活动，引导学生在读书中实践，在实践中提升。举办文化艺术节，开展精彩纷呈的校园文化活动，举行中华文化和世界文化展示活动，立足于中国传统文化，用开放的胸怀吸纳当今世界的先进文化。以传统节日为契机，运用多种方式引导学生对各种传统节日的由来、风俗、习惯进行了解。开展国学教育，把名家名师请进校园，引导学生进行经典诵读。组织唐诗宋韵朗诵会、诗词创作活动，发展汉学社、诗词社等传统文化社团，强调传统文化的现代意义，使学生真正理解中国文化的精髓。

中华文化是中华民族生生不息、团结奋进的不竭动力。建立精神家园，就要弘扬中华文化，建设中华民族共有的文化家园，就要回答人究竟为什么活着、怎样活着、做什么样的人等问题，教育学生懂得做人的道理。《论语》是中华文化重要的经典，读《论语》学做人，从《论语》汲取做人的智慧。把理想信念和中华优秀传统文化融入教育全过程，诚信教育和文明礼仪教育，培养诚实守信、自信儒雅、彬彬有礼的新时代青年形象；人文教育，培养学生广博的人文气质；爱心教育，培养学生胸怀大爱、心怀天下的精神；立志教育，引导学生进行人生规划，培养学生志存高远、追求卓越的精神追求。

用开放的胸襟吸纳当今世界先进文化。将"名家讲坛""人生讲堂"等活动办好，广延国内外学者，开阔学生视野。积极开展学生喜闻乐见的文化活动，增强活动的知识性和趣味性，引导学生放眼全球、关注世界；办好校园电视台、校刊校报、学生网络论坛，打造健康向上、深受学生喜爱的品牌栏目，提升文化学府品味。壮大模拟联合国教育活动，开展人类命运共同体教育，引导学生放眼全球、关注世界，培养具有国际视野的新型人才。

以情感态度价值观培养为重点，开发学生喜闻乐见的教育课程，增强课程的吸引力和感染力。从不同阶段学生的年龄特征、心理特征、知识结构等基本共性出发，开展适合学生的活动；从学生的兴趣爱好、个性特长、理想追求等个性差异出发，开发每一个学生的优势潜能。实施有层次的教育，低年龄段主要通过诵读《三字经》《千字文》《弟子规》等方式进行国学教育；中学阶段通过介绍古今中外思想家、教育家、政治家、哲学家等方式开展教育活动……根据不同年龄段的学生情况开展德育主题活动，通过情感陶冶、智慧启迪和生活体验，提升人的德性，启发人的良知，塑造健全的人格，实现心灵的净化与升华。

学生是教育的主体。教育应力求让学生自主设计、自主参与文化活动；让学生用自己的方式亲手描绘自己的成长，找到自己的方向；让学生从自己的视角阐释对成长的理解，实现自我教育，形成以自主教育为主导、以培养学生自我修养能力和自主学习能力为目标的教育模式，促进学生主动和谐发展。

如果人的一生是参天的树，道德就是它深扎的根；如果一个民族是奔腾的河，文化就是它不竭的源。

第五节　培育创新力

创新力的根本源泉在于人才。创新人才的特征是什么？如何培养创新人才？国际经验对中国创新人才培养有何启示和借鉴意义？这需要我们因时而动，对创新人才的培养作出新的思考和探索。

教育要使孩子的眼神越来越有创新与智慧之光。

一、创新人才的素质特征

关于创新人才的素质特征国内外均有诸多论述，一般认为创新人才就是具有创新意识、创新精神、创新思维、创新知识、创新能力、创新人格，同时，通过自己的探索研究和实践取得创造性创新成果，在某一领域、某一行业或专业上为社会发展和人类进步做出了创新性贡献的人。何谓创新，人无我有，人有我新，人新我精。简言之，创新人才就是能作出创新性贡献的优秀人才。创新人才都具有显著的个体特点，但也展现出一些共性特征。

一是强烈的好奇心和想象力。伟大的科学家爱因斯坦在谈及自己对教育的看法时曾说"每个孩子都有一种与生俱来的好奇心，但是却很早就消逝了"，"我没有什么特殊的天赋，只是拥有无比强烈的好奇心罢了""想象比知识更重要，想象力概括着世界上的一切！"爱因斯坦重视好奇和想象力的理念得到了广泛的认可和关注。教育需要反思，过多强调分数的应试教育是否不仅没有激发学生的好奇心，反而把这种与生俱来的好奇心过早扼杀了。学习本该是一个不断探求知识的过程，只有保持对万事万物的好奇心，再进一步发挥想象力，才能获得对事物崭新的认识。灌输式的学习和所谓的"标准答案"会阻碍个体好奇心和想象力的自由发展。事实上，好奇心和想象力远比知识本身更伟大，就像爱因斯坦所说的"提出一个问题往往比解决一个问题更为重要，因为解决一个问题也许只是一个数学上或实验上的技巧问题。而提出新的问题、新的可能性，从新的角度看旧问题，却需要创造性的想象力，而且标志着科学的真正进步"。人类史上无数伟大卓越的发明创造都离不开科学家们狂热的好奇心、强烈的求知欲以及丰富的想象力，因此，强烈的好奇心和想象力是创新人才必备的基本素质。

二是丰富的知识储备。创新人才必定是精通某一专业、行业或领域内的知识，在前人的理论或实践的基础上，取得新的科研成果，做出新的科研贡献的人才。丰富的知识储备是创新人才不可或缺的素质特征。王安石笔下的方仲永五岁便能作诗，被人赞誉为"神童"，最终却落得"泯然众人"的下场，可见天资聪慧只是创新人才的内在条件之一，后天的教育学习对创新人才的成长起着更关键的作用。单纯依靠天资而不学习知识，打牢知识基础，进行丰富的知识储备，也难以成为创新型人才。同时，随着社会的发展进步，很多有待解决的重大现实问题单靠一个学科一个领域是很难进行研究，往往要依赖多学科、多领域的共同参与，因此创新人才已经不再只是精通本专业本领域内知识的单一型人才，而是能够借鉴不同学科的理论、方法和实践的复合型人才。在现今各学科日益交叉融合的趋势下，创新人才必须广泛涉猎，既要又专又精，又要有广博的知识面和多学科的知识背景。

三是创造性思维能力。创造性思维是人类思维活动的高位表现形式。创新人才和普通人相比最明显的特点就是他们具备创造性思维能力，能够从多角度、多侧面、多层次去思考问题，寻找解决问题的答案。他们的思维是更加开放发散性的，不受固有思维模式的束缚，往往能够提出新观点、新方法、新方案。人类科学技术的发展，科技创新成果的涌现，无一不是创新人才创造性思维的结果。牛顿对"苹果为什么向下落地"发问，从而发现了被誉为17世纪自然科学最伟大的成果之一——"万有引力"；莱特兄弟受到鸟类飞行原理的启发，发明了20世纪对人类影响最大的三大发明之一——"飞机"；凯库勒梦见碳原子链像蛇一样咬住自己的尾巴，从而发现了"苯环结构"；等等，都说明伟大科技成果的产生都源于科学家们的创造性思维能力。因此，创新人才必须具备创造性思维能力，并通过不断的实践尝试，将创造性思维转化为实际创造成果。

四是有效沟通和协作能力。随着社会繁荣发展进步，人类也面临着越来越多的生存挑战，重大社会问题的解决绝非一人之力可以实现，科学研究从以往的单学科研究逐渐发展到多学科共同研究，研究人员从个人逐渐发展到团队，这种变化趋势对创新人才的沟通和协作能力有了更高的要求。团队协作能够把个人的力量汇聚成集体的力量，不仅强调个人的能力和贡献，更强调集体的合作和努力，发挥集体智慧的优势。因此新时代的创新人才除了具有过硬的个人本领，还必须具备与他人有效沟通的能力，能够在一个团队中与他人协调合作，共同促进研究课题的顺利完成和成果实施。

五是广阔的视野。经济全球化背景下，国际学术交流日益频繁，知识得以跨越国界地域在全球范围内广泛流动。新时代的创新型人才绝不能闭门造车，封闭自得，必须具备国际视野和国际竞争意识，积极了解掌握国内外学术领域的最新进展，始终保持开放开阔的眼光，不仅要扎根中国大地进行创新研究和实践，还必须不断提升自身的国际竞争力，通过国际评价体系了解自己的优势和不足。从"中国制造"到"中国智造"离不开国际社会的认可，创新人才必须始终保持视野广阔，紧随国内外科技前沿领域的发展，不断促进自身知识的丰富和能力的提高。因此，视野广阔成为新时代创新人才的重要素质特征。

二、创新人才培养的国际经验

20世纪70年代以来，在高等教育界发生了被誉为"是一场哥白尼把天体的中心从地球转移到太阳那样的革命"，那就是国外大学出现的创新创业教育改革，这是20世纪高等教育所经历的最大规模的改革。中国的创新创业教育改革起步较晚，正处于不断摸索和快速发展时期。如今，世界各国都强烈意识到科技创新对于国家发展的重要性，都加紧加快创新人才的培养工作。国外各个大学秉持着不同的办学理念和目标，培养创新人才的具体举措不同，难以一以概之，但还是存在一些共同之处，包括明确的创新人才培养目标和理念，跨学科交叉的课程体系，高水平师资队伍建设，产学研一体化的人才培养模式等。研究国外大学如何培养创新人才，他们的创新创业教育有什么特点，无疑对新时期我国的创新人才培养具有重要的启示和借鉴意义。

明确的创新人才培养目标和理念。美国较早地意识到创新对国家经济社会发展的巨大推动作用，而大学承担着创新人才培养和科研成果发现的重任，在国家政策的鼓励支持下，美国高校成为国家创新的重要基地，在国家创新体系中占据重要地位。各大高校结合自身的优势和特点，着力探索创新人才培养的方式和途径，提出了各自的创新人才培养的目标和理念。如美国的斯坦福大学从一个名不见经传的"乡村大学"发展成为美国西部之"哈佛"的世界一流大学，这样的伟大成就离不开其强调实用的教育目标、追求卓越的发展定位和坚持创新和特色的办学方略，自始至终都坚持发展优势学科，致力于培养拔尖创新人才。加州大学洛杉矶分校的办学目标是为改善全球社会知识的创造、传播、保存和应用。该校突出的标志是发现、创造和创新，致力于为创新人才的培养创造充分的学术自由环境。德国大学的科研创新能力也同样走在世界前列。德国的柏林大学一经建立就被认为是现代研究型大学的开端,享有世界声誉。近年来,德国各个大学为了建设世界一流大学,更加重视科技创新型人才培养。如德国的海德堡大学主张研究和教育工作致力于解决人类面临的核心问题,专注基础研究及其应用,并让学生在早期阶段就参与到科研活动之中。可见,明确的创新人才培养目标和理念是世界卓越大学在培养创新人才方面的共同特征。

跨学科交叉的课程体系。现今,知识呈现爆炸式的发展态势,学科之间交叉与融合的趋势日渐加深。科学发展史表明,科学上的重大突破,科技上的重大创新,新的生长点以及新理论、新思想的诞生常常是在不同学科彼此交叉和相互渗透的过程中完成的。学科交叉能打破学科之间的壁垒,在融合创新中产生新的创新灵感和创新实践,学科交叉是创新的动力和源泉。

基于这样的时代背景,设置交叉学科成为国外大学培养创新人才的重要举措。美国很多研究型大学均设置了多门跨学科的研究生课程,如麻省理工学院、华盛顿大学、哈佛大学、卡内基梅隆大学等著名高校近年来一直致力于构建跨学科交叉的课程体系,培养学生的系统思维、发散思维、开放思维,增强学生多学科视角审视思考复杂问题的能力,激发学生的创新创造活力,以期为美国各个领域创新事业的发展作出更大的贡献。而英国的牛津大学、剑桥大学、伦敦帝国理工学院等高校在学科交叉方面同样取得了卓越的成就,这些高校将传统学科的研究同其他学科的研究相互交叉,衍生出前沿新方向,推动了多个领域的新研究和新发现。多伦多大学、麦吉尔大学、不列颠哥伦比亚大学,作为加拿大具有代表性的世界一流大学,在推动学校的人文社会科学发展时,均采取了学科交叉的策略,为学生提供了大量的跨学科学习项目。可见,促进学科交叉和融合是国外大学课程体系变革的关键举措,是培养复合型创新人才的重要步骤。

高水平师资队伍建设。和普通专业教育相比，创新创业教育对于高校的师资队伍提出了更严格的要求。美国的高校已经打造了一支教学能力卓越、实践能力突出、创新意识强烈的创新创业教育师资队伍，通过严格选拔一批专兼职教师、提高教师的创新创业意识、强化教师创新创业实践等方式，极大地提高了本国创新创业教育的质量，推动了高水平创新人才的培养。德国的很多大学认为导师的科研创新能力会对学生产生重要影响，因此非常注重导师队伍建设，通过一系列举措改善导师的福利待遇，激发导师从事创新创业教育的热情。英国的剑桥大学、帝国理工大学作为创新性突出的两所大学，高度重视创新创业师资体系建设，从选拔和培养两个方面促进教师专业化水平的提高，重视教师队伍结构多元，聘请客座教师作为对学校师资的补充，推动教师将创新创业意识融入自己的职业生涯之中。教师具有言传身教和榜样带头作用，通过高水平师资队伍建设，不断提高教师的创新创业意识和能力，带动学生创新意识的增强和创造能力的提高，无疑是国外高校普遍采取的重要策略之一。

产学研一体化的人才培养模式。创新人才的培养不能只是纸上谈兵，关键步骤在于提高学生的创新实践能力。国外大学很早就开始探索建立产学研一体化的人才培养模式。早在20世纪中叶，美国的很多高校就开始走出象牙塔，与产业、企业开展密切的交流与合作。位于美国加利福尼亚北部的硅谷，作为世界著名的高科技产业区，区位环境是其成功的重要条件。附近包括斯坦福大学、加州大学伯克利分校、加州大学系统的其他几所大学以及圣塔克拉拉大学，都为硅谷的建设提供了雄厚的科研力量和优秀的人才资源。这几所大学都和硅谷中的知名企业建立了广泛深入的合作，企业为大学的教师和学生提供创新创业教育的实践环境，大学为企业提供智力支撑和科研人才。德国的研究型大学更是积极与社会协作，培养拔尖创新型人才。慕尼黑大学为提升整体科研实力，积极与大型企业合作交流，学校与企业形成牢固的合作育人模式，学生既能学习到学校提供的学术或理论课程，也能参加实践训练项目，是德国大学中教学和研究相结合的优秀典范。产学研一体化人才培养模式已经成为世界各国创新创业教育的重要组成部分，成为创新人才培养的重要方式。

三、国际经验对我国创新人才培养的启示

面向未来，为国育才，以新的理念培养更多优秀创新人才。在国家相关政策文件的推动下，国外高校较早就开始重视学生创新意识和能力的培养，不断探索完善创新创业教育理论和实践，致力构建创新人才培养模式。中国教育必须进一步变革教育理念，在具体办学过程中突出培养创新型人才。研究型大学、应用型大学、技术型大学应该根据学校的不同类型和办学特色，提出适合本校实际的创新人才培养目标，发挥目标的导向引领作用，将创新创业教育理念渗透到学校办学的方方面面。培养人才是所有高校的共同任务，培养创新人才则对高校提出了更高的要求。高校必须深化、丰富创新创业教育的内涵，不仅要加强学生创新意识的培养、创新知识的传授、创新实践的锻炼，而且要鼓励引导学生真正将知识应用于实践，真正能够发明创造出一些创新成果。学校管理者和教师必须深刻意识到，学校的创新创业教育绝不能流于形式，创新创业教育的实践，创新人才的培养，事关我国现代化强国建设全局，事关中华民族伟大复兴事业的实现。高校必须树立为国育才的教育理念，提出明确的创新人才培养目标，为我国经济社会的发展培养更多的拔尖创新型人才，以创新人才的发展引领社会创新事业的发展。

综合创新，系统思维，以整体观念推进交叉学科建设。随着社会

各行各业的深刻发展,很多新兴产业不断出现,传统产业也在不断升级转型,复合型创新人才成为了各大企业激烈竞争的人才资源。培养更多适应社会快速发展的复合型创新人才的关键步骤之一,在于高校必须进行课程体系改革,推动不同学科相互交叉、融合发展,大力促进交叉学科的建设。国外的交叉学科建设已经取得了卓越的成效,有很多丰富的经验可供借鉴。国内如清华大学、北京大学、中国人民大学、北京理工大学和北京航空航天大学等很多知名高校也都开设了一些交叉学科,在推动多学科交叉融合的基础上,聚焦复合型创新人才培养,服务国家重大战略需求。我国的交叉学科建设正处于快速发展阶段,必须摆脱惯性思维,抓住科研范式变革的机遇,大力推动学科交叉发展。高校在进行交叉学科建设时,不仅要重点关注自然科学,也要增加人文社会科学领域的交叉学科数量;要真正做到学科融合,而非只是简单将学科知识叠加;要进一步推进课程体系改革,创新课程设置方式;要探索完善交叉学科模式下的人才培养工作,培养社会急需的复合型创新人才。

抓住关键,强化保障,加强高水平师资队伍建设。高水平的师资队伍是创新人才培养的重要保障和支撑。教师要努力成为复合型人才,博学多才,一专多能,触类旁通,将世界科技发展的最新成果应用到教学中,将现在科学前沿知识结合到现实生活里,拉近科学与生活的距离,把古今的社会文化、人文文化、自然文化清晰地展现在学生面前,激发学生的创新渴望。要打造一支数量充足、经验丰富、专兼结合、能力卓越的教师队伍。一是要制订严格规范的选拔标准,严格筛选课程教师的教学资质,确保吸收教学能力优秀、实践能力突出的优秀教师加入创新创业教育师资队伍中。二是要关心教师生活,确保他们将主要精力投入创新教育之中,不断提高自身的理论素养和实践能力,在激烈的竞争中保持竞争优势。三是要通过定期举办讲座、开展专题培训、组织学者国际交流等方式，不断提高在职教师的创新创业意识和能力，使他们始终站在学科发展的最前沿，将最新理论成果和实践经验传授给学生。四是要积极聘请一些专家学者、知名企业家、成功创业人士等担任学校的兼职教师，探索多样丰富的诸如案例教学、项目式教学等教学形式，激发学生对创新创业教育课程的热情和积极性。

跨界融合，形成合力，深化产学研一体化人才培养模式。目前国内很多高校都与企业展开了深入的交流和合作，产学研一体化协作育人模式在不断地进行，但是在发展过程中面临一些困难，比如产学研一体化办学机制不完善、流于形式的松散管理模式、功利化倾向严重、科技成果转化率低等。因此，必须进一步改革完善现有的产学研一体化模式，推动其在创新人才培养中的角色和作用的发挥。首先，政府必须推动引导产学研合作向纵深发展，通过出台相关的政策法律法规完善产学研合作规范，为高校和企业提供一些指导支持，出台一些优惠补贴政策，同时要完善产学研合作的监督机制，保障合作各方的权益。其次，企业要认可和重视与高校的合作交流机会。很多企业尤其是中小型企业受利益驱动更容易进行一些短期赢利行为，而对高校提供的科技成果和人才的需求并不强烈，合作过程中积极性不高，难以将企业对学生的创新创业教育落到实处，有些企业甚至不欢迎学生上岗实习。然而，大学是进行科学研究的重要基地，企业如果想得到更多的发展离不开先进技术的支持，和高校开展合作能解决企业面临的很多生产技术问题，因此企业必须抓住机会，高度重视高校的智力支持和人才资源，与高校相互协调，出台具体规范的协作育人模式。最后，高校在与企业展开合作之前，必须严格筛选企业的资质，对企业进行实地考察，进行多方面的考量和评价；制订具体细化的产学研一体化人才培养目标和计划，定期开展质量评估工作，倾听学生的真实反馈；不断完善协作育人的模式，真正将创新人才协同培养付诸实践，既让学生在校获得理论知识，又让学生在企业进行实践锻炼。

社会正经历着复杂深刻的变革，教育早已不是"象牙塔"，而是逐渐成为现代社会的"轴心机构"，因此，教育必须回应国家对创新人才培养的迫切需求，以强烈的使命感，站在新的历史起点上，探索创新人才培养的理念、路径与方法，为培养引领未来的创新人才做出贡献。

第六节　塑造中国魂

鲁迅先生说："首在立人，人立而后凡事举；若其道术，乃必尊个性而张精神。"鲁迅先生的立意是倡导启蒙主义，他以深刻的文学作品反映人性，为改造国民性而呐喊，眼光冷峻，洞灼幽微，笔力千钧，影响深远，被誉为民族魂。国民性改造任重道远，今日中国的成就令世人刮目相看，但陶铸精神，培育新人，前路还很漫长。

人永远是因为卑微而强大。天下事只是议论，总是无益；必须挺膺负责，才有成事的希望。风声雨声读书声，声声入耳；家事国事天下事，事事关心。国家兴亡，匹夫有责，位卑未敢忘忧国。教育是育人的事业，要以强烈的使命担当精神，挺膺负责，为国育才，塑造中国魂。

一、培养担当民族复兴大任的时代新人

中华民族历来高度重视教育，《礼记》云"建国君民，教学为先"，揭示了教育与治国理政的内在关系。教育与祖国共命运。改革开放以来，教育为高速发展的中国经济源源不断地提供了大批优质人才，成

为创造"中国经济奇迹"的重要基础条件。进入新时代,实现中华民族伟大复兴的中国梦,成为现在和未来强烈的呼唤。教育当乘势而为,为中华民族的伟大复兴提供源源不竭的人才资源。

每个时代有每个时代的特色,每个时代有每个时代的使命。国家与国家之间的竞争归根到底是人才的竞争。推进中国教育现代化,建设教育强国,培养担当民族复兴大任的时代新人,是新时代中国教育的历史使命。

心有所信,方能行远。教育承担着传播知识、传播思想、传播真理,塑造灵魂、塑造生命、塑造新人的重任。培养什么人、如何培养人、为谁培养人是教育的根本问题。培养担当民族复兴大任的时代新人,必须坚持立德树人,不断创新人才培养模式,改革教育评价体系,重视教师队伍建设,知行合一,做新时代中国教育的实干家。

道德是人生幸福的源泉,是民族复兴的根本,是人类世界的浩然正气。心有道德,方能元气充沛,行稳致远。坚持立德树人,重视学生道德品质的涵养,培养德才兼备的优秀人才,是造就时代新人的重要使命。青少年处在价值观形成和确立的时期,这一时期的价值观养成十分重要,扣好人生第一粒扣子,就要修身养德。德是青少年心灵的底色、人生的方向。立德树人是中国教育的优良传统,是当代教育的根本任务;面向未来,教育更应该以德为先,固本培元。德为才之帅,一个人的品德决定了一个人的方向。中国教育只有旗帜鲜明地坚持立德树人,才能真正解决为谁培养人这个重大问题,才能为中华民族的伟大复兴培养优秀人才。

唯有信仰坚定、理想高远、全面发展的优秀人才,才能真正担当起新时代的历史重任。信念决定事业成败。没有理想信念,就没有前进方向,志不立,天下无可成之事。要引导青少年志存高远,树立远大理想和坚定信念,立鸿鹄之志,怀报国之情,将个人的理想同国家的前途和民族的命运紧密结合，将个人的志向同社会的需要和人民的利益紧密结合，准确定位自己的人生目标和前进方向，在奋斗中不断实现人生理想。

理想信念是人的精神之钙，学生时代是人生成长的"拔节孕穗期"，最需要精心引导和栽培，最需要及时补充精神钙质。苏霍姆林斯基说："思想是根基，理想是嫩绿的芽胚，在这上面生长出人类的思想、活动、行为、热情、激情的大树。"有什么样的理想信念，就意味着以什么样的期望和方式去改造自然社会、塑造成就自身。

二、擎起中华民族伟大复兴的新希望

青年有理想，民族有希望；青年有担当，国家有前途。实现中华民族伟大复兴，需要一代又一代人的接续奋斗，奋斗是青春最亮丽的底色。新时代的教育要培养青少年的强烈社会责任感，引导青少年具有锐意创新的勇气、敢为人先的锐气、蓬勃向上的朝气，勇于创业、敢于担当，努力做具有创新精神的建设者，在改革开放中闯新路、创新业，开辟事业，发展新天地。

坚持以人为本。教育是实现人民群众对美好生活向往的重要先手棋。教育既与国家层面的宏图伟业紧密联系，也关乎每个家庭的希望与未来。我国历来具有重视教育的文化传统，让孩子上好学校，受到好的教育，是每一位中国家长最朴素和真挚的愿望。推进素质教育，实现终身学习，建设学习型社会，也逐渐成为伴随新时代社会发展应运而生的新理念、新追求。人人都有对美好生活的向往，美好生活的维度是多重的，但其中教育是前置性的，好的教育就是稳定的就业、满意的收入、可靠的社会保障等的前提和基础。优先发展教育事业，满足人民日益增长的对美好生活的需求，是解决我国当前社会主要矛盾的重要抓手，是促进各民族、各地区均衡发展，实现共同富裕的根本大计，是培养时代新人的必由之路。

发展教育事业，办好人民满意的教育，必须坚持扎根中国大地，绝不机械照搬西方的教育模式，坚决不可挥霍国家和人民的血汗来培养只为少数权贵服务的精致利己主义者。青少年肩负着人民的期望，更要厚植人民情怀、站稳人民立场，并将其内化为青春的可贵品格。我们高兴地看到，新时代的中国青年依然保持着和人民的血肉联系：他们是冲在抗击新冠肺炎疫情一线守卫人民生命健康的社区志愿者，是在乡村学校讲台上挥洒汗水和热情的支教教师，是钻进泥土、扎进田野，把论文写在中国大地上的科研新苗。他们投身到基层和人民的广阔天地，大有可为，也必将大有作为。

新时代的人才培养要树立全面发展的观念，努力构建德智体美劳全面发展的人才培养体系。要树立个性化教育观念，顺天致性，舒展生命，构建多元化的教育机制；要树立开放创新的观念，构建面向未来的良好教育生态；要树立以学生为本的办学理念，关怀每一个学生，真正做到目中有人，注重学生德识才学、综合素质、创新精神的培养；要树立健康第一的育人理念，维护学生生命健康，促进学生身心和谐发展；要建立全面育人课程体系，不忘本来，面向未来，在变革中不断超越创新，开发与时代同频共振的课程体系，提升课堂教学效能，让学生学习到扎实的科学文化知识，获得在未来社会自立自强的能力；要加强科技创新教育，重视人工智能教育，为人才赋能，为未来赋能。

实现中华民族的伟大复兴靠人才，人才培养靠教育，教育发展靠教师。没有好的教师，就没有好的教育。教师是教育发展的第一资源，肩负着培养时代新人的重任。"善之本在教，教之本在师"，教师的工作关系着青少年的成长，关系着国家民族的未来。荀子说："国将兴，必尊师而重傅。"国家要强盛，必然要尊师重教。建设师德高尚、素质优良、功底深厚、面向未来的高水平教师队伍是教育发展的基础工程。只有教师队伍建设好了，才能培养出人格健全、德才兼备的优秀人才，才能造就具有中国情怀、世界眼光的未来人才，才能更好地服务于建设现代化强国的战略需要。教师是人类灵魂的工程师，要做有理想信念、有道德情操、有扎实学识、有仁爱之心的好老师，明了未来教育的发展趋势，提高教育教学水平，提升教育教学质量，关怀学生生命成长，教书育人，为国育才，为学生的健康成长和中华民族的伟大复兴贡献聪明才智。

《尚书》有言："非知之艰，行之惟艰。"新时代的中国教育需要实干家、奋斗者。唯有"知行合一"，才能将美好的蓝图描绘到底，真正实现教育现代化。这就需要广大教育工作者从每天的工作入手，上好每一堂课，教好每一名学生，心中有高远的教育理想，脚下是踏实的日常工作，日行其善，日进其业，日新其德，夙兴夜寐，始终如一，以奋进之笔书写新时代教育的辉煌篇章。

三、思考世界未来的长度和宽度

使命感是确立目标和推动每日行为的深层次原因。一个人所思考和所看到的未来的长度和高度，决定着一个人可以持续行动、不断发展的动力能量。

教育是民族振兴、社会进步的重要基石，对提高人民综合素质、促进人的全面发展、增强中华民族创新创造活力具有决定性意义。从新时代的战略高度出发，要优先发展教育事业、加快教育现代化、建设教育强国，为伟大新征程提供源源不断的新鲜血液和青春力量。

唯改革者进，唯创新者强，唯奋进者胜。先进的社会意识可以正确地预见社会发展的方向和趋势，对社会发展起积极的推动作用，因此，建设教育强国必须有先进的教育思想作为引领。信息化时代的来临，科技的飞速发展，呼唤着人才培养模式的变革。移动互联网、物联网、人工智能、虚拟现实和增强现实技术、视频直播的应用，将催生全新的教育生态，挑战传统的教学模式。科学技术的力量可以让优质教育资源实现更广泛的共享，使人们之间学习的链接变得互动化、个性化和自主化，从而实现基于个人生涯发展和生活需求的终身学习。要以深化改革点燃新时代教育创新发展引擎。"苟利于民，不必法古；苟周于事，不必循俗"，中华民族的伟大复兴呼唤着人才培养模式的变革，新时代的教育要培养既仰望星空又脚踏实地、既全面发展又特长突出、既胸怀祖国又关心人类命运的优秀人才。

有什么样的教育评价，就有什么样的办学导向。深化教育评价改革，关系着教育发展方向、教育生态重建和人才培养模式的改革。坚决扫除唯分数、唯升学、唯文凭、唯论文、唯帽子的顽瘴痼疾，优化教育评价标准，改革教育评价体系，以科学评价引领学校发展和学生成长。那种简单以升学率来评价学校、以考分排名来评价教师、以考试成绩来评价学生的做法，是教育之痼疾、学校之痼疾，导致学生负担加重，身心健康受损，不利于人才培养，应该坚决进行改革。要树立正确的教育观、人才观，遵循教育规律和人才成长规律，着力破除不科学、不合理的教育评价导向和做法，把落实立德树人根本任务、培养德智体美劳全面发展的优秀人才作为重要评价导向，坚持以德为先、能力为重、全面发展，因材施教，完善德育评价，优化智育评价，强化体育评价，改进美育评价，加强劳动教育评价，高度重视创新人才培养评价，形成德智体美劳全面发展的教育体系和更高水平的人才培养体系，促进人的全面发展。

中国最后一位状元刘春霖的状元文云："今中国因积弱之弊，欲以学成与列强竞存，则必以陶铸国民为第一要义。何者？国民之资格不成则国不可立。虽有人才，可以为我用，亦可为人用。虽有实业，可以为我有，亦可以为人有。……所谓国民者，有善良之德，有忠爱之心，有自养之技能，有必需之知识。知此身与国家之关系，对国家之义务。以一身为国家所公有而不敢自私，以一身为国家所独有而不敢媚外。"时至今日，刘春霖等才子贤人期盼中华民族跻身世界之强的理想正在逐步变为现实，这种忧国忧民的爱国主义情怀，独立自主的中华民族精神，仍似晨钟暮鼓，具有警世意义。

教育事业的蓬勃发展为全面建成小康社会做出了巨大贡献，也必将成为建设现代化强国的重要支撑。深入实施科教兴国战略、人才强国战略、创新驱动发展战略，需要写好新时代的教育奋进之笔！值此这样一个变革的新时代，我们要与祖国共命运，与时代共进步，一切为了学生的健康、幸福和成长，一切为了中华民族的伟大复兴，一切为了人类的进步与福祉，不忘初心，守正创新，创建中国情怀、世界眼光的未来教育，培养担当民族复兴大任的时代新人，为中华民族的伟大复兴贡献力量。

四、激发醇厚浓烈的爱国热情

以爱国主义为核心的民族精神，是中华民族生生不息的文化基因。中国人民从站起来到富起来，再到强起来，正是爱国主义精神发挥了凝心聚力的强大作用。热爱祖国是立身之本、成才之基，立德之源、立功之本。铸造灵魂，必须大力弘扬爱国主义精神，厚植爱国情怀，引导学生修德成人，热爱祖国，使爱国主义成为坚定信念、精神力量和自觉行动。

热爱祖国,是一种最纯洁、最聪敏、最高尚、最强烈、最温存的感情。应该以培养爱国情怀作为教育理想，激发广大青少年的爱国热情。少年强则国强，少年智则国智。未来属于青年，希望寄予青年。新青年要以祖国为荣，以天下为己任，增强做中国人的志气、骨气、底气，不负韶华，勇担使命，继往开来，开拓创新！

以史为鉴，可以知晓兴替；以史为鉴，方能开创未来。历史就是最大的事实，是最有力的论据、最好的教科书。以史育人是赓续红色血脉、凝聚精神力量的有效途径。历史是塑造优秀人才的一股强大的充满生机的力量，要努力使学生的才智和心灵，投入关于祖国的书上，投入字里行间去，关注祖国的命运，与祖国同甘共苦，怀着与人民命运休戚与共的思想，阅读人民英雄史和民族发展史。

纵观近现代世界历史，没有哪一个国家的崛起不是把发展教育置于国家战略的优先地位。1870年普鲁士赢得普法战争的关键胜利后，普军元帅老毛奇说："普鲁士的胜局是在小学教师的讲台上决定的。"深刻阐明了教育对于一个国家解放和发展的重要意义。美国在20世纪的迅速崛起纵使有着种种历史因素，然其背后的基础支撑则无疑是南北战争之后，国家所建立起的现代化教育体系和所推行的与时俱进的种种教育改革。新中国成立以来，特别是改革开放以来，中国之所以取得了令世人瞩目的伟大成就，也是与教育的发展密不可分的。

红色象征光明，凝聚力量，引领未来。红色基因是伟大精神和光荣传统的凝结；是对信仰的追求，对国家的热爱，对人民的忠诚；是树立理想信念所必须汲取的精神钙质。只有让红色成为新时代中国青年的灵魂底色，在孩子们的心中播撒美德和智慧的种子，才能唤起他们对国家的热爱，使他们树立起理想信念，成长为德才兼备的优秀人才和国之栋梁。这是属于广大教育工作者的一项光荣而崇高的使命。

中华民族高举和平、发展、合作、共赢的旗帜，奉行独立自主的和平外交政策，坚持走和平发展道路，推动构建人类命运共同体，为了建设一个更加美好的世界而不断前行。"英特纳雄耐尔，就一定要实现"，从共产主义诞生之初，国际主义就是其重要组成部分。统筹中华民族伟大复兴战略全局和世界百年未有之大变局，应当构建更高水平的人才培养体系，培养兼具世界眼光和家国情怀的国之大材。

新时代的中国青年要具有广阔的世界眼光。缺乏世界关怀的爱国主义是狭隘的民族主义。穷则独善其身，达则兼济天下，是中华民族无数仁人志士长期以来的追求。即使在近代中国最为衰微羸弱的时期，鲁迅先生仍然书写了"无穷的远方，无数的人们，都和我有关"的深刻文字，赓续了中华民族心怀天下的高尚情操。今日之中国迎来了从站起来、富起来到强起来的伟大飞跃，更不能也不会仅仅独善其身，而是要同世界各国共同发展，构建人类命运共同体，这充分体现出大国应有的责任和担当。

新时代的中国青年要有造福世界的能力。全面建成社会主义现代化强国，既要将自己的事情做好，也要向世界讲好中国故事，同时注重学习吸收世界各国人民创造的优秀文明成果，为国家发展营造和谐有利的国际环境，与世界一切进步力量携手应对全球挑战。国家的发展，时代的进步，未来的呼唤，都要求新时代中国教育必须具备一种广阔的世界眼光，为广大青年学子打造开放的国际交流平台，培养他们开放的胸怀和广博的视野，给他们提供认识世界、走向世界的机会，赋予他们拥抱世界、造福世界的能力。

新时代的中国青年要熔铸伟大的中国精神。没有爱国主义支撑的国际主义终将沦为虚浮的空想。中国青年要昂首阔步走向国际舞台，首先要增强做中国人的志气、骨气和底气，始终牢记自己炎黄子孙的身份，心怀祖国和人民，在为中华民族的伟大复兴贡献力量的基础上，将个人事业融入世界历史进步发展的洪流之中。

人类的种种进步事业是不分国界的，但投身这些事业的人却是有祖国的。新中国成立初期，一穷二白，百废待兴，在海外享受着优渥待遇的钱学森等一众爱国科学家，不惧种种艰难险阻，毅然回到祖国和人民的怀抱中来。改革开放以来，国家取得了历史性的成就，发生了历史性变革。新的时代，新的征程，新的梦想，任重道远，更需要广大青年立志报国，为国尽忠。

人民有信仰，民族有希望，国家有力量。中国教育不能培养缺乏中华文明基因和家国情怀的空心人。中国教育应该担当起时代赋予的历史使命，培养具有中国精神和中国气质、兼具世界眼光和国际视野的民族脊梁，培养新时代的见证者、开创者、建设者，培养具有中国心的中国人——这是实现中华民族伟大复兴的神圣使命，是赓续文明血脉、培育中国灵魂的深远意义所在！

中国灵魂，意味着你无论在哪一个大洲的哪一个角落，每到月圆之夜，光华倾泻，月光也会照耀在千里或万里之外的同样的你我他，你会不由自主地想到"海上生明月，天涯共此时"；意味着祖国需要你的时候，你都会义无反顾。灵魂是根，深扎在故土，饱蘸了故国的芬芳，这芬芳不仅不会淡褪，反而会随着岁月的流逝愈发醇厚浓烈，无法忘怀。诗人艾青深情地诉说："为什么我的眼里常含着泪水，因为我对这土地爱得深沉。"比尔·盖茨说："身为地球共同生活圈的一分子，你的行动将具有全球影响力。不管你的专业目标为何、不管你以哪里为家、你怎么定义自己，你都应以或大或小的各种方式，让这个世界变成一个更好的地方。"深沉博大的家国情怀和世界胸怀，要求我们能博览群书，纵观天下大势，坦坦荡荡，不计个人得失，拥有博大的胸襟，为祖国的事业、为人类的福祉而奋斗终生。

培养道德心，培育创新力，塑造中国魂，为了世界更美好，让生命与使命同行。

有德而厚道，当为大德；
有识而深邃，斯为大识；
有才而性缓，当属大才；
有学而谦逊，应为大学；
有爱而无私，定属大爱；
有勇而涵容，方为大勇；
有智而心和，定为大智。

第四章

守正鼎新：
生命与使命同行

心灵的教育 | XINLING DE JIAOYU

　　一个有使命感的生命是这个世界上伟大的作品。强烈的使命感是生命源源不竭的动力。使命感是生命对自我天生属性的寻找与实现。一个有使命感的人，是有灵魂的人，会更有激情和创造力。作为领导者，如果没有使命感，很难在困境中脱颖而出，更难在诱惑下云淡风轻。具有使命感的领导者，他的内心无所畏惧，充满动力。这样的领导者是组织最坚强的支柱，因为只有这样的领导者，才能带出一支有使命感的卓越团队。

　　一个出色的领导者，可以使一个家庭走向繁荣幸福，一家公司走向财富增长，一个国家走向独立富强。领导者究竟拥有什么力量促进了这些改变？又是如何引导这些局面的走向？为什么他能在茫茫人海中脱颖而出？是什么特质造就了领导者的与众不同，力挽狂澜、扶大厦于将倾，从危急走向胜利？

　　一个人遇事有思想，有分析，有主张，规划得当，准确识别和判断趋势谓之明；当机立断，雷厉风行，付之行动，顺应和推动趋势谓之智；资源储备丰厚，管理组织有序，海纳百川，人才济济，造就和引领趋势谓之强。

　　担当大任，首重格局。毛泽东曾站在黄洋界上问士兵："往前看是什么地方？"士兵说："是茨坪。""再往远处看？""是吉安。""再往远处看？""看不到了。""那不行，我们一定要看到全中国，看到全世界。"

　　思维的层次，决定了人生的高度。意义来自更高的维度，更大的理想，更美的愿景，更强烈的使命感。如果使命感涌现出来，并能做到极致的深度，成为那个领域的王者，就是我们带给这个世界的最好的礼物。

　　一个人最大的幸福，莫过于在人生的道路上，发现此生的使命。培根铸魂，启智润心，生命与使命同行，使命为生命赋能。

第一节　思想领导力

唤醒深藏心底的宝贵善意和与生俱来的创造潜力，需要学习理论，探究本源，建立自己的人生坐标系，这就是信仰、信念和价值观。领导者必须有清醒的头脑，善于反省，才能逐渐领悟真理，探索到一种境界，那种境界是源于生活而高于生活的，是引领人类不断前行的。

领导者要有思想和战略，战略就是对"我们是什么，应该是什么，将会是什么"这些根本问题的回答。战略管理是整体思维，是对资源的有效配置及整合。战略管理中最为重要的是对根本问题的重视。有效的领导者所做的是重大决策，注重决策的正确性，而不过分关注人能接受的是什么。卓有成效的决策者要辨明问题的性质，明确是经常性问题还是偶然性问题；需要的是决策的冲击，而不是决策的技巧；需要的是好的决策，而不是巧的决策。

苏霍姆林斯基说："校长领导学校首先是教育思想的领导，其次才是行政的领导。"

一、文化领导力：思想引领与境界格局

现代学校治理的灵魂是思想信念，关键是体制机制，动力是不断创新，核心是人的发展，源头是文化价值观。文化治理是治理的高阶层次，文化治理最重要的是价值引领，现代学校治理要注重文化价值观的引领。

不忘初心，守正创新；立德树人，为国育才；扎根中国，融通中外；立足时代，面向未来。培养道德心，培育文化根，塑造中国魂。培养

善良智慧的现代君子，培养担当大任的时代新人，培养心怀大爱的未来人才，培养生命力、学习力、创新力，树立世界基础教育的中国标杆，创建中国灵魂、世界眼光的未来教育。

思想引领要有道德。子曰："为政以德，譬如北辰，居其所而众星拱之。"德乃人之根本，领导者更应该首先具备管理者应有的基本品德素质。为人要诚心正意，朴素无华，以诚相待。人有独立品质，得势时不要蛮横，失落时不要媚世。"诚"是个人和社会全部品德原则与行为规范的根底，假如个人与社会都不考究"诚"，那么任何品德原则与行为规范都会成为无源之水，无本之木，个人信誉甚至整个社会的根底就会不坚定。正如教育家陶行知先生所说："千教万教，教人求真；千学万学，学做真人。"求学要有实事求是的科学精神、谨慎勤勉的治学作风，不把学识当作升官发财的途径，真心实意，求真求实，不投机取巧，不急功近利，只有这样，才能获得真知灼见，才能担负振兴中华的重担。为人、为学要有远大志趣，立志"做得大事"，养吾浩然之气，要有崇高的责任感、使命感，将个人发展与国家的复兴、人类的进步紧密结合起来。只有胸襟宽广、志存高远的人，才会超越自我，永不满意已有的成果，然后不断取得前步。完成远大抱负，必定要有大雄无畏、不惧困难、坚毅自强、开拓进取、勇于抢先的精力和气概。毫无疑问，在 21 世纪建设世界高水平基础教育的进程中，愈加需要将这种传统精神继承下来并不断发扬光大。

思想引领要有境界。以高远的境界和开阔的胸襟，凝练思想，凝聚智慧，凝聚共识，凝聚力量，创造理想的教育，实现美好的教育梦想。教育的终极关怀是人类的和平与福祉，教育的本质是育人。教育要培养善良而有智慧的人。科技可以成就人类，也可以毁灭人类。教育有一种神圣的使命——培养善良的人，培养有良知的人，培养有慈悯情怀的人。耶鲁大学校长在2020年开学典礼上呼吁人类要有慈悯情怀和互助精神，这振聋发聩的呐喊，值得人们深长思之。

思想引领要有格局。毛泽东胸襟博大，气势恢宏。青年毛泽东站在橘子洲头，慷慨激昂："独立寒秋，湘江北去，橘子洲头。看万山红遍，层林尽染，漫江碧透，百舸争流，鹰击长空，鱼翔浅底，万类霜天竞自由。怅寥廓，问苍茫大地，谁主沉浮？携来百侣曾游，忆往昔，峥嵘岁月稠。恰同学少年，风华正茂，书生意气，挥斥方遒。指点江山，激扬文字，粪土当年万户侯。曾记否，到中流击水，浪遏飞舟？"面对苍茫大地，毛泽东忧国忧民，发出了"谁主沉浮"的浩问。他在思考国家民族的命运，他自信地回答：中流击水，舍我其谁！这样一种雄心壮志，这样一种豪迈气概，这样一种远见卓识，这样一种宏大格局，真是气贯长虹！

思想引领要有情怀。学校是育人的地方：教书育人，使人变得更好；启迪心智，使人更有智慧；尊重个性，解放人的潜能；热爱学生，舒展人的生命；激发潜能，培养创新精神；全面发展，培育健全人格。幸福的教育要舒展生命，真正的教育是灵魂教育。爱是教育的灵魂，德是教育的根本，智是教育的源泉。以学生为中心，以教师为根本，以奋斗为幸福，以奉献为美德，以创新为驱动，以卓越为追求，以大爱为情怀，以育人为使命。以爱与智慧之水浇灌师生心灵。以人为本、弘道利生是教育之本真。一个宗旨：以育人为宗旨。二个规律：遵循教育规律和学生成长规律。三位一体：学校、社会、家庭三位一体，校长、学生、教师三位一体，课程、课堂、活动三位一体。四个重点：队伍建设，文化提升，课程创新，课堂教学。五个方面：师生发展，强本固基，优化机制，推进学校治理现代化，注重文化引领。

思想引领要有实践。校长应该是教育教学的专家，从教育教学一线产生，懂教育教学规律，在教育教学科研管理上有丰富的实践经验，有深厚的功底。从个人贡献者到教育机构领导者，共需要经历5个阶段。1. 从个人贡献者到基层主管。这个阶段的胜任力主要体现在必须学会关注团队发展和激励下属。这个阶段的工作重点是工作计划、知人善任、激励员工、分配工作、教练辅导。2. 从基层主管到部门主管。这个阶段的胜任力重点在于：选拔人才、合理分工、评估下属、指导帮助、绩效评估和时间管理。3. 从部门主管到教育教学总监。这个阶段的胜任力在于：跨部门协作、争取资源和适当授权。这个层级的工作挑战来自整合工作，策略，流程化思考，执行复杂工作，处理跨部门关系。4. 从教育教学总监到常务副校长。关键的胜任力主要包括：领导技能、时间管理和工作理念。这个阶段的主要任务是建立职能部门，强化各门学科在同行内的竞争优势。5. 从常务副校长到第一领导者。这个层级需要长远、全局、平衡的思维方式；为学校设定方向；做出艰难决策以及赢得他人对绩效的承诺。这个层级的高管所需具备的胜任力，必须擅长战略规划、调配资源、提高核心能力以及培养下属。这个阶段的胜任力主要集中在高瞻远瞩的洞见、创见、远见、洞察机遇、权衡取舍、平衡利益关系和培养领导人才。

　　思想引领要有智慧。敬天爱人，以心为本；尊重个性，顺天致性；长善救失，文化引领；道法自然，万法归宗。尊德性而道问学，致广大而尽精微，极高明而道中庸，重个性而尚灵明，凝其心而聚其力，守其正而出其新。尊重德性，问道求道，善问好学是学习的理想境界。致广大就是以"九重云霄鹤精神"来开阔视野，融通中外，放眼未来；尽精微就是以"万顷波涛鸥世界"来精益求精，在每项工作、每个环节、每个活动、每个细节中认真做好。天下大事必作于细，天下难事必作于易。要追求一种高明的境界，而这种高明的境界就是一种恰到好处的境界、一种符合规律的境界、一种不偏不倚的境界、一种正确适合的境界。教育不能折腾，不能故步自封，因为学生的成长只有一次，要对每一位学生负责，遵循规律，行稳致远。教育要尊重个性，崇尚灵明，守正出新，解放心灵。众人的力量是巨大的，要善于发动众人之力，凝心聚力。要把学生内在的动力发动起来，让学生自主学习，自主教育，主动成长；要把教师内在的力量调动起来，让教师积极工作，主动探索，充满热忱。前进的过程就是发动力量、凝聚力量、发动群众、共同进步的过程，就是凝心聚力的过程。

二、战略领导力：思想引领与系统观念

教育引领未来。学校领导者要有战略眼光和前瞻性眼光，在推进学校治理现代化的进程中，善于抓住机遇，审时度势，超前布局，以高远的历史使命、宽广的国际视野、深邃的战略眼光，对学校发展作出战略设计。

学校领导者要界定学校的使命，发动、激励和组织人力资源去实现这个使命。学校领导者要决策正确，要具有卓越的业务判断能力和聪敏的直觉，寻求多样的视角，并挑战自己的观念。

如何创建有灵魂的学校？如何推进教育现代化？学校怎样才能长治久安，行稳致远？推动学校前进的主要动力是什么，怎样使这些要素长期稳定运行而又不断自我优化？

一是以人为本。教育是人的教育，洋溢着人性的光辉，培养美好人性是教育的理想。适于人性的教育是自由和谐、爱与关怀的教育。

学校要把学生放在中心位置。客户第一的原则直指亚马逊的愿景：成为全球最以客户为中心的公司，并体现在公司所有业务发展过程中。领导者从客户入手，再反向推动工作，以赢得和维系客户

的信任。正如顾客是企业的中心，学生是学校的中心。只有热爱学生，培养学生，让学生发展得好，学校才能发展得好。学生发展是学校一切工作的出发点，要以创造适合学生终身发展的教育为目标，瞄准国内外最佳的教育，以远大的目标规划学校的战略发展。同时立足现实，孜孜不倦地追求，一点一滴地实现。以人为本，一切为了学生的健康、幸福和发展，沿着这个方向走，学校就会不断发展。评价教师的重要标准就是学生的满意度。要了解一位教师的工作情况，就要到学生中间去访问。衡量老师好不好，学生的眼光特别重要，要看学生的拥戴率。有责任感、有爱心、有水平、教课好的老师，才能受到学生的普遍拥戴。

以人为本，要加强人性化管理。从每个人灵魂深处，激发出源于内在的对真善美的热爱与追求，使知情意行和谐共进，相得益彰。建构人性化教育体系，创设温暖宽松、富有人道精神的环境，为学生成长、教师发展以及每一个人的人格提升提供良好土壤，民主和谐，平等开放，培养学生自我教育、自我实现的能力和求真求善求美的品质，造就一支爱岗敬业、充满活力、勇于创新、乐于实践、充满幸福感的教师队伍。

二是激发潜能。认识个性差异，尊重个性需求，注重个性发展，挖掘个性潜能，整合优质教育资源，完善知识结构，充分开发个性思维模式，优化个性化、协作化的教育环境，丰富完善个性化课程，培育有理想、有思想、有道德、有文化的新型复合人才，实现学生全面而有个性的发展。尊重个体生命的复杂性和细微性，尊重学生的差异、特长和个性。

最大限度调动教师员工的积极性。领导者从长远考虑，就不会为了短期业绩而牺牲长期价值。要激发员工的主人翁精神，对于表现卓越、有潜力的员工委以挑战性工作，以激发其求胜欲，同时充分授权，让接受挑战的负责人和核心团队以全职、跨职能的组合形式，全程负责到底。企业用风险共担、利益共享的薪酬回报方式留住核心人才，重视股权激励，让核心人才成为真正的股东，有利于激发员工的积极性和发自内心的主人翁责任感。学校管理与企业管理虽有不同，但可以借鉴其宝贵经验。

三是尊重个性。个性化教育作为尊重人的教育，正是为了激发、唤醒、发现、发展受教育者的个性潜能，使其实现真正的自我教育。课程体系要符合学生多元化发展要求；推进教学方式变革，构建课程图谱，促进学生潜能开发与创新素养提升。创新人才培养要尊重规律，充分发挥课程的育人价值。人才培养不是通过超量叠加的训练进行加工，而是教书育人，因材施教，对学生的人格精神给予整体浸润。

四是内涵发展。内涵发展是学校的深层发展。学校发展只有外力与内源并重、传统与变革并重，才能真正步入可持续发展的轨道。内涵发展以提高教育教学质量为核心。提高质量，就是回到教育的本质，回到学校发展的本质，强本固元。教师是教育的第一资源，是决定教育质量和学校内涵发展的关键，要建立健全教师发展的长效机制。努力提高人才培养水平，为学生的人生发展奠定坚实基础。重视人文教育和科学教育，增强学生的人文素养和科学素养。加强研究性学习，提高学生科学思维能力，激发学生的创新意识。发展实践教育，提高学生的设计和动手能力。建设优良学风教风校风，形成有利于人才培养的良好环境。

五是求真务实。求真，就是探究真理，悟得真谛；务实，就是真抓实干，务求实效。学校治理既要仰望星空，又要脚踏实地，要不断提升办学质量，让学生享受到优质的素质教育，使学生感受到一种幸福和诗意，使学生走出学校的时候怀念学校。教育要为学生终身发展

心灵的教育 | XINLING DE JIAOYU

做准备，仅仅为了升学而教，不是真正的素质教育。但同时也要为学生的升学做准备，让学生通过努力学习，升入理想的大学继续深造。这两者不可对立起来，要有机结合，相辅相成。要解放思想，积极推进素质教育，调动学生的学习积极性，让学生的潜能充分发挥，使学生在素质提升的基础上，实现升入理想大学的梦想。事实上，只要学生的内在动力生发出来，只要教师的工作积极性调动起来，只要科学安排教育教学工作，只要正确处理好两者的关系，是可以获得双丰收的。根据我做教师和校长的实践和体会，这两者是可以统筹兼顾，相互成全，水到渠成，两全其美的。

从某种意义上来说，当我们完全为了学生的健康、幸福和发展，当我们认真研究教育教学规律，当我们的教育教学水平足以为学生提供优质教育的时候，优异的升学成绩只是素质教育的副产品。真正使学生受益终生的，除了学生能够进入理想大学继续深造之外，更重要的是我们为学生终生的幸福成长打好了根基。扎根中国、融通中外、立足时代、面向未来，是办学的基本原则。扎根中国办教育，不能全盘西化，但要融通中外；不能脱离现实，又要面向未来。要站在时代的制高点上，站在中外教育融合的交汇点上，站在现实与理想的结合点上，来谋划学校发展。

实事求是，崇尚行动，鼓励奋进。行动力至关重要，提倡以深思熟虑为前提的行动主义。每个工作目标以及每个衡量指标都有明确的责任人，谁是责任人，谁就负责到底。如何保证决策质量呢？要依靠强大的数据指标系统、智能管理工具、实时数据给予支持。

以实践和效果作为检验标准，求真务实。优化过程管理，精益求精，达成业绩。领导者要关注工作中的关键条件，确保工作质量。即使遭受挫折，领导者依然能勇敢面对挑战，从不气馁。对于做出突出贡献的教书育人楷模要大力表彰。质量效益为本，要求员工认真负责，但只有认真负责是不够的，还必须有效益。倡导做好本职工作，不论什么学历，进学校后所有人在同一起跑线上，凭自己的实践获得机会。强调后天的进步，有利于教师员工不断学习。要保证组织与文化的统一，思想教育不能放松。管理要知行合一，其验证在于成果，其标准就是实践。

六是因势利导。机遇与挑战同在，善于化挑战为机遇，抓住发展的战略期，追求成长的最大化。树立发展的愿景，建立起学生和家长对学校的信赖，建立起师生员工的奋斗目标，以激发其拼搏精神。仅有这个还不够，还要抓住发展的每一个战略机遇，重点研究，重点突破。校长要有聪敏的洞察力，能够审时度势，抓住战略机遇。课程和高考改革，既是挑战也是机遇。我跟老师们讲，学校在改革中一定要力争上游，勇争第一，做出最优方案，因为这个方案不仅管一年，而且管三年；不仅管现在，而且管长远，关系到学校的发展。怎么做到最优化设计？我组建了一个研究团队进行攻关，这个团队中有专家，有博士，有资深教师，有一线教师，集合了优秀的人才。我带领团队深入研究，广泛调研，征求建议，制定了科学完善的方案，学生的几百种选课需求都能得以满足，而且做出了最优化配置，为学生的进一步学习奠定了坚实的基础，所以高中毕业时学生取得了非常优异的成绩。这样的机遇，抓住了会领先，抓不住就会落后。学校发展过程中经常会遇到各种挑战，挑战也是机遇，要善于把挑战化为机遇。

当前要研究线上线下有机结合的融合教育。线上教学怎么开展，这个问题要认真研究。线上学习正在成为学生获取知识的重要渠道。线上线下融合学习已经或正在成为一种新常态，特别是现在的学生，是喝着互联网的水长大的，在这个方面有天然的优势。融合教育能不能大幅度提高学习效率？运用得当，是能够有力促进学习效率提升的。如果我们探索的步子再大一点，对学生的解放再大一点，对学生自主学习的能力培养再强一点，如果学生的自学能力真正提高了，通过线上和线下相结合的教学，是不是学生两年就能学到三年甚至更长时间才能学到的知识呢？那么，学制是不是可以弹性一点？学生自主学习的时间是不是可以更多一些，自主学习的空间是不是可以更大一些呢？我们要善用一切可以利用的科学手段和教育方式，促进学生的自主学习和自主教育的真正实现。因为真正的学习是自主学习，真正的教育是自主教育。

学校发展战略应该与国家发展战略密切相连，为国家发展战略服务。坚持创新在国家现代化建设中的核心地位，已成为重要发展方向。与此相关的是科教兴国战略，人才强国战略，创新驱动发展战略。

作为校长，应该有长远的眼光。我特别注重人工智能教育，把课堂开到了大学和科研院所，组建教师团队和学生社团，聘请科学家和专家进行指导。许多学生对人工智能研究很感兴趣，青少年时期是创造发明的黄金阶段，在这个年龄阶段对学生进行科技创新教育和人工智能教育，事半功倍。抓住这个机遇，进行人工智能教育，就是在为提高国家未来的自主创新能力培养人才。现在很多大学设立了人工智能学院，人工智能学院招收的学生最好在中学就要有人工智能研究的经历。而此前我带领师生在学校大力开展人工智能教育，设置人工智能课程，设立人工智能实验班，就是为了尽早让学生研究并体验人工智能。这证明抓住战略发展机遇，可以为学生赋能，为学校赋能，为未来赋能。

抓住机遇发展有两个基本出发点：第一，为了学生成长。如果一切为了学生，就会顺风顺水，水到渠成。第二，为了国家发展。在新一轮科技革命中，如果自主创新能力提升了，国家就真正富强了。自主创新能力的培养要从娃娃抓起。通过人工智能教育为国家培养一大批科技创新人才，科教兴国战略才能真正实现。

七是守正创新。守正即含蓄传统，强本固元；创新即与时俱进，开拓进取。守正创新是发展的不竭动力，要始终保持虚心学习、积极探索、勇于创新的作风，在研究中创新，在实践中创新，在创新中追求卓越。守正和创新是辩证的统一。教育事业的发展是薪火相传的过程。在教育实践中，一切人类优秀的传统，一切中华文明优秀的品质，一切学校发展宝贵的经验，都应得到继承与发扬。尊重传统，实事求是，恪守正道，在此基础上探索多样化人才培养模式，形成先进的教育理念和宽松的人文环境，从超越中实现卓越。

教育事业的进步离不开创新，热爱事业、尊重学生是教育创新的动力和源泉。创新体现在教育的各个方面：教学理念和模式需要创新——积极探索科学素养、实践能力和思想品德、人文素养融合发展的培养模式；教学方法和手段需要创新——紧跟国际前沿，积极推行新的教育教学方法，加大荣誉课程的开发和体系构建；学习方式需要创新——构建多元化模式，促进不同学生的个性发展与全面发展。走创新发展之路，重视科学研究，科研兴校，增强活力，汇集智力，凝聚优秀人才，集思广益，实现人才资源的最佳配置。引导教师走研究的道路，在实践中研究，结合实际问题研究。

八是虚实结合。坚持顶层设计和认真落实相结合。顶层设计重在求真，具体落实重在务实，求真与求实相统一，务虚与务实相结合。要有务虚和务实两种团队。高层是要出智慧的，要有高层次的智囊团，高层要有格局和谋略。基层是要求务实的。务虚的人干六件事：第一，把握方向，提出远景规划。第二，审时度势，制定发展战略。第三，研究探索，提出改进措施。第四，慧眼识才，正确选人用人。第五，评价激励，激发工作活力。第六，带头学习，引领发展方向。务虚是开放思维，然后进行归纳，是民主决策制。务实贯彻的是管理制度，要求行动力和执行力，强调实际效果，要以实践和效益作为检验标准，优化过程管理。

九是远见卓识。善于突破局限性思考。善于从不同角度思考问题，并不断寻找服务学生的各种方式。长期主义已经成为一种共识。教育是一项面向未来的事业，更需要远见卓识。具有远见卓识的人从来不会因小失大。有一则寓言故事：一头骆驼，在沙漠里行走时不小心踩到一块碎玻璃。它很生气，于是抬起脚，狠狠地将碎片踢了出去。结果不小心将脚掌划开了一道深深的口子。鲜血的味道引来了空中的秃鹫和附近的野狼，它仓皇逃跑，最终误入了一处食人蚁的巢穴，被黑压压的一大片蚂蚁团团围住。临死前，它后悔地想：我为什么要跟一块小小的玻璃较劲呢？有远见的人，有大追求，时刻不忘自己的使命，绝对不会为琐屑之事绊住手脚。

十是面向未来。不谋万世者，不足谋一时；不谋全局者，不足谋一域。以广博的国际视野，创造未来教育；以崇高的信仰为灵魂，以中国文化为根基，融合世界文明的精华，形成一种新文化。受这种文化熏陶的学生，热爱祖国，是中国文化的继承者和传播者；同时又兼具世界意识、国际视野和跨文化沟通能力，成为具有家国情怀和国际视野的优秀人才。

教育是面向未来的事业，要为学生的终身发展服务。过去是增量竞争的时代，未来是存量竞争的时代，增量竞争靠速度，存量竞争靠品质，要通过不断努力，提升教育质量和学校品质。

第二节　人格领导力

思想力是领导力的核心，人格力是领导力的根本。对学校的领导主要是思想的领导和人格的影响。校长要有强烈的使命感，先进的教育思想，科学的管理理念，高尚的人格境界，以正确的思想信念引领学校发展。

卓有成效的领导者是有大境界、大格局的人，具有九个特征：思想，情怀，品格，能力，沟通，聚焦，决策，使命，贡献。卓有成效的领导者要具有强大的人格魅力。

一、人格的魅力

校长是一所学校的人格化代表，对于师生有着潜移默化的影响力。校长的示范性决定了校长必须具有人格修养。无论是公众演讲、公开活动或与师生当面接触，校长都在被观察、传播，从理念到行动，从言谈到姿态，都在发挥育人的作用，影响深远。

校长的语默作止是学校重要的文化呈现，其影响之所及不仅是学生，还包括校友乃至更广范围的社会公众。在价值观纷乱、充满不确定性的环境中，真知的知识分子应该代表着世俗社会的清流。校长的思想和言论中应该洋溢着理想主义光辉，超越功利和商业利益，更具长期主义，富有学识修养，弘扬正确价值观，倡导先进教育理念。真正的知识分子还担负着维护德性底线的角色，承担着坚守格调与品味的任务。从某种意义上说，中华传统文化中的君子人格，应该在优秀校长身上更多地体现。

校长的人格气质来自深厚的文化修养和专业功底。文化型组织是学校的重要特征。对于知识分子来说，强制权力很难达到效果，而基于专长精通、愿景激发和人格影响的领导，才能更好地激发师生的内生动力和创造潜力。校长首先应该是教育教学的专家，从教育教学中脱颖而出，对教育教学有深刻的理解，能做教师的教师，同时又具备校长的全面领导力。只有这样，才能真正将育人放在首位，以教学作为中心，引领一个学校沿着正确轨道不断进步。

校长的人格力量来自对人才成长规律的深刻理解。只有理解教育，才能遵从学生的成长规律和教育教学规律，把学校办成以人为本的学校，办好真教育。真正理解教育的校长，自觉按照学生成长规律，积极探索多种教育艺术和方法，积极探索多元评价方式，让每一个孩子都能幸福成长。

校长的人格魅力来自对教育教学规律的深刻把握。只有懂得教育，才能尊重教师的劳动。教师只有得到尊重，才能安心从事教育教学工作。

二、人格的影响

一个人遇见三个石匠正在做同样的工作，就问他们在做什么？第一个石匠说："我在凿石头。"第二个石匠说："我正在砌一堵墙。"第三个石匠说："我正在建一座大教堂。"同样是用石头来做建筑，建筑蓝图不一样，成就也不一样：只有心中有高远的理想和美好的愿景，才能建造宏大的"教堂"，成就伟大的事业。同样是石匠，格局和境界不一样，成果也不一样：第一种人只看到眼前具体的事；第二种人只有阶段性目标；第三种人是心中有美好的"教堂"，把自己的工作和崇高的使命联系在一起。

领导力能提升人的境界，把一个人的视野提到更高的层次，把一个人的成就提到更高的标准，并锤炼其人格，使之超越通常的局限。唯其如此，才能把一个人的潜力开发出来，使其具有创新动力。

校长的思想理念和人格境界会深刻地引领学校的文化，影响教师和学生的心灵。一所学校的办学理念和文化精神，具有深远的教育意义。一位同学说：

第四章 守正鼎新：生命与使命同行

母校的校训是"存诚能贱"，见于杰出校友吕叔湘先生在八十周年校庆时的题词——"童伯章校长为我们新生讲校训。两句话，四个字，一曰存诚，一曰能贱。我铭记在心，一生受用"。我的理解，"存诚"，意为对国忠诚，对人真诚，对事坦诚；"能贱"，意为低调做人、谦虚做事。这句校训体现了一种义薄云天的大气，同时又不乏最为神圣的谦卑。它将天的高远和地的厚实相连，体现了一种连接天地的人生哲学。我也始终在自己的人生旅途中，去感受，去理解，去践行这四个字。

学校应该是崇尚真理、尊重知识、追求至善的教育殿堂，是文化厚重、成就梦想、塑造灵魂的学府，是恩泽每一个孩子、培育英才的文化摇篮。一位同学升入大学后回忆自己的中学生活：

那一年，我所在的高中即将举办新年庆祝大会，当时我是学生组委会主席，我的一位好朋友是总导演。有一天我们想到要在报告厅里加一些灯光设备，这样才能让舞美的视觉效果配得上同学们的表演和观众们的期待，于是我们就写了报告，去请教年级的老师。那个场景我至今都记得，那位老师想了一会儿，抬起头看着我，用他一贯流畅却略显沙哑的声音说："翟校长一定会批准。"

后来，我的那位朋友打算要去找翟校长，但我还是明确建议要自己想办法解决。我和他用了好几个晚上，在专业人士的协助下，完成了一份学校报告厅的消防安全预案，这些预案在有关部门审核后，学校采用至今。在演出开始前，我们还给报告厅的几个预案中的重点位置配置了灭火器和荧光条。

那次新年晚会非常成功，因为我同时还是主持人，不少同学也就认识了我。也因为我在那次晚会上对主旋律内容的把握非常到位，还拥有了协调和组织校级活动的经验，之后的好多次大型活动，都由我主办并担任主持人，应该说那是我中学生涯的一个重要节点。晚会结束后，我把视频发给翟校长，请他为我们提出意见。

　　回忆跳转到几个月后，放假前的教职工会议上。翟校长给全校教职工作报告，翟校长满怀激情地说："一定要用生命去爱孩子，无条件地爱孩子！"当时在播出控制室的我只觉得翟校长这句话让我振聋发聩，有醍醐灌顶之感。我有时也会想母校究竟有什么根本性的特点——听完那句话我才明白，母校从来把"育"放在"教"的前面，真正能够把育人作为学校的第一目标，在培育同学生命力和学习力的同时完成教学任务。也就是说，母校让"教"伴随"育"自然而然地到来。我想那是我第一次从教育本身来思考教育。翟校长充满激情的演讲我至今难忘。

　　我又想起翟校长在开学典礼上，用了很大的篇幅讲了同学们要注意健康、注意用眼卫生等生活问题，彼时觉得奇怪，现在回想起来才明白，所谓爱是教育的灵魂，也许正是这个意思。

　　每一位同学心中都有一颗美德的种子，但只有温暖的爱才能让这颗种子生根发芽，激发出心中的善良之光。

　　在翟校长的演讲结束后，我和导演带着做好的光盘去找翟校长，想请他给我们签个名。特别客气，这是校长给我的第一印象。他问我们想让他签名在哪里，还表示自己非常抱歉当时因为有会没有亲自到场观看。想来那天下午就是一次又一次的震撼吧，虽然知道校长在主持学校工作后很长一段时间还在一线教课，但那时我毕竟还在初中，甚至可能还没有来到母校上学，所以从没有想到管理着一所几千名师生的校长，能够亲和到如此程度。

　　然而更令我印象深刻的还在后面。翟校长笑着告诉我们，歌舞节目"明天会更好"非常有创意，很有正能量，还说让老师们上台表演的形式也非常好，同学们一定很喜欢。说实话，我根本没想到校长会完整地看一遍我们办的晚会，甚至我觉得也许校长因为时间紧，根本还没有看。但我想不到校长能具体地说出我们的很多节目和内容。

故事到这里，我主要想谈三个感想。第一，抓住立德树人工作总目标，把育人放在教书之前；第二，教育的核心是爱，教育者要有爱、有大爱；第三，教育要讲求平等与尊重，教育者个人能极大影响受教育者。

教育是"润物细无声"的，翟校长对待每一位同学都这样随和自如、温文尔雅，所以他也许已经记不清这件小事了，但是这样的一件事情在那年的冬天，从某种程度上彻底改变了我，我倍加珍惜与父母、同学相聚的时光，和每一位朋友都保持非常好的关系。因为，正如校长所说的，每一个人都是教师，每一个人也都是学生。尊重是要求老师平等、宽容地对待学生，我们对待同学朋友乃至爱人，可不可以像教师一样传递这样的爱与尊重呢？所以我想，受教育者对一位教育家个人的感情，逐渐转向受教育者对其情怀的理解与传递之时，这位教育家才堪称一位伟大的教育家，因为这种博爱的思想已经在学生的心中扎根，即将在他人生的春天幸福生长，为这个社会创造更大的价值。

教育是温润的。翟校长言传身教，用自己的行动传递了善良与智慧的力量。我想教育的主体是教师，但教育的核心一定是学生，而善良智慧与堪当重任则是对学生的要求。因此我在给全校同学的毕业典礼邀请函上写了这样一句话："希望我们能秉承母校精神，锤炼高尚品质，心系祖国，胸怀天下，做善良智慧的现代君子，做担当重任的时代新人。"

这位同学的回忆使我又一次感受到作为校长的责任重大。作为校长，一定要传递正确的世界观、人生观、价值观，一定要传播正确的教育思想、教学理念，一定要尊重爱护每一位师生。教育工作者的言谈举止、语默动静、人格风范，学生会看在眼里、记在心里。教书育人，真的是责任重于泰山啊！

人性中的光辉往往出自谦逊。校长和教师要甘为人梯，为学生服务，让学生的人生出彩。

校长、教师、学生都是人生之路上的跋涉者、科学山峰的攀登者，而校长和教师的可贵之处，就在于用自己坚实的臂膀把学生高高地托举起来。

第三节　凝心领导力

凝聚力对团队成功至关重要，能够把团队聚合起来、拧成一股绳、向着一致的目标奋进是最重要的，所以，目标的一致性是团队凝聚力的重要影响因素。

为政以德，譬如北辰，居其所而众星拱之。凝心领导力以使命、愿景、德政和情感力量凝心聚力，是一种精神领导力。重在心理换位、将心比心，设身处地地理解。主要体现在以德感召、情绪调控、换位思考、善于倾听以及表达尊重等方面，其本源是德商、情商以及个人修养。

凝心领导力有九个方面：第一是仁爱力，爱学生、爱老师，营造有爱心的学校，这是最大的一种教育力量。第二是和谐力，营造和谐的人际环境。第三是思想力，做有思想的校长、有思想的教师。第四是学习力，校长是首席学习者，教师是终生学习者。第五是觉知力，就是要有悟性，有聪敏的直觉，对学校的发展要洞悉。第六是沟通力，善于沟通。第七是包容力。每一种个性都是有价值的，看怎么用，尊重个性、发展个性，才能让师生成为独特的人才。第八是信念力，信念的力量是强大的。第九是道德力，道德是一种最深沉持久的力量。

德鲁克说："管理者天天都要面对既可爱又不完美的人，面对人性中的善、人性中的恶，人的潜能、长处和人的弱点。管理的本质，是激发和释放每一个人的善意，管理者要激发和释放人本身固有的潜能，创造价值，为他人谋福祉。"

一、归属领导力：营造最佳文化环境

旅行时你会发现有的人有很强的领导力，大家都愿意跟着他走，这就是信任。领导者必须把握这一点，要让所有人的心在一起，然后让团队成员跟随自己的脚步，这就是归属领导力。一个人可以走得更快，但一群人能够走得更远。

人的因素是第一位的，要靠吸引力吸引人才，而不是靠控制力控制人才。脱离于学校的老师已经存在，这个时代要控制老师是控制不了的，必须增加吸引力和感召力。

盖洛普的数据显示，全球范围内积极投入每日工作并为所服务公司创造价值的敬业员工比例只有10%，这10%是精英，领导者可以重视并依靠这10%的人，但是这10%的人远远不够，应该发动更多的人积极工作。盖洛普有一个奖项叫最佳工作场所奖，获得这个奖项的企业员工敬业率高达70%，在这些企业中敬业员工的数量与怠工员工的数量的比值为17.5∶1，是全美平均比值的近7倍，是世界平均比值的21倍。所以领导者要想办法营造最佳工作场所、最佳的人际环境、最佳的文化环境。

有人把管理当成一种工具，认为管理是用来操控的，因为它的目标是要让工作有结果，就必须操纵控制工作者的行为。这一条，德鲁克是坚决不同意的。德鲁克对于"胡萝卜和大棒"有精辟的分析。胡萝卜是利诱，大棒是威胁。两者都是在利用人的弱点，即人性中的贪婪和恐惧，去操控工作者，这与管理的本质背道而驰。胡萝卜加大棒被全世界的很多管理者普遍接受。但是胡萝卜加大棒的效果却越来越差了。在发达国家中，他甚至对体力劳动者也不起作用了，而对于知识工作者来说，它在任何地方都不起作用了。管理人员已经没有大棒可用，而胡萝卜作为刺激的作用也愈来愈小。管理的本质是为了提高效率。而管理的最高境界是不用管理。

克里斯蒂娜·考弗曼的《团队核能》一书中提到一个员工公式：安全感＋归属感＋自信心＝信任。团队凝聚力跟团队领导的管理方式也有一定的关系，勒温等人的经典实验比较了在"民主""专制"和"放任"这三种领导方式下各实验小组的凝聚力和团队气氛。结果发现，民主型领导方式组比其他组成员之间更友爱，氛围更和谐，情感更积极，思想更活跃，凝聚力更强。

要创建优秀的组织文化。一个组织中的管理，较低的层次是靠人治，人治有诸多不合理的地方，弄不好就会出问题。再一个靠制度，就是法治，走向制度管理，学校就比较好了。但这还不够，要走向文化引领，要有优秀的组织文化，尤其是对学校来说。

优秀的组织文化是开放式的文化。要创造开放式的文化，积极开展跨界合作，建立液态平台。液态平台就是随时流动、充满活力、开放式的创新平台，要创造这样的平台，并积极参与到富于养分的文化空间中来。

文化生生不息。人类智慧有极大的创造力。只有靠教育，才能培养优秀人才；只有坚持科教兴国战略，国家才有希望。

文化的核心是价值观。凝聚人心靠的是正确价值观。

二、激励领导力：尊重人的个性和尊严

领导力的存在就是因为人跟人之间建立起来的具有归属感的人际关系，这种关系具有人际的黏合性。别人跟着你是因为跟着你会有一种归属感，因为你带领跟着你的这个团队在做非常有意义的事情。当你的员工要离开你的时候，他们会非常舍不得；当你要离开你的员工的时候，作为领导者也会舍不得，这就是一种归属感。

激励领导力的形成源自尊重人的个性和尊严。坚持以人为中心，促进人的发展，是学校工作的出发点和落脚点。时代的进步，特别是信息技术的发展，带来了社会生活和思想观念的变化，人的创造力也逐渐得到解放。团队进步的主要动力是由知识、科技、管理、创新产生的，其中人是第一位的。

学校管理要研究如何调动人的积极性，激发人的创造性，凝聚人的智慧和力量，形成合力，推动学校发展。学校工作纷繁复杂，千头万绪，但只要是把人放在第一位，依靠众人，发动众人，众人拾柴火焰高，就可以把事情做好，把学校办好。

建设幸福校园，关心教师生命成长。学校要为教师的个性化发展和深层次发展提供可能。教师的学术研究应该是自由的，教师应该受到充分的尊重。对教师的尊重最重要的是促使教师实现人生价值。教师的教育实践是其实现发展的基本途径，但只有专业发展而忽视了生命成长，教师就会沦为教书匠，要建立专业发展与生命成长有机结合的教师发展体系。教师发展的重要任务是建立其作为"教育人"的身份认同。而这种身份认同的建立，主要是人格层面的塑造。人格方面的塑造是无形的功夫，一旦做好，效力无穷。在精神层面予以引导，在人格方面予以尊重，凝心聚力，提升教师的荣誉感，助力教师实现自己的人生理想与价值。建立新型的运行机制，促进教师发展，让教

师乐于从教，为学校的发展壮大提供源动力。幸福校园使教师与学生共同发展，收获的是教师的归属感以及主动性和创造性。

在各种资源中，最可以依存的是无私奋斗、自律自强、有敬业精神、有创造能力的人才。认真负责和卓有成效的教师员工是学校的财富。建立科学灵活的工作机制，激活人才。任用德才兼备的优秀人才。学校管理要汲取国内外优秀的管理经验。要向国内外著名学校认真学习；选拔德才兼备的优秀人才充实管理队伍和教师队伍；要有自我批评、自我更新能力，不可盲目自大。把危机意识和压力传递到基层，使内部机制处于激活状态，互相激励，形成比学赶帮超的良好态势。坚持正面激励，凝聚最优秀的人才。要吸引人才把团队激活，特别要吸引刚毕业的青年人。团队需要激活，一旦激活，就会有无穷的力量。要不断进行学校的体制机制创新，形成科学高效、充满活力的运行机制，使学校永远处于激活状态。

通过薪酬改革体现正确价值导向。薪酬改革是学校的重要管理杠杆。工资分配实行基于敬业与奉献的绩效工资制。要让教师有获得感，让真正敬业奉献的优秀教师有更大的获得感，要特别重视奋斗在一线的教师，承担工作量大的教师，教书育人水平高、业绩突出的教师。要通过薪酬改革体现学校的用人导向，体现学校的教育理念和管理理念，多劳多得、优劳优得，付出必有收获，体现优秀人才的价值。卓越的公司，排在第一位的不是你支付报酬的多少，而是你将报酬支付给何人。

遵循人才成长规律，让有责任心的明白人担负重要的责任。待遇不仅指薪酬，还包括职务的分配、责任的承担。

领导者就是如何利用别人的长处来实现自己目标的人。领导者的任务在于运用每一个人的才干。

用人所长是卓有成效的管理者必须具备的一种素质，是工作是否有效的关键。让个人充分发挥特长，凝聚共同的愿景和一致的努力方向，建立团队合作，调和个人福利和共同福祉的原则。有效的管理者在用人所长的同时，必须容忍人之所短。有效的管理者用人，是着眼于机会，而非着眼于问题。今天的组织需要的是由一群平凡的人，做出不平凡的事。一个重视贡献的人，为成果负责的人，不管他职位多卑微，他仍属于"高层管理者"。

第四节　共情领导力

领导力的核心是以民为本，顺应民意，赢得民心，凝心聚力。《尚书》云："民惟邦本，本固邦宁。"顺人人心悦，顺天天意从，荀子说："和则一，一则多力，多力则强，强则胜物。"世事洞明皆学问，人情练达即文章。共情力发达的人，能够知道对方想什么，要什么，并做出相应的行为，同时是一个让人喜欢、愿意与之相处的人。

教师作为教育实践者，其自身也面临着生命能量的集聚、转化、释放与生成等人生课题。所谓以人为本，就是既要以学生的发展为本，又要以教师的发展为本。学生和教师都具有自己独立的价值，同时又相互依存、相互促进、相互成就。教育既要促进学生的发展，也要促进教师的发展。教师发展是学生发展的前提，学校发展是学生发展和教师发展的条件，要实现教师、学生与学校的共同发展。

一、要做先生，先做学生

马克思主义唯物史观强调，人作为现实的人是"关系的存在"，个人的发展与成长需要集体。要建立新型教师组织，以专业互助、生命服务为目的将教师凝聚起来，将人心调动起来，让教师充满向心力，让学校充满内动力。

教师发展重在价值引领。湖南第一师范学校的理念是：要做人民的先生，先做人民的学生。教师在实际教学过程中，教学风格是个人化的，但就教师的专业发展而言，其专业知识与能力会向他人学到许多，会受到教师文化的影响。而影响更深的是教师身后的社会以及文化。人的感官与思维并非单独运作，而是需要根源于生活的文化作为发展的素材，包括语言、艺术、科学、价值观等。有了文化的协助，教师才能以认识为基础，发挥更大的创造力。

让最优秀的人培养更优秀的人，善于尊重人才，培养人才，招聘和培养最优人才，不断提升招聘和提拔员工的标准，识别杰出人才，并乐于在组织中通过轮岗磨砺他们。人才招聘要形成招聘标准和流程，看重人才的三个特质：创新实干、主人翁精神、内心强大。

同伴互助以合作探究为主要形式，教师之间相互切磋，相互学习，共同进步，是促进教师专业成长的重要途径。学科组集体备课，通过合作学习使教师不仅在专业讨论中畅谈教学观点，激发专业热情，也能学习同事的真知灼见；教师学术沙龙洋溢着经验分享与收获的欢乐；教师联谊会促进教师彼此熟悉了解；教师读书会让大家在共同阅读的过程中建立起对集体的感情和同事间的友谊；同事间相互提点启发是有效的同伴互助形式；通过诸如青年教师拜师制、教师听课与评课、教学大赛等形式，以达到凝心聚力的效果。

让教师更多地参与到学校建设和发展中来，建立与教师的沟通渠道。教师参与到志愿服务活动中去，建立爱心导师制。毕业年级学生在填报志愿过程中，往往会因对高校或专业不够了解，而出现盲目填报的情况。可以利用教师，特别是青年教师对最新资讯了解较多的优势，指导学生规划未来人生发展。类似的制度，在国外学校已经普遍建立，对学生的指导效果明显。而且对老师来说是很好的职业历练与价值实现，教师通过参与学生的人生规划设计，其自身的责任感和荣誉感也会增长，从而体会到教师职业的幸福感。

学生发展是学校发展的目的，教师发展是学生发展的前提。青年教师是教育事业的未来，从学校长远发展考虑，为教育事业的薪火相传，应将青年教师的培养放到学校战略发展的高度。在当下着力，从未来着眼，以百年树人的理念和魄力，培养对教育具有高度身份认同感的教师队伍。学校对于教师而言，不仅是一份领取薪水的地方，而且是取得社会身份认同的工作场，应在教师的职业生涯规划、业务能力提高和生活品质提升等方面创造条件，关心教师，爱护教师，让教师感受到温暖。这是提升向心力与凝聚力的重要途径。

教育要追求理想，创造优美的景象。《论语·先进》记载，孔子与学生交谈，问他们的志向，曾皙说："莫春者，春服既成，冠者五六人，童子六七人，浴于沂，风乎舞雩，咏而归。"这是一幅多么优美的师生郊游图，师生间其乐融融，让人神往。但当代的教育远没有如此的浪漫而悠闲。教师身上的光环，在市场经济的背景下已逐渐淡去，社会（包括家长）更愿意从市场规则来认识评判教育和教师，因而无论是社会，还是教师本人，在功利主义引领下对教育缺乏认同感。新旧交织，道德多元，人们的信仰、价值观等也必将呈现多元的局面，这对教育工作者提出了严峻的挑战。教师仍然是坚持传统观念，强调整体认同，弘扬社会责任，讲求师道尊严。学生秉承时代风气，追求个性张扬，注重个体诉求，强调自由平等。在教育过程中，价值观的不同、文化观念的交锋是教育难以奏效的关键所在。"亲其师而信其道""善用兵者，攻心为上，攻城为下"，教师只有用自己的真心、诚心与爱心去精心呵护学生，树立师生人格上的平等观，达到教育氛围的和谐性，才能为教育学生奠定良好的基础。

二、成长共同体

教师发展是内因和外因共同起作用的结果。内因是发展的根据，外因是发展的条件。教师发展要有良好的文化生态环境，营造和谐的文化场，通过师徒间的口传心授、同事间的耳濡目染、优秀教师的成长引领，激发教师内在的善良和美好，而被激发出来的美好品行又会在学生身上发扬光大。

促进教师对教育理念与专业知识的学习。讲座（lecture），短期课程（informal programs），到大学修课（credit scourses），工作坊（workshop），研讨会（seminar），自我主导的学习（网络资源的利用）等。

促进教师的自我省思和专业自觉。反思性教学（reflective teaching），写日志（keeping journals），写自传（auto biography），讲故事（storytelling），信件交流（letter exchanging），想象（imaging），隐喻分析（metaphor analysis），专业发展自我规划等。

促进实践为本的教师专业研修。校内外教学观摩（社会互动学习），校内"传帮带"活动（"导师制"），校内外"听—说—评课"活动，教育科研（GST提升、课题研究），实践研究（案例研究），教学—研究—专业发展一体化系统构建。

促进教师队伍整体素质的提升。校本培训课程要力求视野广、层次高、理念新、规模大、专业深、参与度高、形式多元。形成学习型校园文化氛围，使终身学习成为教师的一种习惯。面向全体教师，实施系统性、科学性的校本培训，同时针对不同的教师群体，开发多元培训资源，满足教师个性化的学习需求。通过学校办学理念与精神文化的引领，凝聚智慧与力量，形成促进教师发展的激励机制。选择恰当有效的方式，将理论学习与实践应用、集中培训与自主学习、个体反思与团队研讨、专家指导与教师互助相结合，实现内容与形式的最佳契合。

促进教师研修文化的不断改进。凝聚教师智慧,深化教研文化改进,加强学校日常组织行为改进,推进跨学科专业团体的组建,构建教师研究团队。把研究团队建设作为课程建设、教学管理、教师专业发展的重要抓手,将校本教研贯穿于教育教学活动的全过程,从解决课程建设与实施中的真实问题出发开展研究,以专业引领、自我反思的方式促进教师专业化发展,提高教育研究能力和水平。

以学校精神文化汇聚人才。德才兼备,以德为先,对于教师来说,师德永远是第一位的。

以理想和愿景引领发展。价值引领要明确发展愿景,发展愿景确定往哪里去,指明方向,树立高远目标。如果不树立发展的目标和方向,就建立不起学生和家长对学校的信赖,也建立不起师生的远大奋斗目标和团结拼搏精神。目标就是方向,目标就是激励。要让老师们看到希望,得到鼓舞,受到激励。我任校长期间,以创建中国灵魂、世界眼光的未来教育为使命,把学校师生的眼光引向未来,激励师生奋发图强,追求卓越。树立世界基础教育的中国标杆,立意高远,任重道远。实现理想,要依靠点点滴滴的辛勤努力、锲而不舍的艰苦奋斗、坚韧不拔的顽强毅力。领导者对工作要坚持高标准,通过不断提高标准,激励团队提供优质产品、服务和流程。新时代的教育工作者要有立德树人、为国育才的使命感,有树立世界基础教育中国标杆的远大追求。心有所向,方能行远,精进创新,久久为功。

要靠管理和激励,从人的头脑中挖掘出财富。正确地做事,更重要的是做正确的事,往哪里走比如何走更重要。创新是民族进步之魂,要以科教兴国为己任,为伟大祖国的繁荣昌盛,为中华民族的伟大复兴,同时也为自己和家人的幸福而努力。为国家,也为自己与亲人,两者相辅相成。

教师是教育事业的根本，是保证办学水平、提高教学质量的关键。没有高质量的教师，就没有高质量的教育。要把教师队伍建设作为学校发展的关键，以加强师德师风建设、提高教育教学能力为重点，促进教师知识结构更新，全力打造面向未来、师德高尚、业务精湛、勇于创新的师资队伍，使教师具有终身学习与持续发展的意识和能力，成为研究型、专家型教师。

第五节　共生领导力

各美其美，美人之美，美美与共，和谐共生，是教育的理想境界。教育为了人的全面自由发展，引导人自由地发挥个人潜质，自由地选择学习方向，不为功利所累，为生命的成长确定方向，为社会、为人类的进步做出贡献，实现人的全面发展和人与人之间的和谐共生。

以人为本的共生课程。设计实施连接过去、现在与未来、打破时空限制、促进个性化成长、注重学生学习体验和学习兴趣、适合全体学生全面发展的共生课程体系。

学习生态的共生效应。学习是对未知世界的探索过程，是在继承基础上的创新。这个过程主要包括冲突、理解、分析、试错、验证、修正、重构等一系列思维活动。学习者完成头脑中的思维过程，还要通过互动，到他人那里去寻求验证或者是寻求新的解决方案，通过倾听他人完善自己的方案，更好地解决认知冲突，体会到学习的成就感，产生新的学习动机，从而使学习不断持续和深化。

学校文化的共生价值。学校是生命成长的地方，是生命密集的所在，尤其要强调共生的理念、共赢的追求、共享的思想，提升共生领导力。

一、共生理念：人人都有成功的潜力

人人都有成功的潜力，每个孩子都可能成功。如何在当今社会环境下，为培养健全的学生创建一种连贯的、切实可行的教育模式，使孩子人生获得幸福而长足的发展？

长期研究基础教育的专家奥德内斯说："虽然 20 世纪造就了一代在计算机和知识开发领域里的专家，而这些专家在价值观念、生活技能、对多样化持宽容尊重态度方面却不那么完美。可以说，这个世纪教育的失败不是在科学、语言和数学教学上的失败，而是在倡导人类之间和平共处上的失败，是在为了充分平等的发展而应发掘个人和社会潜能上的失败。"

国际 21 世纪教育委员会认为："良好的初始教育是开始终身学习的关键。这种教育应该覆盖儿童认知和情感两方面的发展，应该保证所有青少年掌握坚实的基础知识和技能，同时使他们养成学习新知识的态度和能力——学会学习。"

课程综合化。为适应科学技术的飞速发展和人类面临的种种社会问题，重新整合学科知识，加强课程内容的融合性。强调学习领域的概念和各学科之间的联系，美国在《普及科学——美国 2061 计划》中提出的课程改革，注意自然科学、社会科学和数学知识的综合，并增加必要的技能训练。每门课程自成开放的体系，将多学科综合起来进行教学。加拿大课程的综合有 8 种模式：1. 主题学习。2. 项目学习。3. 研究性学习。4. 个性化学习。5. 多样化学习方式。6. 第二语言的学习与学科内容相结合。7. 以文学为内容的学习。8. 以文艺作品为载体的学习。

自行设计课程。发动老师参与到这个相当艰巨的挑战当中，不断扩展、更新和优化项目式学习课程。老师们分成不同的小组，参考成功的教学案例，并在此基础上结合对学生重要技能和习惯的培养要求，设计出全新的课题项目。让学习变得有趣，变得能够被学生们接受，是教育改革的方向。

项目式学习。这是一种先进的教学方式，学生们在一段较长的时期内，调查和应对一个真实、有趣而复杂的问题或挑战，从而习得有关的知识和技能。

合作学习。这是一种极富创意与实效的教学理论与策略体系。合作学习的代表人物约翰逊（D.W.Johnson）指出："实际上，教师的一切课堂行为，都是发生在学生——同伴群体关系的环境之中的。在课堂上，学生之间的关系比任何其他因素对学生学习的成绩、社会化和发展的影响都更强有力。但课堂上同伴相互作用的重要性往往被忽视。学生之间的关系是儿童健康的认知发展和社会化所必须具备的条件。事实上，与同伴的社会相互作用是儿童身心发展和社会化赖以实现的基本关系。"

探究性学习。美国国家科学教育标准中将探究定义为："探究是多层面的活动，包括观察；提出问题；通过浏览书籍和其他信息资源发现什么是已经知道的结论，制定调查研究计划；根据实验证据对已有的结论作出评价；用工具收集、分析、解释数据；提出解答，解释和预测；交流结果。探究要求确定假设，进行批判的和逻辑的思考，并且考虑其他可以替代的解释。"学生通过探究所学到的东西远远多于知识本身，极大地提高了综合素质。

自主学习。丹尼尔·平克的畅销书《驱动力》中指出：精通、自主和目标是驱动力的基础。简单来说，精通就是指你熟练掌握某种技能；自主意味着你有一定程度的控制权；目标则是说你发自内心想要去完成某件事，你的动机是真实的。自主学习能力是可以培养的，要建立自主学习体系，制定短期、中期和长期目标，激发内驱力，培养自主学习力。

科学与人文教育。人类的生存环境和生存条件正在发生迅速的变化。科学、数学和技术将成为教育今日的学生面对明日世界的基本能力。

人文教育注重道德、情操和品行的培养，通过伦理、哲学、文学、艺术、历史等学科，以陶冶情操。

导师制度。每一位导师和学生都会建立一对一的指导关系，同时导师负责的整组学生会经常待在一起。在孩子们的学习生涯中，导师将成为有经验和可信赖的引路人。在整个学习生涯中，导师会一直负责同一个小组，每个小组仅有十五到二十名学生，因此导师可以深入了解每一个孩子的情况，帮助他们实现自己设定的目标。对于导师来说，他们身兼两职，既要负责教书，也要负责育人。不仅要教会学生们必要的课程知识，还要帮助他们面对例如自卑、焦虑这样的心理困境，帮助他们认识到自己的价值，重拾对未来的信心。

回归生活。强调课程与教学要回归生活。探索一种适应未来的教育模式，开创一种新型的办学理念，即注重实践、自主学习、团队合作和反思，目的在于培养学生考上大学，并在毕业后能够适应当今社会的工作环境，过上有经济保障的、充实而有意义的生活。不论是面对大学、未来，还是面对漫长人生，使学生具备独自闯荡的能力，正是教育的意义。

二、共生课程：为了人的和谐自由发展

一个民族的进步取决于旺盛的生命力，一个人的发展也离不开旺盛的生命力和学习力。课程是学生成长的重要载体和重要历程，要由科技来助力，数字来服务，课堂来实现，活动来体现，构建丰富的课程，形成以人为本的共生文化，促进生命自由发展。通过深化课程改革和

教学创新，努力创造适合每个学生发展的教育，创设丰富的、可供选择的课程，充分满足学生个性化、多样化发展的需求，为每个学生搭建放飞人生梦想的舞台，为实现中华民族伟大复兴、建设人类命运共同体做贡献。

解放学生，尊重个性，积极推进课程改革，改善教学方式，建立科学系统、丰富多元的共生课程体系，主要理念和思路是：

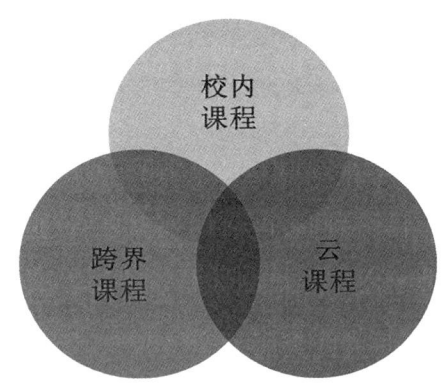

一个宗旨：育人为本，实现人的全面发展。

二个遵循：遵循教育规律和人才成长规律。

三个层级：从学生的发展维度，分为基础课程、发展课程、高端课程。从课程的服务体系，分为必修课程、选修课程、个性课程。从课程的空间维度，分为校内课程、跨界课程、云课程。

四个合力：学校顶层设计，学科专业研发，师生自主开设，社会资源整合。

五个理念：创新、协调、绿色、开放、共享。

六个方面：国家课程，地方课程，校本课程，创新课程，合作课程，个性化培养课程。

七个特点：丰富性、自主性、选择性、时代性、综合性、开放性、创新性。

八个学习：1.文化课程基于浸润式的学习；2.科学课程基于探究式的学习；3.体育课程基于活动式的学习；4.艺术课程基于熏陶式的学习；5.实践课程基于互动式的学习；6.STEAM课程基于项目式的学习；7.跨界课程基于学科群的学习；8.国际课程基于跨文化的学习。

九个领域：语言与文化、人文与社会、数理与科学、信息与工程、技术与设计、艺术与审美、体育与健康、德育与心理、创新与实践。

九大课程领域涵盖人才培养的主要领域，保证全面完成国家课程，全方位满足学生发展的需要。

课程架构科学合理，文理兼容，丰富多元，纵横开阖。

科学合理，就是指课程的总体布局科学均衡，符合规律。以育人为宗旨，从人的发展看教育，从教育的发展看课程，以此进行课程构建。课程结构兼顾学生、国家、人类和未来发展的需要；有利于核心素养的培育，有利于促进人全面而有个性的发展。

文理兼容，就是指课程既要注重人文社会科学，又要注重数理科技；既要培养学生的人文情怀，又要培养学生的科学素养。体现在课程体系的构建上，就是注重人文类课程、社科类课程、数理类课程、科技类课程的合理构成。

丰富多元，是指课程形态的基本特色。课程越丰富，学生的选择空间越大，就越能满足学生的个性化需求。学校要开设丰富多彩的选修课，组建各种学生社团，涵盖文学、艺术、哲学、历史、体育、健康、天文、地理、生物、医学、科学、技术、生存、生活等各个领域，为学生的发展创造宽广的平台。

纵横开阖，是指课程的开放性与整合性。纵，就是要打通课程的阶段性阻隔，努力形成贯通小学、中学、大学的一条龙式培养体系，在开好中学课程的基础上，开设大学先修课程。横，就是指课程要与学校文化、社区文化、城市文化、国家文化、世界文化相结合，注重跨学科学习、跨界学习、跨文化学习。开，就是指要有开放的视野，形成开放的学习空间和学习机制。阖，就是指课程的整合性，无论课程如何开放，都要以立德树人为宗旨，培养学生的中华魂、道德心、创新性和领导力。

三、共生效应：构建新时代全面发展的育人体系

有什么样的课程，就有什么样的人才。课程体现着教育思想和理念，要根据国家和时代的要求、学生成长的需要，遵循教育教学规律，提升课堂教学价值，坚持教书育人使命，构建适合学生发展、引领学生成长的课程，正确处理好共同基础与个性发展的关系，促进学生全面而有个性地发展。

创造适合学生发展的教育，构建新时代全面育人课程体系，其基本特点是：丰富性、自主性、选择性、时代性、关联性、开放性、创新性。

丰富性。尊重个性，满足学生的个体需求，必须有丰富的课程；

面向未来，适应社会发展的需要，必须有丰富的课程。学校的课程越丰富，学生选择的空间就越大，越能适合每个学生的个性发展。一般来说，学校有国家课程、地方课程、校本课程，学校创造空间最大的是校本课程。校本课程要丰富多彩，不断创新，形成涵盖众多领域、数量充足的学校课程体系。基础类课程面向全体学生打好基础，发展类课程面向学生因材施教；荣誉类课程面向学有余力的学生开设大学选修课、高端研修课等。

自主性。新课程应该实现一种回归：回归到课程的本源，回归到学生发展的需要。为此，要根据实际情况，合理安排新课程方案，设置各科学分认定方案；教师自主、学校统筹，开好课程。引领学生多一些兴趣的选择，少一些功利的驱动。鼓励学生按照自己的兴趣和特长选择课程，最大限度地满足学生选课志愿，善用空间和时间，使学生的自主学习和学校的科学管理有机结合；认真研究制订学校的选课排课方案，进行模拟选课演练；注重兴趣引导，推出一系列科学报告，激发学生对科学的兴趣；组建学生生涯发展课程指导教师团队；进行教学管理形态的重塑，建设信息化管理平台，研究智慧校园的发展；进行资源整合，着眼于学生的发展规划社团活动及课程；以新课程构建为契机，推动学校全方位课程教学的改革和发展。

选择性。努力创造条件开设丰富多彩的选修课，引导学生根据个人兴趣选择课程，实现全面而有个性的发展。学生的需求是多元的，课程越丰富多彩，就越能给学生提供广阔的选择空间，学生的个性化成长就越有可能实现。国家必修课程开齐开好，精益求精，国家选修课程充分开设，引导学生学好，校本选修课程给学生提供广阔的选择空间。个性化自主研修课程满足学生个性化学习的需求。拓展研究性课程，让学生走出校门到大学等科研机构去进行研究，到社会实践中去进行锻炼，开展研究性学习，研究城市、乡村的各种现象，科学技术的各种课题。基于项目式学习的深度学习课程，有兴趣的同学可以选择学习。给学生提供广阔的选择空间，学生的选择空间越大，就越能选到自己喜欢的课程。学生选到自己喜欢的课程并有所体验时，就可能由此确定将来的发展方向。

时代性。课程设置紧跟时代步伐，结合科技前沿。例如，开设人工智能、科学与中国等。考虑学生特点和未来社会的要求，开设男生课堂、女生课堂等选修课，对学生进行文明礼仪教育。基础性课程立足于基础教育的目标与任务，依据学生成长和发展的客观规律，依据国家课程标准，坚持知识习得与思想品德修养统一、理论学习与社会实践统一、全面发展与个性发展统一，促进学生德智体美劳全面发展。

关联性。课程之间相互关联，课程与校园文化、社区文化、国家的文化乃至全球的文化相互关联。课程与学生生存与发展的需要相联系，如全校学生都应该学习生命安全教育课程。课程与社区相联系，充分整合各种教育资源，科技选修课带领学生走进大学和科研院所的实验室，走进大自然，进行科学研究。课程与国家相联系，开设"伴你游中国"让学生更多地了解中国。课程与世界相联系，开设"国际领导能力培养""模拟联合国"等选修课，培养学生的领导才能。

开放性。课程体系的建构、课程内容设置、课程资源的开发、师资队伍的建设、课程教学的实施、课程评价的标准等方面，都具有广阔开放视野和动态开放特点。开好促进学生全面发展的国家必修课程、促进学生个性发展的选修课程以及促进学生特长发展的大学先修和高级研究课程，以充分满足不同类型、不同层次学生的个性化需求，让每个学生都可以找到自己喜欢的课程，从而不断激发学生的创造活力、兴趣潜能，促进学生全面而有个性地发展。丰富的选修课涵盖众多领域，适应学生发展需要。组建各类研究性学习社团，从教学形式与学习方法、课程设置与内容选择、自主探究与科学实验等方面积极推进。

创新性。课程设置注重学生创新思维和创新能力的培养，通过大力开展研究性学习、科学研究实践、社区服务和社会实践等系列课程，提高学生的学习能力、生活能力、实践能力、创新能力。在课程整体建设方面，围绕创新人才培养的主要目标，积极探索中学与大学联合培养的机制，应时代发展需求，顺应学生成长规律，从课程运行机制的建立、课程的组织实施等方面进行系统性改革，构建立体化、多层次的课程体系。

建设适合学生发展的课程体系是学校的重要工作，学校课程改革与实施的原则是以人为本，尊重个性，求真务实，守正创新。课程改革对教学组织、课程设计、课堂教学、考试评价都提出了新的挑战和要求，要尊重学生的个性化发展，注意人才培养的多样性、课程的选择性、内容的综合性、教学的丰富性以及与生活的关联性，做到能力培养与价值引领并重。

四、共生活力：厚积生命的能量

激发学校的办学活力，凸现学校的文化特色，形成内涵发展的新增长模式，构建统一性与灵活性相结合的课程体系，要不断完善基于个性发展的教学，基于全员关怀的导师制；认真处理好必修科目与选修科目的关系，分层教学与分类教学的关系，共同基础与个性发展的关系；要有利于学校教育生态的重建，课程结构的重组，育人机制的重塑。

设立课程领导与研发机构。作为校长，应该做首席研究者，我带领教育教学改革领导小组负责制定学校课程开发的总体方向、目标以及学校课程总体规划,对学校课程建设和实施进行总体筹划、管理,进行中外课程比较研究、学校课程需求调查研究、学校课程建设规划研究、教师课程开发能力研究,对学校各类课程进行评价。根据课程研发需要,课程中心分设若干项目组,以利于课程运行和具体措施的落实。我和老师们一起研究探索,从考察调研到确定课程改革的方向;从课程的设计到组建团队专题研究;从广泛征求专家和师生建议到做好教师专业培训,以及课程改革的各项保障工作。统筹兼顾,系统运作,全校一盘棋,教学、德育、课程发展中心、教师发展中心、创新人才培养中心、STEAM教育研究中心一起做,充分发挥教师的积极性,依靠团队智慧,同心协力朝着共同目标迈进。

在学校顶层设计基础上,发动全校师生从各个层级进行课程体系建设。基于核心素养的学科课程体系建设是一项重点工作,丰富多彩的选修课和社团活动为学生成长提供肥沃的土壤,如:政治经济学,围棋故事,《论语》精读,现代科普,生涯规划,篮球,拉丁舞,街舞体验,水中健身,足球,橄榄球,围棋,国际象棋,预备医生,企业经营模拟演练,国际理解,模拟联合国,桥牌,影视配音与朗诵入门,设计技术,模型制作,建筑模型、船舶模型制作,京剧文化,戏剧表演实践,科幻物理学,药用植物学,话说宇宙,少年科学院,大国外交,英语数学,英语物理,英语地理,英语化学,英语生物,英语历史,英语写作,外教烹饪,日语,法语,德语,西班牙语,阿拉伯语,荷兰语,韩语,意大利语,俄语,机械人系列课程,陶艺,主题电影欣赏等。

在学科教学中培养学生核心素养。高中数学形成了必修、选修、校本、高端个性化课程体系,这样一个数学课程体系中,高考内容只是其中一部分,大量的内容是高考不考的,更重视学生整体素质的提高。高中英语课程体系的建设,有基础类、发展类、高端类课程,有必修课程、选修课程、研修课程。在研修课程中有原典阅读。提倡在学校开展经典阅读和原典阅读，既有母语的原著阅读、原典阅读，也有英语的原著阅读、原典阅读。仅仅是英语选修二的课程设计，就开出了几十门选修课。英语的校本研修课程，着眼于提升学生英语的核心素养、语言能力、文化品格、学习能力、思维品质，有学术论文写作、长篇原典阅读、研究方法入门等；英语研修的必修课程，有跨文化交际、英语口语、典范英语等；英语的原著阅读，重在提升文化品格，学生除了学课本之外，更多的时间用来读一些有文化品质的著作。同时，基于原著阅读的英语戏剧课程也开展得有声有色。

综合推进学习方式变革。"互联网＋教学"，线上教学与实际场景教学相结合，大力开展深度学习，项目式学习，混合式学习，跨界学习、自主式学习，个性化学习。具体到教学活动中，一是在制订学习目标时，考虑学生目标达成的差异；二是在明确学习任务时，了解学生元认知水平的差异；三是在使用先学后教方法时，充分启发学生的潜意识，充分关注并解决学生的相异构想；四是在设置教学情境和问题时，充分关注学生分析信息和处理信息的差异；五是在小组交流、展示、反馈等教学活动中，充分关注个性差异；六是在设计课内检测时，充分顾及学生认知水平的差异；七是在课堂教学评价时，充分尊重学生纵向与横向的差异。

在教学方法上不断创新。鼓励教师结合教学实际，围绕学科本质、学科核心概念改进教学，鼓励教学模式改革、跨学科综合课程开发。以课促改，以点带面，深化课程改革。鼓励教师上示范课和研究课，这既是教师成长的过程，也是教师共同研讨提高的过程，是深化课程改革、加强校本研修的重要途径。借助互联网广泛传播优秀教师的教学智慧，通过网上远程教学支援贫困地区教学，促进教育均衡发展。提倡互动式教学，将师生关系、教学关系，从单向传输转变为多向互动。

提倡翻转式课堂。翻转课堂（Flipped Class Model）是一种以学生为中心的教学手段，强调学生个性化学习，学生课上学习转为课下自学、老师课堂授课转为全面引导。

以数字校园为切入点探索教学新形态。以先进的教育价值观为指导，创设现代化教学环境，以学习方式改进为重点，发挥信息技术对教育教学的促进作用。建设智能交互实验室、机器人实验室、自然人机交互实验室、创新应用实验室、数字创意实验室、动漫设计实验室和国际空间站设计实验室等，探索基于信息技术环境的互动教学，支持开展探究式学习，创建绿色智慧教室，推进数字校园建设，构筑教育发展新优势。

学生指导实行以班主任为核心的导师制，将行之有效的班主任制度与导师制相结合，对学生的学业规划、课程选择、学习管理、心理健康等方面进行更精细化、个性化的管理与辅导。教学评价实行学分制，将过程性评价和考试成绩相结合。注重多元化、多维度评价。对课程进行评估与更新，结合学生需求对课程方案进行修订和完善。

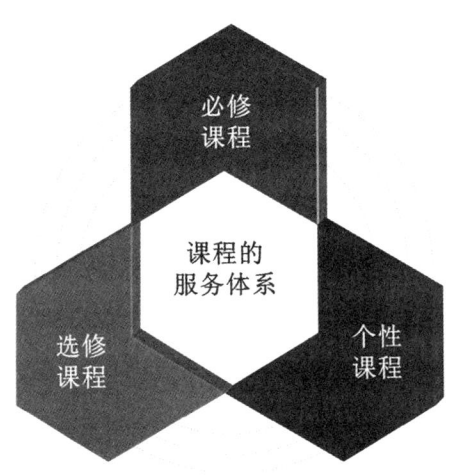

让学生在校园中不仅收获知识，更要过得幸福愉快，有时间和

空间做一些自己喜欢的事，进行一些自己喜欢的创造发明，研究一些自己喜欢的学问，让学生身心健康而美好。健美课程集健身、健心、健美为一体，塑造学生优美的体形及姿态，培养儒雅高贵的气质。研究性课程，可以使学生根据兴趣和需要，在导师指导下自主研究课题并形成论文。学生做课题研究，进行探究式学习，成为学校的亮点。丰富的课程为学生提供更多的选择机会和发展契机，活跃生动的选修课和学生社团，涵盖人文哲学、社会科学、自然科学、工程技术、体育健康、艺术审美等领域，在宽松的氛围中促进学生成长。校园文化活动既要有意思，更要有意义，为学生发现美好、展示才华提供宽阔的舞台，使生命得以舒展，天性得到发挥，激发出蓬勃向上的生命活力。

第六节　变革领导力

当今时代，人们处在高速变化的、模糊的、很难定义的复杂环境中。这样的环境比起以往的情形更难琢磨。优秀的领导者必须知道什么时候该进行变革，什么时候该有所创新，什么时候需要掉头转弯。领导和管理是两个概念，管理者的工作是计划与预算、组织及配置人员、控制并解决问题，其目的是建立秩序；领导者的工作是确定方向、整合相关因素、激励和鼓舞员工，其目的是产生变革。

当今世界，科学技术迅猛发展，对教育变革提出了新的要求。教育要瞄准世界科技前沿，加强对关键共性技术、前沿引领技术、现代工程技术的创新与培育。要组建交叉学科群，加强学科之间协同创新。要为培养造就具有国际水平的战略科技人才、科技领军人才、青年科技人才奠基。

现代学校治理要面向未来教育发展新潮流，着眼于中国教育改革与发展新趋势，着力于全面、协调、有特色、可持续的发展，扎根中国大地，熔铸中外精华，遵循教育规律和人才成长规律，深化教育教学改革，创新教育教学方法，探索科学培养方式，形成有利于人才成长的教育环境。坚持系统观念，坚持协同创新，促进改革发展，统筹谋划学校整体发展，创办中国特色、世界眼光的未来教育。

再也没有比培养年轻的大脑更重要的事情了。探索学校育人机制变革，建立启智书院和润心书院，培养年轻富有创造活力的大脑，培养青春充满盎然生机的心灵，让智慧充分发扬，让精神美丽馨香，谱写美丽生动的教育诗篇。

一、启智书院

人才培养质量是教育质量的核心体现。培养创新人才，推动课程创新。强化拓展类课程，强调多学科交叉，激发学生兴趣，培养创新精神。开设学科延伸性课程和综合性课程，覆盖自然科学和社会科学领域，统筹整合，建构研究性课程体系。创设荣誉课程，包括大学先修课程、国际课程与高级研修课程。大学先修课程以大学设置的学科为主，采用大学教材，由大学进行学分认定。

国际课程主要包括英国剑桥国际高中课程（A-Level）、美国大学先修课程（AP）和国际文凭课程（IBDP）。融合中外精华，借鉴先进理念和教学方法，提升课程的国际化品质，让学生具有国际视野、通晓国际规则、拥有国际竞争力，更好地报效祖国。国际课程要以中国文化为基础，促进国际理解教育和不同文化间的交流与融通，使学生拥有良好的跨文化交流能力和国际竞争力。

发现学生潜能，培养学生扎实的专业知识基础，使学生形成良好的学习方法与学习习惯。提供平台让学生参与科学实验与实践交流，使其具有跨文化和多学科的视野，关心科技进步与人类社会的发展。以中国文化为根本，加强传统文化教育，促进课程体系融合，深入进行中外教育比较研究，培养具有家国情怀、国际视野的优秀人才。

（一）启智以育人

激发学生的兴趣。启智书院注重培养学生自主学习、自强自立和适应社会的能力，发掘与尊重每一位同学的兴趣，通过与老师同学更多的交流，更多的自主探究，小组讨论教学，专家讲座与校外实践等多种方式，让同学们能尽早发现自己的理想与兴趣，主动规划自己的学习活动，思考自己的生涯规划。

增强专业知识，优化学习方法。强调方法的训练和掌握，根据要求提前进行相关科目的自学，科学与工程学科达到国家课程标准的要求，自身感兴趣的学科达到大学基础课的要求，学有余力的同学能完成大学相应领域专业课的学习。

开阔国际视野。能熟练阅读英文研究文献，了解部分专业的国际研究现状，能与国外的同龄学生进行学科方面的交流与合作。尊重学生在交流过程中的独特体验与多元感悟，创设包容、多元文化交流的氛围，关注国家与世界发展，实现自身全面健康的成长。

培养科研实验与实践能力。具备较为扎实的实验操作技能和工程技术能力，通过完整地经历课题研究，具备在导师指导下独立进行科学研究的能力，能够提出科学的研究设想、研究设计、研究实施步骤。

加强跨领域学科综合。了解科学与工程领域之间，自然科学与社会科学各领域之间的交叉联系，理解"科学—技术—社会"之间的关联和内涵，能以综合的视角找寻解决综合问题的方法。

培养严谨的学术品德。理解科学研究中的行业规范、科学伦理和道德，具有诚实的科学精神，具备严谨的科学态度，具有社会责任感，热爱祖国和人民，具有服务社会的意识。

（二）启智以开新

尊重个人选择，鼓励个性发展，推进大学与中学有机衔接，教学、科研、实践紧密结合，促进学生成长成才。启智书院从多方面进行改革与尝试，形成体系开放、机制灵活、渠道互通、科学合理的人才培养体制。

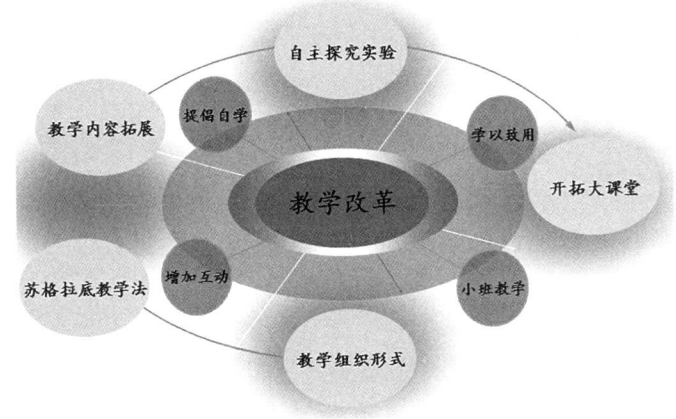

启智书院教学改革

教学组织形式与教学方法。兴趣是最好的老师，启智书院在教学组织形式与教学方法上，研究如何发现与激发学生的兴趣。在教学组织形式上，采用小班教学，教室布置为环绕式布局，学生坐在教室四周，老师或在讲台上板书，或走到教室中间与学生互动。教学方式上采取教师引导、合作探究、自主学习相结合的教学方法，调动学生学习的积极性，形成自主学习和主动学习的良好氛围。激发创造性思维、注重实践能力培养，加强物理、化学、生物等学科的实验教学。注重学思结合，倡导启发式、探究式、讨论式、参与式教学，帮助学生学会学习。

授人以鱼，不如授人以渔。启智书院强调学习方法的训练，通过课上讨论，让学生掌握如何自学，将简单的问题留在课下完成，课上可以进行充分的交流学习。同学事先充分预习准备，积极参与课堂讨论，激发好奇心，营造独立思考、自由探索的氛围。

倡导互动式教学。根据美国缅因州"国家训练实验室"研究结果，更多地采用互动式教学，小组讨论与实践教学，将会大大促进学生对所学知识的掌握程度。

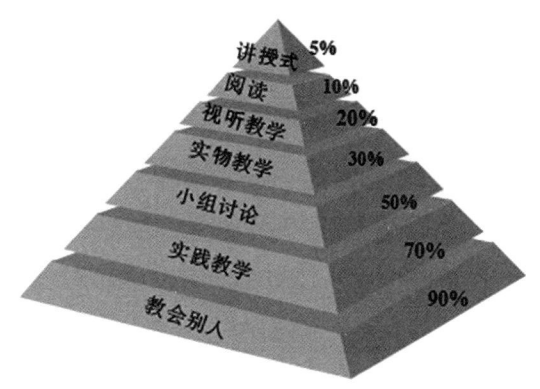

美国缅因州"国家训练实验室"研究结果

课程设计与教学内容选择。启智书院将致力提供更适合学生发展的创新教育，为国家和社会培养具有创新精神的人才。

启智书院设有基础课程、专业学科课程、拓展类课程与其他兴趣类课程。基础课程按国家课程标准设置课时，学生必须完成，包括语文、数学、英语、物理、化学、生物、政治、历史、地理、艺术、体育等。专业学科课程按专业领域分为物理、化学、生物、信息、工程。学生可以选择领域进行学习。拓展类课程包括研究方法与研究技能的学习，兴趣类课程学生可以按照自身的兴趣从选修课中挑选学习。

教学内容的选择不局限于教材本身。专业文献甚至最新的科学研究成果，都将有机会出现在课堂上。启智书院的教学将更多注重学生的全面发展，让科学家与同学们面对面地进行交流与讨论。启智书院将积极引入生涯规划教育，让同学尽早开始思考自己的生涯规划，发现自己的能力特长，发挥自己的优势与潜力。关注学生的不同特点和个性差异，发展每一个学生的优势潜能。

自主探究与课外实践。启智书院开发实践课程和活动课程，重视学生参加科学实验、生产实践。研究方法课程对基本研究方法进行训练，增加对统计学的学习要求，增强文献研读能力和交流能力。综合研究课程围绕课题开展研究，开设能源、环境、神经生物学、世界遗产保护等内容的跨学科综合课程。

培养学生科学研究严谨性，如真实地进行实验记录、描述与论文写作。在科学实践中恪守和捍卫科学技术的客观真理性，保证实验结果具有可靠性、精确性和有效性。

重视家庭、学校与社会的有机结合，推动素质教育全面实施，提高教育教学的质量。通过社团活动、志愿服务活动，培养学生的社会服务意识、团队协作精神以及领导策划能力。建设科学实践基地，选拔对科学研究有兴趣的学生，参加青少年科技俱乐部、青少年科技后备人才早期培养计划等项目，开展科学实践活动。通过科学名家讲座、野外科学考察、进入实验室研究等活动，培养科研兴趣，体验科研过程，提升科研能力。

建立科学的评价机制。运用多样化的评价方法，对学生学习进展与行为变化进行全面全程评价。突出思维能力、创新能力、实践能力的评价。少数有突出特长的学生，经本人申请，学校考核，可以申请免修部分科目。

积极探索，勇于创新。推进个性化教学，实施导师制，推动信息技术在教学上的应用，促进教学管理制度改革。通过中学教育与大学教育的衔接，参与公开公正公平、多途径择优选拔改革，创造条件让学生进入理想的学校，实现人生的理想。

二、润心书院

润心书院旨在培养热爱祖国、服务社会、注重品德修养、具有独立思考和批判性思维能力、中外兼修、文理并蓄的优秀人才。润心书院尤其注重增强学生的人文积淀，涵养学生的人文情怀，提升学生的人文素养，丰富毕生的精神世界。

（一）润心书院的理念

润心书院培养的学生应具备较为广博的人文社会科学的基础知识与较好的人文综合素养、科学素养和艺术修养。同时在自身感兴趣的人文与社会学科某些领域（包括语言学、文学、历史学、哲学、政治学、经济学、军事学、法学、教育学、社会学、艺术等学科）能够达到部分专业课程的学习要求，发展自身特长和潜在能力。能够初步掌握人文社会科学专业研究的方法，具备一定的人文社会科学领域的综合研究能力。具有较强的人际交往能力、社会实践能力和综合领导能力。能熟练地运用外语进行人文与社会学科方面的国际交流与合作。

尊重个人选择，鼓励个性发展。润心书院从资源保障、教学组织形式、教学方法、课程与教学内容选择、教学评价等多方面进行改革，形成体系开放灵活的人才培养机制。

调整教室布局，确保师资力量。为保证教学改革的有效性，教室布置上为环绕式布局，学生坐在教室四周，老师或在讲台上板书，或走到教室中间，利于与学生更多的互动。润心书院的教师团队教学理念先进，专业知识广博。在导师指导下，学生可自主设计和制订高中与大学衔接的个人学业及专业发展方案，并在学习过程中根据自己的兴趣特长和能力发展趋势适时调整自己的学习方向。

（二）润心书院的教学

强调主动学习，充分调动学生学习的积极性。教学方式上采取教师引导、合作探究、自主学习相结合的教学的方法，加强课堂教学，增加师生互动，激发创造性思维。加强人文类课程的学习，把名著阅读、国学经典作为基础课程的一部分；把中文书法、英文书写纳入基础课程范围。鼓励学生广泛阅读与自由创作。注重学思结合、知行合一，帮助学生学会学习。课堂上学生可以更多地参与到讨论中，主动思考，加深对知识体系的理解和运用。倡导学生自学，将简单的问题留在课下完成，课上可以集中在不容易理解和掌握的知识点上，进行充分的讨论和学习。激发学生的好奇心，培养学生的兴趣，营造独立思考、自由探索的良好氛围。

润心书院的课程与教育教学模式说明：

教学计划。学期之初，各科任课教师会向学生下发教学计划，具体到每一周每一节课的教学内容和给学生布置的作业。计划的制订促使老师们在学期之初便有课程的整体规划，也是教学进度的保障，同时，学生也能掌握学习的进度，提前安排预习等。

教学提纲。在开学初，发给学生及家长一份包含所有科目的教学提纲，内容包括：本门课程教师的姓名和联系方式、本学期授课内容的简介、本课程将带给学生的收获、课程教学安排、评价方式和评分标准、学生上课需要准备的资料、对学生学习的要求等方面。这份提纲可以帮助学生及家长大概地了解课程情况，同时也会促使学生了解课程要求和规范，为学生日后认真学习做好铺垫。

预习提纲。为了帮助学生能够在课下进行有效的预习，进而提高上课的效率，老师们会给学生准备下节课的预习提纲，形式比较灵活，可以是关于主要内容的提炼，也可以是知识点的汇总等形式。

课堂诊断。为了不影响课程进度，小测一般在3—5分钟完成，内容不多，难度不大，主要是检查学生复习和预习的情况。

圆桌讨论教学。教室布置成环形，学生围成一圈，老师常常在中间讲，或者在某一角和学生坐在一起。需要演示的时候教师就会走上讲台，而前一排的同学所坐的是转椅，可以很快转过来看黑板。这种模式营造了一种轻松、开放的对话氛围，班级里学生的发言很踊跃，很容易形成讨论的气氛，老师很容易注意到每个学生的情况，学生的纪律大为改善。

网络应用平台。学校推出了方便老师与学生互动的MOODLE平台，在这个平台上，学生可以提问、讨论、交作业，下载老师的PPT，观看老师录制的讲解视频，下载相关参考资料，等等，反过来教师则可以掌握学生学习情况的有效数据，快捷地进行过程性评价和各项评分。总的说来，它为"翻转课堂"这种教学模式的实现提供了软件支撑。

课程设置。建设有层次、有质量、有特色的人文课程体系。课程体系包括高中基础课程、专业拓展课程、人文研究课程、兴趣类课程等。基础课程按国家课程标准设置课时，各学科在教学中适当增加人文社会学科的相关教学内容。专业拓展课程包括国家选修、大学先修课程、国际先修课程等，学生可以基于自身的基础和兴趣，选择人文领域方向作为自己今后专业发展方向，比较深入地学习该学科领域的专业课程。课程实施强调探究性、实践性和应用性，为专业深入研究奠定基础。学校也可根据需求为润心书院增加大学专业课。人文研究课程包括研究方法课程、人文综合课程、人文实践课程。研究方法课程旨在对学生进行研究方法指导。人文综合课程指围绕人文社会学科的基础研究领域和当代世界及中国政治、经济、文化、社会热点问题，开设的跨学科综合课程，旨在提升学生人文综合素养。人文实践课程指的是在校内教师和校外专家的共同指导下，通过参加系列人文实践活动，至少完成1—2个较高水平的人文实践研究报告或相关成果。

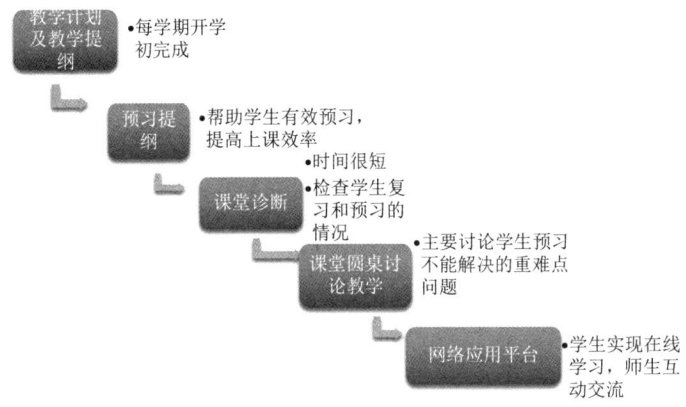

课外实践。引导学生在知行合一、学思结合中提升人文素养。润心书院注重学生人文素养的提升，更注重学生人文素养获得的方式，学生应当在独立思考、知行统一的过程中不断提升人文素养。润心书院在开发实践课程和活动课程的同时，充分利用社会教育资源，开展各种课外、校外活动，鼓励学生积极参与学生社团组织，积极参与志愿服务和公益活动。创造条件让学生走出校园，亲近自然，走向田野，走入艺术殿堂，走进社会大课堂，在天地之间涵养心性。鼓励学生参加多种形式的文化交流和参观学习，使他们在中外教育精华的滋养下成长为具有中国心灵、国际视野、批判精神和人文情怀的优秀人才。

评价机制。建立科学、全面的评价机制，注重过程性评价，提升学生课堂参与、平时作业、课前预习与阶段测验等在学生考核中所占的比例。在评价中加强人文知识在现实生活中的应用。逐步形成具有润心书院特点的评价方式。建立学习困难学生的帮助机制。改进培养方式，在免修以及选修课程等方面给予学生支持和指导。完善过程性评价系统，健全促进人才培养模式改革的过程性评价机制。

既要继承传统，又要探求新知。或以为学古便要高冠博带、大篆甲骨、之乎者也？其实不然。齐白石曾言："学我者生，似我者死！"学齐白石的要敢于独造，而不是复制模仿。

人才是第一资源，创新是第一动力。人才是一个国家发展的基石，是一个民族兴旺发达的保障。站在新时代的新起点，进行人才培养模式的创新，既是教育自身发展的迫切要求，也是时代发展的强烈呼声。不断创新人才培养模式，是加快教育现代化、建设社会主义现代化强国的重要使命。

第七节 超越领导力

创新时代需要什么样的领导力？领导力不是居于某种领导岗位的人才具有的，领导力不是职位而是能力，是带领群众解决问题、创造未来的能力。领导者要建立共同价值观，要以理想带动群众，要有召唤与激励精神，要有境界、格局与智慧。

美国前国务卿基辛格博士说："领导就是带领人们，从他们现在的地方，去他们还没有去过的地方。"领导力的体现，就是有人愿意追随你，而你能够带领追随者实现他们个人所不能实现的成就。领导力就是关于如何激励追随者共同超越自我、达成更高目标的一种能力。

一、将热爱做到极致

乔布斯在斯坦福大学的演讲中说："你们的时间是有限的，不要浪费在重复别人的生活上。不要被教条束缚，那意味着会和别人思考的结果一块儿生活。不要被其他人的喧嚣观点掩盖自己内心真正的声音。你的直觉和内心知道你想要变成什么样子。所有其他东西都是次要的。能够遵循自己的好奇和直觉前行后来被证明是多么的珍贵。"

人们推崇一个人，大概是希望自己能够成为那样的人，即使不能完全成为，也会把他作为学习的榜样。而乔布斯就是这样一个为人所推崇的人，他的成功也许可以为人才培养提供一些启示。

要将热爱做到极致。乔布斯初创苹果公司，所设计的产品就风靡一时。他离开苹果后，苹果公司一路下滑，而他自己所在的皮克斯却又脱颖而出，成为动画领域的佼佼者。他回到苹果后，公司又一路高歌猛进，mac、iphone、ipad、itunes可以说创造了一个时代，他成了一个拯救者。他所从事的产品的领域，基本上都让该行业为之改变且影响深远。他创立的公司，至今仍是行业内伟大的公司。有人会崇拜他取得的地位，有人会崇拜他所创造的产品，有人会崇拜他打造的公司，有人崇拜他的个人魅力，有人崇拜他的巨大财富。而真正应该崇拜的是他那种对人生求索的态度。要知道乔布斯早在年轻时候就开始探究、寻找自我，如果不是对自己清晰的认知，对人生清晰的定位，乔布斯也很难做出成就。乔布斯经常勉励自己："求知若饥，虚心若愚。"乔布斯身上有一种对于热爱做到极致的韧劲。他说："你必须相信，那些点点滴滴，会在你未来的生命里，以某种方式串联起来。你必须相信一些东西——你的勇气、生活、因缘——因为相信这些点滴能够一路连接会给你带来循从本觉的自信，它使你远离平凡，变得与众不同。"

更可贵的是,乔布斯始终强调技术是一种改变人们生活的工具,始终在强调技术应该作为一个工具去帮助那些你关注的人。他说过一句话:"人类情感需要更多的带宽来传递。"这句话让人动容,也值得思考。乔布斯的初心不是沽名钓誉,不是为了销售额,更不是为了金钱。他渴望的是做出这世间的"艺术品",每一件作品在他的心里都像是他的孩子一样……他对于它们有真正的爱,有竭尽全力的付出,所以他充满了光。而追求极致,做到极致,会让一个人光芒万丈。

玛丽凯阿什说:"伸手抓星星,即使是一无所获,也不至于满手泥土。"只要有爱,凡事都有可能。人要经常问自己:我最大的潜能是什么?我最热爱的是什么?人往往自觉不自觉地把自我失掉了,要发现自我,发现自我的存在、自我的价值、自我的潜力和自我的希望。

有了希望,才能进步,发现自我很重要,人要有自由思想和自主意识。做一流的自己,不做二流的别人。爱默生在《自持》中写道:模仿只会毁了自己;每个人的好与坏,都是自身的一部分;纵使宇宙间充满了好东西,不努力你什么也得不到;一个人内在的力量是独一无二的,只有自己知道自己能做什么,但是除非自己真的去做,否则连自己也不知道自己真的能做。

人,只要有热爱的东西,就会有闪光。

二、好奇心与领导力

亚马逊创始人杰夫·贝佐斯说:"不断创新,不要因为最初的想法看起来太疯狂就感到绝望。记得开阔眼界,让好奇心成为你的指南针。""创新""好奇心"是贝佐斯创立亚马逊至今一直强调的观点,并由此发展成"领导力原则"。

（一）建立聪敏型组织

"90后"出生于互联网时代，他们的成长历史几乎是互联网的发展史，每天接触到海量的知识，拥有非常多的学习机会，见过各种各样的新鲜事物，所以他们有着强烈的表达个性的欲望。他们对精神的需求远远超越了物质的需求，做有意义的事，让自己有幸福感更为重要。没有人是为了工作而工作，而是为了生活而工作。当领导者真正明白这一点，理解他们，重视他们的精神需求，关注他们的个性，能为他们提供可展示的平台，才能俘虏他们的心。有领导力的管理者总是善于帮助员工找到他们的心灵扳机，并且扣动它。

新生代即"90后"或者"95后"普遍不喜欢管控型的领导，他们更加愿意追随赋能于人的领导。赋能于人有两个方面，一方面是发挥人的能量，第二个方面是使人实现自身的价值。"猛将发于行伍，宰相起于州县。"做校长，要有人格魅力，要懂业务，让老师幸福，要成为教育教学的专家，老师觉得跟着你干是跟着专家在做有意义的事，同时你赋能于人，使他感到一种价值的实现。具备赋能于人的能力、建立赋能于人的机制，充分发挥人的积极性，是创新时代聪敏型组织的重要特色。

聪敏型组织的领导应当具有广博的视野，又有具体的方法策略，能够以独特的战略观和科学观、深邃而聪敏的思考力，引导团队从工业时代向数字时代变迁。将聪敏思维运用于组织，培养组织的聪敏基因，构建数字生态中的自适应组织发挥每个人的潜能，最终塑造数字领导力。

（二）创新与精简

领导者应该诚恳地询问：我常做哪些既浪费时间又没有效果的事情？领导者始终寻求使工作简化而有效的方法。了解外界动态，四处寻找新的创意，优化决策机制。

为了做到"团队创新"和"简化"，贝佐斯在管理亚马逊过程中使用过很多方法，其中一个比较有效且独特的方法是"6页纸叙述文"。2004年，贝佐斯通过邮件宣布，亚马逊的高管会议不允许再用PPT，取而代之的是用完整的句子写成的叙述文，长度不超过6页纸。贝佐斯想通过这种"写小作文"的方式，迫使大家深入思考，把前因后果、内在逻辑、轻重缓急等关键问题想清楚，然后写清楚。

（三）首席学习者

聪敏型组织如果说有什么核心的能力，那就是学习聪敏度。

学习聪敏度本质上是一种获得能力的能力，因此被称为元能力。

学习聪敏度包括五个维度。心智聪敏度：善于思考，乐于处理复杂问题，以非常规的独特方式审视问题，求知探新。人际聪敏度：充分借助他人智慧来达成组织目标。变革聪敏度：喜欢改变，不断探索新的方案和解决办法，引领组织变革。结果聪敏度：激励团队和发挥影响力，能够在面临创新型难题的情况下创造成效。自我反思度：清楚了解自己的优势和弱点，扬长避短，扬长补短。

从不停止学习，好奇求知。贝佐斯非常爱阅读和思考，还带动身边的高管团队组建阅读会，进行讨论。巧合的是，亚马逊的很多业务发展理念都是源自他和团队阅读的书。细数公司发展历史，有三本书至关重要：《从优秀到卓越》《创造》《创新者的窘境》。

永远保持开放的心态去学习和创造，永远保持充沛的热情去开拓进取，预知未来最好的办法就是去创造它。

（四）坚定信念，矢志不渝。

领导者要坚定信念，矢志不渝。一旦做出决定，就全身心地致力于实现目标。亚马逊的企业文化是出了名的具有对抗性和挑衅性,这始于贝佐斯的个人风格。他认为,只有当双方的想法和观点相互碰撞,甚至是猛烈碰撞的时候,真理才会涌现。

管理要使人生有意义。流行的观点误以为管理学就是成功学,大家追捧的都是眼前的成功者。只要成功了,就觉得其所作所为一定是值得效仿的。但社会效益第一,要研究成功者的行为,有的成功者创造了价值,也有的所谓成功者是破坏和转移价值的。许多成功者的一些行为创造了利益,带给社会以正能量,但也有一些行为破坏了价值,与正义相悖,与民心相违。

(五)领导者的精神与活力

不论一个学校具体的精神特质和文化倾向如何,都会或多或少地涉及四个方面的内容:一是教育家精神,比如说使命感,对教育的理想,对教育本质的认识,对教育规律的敬畏等。二是超越精神。人真正的高贵不是优于别人,而是优于过去的自己,每天都要学习进步。三是青春活力。学校面对的是无数年轻的生命,要有青春活力。四是成就感。要使教师和学生有成就感,激发师生的生命活力。

这四个方面集中在一个人身上,就是能不断超越自我,有使命感,有思想,有创新精神,有不枯竭的活力和不停歇的好奇心,以及成就感所带来的精神鼓舞,一个学校的老师如果没有精神鼓舞,这个学校就会死气沉沉,校长要想办法给老师精神鼓舞,以实现专业跃升、战略跃升、沟通跃升、使命跃升。

三、从优秀到卓越

卓有成效如何实现?

领导力在一件完整的事件中仔细分解，就应该体现在这些关键节点上：

发现和把握机会的能力。领导者应该见微知著，关注未来，了解和预见未来的趋势。这要求领导者做事有预见性和主动性，帮助团队提前布局获得先机，聪敏地嗅到危险的气息，提前规避风险，从胜利走向胜利。

调查和收集信息的能力。要把机遇和灵感变成长久可执行的计划，需要有稳定可靠的情报来源。只有收集丰富和准确的情报才能为正确的决策提供依据，才能使自己的主观符合客观。只有经过认真详细地搜集和分析信息才能够拓展领导决策的思路，减少决策的试错成本，快速带领团队走出困境。用数据说话，因为数据不会说谎，不会引发主观性的争论。

制订计划的能力。制订计划需要了解事件的来龙去脉，将信息整理成体系，把握关键节点。实际详细的调查，缜密的分析思考，综合各方利弊，从多种备选方案中筛选出最优解。这样制订的计划才具有可行性、创新性、高效性。

组织和指挥的能力。拙劣的领导才会打造奴性顺从文化，高超的领导艺术应该是打造有激情和爆发力的团队。组织和指挥的能力应该体现在塑造和表达令人激动的愿景，描绘愿景给人希望和力量，平衡各方利益关系，关注人才的引培育留，分工协作，形成竞争机制，培养团队的默契和荣誉感，打造一个有凝聚力、活力、战斗力的组织。

反馈调整的能力。在执行计划的过程，随时会出现新的机遇和新的风险，这时领导者要及时关注事情的进展，及时调整，启动风险预案，规避风险，掌控局面。

倾听与沟通的能力。领导者专注倾听、坦诚沟通、尊重他人，敢于自我批评，即便这样做会令自己尴尬或难堪。他们并不认为自己或其团队总是对的。领导者会以最佳领导者和团队为标准要求自己及其团队。

复杂组织如何变革？

教育需要遵循规律和坚韧不拔的毅力，需要精益求精。现代社会的组织，经常是高度复杂的结构。复杂组织如何变革？一是组织本身高度科学。二是依靠组织内每一个单元的高度负责。一个大的复杂系统要成功的管理好，依靠的是正确的价值导向和持续不断的改进和努力。

要善于利用逆境，利用"冬天"的机会扭转命运，取得成功。如果没有"冬天"，就很难经受寒冬的考验。在遇到打击时没有慌乱，而是积极应对，利用机会提高自己，把几乎是灭顶之灾的境遇，转化为成功的有利条件，从危急走向成功。

智慧校园如何打造？

加快教育现代化，建设教育强国，成为新时代教育的主题，深入推进教育改革，启动教育信息化，推动教育从基本均衡走向优质均衡，开启教育现代化的新征程。

优质均衡应该包括两部分，一是优质的智慧校园示范校，二是示范成果能够在城域内广泛联接和推广。优质资源不仅是优课与优师，也包括优秀的教学管理、教学研究。优秀的智慧校园应该具备以下特征：通过云平台、大数据等先进的信息化手段，打造智慧学校的ICT大脑，让教学管理经验和教学研究成果，能够实现数字化转化、智能化加工。其次是通过多种形式的灵活的融合网络，实现易接入、广覆盖，让教研人员、学生能够很方便地获取教学资源，实现资源共享。

学校要创造条件有计划地推进高端智慧教室的建设。高端智慧教室将深度融合人工智能，为学习者营造更具学习支持价值的环境。

智慧校园还要打破课堂壁垒，比如谈到水污染治理，可出动无人船，用远程视频的方式感受现场；谈到建筑制造，可通过在建筑中配备传感器，让学生实时了解施工效果。通过信息技术与教育的深度融合，让教学悄悄发生变革，老师可以根据需要选择场景式教学、远程互动教学、研讨式教学、VR 教学、在线辅助教学等不同的模式来激发学生兴趣，提升教学质量。

机动灵活如何做到？

班长的战争。要应对全球范围存在的多样化、零碎化、快速变化的需求，就需要打班长的战争。缩小作战单位，提高综合作战能力；机关要更综合，决策人不能太多，切忌政出多门。让组织更"轻捷"，更"灵活"。

班长的战争，强调大道至简。"让听得见炮火的人呼叫炮火"正是形象的说明。

奋斗者为本如何落实？

我认为学校核心价值观的第一句就是"以学生为中心"。第二句就是"以奋斗者为本"。什么是奋斗者？为学生成长创造价值，为国家发展创造价值，是衡量奋斗者的重要标准。归根结底，奋斗者的含义也是以服务对象为根本来定义的。对学校来说，学生的体验、收获、满意度、幸福感、成功性，就是奋斗者的目标。

奋斗者的力与利。奋斗者的身份认同首先源自群体自身的身份认同，这里就要明确回答清楚：奋斗者从哪里挣钱？为谁挣钱？任正非将华为能取得成功的因素归结为两点："力出一孔"和"利出一孔"。所谓"力出一孔"，即业务聚焦，就是把所有的资源集中起来做好某一件事情，华为坚持聚焦管道战略，无论是"云——管——端"的战略还是进军消费者业务和云业务市场，都是沿着信息管道进行整合和发展，并千方百计满足客户的需求。正如业务聚焦方能产生高品质产品，对于学校来说，就是要聚焦于高质量人才的培养，进一步转化为高质量的育人成果。一分耕耘，一分收获，奋斗者以组织为家，忘我工作，以主人公心态决策和管理，最终就会家和万事兴，事业蒸蒸日上，团结奋进，享受自己的劳动果实。

奋斗者的基因。选择奋斗者的时候，有一个很有名的PSD原则。通俗来说，就是要胸怀大志、甘于奉献、敢打硬仗、学有所长、业务精湛，关键时刻能冲上去、豁出来、顶得上、干得好。奋斗者特别能吃苦耐劳，特别能攻坚克难；奋斗者不计个人得失，有担当，有情怀，肯奉献，有使命感，有拼命精神。奋斗者才是成功者，由奋斗者组成的团队才是成功的团队。面对诱惑和困境，奋斗者从来不曾动摇，一直没忘初心，坚守"上甘岭"，有坚忍不拔之志。

奋斗者的品质。德才兼备是人才。没有道德，不是人才；没有忠诚，不是人才；没有水平，不是人才；没有担当，不是人才；没有奋斗，不是人才。人才要忠诚、干净、担当、能干、有道德。

创新机制如何完善？

国家要强盛，教育是基础，大家都认同这一观点。但关键是：须解决的核心问题是创新，教育怎样更多地融入创新机制，教育怎样更好地培养创新精神，这是最关键的地方。

第一，要在坚持第一性原理的基础上，对传统行业做出本质性的洞察，在尊重行业规律的基础上，提供行业创新的解决方案。那种动辄就要颠覆的思维，是行不通的。

第二，创新的主角应该是传统行业的领导者，传统行业才是主角。所以不是"互联网+"，而是"+互联网"。坐主驾驶位的是"主业"，互联网和新技术应该是坐在副驾上提供辅助决策和帮助的催化剂，双方合力共同创造价值。

第三，创新是在飞行中换发动机，必须直接为业务带来增量，为行业创造价值，而不能为了创新而创新。这就很考验创新的前沿性与实用性的平衡，以及创新与行业原有系统的耦合能力。

第四，守正与创新（70与30法则）。创新既要面朝黄土，也要眼看苍穹：70%用于面向确定性的开发，先把眼前一亩三分地耕耘好，满足当前短期的需求，保证现有的业绩与成果，保证组织有饭吃，有稳定的地位。之后才是创新的问题。要脚踏实地，行稳致远，艰苦奋斗，为学校创造价值。

创新精神如何培养？

基础教育要从小培养创新精神，创新精神是什么呢？第一，不妥协于目前的科技成果，不妥协于大家普遍通用的想法，不拘泥于范式。第二，有胆识走人家没有走的路，要让孩子从小有勇气向权威挑战，要有批判精神，不仅仅是自我的批判，要有对权威的批判精神。在所有领域都有权威，不能迷信权威，不能照本宣科，而是要有独立思辨和创新精神。

人类的发展，一靠人才，二靠教育。我们在教育的沃土中辛勤耕耘，既是为了学生的发展，也是为了个人价值的实现；是为了教育的发展，为了国家的未来，为了人类的未来！

四、锤炼心性品质

领导力的本质是人的心性品质。提升领导力需要锤炼心性，提升品质。得其大者，方能兼其小。品质为上，其余为次。有了品质，具备领导者的素质，有了这个"大"，其他方面就都好说了。

素质是根本。不是说你在领导位置上你就有领导力。领导力是感召力、影响力、征服力、引领力、是心力，是能力。领导力更是一种道德力、智慧力、仁爱力。领导力就是不断提升自己、完善自己的能力。成就卓越领导力，从锻造自己的卓越品质开始。

领导力的表现：带领团队，动员团队，解决问题，形成合力。一个人只有带着团队一起干事才叫领导力。有没有领导力，还要看能不能解决问题，只是能组织起一个团队干事，但却不能把握正确的方向，找到合适的方法，真正地实现问题的解决，也不能叫领导力。领导力不是当什么，不是有什么，而是做什么。

　　锻炼领导力，要跟人性中的弱点做斗争。"个人"可以成为"英雄"，也可以成为"领袖"。英雄是成就自己一个人的；而领袖是成就团队一群人的，常常在幕后工作，人们不一定知道他的存在。想要成为一个领袖，首先要选择与人性做斗争，舍小我为大我，协调各方，成就事业。提升领导力的具体做法，兹举九项修炼为例以说明。

　　第一，担当精神。领导力就是动员团队解决难题的责任。领导者如果经常这么说：让我来、跟我来、我们一起来，就一定会攻坚克难。我担当，跟我来担当，我们一起担当，一起来想办法，一起来把事情做好——勇于担当，身先士卒，率领众人，成就事业。

　　带领团队实现目标的过程，必定会碰到很多困难和障碍。领导者碰到困难和障碍是必然的事情。优秀的领导者在困难面前都有一个不可或缺的特点，就是不轻易放弃，勇于担当，信心坚定，坚忍不拔。

　　第二，谦逊品质。一要直面难题。二要礼贤下士。汉高祖刘邦用人，不以地位和出身看人，而是不拘一格用其所长。张良、陈平、萧何、樊哙、灌婴、娄敬、彭越、周勃、韩信，刘邦把他们组合起来，各就其位，让所有的人才最大限度地发挥作用，历史证明刘邦的用人策略是对的。当然，从另一个角度来看，刘邦用的是典型的帝王之术，表面上用人不疑，肚子里极度猜忌，只不过是不动声色、手腕高明而已。可以共患难，不可以同富贵，他一旦登上皇帝宝座，就实行狡兔死、走狗烹的策略，其阴险用心毕露无遗。

　　第三，知人善任。刘邦知道一个领导最重要的才能是如何调动部下的积极性。他了解下属都有什么才能、有什么性格、有什么长处、有什么短处，放在什么位置上最合适。他说："夫运筹帷幄之中，决胜千里之外，吾不如子房；镇国家，抚百姓，给饷馈，不绝粮道，吾不如萧何；连百万之众，战必胜，攻必取，吾不如韩信。三者皆人杰，吾能用之，此吾所以取天下者也。项羽有一范增而不用，此所以为我所禽也。"意思是说，在大帐内出谋划策，在千里以外一决胜负，我不如张良；平定国家，安抚百姓，供给军饷，不断绝运粮食的道路，我不如萧何；联合百万士兵，打仗一定胜利，攻占一定取得，我不如韩信。这三个人都是豪杰，我能够用他们，这是取得天下的原因。项羽有一个范增而不利用，这就是被我擒拿的原因。

第四，善于发问。领导者要密切联系群众，正确谦虚地提问"你觉得呢""你认为应该怎么办"。刘邦就很善于发问。刘邦听到项羽大兵压境要来决战，就问大家："为之奈何？"征求大臣意见，善于听别人的建议。项羽力能扛鼎，是个英雄。但项羽刚愎自用，鲁莽冲动，一听说刘邦入关要称王，没有问良臣"为之奈何"，而是冲口而出："旦日飨士卒，为击破沛公军！"他没有跟大臣研究采取什么战略战术来打仗，没问这个也没有想这个，而是说：赶快给我犒劳一下士兵，明天就为我击破沛公军。轻敌莽撞，这样打仗肯定打不赢。刘邦讲策略，听了大臣的建议，也不直接来打项羽，而是先来示弱，于是就有了鸿门宴的故事。后来刘邦战胜项羽做了汉朝的开国皇帝，由此可见性格决定命运。

第五，善于教导。"我来教你！"有时候，我们需要扮演教师的角色，因为领导者的注意力不仅要放在管理下级上，还要把下级当作"学生"，注重对下级的长期培养。同时领导者还要善讲故事，讲一个生动形象的故事以启发人。

第六，善于深思。荀子说："君子博学，而日参省乎己，故知（智）明而行无过矣。"君子广泛学习，而且每天反省自己，想想能不能做得更好，所以智慧明达行为没有过错。西方圣哲也说：未经省察的人生不值得过。反思省察，善莫大焉。

第七，善于学习。失败是成功之母。要想从失败中进行学习，首先要改变对失败的态度。申雪说："一个成熟的花样滑冰运动员要经历近十万次跌倒，每一个冰上动作都是对自身极限的挑战。"人生的滑雪场又何尝不是这样！

第八，自我认知。我们要认识自己，要经常听听自己内心的声音，没有时间把精力浪费在很多不必要的人和事上，要经常问自己：我是谁？我在哪里？我想要什么？我优于别人的地方是什么？我能够做好什么？我能把什么做到最好？

第九，追求卓越。"我该是谁？"要成为自己。成为领导者的关键不是做我们自己，而是成为我们自己。成为领导者的基础，不是做你自己，而是成为更好的你。人啊，首先是认识你自己，其次是成为你自己，然后是成为更好的自己，最后是成为最好的自己。教育不就是使人成为最好的自己吗？人生不就是要成为最好的自己吗？认识自己，成为自己，成为更好的自己，成为最好的自己——这是我们一生的修行。

领导力是一种超越，不断超越一个又一个目标，达成一种远大的宏伟目标。目标如果是平庸的、跟以前都一样的，就没有前进动力，也就没有感召力，因此，追求卓越，不断超越，是一种激励；没有理想，没有超越，也就没有卓越的领导力。

这九项修炼属于实践层面，而领导力的修炼远不止这些。领导力的培养要从修身开始，逐步提升自己的水平素质。领导力可以用四个词来形容，那就是：求真、求善、求美、求强。领导力是人生的必需品，而不是某些人才能拥有的奢侈品；领导力也不是一种与生俱来的天赋，它是一种可以学习掌握、并能逐步提升的能力，而我们必须要有成为卓越的追求和气魄。

我们如果有雄心又不乏智慧，有理想而能善于学习，不管从何起步，都可以沿着自己所选择的道路登上事业的顶峰，但前提是必须成为自己的首席执行官认识自己、发展自己，不断努力，创造成果。

人生的高度取决于根基的深度。清朝郑燮《竹石》诗云："咬定青山不放松，立根原在破岩中。千磨万击还坚劲，任尔东西南北风。"人生的经历往往是千磨万击，磨炼心性，人生的价值就在于追求卓越，咬定青山，厚积生命的能量，成为最好的自己。

领导力是永争卓越追求完美；领导力是逢山开路遇水架桥；领导力是坚定不移踏实前行的成长，一步一个脚印，经过长时间的锻炼和积累，最终如江河奔腾势不可挡，如旭日东升喷薄而出。

一雨普润，万卉同荣。山川、溪谷、田野、草原，苍茫大地，大千世界，卉木丛林，品类万千，虽一地所生，一云所雨，同受润泽，而各依自性、各因禀赋，顺其天性，自然生长。教育之道，亦同此理，上善若水，化育众生，既平等普泽，启智润心，又尊重个性，顺天致性。

第五章

解放心灵：
教育要舒展生命

心灵的教育

尼采说："每一个不曾起舞的日子，都是对生命的辜负。""每个人都急于从自己的枷锁中解放出来。"教育帮助人看到一缕光，帮助人实现自身的价值。大海给贝壳的定义是珍珠，时间给煤炭的定义是钻石，教育给人生的定义是文明，生命给灵魂的定义是升华。

人生要从容舒展。人与世界相遇，与世界相识，与众生相聚，在风云际会中走着人生之路。人在生活中都是自己的主人，都在出演自己的剧本，在与世界的互动中创造自己人生的风景，又一路欣赏多姿多彩的风景。正如诗中所言："你站在桥上看风景，看风景的人在楼上看你。明月装饰了你的窗子，你装饰了别人的梦。"

人要生活在当下。只有当下的生活是正在发生着的，是前面生活的延续，是后面生活的序章。只有明白地知道自己想要什么，能做什么，可以做什么，应该做什么；同时又明白地知道自己不能要什么，不能做什么，不可以做什么，不应该做什么，无为而无不为，才能获得生命的从容与舒展。当下（now and here）和无为（effortless），是获得生命实在性和自在性的哲学奥义。

教育要解放天性。人的天性并不全是动物性，是超越动物性之上的、人之为人的本质属性。解放天性，解放的是真实的自我，是帮助每个人成为"自己"，而不是成为别人。在文明里成长的你我他，文明早已经存在于自己的天性中了。人类进化出文明，以联合起来在自然中得以生存，这种进化和创造已经是人的天性的一部分。这就像在地球表面可以看到不同国家、不同区域的划分，但如果往地心的方向下移，就会发现他们都有同一个核心。教育也是这样，千变万化的教育方式最终通往一个核心——解放心灵，舒展生命，让人成为最好的自己。

第一节　顺天致性　发现生命的神奇广阔

即使是通过一个眼神和微笑,让孩子感受到被理解和尊重,孩子也愿意将自己的真实和柔软留给这些懂得他们内心的同行人。

学校是为人而存在的。学校是人成长的地方,是师生共同依存的命运共同体、学习共同体和成长共同体。教育要关怀人、解放人。关怀人的幸福,解放人的心灵。使人获得和谐自主、全面而有个性的发展。

学校要建立有利于提高学生学习动机、参与意识和辉煌成就的人际关系。建立并发展积极的、真诚的师生关系,使得每个孩子的个性和看法都得到珍视。主动沟通,了解和支持每一个孩子的个性学习需求。推行高效的促进学生成长的形成性评价体系,挖掘每个学生的潜力,调动每个学生的激情,助力实现每个学生的人生价值。

一、教育要合乎人性,尊重个性

每个人都有自己的个性禀赋,都有自己独特的发展路径,教育应该顺应人的天性,尊重人的个性,追求个性化的教育,努力创造适合每个学生发展的教育。

教育面对的是一个个鲜活的生命,是正在成长的莘莘学子。他们需要一种活跃的生命力,他们的青春应该是美好的、幸福的、快乐的。只有解放的心灵,才是舒展的、美好的。只有心灵舒展,才有快乐的学习,幸福的成长,活跃的创新,充分的发展。

教育应该顺应人的天性,用温和柔韧包容代替坚硬苛刻狭隘。不要把学生那种美好的天性扼杀了,教育是一把双刃剑,要尊重每个孩子的个性。一位作家这样反思:"当我们诞生到这个世界上来的时候,

心灵的教育

父母以为我们什么都不懂，于是开始在我们幼小的心灵里灌输非常多的概念和想法。在三岁左右的时候，我们就被周围的权威人物，包括养育我们的照料者，灌输了很多的自我概念，因此我们就确立了所谓的自我。然后我们每个人就抱持着对自己形象的自我认知，它可能是一个正确的生命脚本，但也可能是错误的生命脚本。顺着这个生命脚本，我们逐渐长大成人，跟地球上所有其他的生命一样，开始追求人人都向往的幸福快乐，开始追求功成名就，或者是情感的满足，欲望的达成。"作为老师，要警惕自己变成这样自以为是的权威。

每个人都是独特的"这一个"。每个人都是有价值的，每个差异的存在都值得庆贺。世界正是因为存在差异而多姿多彩，若是每个人都一样，反而失去了生活的多样性和趣味性。孔子说，君子和而不同。承认个体存在差异，是与人相处的重要前提之一。世界之所以和谐，是因为人们能够尊重彼此之间的差异。追求个性化的教育，努力创造适合每个学生成长的教育，使每一个生命都得到和谐而又充分的发展。

孩子并不是一张白纸，他具有先天带来的习性。所以作为教育者，要尊重孩子，给他试错的自由，给他自己寻找答案的空间，当他被这个世界的某些阴暗迷惑时，要协助他找回光明向上的天性；当他跟着众人一起随波逐流时，要协助他回归正确的应有的轨道；当他叛逆时，要为他指出，叛逆之中虽然有独立的萌芽出现，但毕竟是短暂的粗浅的伴随生理变化的特性，不是陪伴终身的美德，不是永远赋能的潜质，要理解和接受叛逆，但不向叛逆妥协。教育者需要做到的仅仅是了解他们的核心原则，尽量不去触碰或者挑战他们的原则，并且给予他们相应的空间，这样，他们才能成长为更好的自己。

个性化如何不影响集体秩序？如何完整地释放自己的欲望，又不影响身边其他事物应有的正常规则？这就需要长时间的思考和总结。围绕天性诞生的各种想法、原则和选择，这些是需要学校去维护并尊重的。天性有光明的一面，也有黑暗的一面，应该解放的是哪一部分呢？不是解放黑暗的一面，那是自私自利；一定是解放光明的一面，自我完善，解除对自己能力的束缚，克服困难去追寻更高的精神境界！

教师的真爱是超越世俗之爱的。如果说世俗之爱的表现是占有和贴近，那么教育之爱一定是建立在更高的智慧基础上的一种大爱。

这个世界充满不确定性，如果每个人都设想自己站在更远的未来回看现在的自己。如果未来是自我实现的，是自己想要的人生，那么现在应该做什么？追求什么？如果经常做这样的设想，教育就会减少盲目，道路会日见清晰。这个问题应当是教育者时常思考的问题。

个性禀赋因人而异，个性禀赋的多元化形成人的不同能力结构。个性化教育应该激发人的内在潜能。尊重个性，激发潜能，围绕学生的能力结构创设相应的课程体系，能促进学生的个性化能力生成，促使学生的志趣逐步聚焦，从而为学生的人生选择和终身发展做好准备。

使生命得以舒展，还需要教育者将目光始终注视在学生的心灵之上。相信并激发他们的潜力，唤醒并强化他们的道德感、责任心，认可并充实他们的理想，让学生在受教育过程中感知到生命中的真善美，最终传播真善美。这样的生命才能奔腾而有节制，积极而又自省，成人且能利他，才能得以真正地舒展。教育若此，学生若此，才能形成和谐宽厚的教育格局，各种人才才能脱颖而出。

二、教育要解放学生，激发潜能

爱因斯坦说："每个人都是天才，但是如果你以爬树的本领来判断一条鱼的能力，那它终其一生都会以为自己是个笨蛋。"

教育要解放人的心灵，鼓励学生发现自我。学校应该成为鼓励学生发现自我、体悟生命本真的舞台。生命的本真是自由的、自主的，我们要给学生松绑，把自主、自由还给学生，让他们真正成为自己思维的主人、自己发展的主人、自己活动的主人，自由自在地享受生命的快乐，不断发现自我，认识自我，成就自我。

教育要激发潜能，一切为了学生的健康幸福和发展，一切为了中华民族的伟大复兴，一切为了人类的进步和福祉。每个孩子都是独一无二的个体，蕴藏着独特的天赋、气质、价值，我们必须充分注意这种差异性和独特性。每个孩子都蕴藏着巨大的潜能，具有无限发展的可能性，需要激发和唤醒。顺应孩子的天性，尊重孩子的个性，追求个性化的教育，努力创造适合每个学生发展的教育，让每一个生命都得到和谐而又充分的发展，这是教育的目的和意义所在。

教育要为学生的个性化发展和长远发展提供舞台。人与所生活其中的文化环境相辅相成。文化像一个慈祥的长者，给人关爱；像一个健壮的青年，引领人们向前去；像一个初生的婴儿，需要人们爱护关怀，并为之奉献。在相互影响中，人与文化融为一体，人与人成为命运共同体。学生之于学校，也是命运相依，息息相关。学生进入学校的时候，会享受学校的文化熏陶；走出学校的时候，则把自己的精神留在了这里，化为校园文化的一部分，滋养着后来的生命。

三、文明精神 强健体魄

毛泽东青年时期就主张"文明其精神，野蛮其体魄"。1917年4月，毛泽东在《新青年》发表《体育之研究》一文，论及"体育之效"时指出：人的身体会天天变化。目不明可以明，耳不聪可以聪。生而强者如果滥用其强,即使是至强者,最终也许会转为至弱;而弱者如果勤自锻炼,增益其所不能,久之也会变而为强。因此,"生而强者不必自喜也,生而弱者不必自卑也。吾生而弱乎,或者天之诱我以至于强,未可知也"。重视体育精神,是毛泽东一贯的主张。

清华大学从建校之初就以德、智、体三育并重。体育是学生增强体质、培养健全人格的重要途径。1916年《清华周刊》上《学校体育之真精神》一文说:"国弱者何,民不强也。民胡为而不强,体育之未普。"1919年《清华周刊》增刊上有文章认为,"清华体育之盛,已执牛耳于华北"。1957年11月29日,时任清华大学校长蒋南翔先生发表讲话,号召大家争取毕业后为祖国工作五十年。从此,"为祖国健康工作五十年"的口号激励了一代又一代清华人。清华体育理念强调"育人至上,体魄与人格并重"和"体脑平衡,追求卓越"。清华体育精神包括奋斗到底、纯真的运动道德、为社会做贡献、合作和帮助他人、永葆荣誉等。"清华体育之盛"是清华大学的传统,也是国人之美谈。

蔡元培先生于1916年12月26日出任北京大学校长,1919年5月9日辞去北京大学校长职务。任北大校长期间,蔡元培先生开"学术"与"自由"之风,一生经历风雨,始终信守爱国和民主的理念,为教育文化事业的发展做出了富有开创性的探索与贡献。

蔡元培先生不仅提出了"囊括大典,网罗众家;思想自由,兼容并包"的办学思想,强调"与其守成法,毋宁尚自然;与其求划一,毋宁展个性""教育者,非为已往,非为现在,而专为将来"。他还特别注重健全人格的培养,认为:"德育实为完全人格之本,若无德则虽体魄智力发达,适足助其为恶,无益也。"同时大力倡导体育:"人的健全,不但靠饮食,尤靠运动。"高度重视美育:"纯粹之美育,所以陶养吾人之感情,使有高尚纯洁之习惯,而使人我之见、利己损人之思念,以渐消沮者也。""美育者,与智育相辅而行,以图德育之完成者也。"

教育要促进学生德智体美劳全面发展,培养学生健康的身体素质、良好的劳动素养和高尚的审美情趣,使学生身心健美,成为新时代的优秀人才。

提升体育的育人功能,为学生的身心发展打好基础,培养终身运动者,以健康第一为宗旨,促进学生身体心理健康水平的提高,构建技能、认知、情感、行为相结合的体育课程,促进学生健康意识和良好生活方式的形成。在继承优良传统的基础上开拓创新,体现课程内容的时代性。积极引入传统体育项目和新兴运动项目,精选有利于学生发展的健康知识作为学习内容。提倡终身体育理念,注重学生的兴趣、爱好和个性,引导学生自觉进行体育锻炼,全面发展体格,为终身体育奠定良好基础。

重视美育对诗意人生的促进功能,培养身心健美的学生,培养学生健康的审美观,将美学原则渗透于各学科教学,在艺术体验的内化过程中提升学生的艺术鉴赏力和审美情趣。开展音乐大讲堂、艺术长廊等活动,提高师生的艺术鉴赏水平,营造浓厚的艺术氛围,使学生在美的熏陶中实现审美趣味的提升与诗意人生的追求。

美是人类永恒的追求,是令人心怡的芳华。教育者保持对美的热爱,保持生命的本真,能够安静聆听生命,也使别的生命愿意安静聆听;能够善于欣赏生命,也使别的生命善于欣赏。相信种子,相信岁月,播下健康与美好的种子,静待花儿芬芳盛开。

第二节 解放天性 让生命美丽芬芳

学校是文化的场所。好的学校应该是生命幸福、青春洋溢、美美与共的精神家园。教育应该使人的潜能尽可能得到充分的发展。人的潜力是巨大的,教育的使命在于开发潜力、发展潜力。人的潜力各不相同,应该因材施教,实行个性化的教育。

一、优雅少女 青春芳华

教育者应当思考:是把学生局限在教室里学好有限的几本书,还是让他们到缤纷的世界中汲取更丰富健全的营养。

"学校给我的最大改变,是让我懂得学习成绩之上还有更重要的素质。"被美国哈佛大学录取的一位同学说。

一天,这位同学在校园广播里听到,学校要组织学生到北京大学参加中学生模拟联合国大会的活动。虽然临近考试,但好奇的她立刻报了名。后来才知道,这项被称为"领袖训练营"的活动在国外已有几十年的历史,通过让青年学生扮演外交官,熟悉联合国运作的情况,了解世界大事。

紧张的准备工作从寒假开始,学生们马不停蹄地了解联合国规程和外交礼仪、查找各国资料、研究国际形势……

"我们在老师指导下,搜集了大量的资料,还精心准备了国旗、名片和服装。"一位学生感激地说。

如此充分的准备,使"模联"成为学生们尽情展示素质和魅力的舞台。演说、辩论、游说、结盟……全部要用英语,一切都陌生、新奇,充满挑战性。"那时一到晚上,'各国代表'就开始打电话相互游说,一开口都是我国如何如何。"一位同学回想起来仍眉飞色舞。

真正参与以后才发现,做一名外交官实在不简单。"每天忙到凌晨一两点,修改协议,争取支持。"学生俨然一副外交官的姿态。

当主席团把"最佳组织奖"授予他们时,他们兴奋得跳起来。那一刻,他们已不是"外交官",完全是学生模样。

从报名到开会,历时四个多月。至今提起那些熟悉的国家和议题,他们还很兴奋。"'模联'就像一次研究性学习,它让我们了解了现代社会,也了解自身在未来可能发挥的作用。"显然,"模联"注定要成为这些学生生命中难忘的经历。"在我课桌上有一张纸条,上面写着'你太棒了'。"一位同学说,"那是一次演说结束,翟校长写给我的。每次一看到它,就感到特别振奋。"

在学校,课堂与课外之间向来没有明显界限。只要学生需要,能够有益于他们的成长,学校都会全力支持。很多时候,我觉得自己就像幕后的导演,舞台完全是属于学生的,教育就这样不着痕迹地影响着学生。

青春需要呵护,成长需要引导,要让青春之花美丽绽放。青春期教育如大禹治水,宜疏不宜堵。学校组织师资力量投身于青春期教育,开发了一系列校本课程,开设了男生课堂、女生课堂,成立了优雅少女俱乐部。男生课堂和女生课堂的开设,使不少学生走出了困惑与迷茫,自觉地形成了关于友谊、爱情、人生的健康观念,为学生在最激荡的青春期播下了心理健康的种子。

养成优雅言行,培养优雅少女。优雅少女俱乐部受到了女同学的热烈欢迎。上了《远离危险行为》这一课后,老师给学生们布置了一道作业——给未来的孩子写一封信。"有一天你们也会成为父母,当你们的子女也像你们现在一样成长起来时,你想对他说些什么呢?"老师的话让学生陷入沉思。

"亲爱的孩子,在你进入青少年阶段时,你也许会钦佩一位多才多艺的异性,但那不一定是爱,请保持沉默,将喜欢留在心中,将美丽留给明天……"一个学生在信中写道。

"当你进入青春期时,你可能会遇到很多诱惑。到时候,你一定要坚定自己的信念,不要做出越轨的事情。"另一个学生这样写。

这与其说是写给未来的孩子,不如说是写给自己。面对这充满启示性的命题,学生们认真地思索着青春的价值、生命的意义。

在学校,一年一度的集体舞比赛是校园里最美的风景。身着盛装的学生站成圆圈,犹如缤纷的花海,少女像飘飞的蝴蝶,少男似挺拔的小树,每个人脸上都洋溢着灿烂的阳光。

青春期的学生,需要异性间的精神交往,也有身体接触的渴望。集体舞无疑是一种适当的疏导方式。

可是,少年的心思费琢磨。一开始总有学生不乐意,理由一大堆:"老师,我动作不协调,还是不上了吧。""老师,我手心爱出汗。"

"不行,班里一个都不能少。"老师说。其实老师哪儿是在乎比赛,为的是让每个人都参与。

一个女生这样形容自己跳集体舞的心理变化:"排练时转到他身边,心不禁一阵猛跳,可是一碰到他的手,却反而轻松了。就好像小时候一直期待穿上妈妈的高跟鞋,长大了才发现不过如此。"的确,摆脱了羞涩、尴尬与紧张,学生们喜欢上了这个活动。

研究表明:随着学生年龄的增长,师长的影响会下降,同伴的影响会逐渐上升。

青春如花,青春需要呵护,更需要张扬它独特的美。

在阳光的照耀下,文明的种子在孩子的心灵中悄然生长……

二、每一个善良的生命都无比珍贵

善良并宽容。每个人有每个人的价值。每个生命都不可复制,每个年轻的生命都是那样的鲜活,教育要珍重生命,珍爱灵性。每个学生都是独一无二的,每个差异的存在都是有价值的。教师要去挖掘孩子的优点，放大孩子的闪光点，让每个孩子找到属于自己的路，找到适合自己的舞台。

赏识是最好的激励。让学生在赏识中成长，在生活中绽放生命的光彩。一位家长说："当我第一次参加学校家长会的时候，看到教室里的每一面墙上都贴满了奖状，班里每一位学生都从不同的侧面受到奖励，我几乎不敢相信我的孩子获得了三项奖励，从老师的眼里我发现了我的孩子身上竟然有这么多闪光点！而且我发现我的孩子各方面的积极性都被调动起来了，作为家长我感谢学校！"生命需要激励，教育要着眼于学生的一生，让学生在学习中感悟生命的价值、在生活中绽放生命的光彩、在成长中获得成长的动力。

榜样是校园文化中重要的引领者。注重赏识激励教育，引导学生寻找自己的学习榜样。让每一个孩子都受到鼓励，让每一个生命都绽放光彩。我在学校发起了寻找身边榜样教育活动，让学生从同伴身上找优点和闪光点。同伴之间互相肯定，互相欣赏，互相鼓励，互相学习。榜样的力量是巨大的，身边的榜样显得更为亲切。为了让更多的同学受到鼓励，设立了众多奖项，如爱心奉献奖、团结友爱奖、勤俭节约奖、勤学精思奖、奋进自强奖、博学多识奖、突出特长奖、文明礼仪奖、创新人才奖等。学校每年都有很多表彰活动，每一个学生都有得到表彰的可能。通过多种方式的鼓励和表彰，让学生感到自己存在的价值，保持一种奋发向上的精神状态。

同学们选出了身边的优秀榜样，奖项涵盖了优秀学生应该具有的方方面面的品质，品德优秀、有突出特长的学生都能够受到表彰。颁奖典礼别出心裁，每次颁奖都推出一大批优秀学生，获奖同学中的杰出代表作为嘉宾上台参加访谈，讲述自己的故事。动人的音乐、感人的颁奖辞、发自肺腑的话语，让人如沐春风。颁奖词是学生写的，是对同伴的肯定和称赞：

"他是一个博学多识的人，书籍给予了他飞翔的翅膀，助他在思想的世界里自由翱翔；他是一个内心纯净的人，对音乐的热爱让他沉醉在音符的世界中，在起伏的旋律中徜徉；他喜爱读书，喜爱音乐，喜爱知识，喜爱行走。每一分每一秒，他都为探索到新的美丽而兴奋不已。一个全面发展的男孩，让我们一起走近他。"

"给他们一双翅膀，他们就能自由地翱翔；给他们一个方向，他们求索的脚步便不可阻挡；用一个支点撬动地球，用最美的声音放声歌唱，正是他们，用今日的优异去迎接明天最灿烂的朝阳。"

"所有的目光总是汇聚在镁光灯下那一方舞台上，撑起这辉煌的人，却总是默默地躲在一旁，微笑着听那掌声和喝彩。他们熬过了多少个孤灯夜，没有簇拥的鲜花，甚至名字也总是署在最后那个最不起眼的位置上，但我们不会忘记他们，而是用温暖记忆着他们的悄然盛放。""他们把爱放在心底，把责任担在肩上，为了集体的荣誉、为了他人的快乐，他们不声不响，用一颗火热的真心传递着永恒的温度，沉淀下无尽的感动。"

一位同学说："我认为男孩最重要的不是帅气，而是风度；女孩最重要的不是漂亮，而是气质。我梦想也尝试着将中国古代淑女的气质和当代中学生的风貌结合在一起。内敛的秉性加开朗的笑容是我对自己的描述。我愿靠自己不懈的努力，用微笑在属于自己的人生舞台上做个端庄的舞者。"

一位同学说："我觉得所谓'人才'不仅是一种才能的展示，更是一种才能的奉献。'人才'是要有作用的，是应当品格健全的。帮助需要帮助的人，这就是我能发挥的有限的作用……"

每个人的身上都有闪光点，教育要点燃每一盏心灯。

第三节 爱是一轮温暖的太阳

爱孕育天地万物，使世界更加和谐。爱的教育要以亲情为原点，由此扩展到爱他人、爱社会、爱自然、爱一切美好的事物。道德教育要启发学生的爱心，引导学生用心灵去爱这个世界。爱的情感是衡量道德的最灵敏、最精确的天平。

一、生命中的春光

春天，一个晴朗的日子，升旗仪式上，我为全校同学讲述了德比的故事：德比是德国的一个孩子，在修道院长大，从小就不知道自己的父母是谁。七岁时，当看到别的孩子都有父母，都能为父母做事时，他也想为自己的父母做些事情。可是，父母在哪里呢？于是，德比想出了一个办法：帮助别人，然后再请求别人帮助更多的人，这样，有一天，也许自己的爱心就能传递到自己的父母那里。德比这样做了。后来他帮助了一位电视台主持人，这位主持人因心脏病突发而晕倒在河边，德比马上叫来了救护车。主持人痊愈后在电视上满含热泪讲述了德比的故事。德国也由此开始了一场爱心传递活动。但不幸的事情发生了：德比被劫钱的抢匪刺伤，住进了医院。一位母亲来到德比的病床前做德比的"妈妈"，德比终于见到"妈妈"了，他拉着"妈妈"的手离开了人世。

德比的故事感动了德国，也感动了学校师生的心。在我的倡导和推动下，一场"爱心传递"活动在学校悄悄地开展起来。

母亲节到了，各班组织了以母爱为主题的主题活动，同学们以各种方式纷纷向母亲表达真挚的爱。母亲们感动了，孩子们也感动了。"爱心传递"活动由爱亲人,扩展到爱老师、爱同学、爱众人;有的班级还组织了"爱心传递你我,惠及花草树木"的活动;学生纷纷走向社会,将爱的阳光播撒到更多人的心中。

学校联系了一所盲校,盲校老师很欢迎,盲童孩子很希望到校外活动。没想到,部分学生不乐意:"耽误一天的学习,太不值得了。"

此时,一位文静的女生忍不住站起来说:"老师,我赞成去,因为我爸爸就是盲人。"

原本喧哗的场面,一下子安静了,大家把目光集中到这位女生身上。"我每周放学回家都要做一件事,就是给爸爸读报,给他讲班里的事,每次他听了都非常高兴。"女生说着,忍不住哭了。

经过讨论,同学们很快统一意见:带盲童去"看"天安门。当盲童们像一群叽叽喳喳的小鸟来到时,牵着那稚嫩的小手,学生们的责任感陡然而生。"很多孩子跟常人差不多,可惜眼睛看不见。"

"来,抓紧我的手。"平时很淘气的学生,现在都像大人似的小心呵护盲童:天气热,帮他们拿衣服;手脏了,帮他们洗净。和盲童们在一起,原本熟悉的天安门广场有了不一样的色彩。学生们边走边讲解,有的干脆把盲童抱起来,让他们摸那些浮雕。在盲童快乐的笑声中,学生们也感受着心灵的震撼。秦同学带了一个有自闭症的盲童。"我上前去领他,他惊恐地把手缩了回去。"秦当时有些尴尬。那一整天,她跟盲童说了无数句话,可他始终也不开口。秦挺灰心,但没想到,临分手时,那个孩子轻轻地扯着她的衣角,说了一声:"谢谢姐姐,姐姐再见!""我当时别提多激动,那一刻让我明白了,爱可以融化坚冰。"秦说。引导学生关注身边的弱势群体,同时以更开阔的胸怀,将目光投向同一片蓝天下更多需要帮助的人。我在学校成立了学生志愿团,志愿团同学在服务社会的活动中,培养了强烈的志愿意识和服务热情。爱心可贵,学生志愿团是一个活跃的团体,像一条

心灵的教育 | XINLING DE JIAOYU

爱心链一样延伸着……

在道德行为中获得珍贵的道德体验，去敬老院、临终关怀医院、培智学校奉献爱心。一位同学这样回忆："我在参与和组织志愿团的过程中，接触了许多人，有残疾人、老年人。弱势群体需要我们提供帮助，但还有一些人，是我们难以用物质上的资助来给予帮助的。比如，自闭症患儿非常可怜。我渐渐觉得，对心理帮助的要求会越来越多。而且我亲身接受的都是使优秀品质内化、使人的心理特质形成的教育。所以，在高三填报志愿的时候，我毅然地选择心理学专业。"

二、寒冬的暖流

生活在幸福中的孩子，也常常睁大眼睛，把目光投向世界。品读社会这本大书，他们渐渐发现，原来并不是每个细节都完美。尽管能力有限，尽管双手还很稚嫩，但这些充满热情的孩子却开始尝试用自己的方式去关爱社会，帮助他人。

张诗雨（化名），一个多么美丽而纯洁的名字，一个活泼开朗、正张开双臂去拥抱整个世界的少女，却在她以学年前3名的优异成绩准备报考北大、清华之际，得了一种怪病，无缘无故地向外喷血。这是一种罕见的疾病，女孩危在旦夕。在报上看到了这个消息，学校的孩子们自发地组织了一次捐款活动。一位同学在日记里写道："张诗雨是个非常懂事要强的女孩，即使生病也依然坚持上学，用她自己的话说，就是要在自己还行的时候多学一点知识。看到这些，听到这些，我们心中的热血激荡了。一个鲜活靓丽的生命在自然与病魔面前竟是如此脆弱。我们被这一切深深感动了，我们似乎听到死亡的脚步声正在一步步逼近张诗雨。良心和道德告诉我们：面对一个挣扎在死亡线上的同龄少女，绝不能坐视不管！我们要用自己的爱心和力量，为她托起明天的太阳！"

天气骤然变冷，凛冽的寒风刮得人脸上生疼，几个穿着校服的同学，抱着红色的捐款箱，跑来跑去地向路过的师生讲述病危少女的情况，号召大家为她募捐。执着的眼神，热情洋溢的话语，同学和老师都纷纷被打动，慷慨解囊。十元、五十元、一百元……寒风中，孩子们的头发被吹得有些凌乱，脸也冻得通红通红的，但他们的眼睛里却散发出一种异样的光芒，那是一种因为能够用自己的全身心去救助一个素不相识的同龄人而流露出的兴奋和快乐。孩子们在用行动实践着他们的诺言："感触生命，用爱心创造希望。"

学生代表将那些带着老师、同学、家长深情祝福的捐款交到了张妈妈手中。班主任老师在日志中这样写道："遭受了一系列的打击，张诗雨的母亲看上去已显得十分疲惫。一看到我们，她的眼圈立刻红了，一时间什么话也说不出来。孩子们十分善解人意，马上迎上去，轻轻搂住她的肩膀。带着鼓励的微笑对她说：'张妈妈，您别太难过，我们全校的老师同学都会帮您，你们一定能渡过难关，诗雨一定能康复的。'打开同学给张诗雨写的卡片，看着孩子们深情的祝福，这位在生病的女儿面前一直非常坚强的母亲再也忍不住了，一行热泪夺眶而出，同学很懂事地为张妈妈抹去了泪水，我想，作为一位母亲，张诗雨的妈妈在这时候心里是多么欣慰，孩子们一颗颗纯洁的心能带给她多大的力量啊。"

张诗雨成功地接受了手术，渐渐康复，从此翻开了她人生崭新的一页。而参加了这次捐款活动的孩子们，他们青春的记忆中也无疑将留下一抹永恒的亮色。

教会学生用自己的心灵去爱这个世界，让学生关注自己身边的人和事，学会忧他人之忧，这比单纯的说教和灌输要有效得多。

学校的各种爱心活动从不曾间断。还记得志愿团的孩子为西部山

心灵的教育

区小学募捐了几千本图书，一个个兴高采烈地忙着给书分类、打包，累得满头大汗也顾不上擦；还记得几百个学生在世界残疾人日聚在一起，为聋哑学校的学生迭出上千只纸鹤。太多的小活动，太多的小故事，只要教给学生一双善于发现的眼睛，他们就能用自己的方式去感知世界，只要给他们一个支点，他们就能为那些需要阳光的人们托起一缕阳光。同学们的良知被一点点唤醒。

一位同学写道："当我真正地看到那些智残儿童时，我的心顿时变得沉甸甸的，仿佛压了块巨石，沉闷得有点喘不过气来。我突然感到自己是那么幸福，作为一个健全人的幸福。智残、身残儿童的比例不算很小。这不更体现了我们这些健康青少年的幸福吗？最幸福最宝贵的东西莫过于拥有一个头脑健康、四肢健全的身体了。我们都拥有了，那么还有什么理由对现实感到种种不满呢？在家中，每当自己的要求得不到满足时，我们也许会十分生气。甚至认为父母不爱我们。天下哪有不爱自己子女的父母呢？包括这些智残儿童，他们的父母也对他们竭尽所爱，从不言放弃。在天伦培智学校里，我发现一个小孩一个人坐在椅子上，对眼前其他小朋友在玩视而不见。于是我走过去，'小朋友，咱们一块玩吧！''不玩！'用那含混不清的口音回答道。我正纳闷间，一位老师走了过来，'他刚放完寒假回来，又不适应了。在寒假中他爸爸天天背着他下楼去玩'。'可怜天下父母心。'我听后非常感动。他的父亲知道他有残疾，也知道他的爱的付出可能是得不到回报的，可却深情地竭尽所能地爱着他。由此我想到了自己的父母，想到了他们深爱着我的一幕幕镜头、为我所做出的牺牲及我对他们的态度，我感到惭愧。"

另一位同学写道："我们认真地倾听聋人学校的老师讲述发生在他们身上那些感人的故事。这些故事或带有丝丝悲伤，或是点点感动，在一次演出中，音乐设备和灯光出了问题，会场一片骚动，而台上的他们却依旧优美地舞动着，镇静地没有丝毫犹豫地舞动着。他们的精神感染了在场的每一个人。所有人都像经过洗礼一样激动地站了起来。他们执着的精神告诉我们：他们在用心感受艺术的旋律，体味人生的乐趣。他们是阳光快乐的，和所有孩子一样拥有甜蜜的笑容。他们甜美的笑脸，轻盈的步伐告诉我们：他们是活泼开朗的。他们礼貌的鞠躬、友善的手势告诉我们：他们是懂得感恩的。我们从他们身上体会到了很多，感受到了很多，也学会了很多：学会了感恩，学会了互相理解、尊重，学会了坚强而不是自暴自弃，学会了奋斗，学会了面对困难时应该拥有的信心和微笑。"

还有一位同学写道："这次活动，使我们知道同在这个天空下，还有许多等待帮助的人。他们由于先天或后天的原因造成了身心的残疾。我们要用真挚的感情分担他们的痛苦，用真切的行动唤醒他们的快乐，用真爱的雨露滋润他们的心灵，让他们感受到社会对他们的关注，人们对他们的关心，让他们体会到幸福与温暖、体贴与关爱。"

三、温暖的手相牵行走

用心做教育，每年的新生第一课上，我为新生作的讲座都是精心准备，意在为学生的人生导航，引导学生努力成为优秀人才，通过生命教育、生活教育、和谐教育，让教育真正深入学生的心灵。我经常给同学们讲述发生在他们身边的感人故事，有一次，我讲到了学校一位清洁工师傅的来信：

尊敬的校领导，各位老师，你们好！我是本校的一名清洁工。首先想表达我的谢意和最真挚的感激之情。对我来说，这是一件最普通的事了，也就是我每天的工作罢了。可是对于一个学生来说，在与我并不相识的情况下，多次帮着我从五楼把又脏又重的垃圾弄到一楼，

心灵的教育 | XINLING DE JIAOYU

从没有说过脏累。就这样都不知帮过我多少次了。我连他的班级都不知道，只知道他是一个高三的学生，名叫宇航。他每次帮我干完活后就微微一笑走了，没有过多的话语。可他的热心和懂事使我心里很高兴，很温暖。所以我在此非常感谢宇航的慷慨无私的帮助。最后，请接受我此时此刻最为真挚的感谢！

真正有效的教育是直抵心灵、震撼心灵的教育。好的故事生动感人，是很好的教育素材。有一个故事讲述的是两位学生赴山区义务支教的事迹。

紧张的高考过后，身心疲惫的考生们有不少都选择了出外聚会、旅游得以放松。而新越和雪松同学却做了一件与众不同的事情——去山区的希望小学义务支教。

怀着锻炼自己的志向，怀着对社会公益的关注，以及对外面世界的好奇，他们踏上了前往山区的旅程。出发后，一路上凹凸不平的乡间小道、黄土高原的漫天风沙和那视野远处寸草不生的秃山已经让他们暗暗意识到此行的艰苦。

整整12个小时的颠簸后，他们来到了目的地——一个偏远乡村的希望小学。全村人都出来迎接这两位来自北京的"贵宾"。在老乡们热情而期盼的眼神中，两位同学感到了一种感动、一种责任。没顾上休息，两位同学赶快安排了各自的课程，新越负责教英语，雪松负责教数学，一天各上四节课。

两位同学都是第一次登上讲台，不免有些许紧张，但铃声一响就进入了状态，开始神采奕奕地给学生们上起课来。学生们都很喜欢他们的课，眼中透着好奇，散发着强烈的求知欲。下课后，有一个二年级的孩子传给新越一颗大白兔奶糖。这是当地孩子能拿出的最好的礼物了。新越后来在日记中这样说："这块在我眼里再普通不过的奶糖变得说不出的特别。虽然我一直没舍得吃，但是我知道，它一定很甜，就像把它递给我的那个小女孩的笑脸一样,很甜。"

有一次,新越听说四年级班上有一个 13 岁的超龄学生。新越和雪松就耐心地做辅导,鼓励他、帮他建立自信。从前一上课就低头看地、一考试就称病不来的孩子终于主动在课上举手回答问题。当看到他高高举起右手的时候,他们心中无比的兴奋,一种成就感油然而生。他们在人生中第一次体会到帮助他人,尤其是帮助那些弱势人群可以让人们如此快乐。他们把纯朴的爱献给了他人,带到了大山深处,奉献给最需要爱的人。

新越和雪松从小就生活在大城市,生活条件很优越。而在这闭塞山区里,在这远近闻名的贫困村,他们住在阴湿狭小的窑洞中、吃着缺少滋味的土豆玉米、喝着沉淀三次才能入口的井水。他们在两个年级合用的教室里教课,在学生们用攒下的草纸钉起的本上批改作业,在用一支蜡烛照明的办公室里辅导学生。但这些都没能使他们放弃。他们还主动要求去条件更艰苦的邻村学校锻炼;他们把父母临走前给他们带的方便面、火腿肠和零食都分给了希望小学的学生,自己一口都没有吃;整整半个月,他们没有洗过澡,没有吃过肉,没有和家里打过一个电话。他们说:"我们都成人了,要学会吃苦,我们要学会享受苦难,锻炼自己,完善自己。"他们一直坚持到了最后,没有一句抱怨,没有一丝后悔,有的只是坚强与勇敢、乐观与成熟。他们学会了在苦难中生活、成长,学会了用理智和坚毅的视角去观察世界。

第四节 步入书籍的星辰大海

人类有一个丰富的文化宝库,里面有丰富的文化宝藏,它使我们变得更善良、更高尚、更有价值，文化的作用就是使人变得更好，就是使人文明化。

读书是门槛最低的高贵行为。美化灵魂有不少途径，但阅读是其中易走的、不昂贵的、不需求助他人的途径。阅读的最大理由是摆脱平庸。读未见书，如得良友；见已读书，如逢故人。

学校是读书的地方，校园应该书香沁人心脾，书声朗朗动听，学生的精神世界应该氤氲着美好的书香。

一、激起美丽的浪花

读书是多么美好的事情！我们打开一本书品读的时候，实际上是在跟作者对话。作者的思想感情像泉水一样汩汩地流入我们的心田，激起许多美丽的浪花。我们与作者一起思考，一起歌哭，我们甚至能感受到作者写下这些文字时心灵的颤动。许多大师都已离去了，但他们的思想还在，精神还在。那思想是闪光的星辰，在书中闪耀；那精神是朗朗的明月，清辉普照。沐浴着这样的朗月星辰，该是怎样的一种精神享受！

或者我们所读的是一本科学著作，那么我们会由此获取知识的营养，感受科学的魅力，接受理性的洗礼。我们会跟随作者一起探求宇宙的本原，探索生命的奥秘。我们会从科学中学会严谨，学会思考，学会创新。科学精神是人类进步的风帆。接受科学的熏陶，培养科学的精神，将会更好地促进我们的发展。没有书的世界简直不可想象。没有书，就没有人类的进步，精神的充实，思想的飞翔。有了书，就有了思想的交流、情感的交融、精神生命的发展。书是人类历史演进中所积累的宝贵财富，是人类精神的另一种存在形式。

一本书甚至可以影响人的一生。"有益家国书常读，无益身心事莫为"，人生短暂，时光有限，一定要选择好书来读，读那些健康有益的书，读那些使人向真、向善、向美、向上的书。读书的目的是使人变得更美好、更丰富、更文明、更高尚、更有智慧和才干。善读书不如好读书，好读书不如乐读书。读书的乐趣将引领你驶向书海深处。乐于读书，才能成为一个真正的读书人。如果读书成为你生活中不可或缺的一部分，如果你一生都能以书为伴，那你将是一个幸运而幸福的人！

二、在阅读中触摸幸福

阅读能带给人生命滋养，能给人以心灵的愉悦与幸福。教育要引导学生在阅读中触摸幸福。

让孩子变得更高尚。通过阅读让我们的孩子心存善念、变得更好，这是教育的使命。课堂不应仅仅传递知识，还应传递人的情感、传递爱与善。

学校工作中最重要的是什么？首先要立德，立德是育人的根本。在中小学阶段倡导学生读书是非常有意义的，以德化人，犹如春风化雨，孩子的心灵会不知不觉地与纯真、美好与善良生出亲近之感。读书就是在播种，我们要相信种子的力量。

把名著阅读带入课堂，把大量时间还给学生，不把读书课当成老师的讲读课。老师指导学生一边阅读一边写读书笔记。至于写什么、怎么写，限制不多，重要的是学生真情实感的表达。一个人的阅读是孤独的，一个班级的阅读是丰富的，一个学校的阅读是精彩纷呈的。选择学生们的优秀读书笔记，印制成册，供大家欣赏。有交流分享的阅读会形成一个巨大的场，浸润在书中的学生会获得精神的力量，获得终身发展的根基。学生在课外的自主阅读，远比他们在课堂上学到的东西更多。刘勰说："夫缀文者，情动而辞发；观文者，披文以入情。"如果说写作是一个"情动而辞发"的过程，那么阅读就是一个"披文以入情"的过程。叶圣陶先生说："作者思有路，遵路识斯真。作者胸有境，入境始与通。"读书要善于把握作者的思路，顺着作者的思路深入到书的境界中去；要善于透过语言文字，体会作者的思想感情；要与作品息息相通，心心相连。如此，方能进入作品的感情世界，品出书中的滋味，领略书中的妙趣。

在孩子们心中播进人文的种子，这是在塑造优美的灵魂，是一件很有意义的事情。阅读、觉悟、信仰与爱，应该在深处的脉络上息息相通。我在英国伦敦出席G20国际校长峰会时。走到一个地方，看到人多得排起了长队。英国朋友告诉我，这个地方是书店，这些人是在买书。每当好书发布，人们便会排起长队买书。英国有着浓郁的读书氛围，地铁里或公园长椅上，随时可以看到有人在安静地读书。英国斯多学校的主体建筑是几个世纪前的宫殿式建筑，典雅庄重，文化气息浓厚，图书馆就位于大厅里最显眼的位置，四面都是书。

那些崇高而美好的书籍，是茫茫人世中的一道阳光，是漫漫人生路上的一盏明灯，引导着人们向真、向善、向美、向上。为善最乐，读书更佳。通过阅读，我们获得精神的滋养、文化的启迪，获得信念，乃至信仰。我想，一个人感到最幸福的时候，应该是在宁静的氛围中阅读的时光吧。

三、以书为师，以书为友

读书其实包含两个方面：一是读有字书，一是读无字书。无字书乃人生、社会、生活、自然这部大书。这是最为博大精深的书籍，是一部永远也读不完的大书。读书的目的在于解放人。解放人的前提是使人获得心灵的自由。心灵的自由来自人生境界的不断升华,来自精神生命的不断超越。读书应该是不断超越自我的过程,因而也应该是使人不断走向自由与解放的过程。

读书需要淡泊宁静的心态。"淡泊以明志,宁静以致远",只有淡泊于世俗名利,才能远离尘嚣的烦扰;只有保持心灵的宁静,才能沉潜到书中的世界。

读书之道在于自然。自自然然地读书、自自然然地思考、自自然然地感悟、自自然然地联想、自自然然地创造……如此方是读书的理想境界。而要臻于此境,离不开自然的心态和自由的心灵。

读书要做到精读与博览相结合。精读使人深刻透彻,博览使人博学多识。有的书不妨随便翻翻,以获取信息,增广见闻。有的书则要反复研读,涵泳体会,熟读精思,循序渐进,使之深入到自己的内心,融会于自己的血脉,渗透于自己的细胞,成为自己精神生命的一部分。

略读可广见识,精读乃真功夫。黄庭坚云:"学者喜博而常不精。"朱熹云:"泛滥百书,不如精于一。"又云:"读书须看得一书彻了,方再看一书。""读书宁详勿略,宁拙勿巧。"苏东坡读书,每一书常做数次读之,每次着重于一个方面,如此反复攻读,便使所读之书如八面受敌,读者又怎能不熟透于心?

"读书须知出入法,始当求所以入,终当求所以出。知入知出,方尽读书之妙。"读书之初要入得进去,最终要出得书来。入得进去,方能细赏书中之景致;出得书来,方能总揽全书之风光。入得进去,方能领略其内容;出得书来,方能品评其得失。即如登山,须先入得山去,一步一步,赏景观光。然后登临绝顶,放眼望去,无限风光,尽收眼底。此时,指点江山,品评风景,既有切身感受,又能高瞻远瞩,自当胸襟豁达,眼界开阔,识见高远。

读书须有大志、有韧性,日积月累、锲而不舍、专心致志、持之以恒。

读书须诚其意，正其心，明其理，悟其道，修其身，"尊德性而道问学，致广大而尽精微""为天地立心，为生民立命，为往圣继绝学，为万世开太平"，这是古代读书人的胸襟抱负，也是历代读书人的崇高使命。

读书是生命与生命的对话，思想与思想的碰撞，心灵与心灵的交流。读书连接着过去、现在和未来，读书将无数个体精神连成一体，共同组成一个强大的精神生命。

读书要以书为师，以书为友。"以书为师"是说要把书作为老师，虚心地向这位老师学习，从中获得教益；"以书为友"是说要把书作为朋友，与这位朋友为伴，不离不弃，切磋交流，获得长进。读书要不尽信书中所言，不迷信作者所写，用怀疑的精神和批判的眼光，取其精华，弃其糟粕，为我所用，把书读活。读书贵在有疑，有疑方能甄别；学问贵在有问，有问方能进步。虚心专意，乐于求教；与书为伴，乐于交流；常疑善问，去粗取精。"博学之，审问之，慎思之，明辨之，笃行之"，如此方得读书之益。

四、涵泳工夫兴味长

曹雪芹在《红楼梦》中说："满纸荒唐言，一把辛酸泪。都云作者痴，谁解其中味？"一个"泪"字，一个"味"字，道出了个中真意。"泪"者，情感之体现；"味"者，书中之味道。那么，如何才能进入作品的感情世界，品出书中之味道呢？

《红楼梦》的世界中，有曹雪芹的悲剧命运，有"字字看来皆是血，十年辛苦不寻常"的创作历程；有林黛玉的美丽与忧伤，贾宝玉的叛逆与痴狂，宝黛爱情的美好与凄惨；有凤姐、元春、迎春、探春、惜春、晴雯的悲剧人生；有动人的诗词、感人的情节、优美的画面；这里还汇集了中国古典文化的各种艺术，是文化的大观园。在这里，你可以体会到红楼世界的丰富多彩与博大精深，领略到红楼艺术的深厚魅力。

深厚方能引人入胜。《红楼梦》将对人生的深刻感悟与独特理解融入情景交融的艺术境界之中，是一部反映人生命运、思想内容丰富、情感深厚、富有独创性的伟大作品。

文学是人学。《红楼梦》艺术上的巨大成就，突出地表现在塑造了一群有血有肉的个性化的人物形象。贾宝玉、林黛玉、薛宝钗、王熙凤成为文学史上的典型形象。《红楼梦》以人物命运作为描写的重点，把表现的着力点放在了人物形象之上。选取了四春、凤姐、黛玉、宝玉、晴雯、紫鹃等人物作为代表，以独特的视角进行深刻的阐释和深入的挖掘，曲径通幽，揭示了人物形象的丰富内涵。面对元春的命运，人们读出了"把青春锁在珠宝闺笼里的少女"的忧愁暗恨，鲜花锦簇、君臣大义笼罩下的寂寞凄凉。元春的生命是在皇恩的名义下用黄金的斧头慢慢切削掉的。有了这样的感悟，我们再来品味元春托梦给父母的话——望家乡，路远山高，故向爹娘相寻告，天伦啊，须要退步抽身早——就会产生更多的联想和更深刻的体会。对于凤姐，在表现凤姐的机关算尽为所欲为、"粉面含春威不露"这令人心寒的一面时，也强调"金紫万千谁治国，裙钗一二可齐家"。凤姐这一形象是《红楼梦》中叙好人不完全是好、写坏人不完全是坏的典范。通过凤姐这一形象，人们对于"机关算尽太聪明，反误了卿卿性命"这一充满人生哲理的话，也会有更深的认识。

感人心者莫先乎情。《红楼梦》是一部充满感情的著作。作者曹雪芹在这部著作中倾注了满腔的生命热情，字字看来皆是血，十年辛苦不寻常，满纸荒唐言，一把辛酸泪。都云作者痴，谁解其中味？在源远流长的文化艺术长河中，《红楼梦》是一颗灿烂的星辰。自《红楼梦》问世以来，解读红楼，欣赏红楼，研究红楼，已成为中国人文化生活中一道亮丽的风景。

五、诗歌中的精神故乡

中国是诗的国度,诗歌能熏陶人的精神,中国自古以来就有诗教的传统。诗歌鉴赏是一种重要的艺术审美活动。对诗歌的鉴赏虽然没有"秘诀"可言,却有一定的规律可循。

对李清照《声声慢》的赏析,首先就应该感受到"寻寻觅觅、冷冷清清、凄凄惨惨戚戚"的形象,由这一形象入手,就能深刻地领悟到诗人"怎一个愁字了得"的内心情感和有关身世家国的无限感慨。而当我们阅读岳飞的《满江红》,感受到那"怒发冲冠,凭栏处,潇潇雨歇。抬望眼,仰天长啸,壮怀激烈"的形象时,则会为作者崇高的民族气节所感染,心里定会涌起一种慷慨激昂的爱国激情。

杜甫诗《春望》:"国破山河在,城春草木深。感时花溅泪,恨别鸟惊心。烽火连三月,家书抵万金。白头搔更短,浑欲不胜簪。"面对着饱含血泪的文字,细细品味体会,我们会感受到诗人深切的家国之情和痛切的沦亡之苦,会感受到诗人深沉的忧国忧民之情。"国破山河在,城春草木深。"一个"破"字,使人触目惊心;一个"深"字,令人满目凄然。山河虽在,但国都已破;虽是春天,却草乱人稀。司马光说:"山河在,明无余物矣;草木深,明无人迹矣。"(《温公续诗话》)人都到哪里去了?或死亡或逃亡去了。因为国都已残破、山河已破碎,因为罪恶的战乱而导致生灵涂炭、民不聊生。春天,本来应该是灿烂光明、生机盎然的,但诗人所望见的却是一片国破家亡的凄惨景象。"感时花溅泪,恨别鸟惊心",花鸟都是平时可娱之物,但诗人为时局所感,见花开亦溅泪;为离别所恨,闻鸟鸣亦惊心。可见,诗人的感情强烈到了何种程度!

读书要知人论世,感同身受。"烽火连三月,家书抵万金","烽火"二字,点明战乱,既承上写为什么"春望"竟是一片如此惨破的景象，又启下写"家书抵万金"的原因。杜甫四十多岁的时候，安史之乱爆发了。这是一场为时八年之久的战乱，是一场民族的大灾难。烽火连天，狼烟遍地，到处都在流血，到处都有死亡，到处都是哀号，杜甫与人民一起流浪，受尽了战乱之苦，在杜甫的诗中有他那个时代的历史、有他痛苦的人生。唐肃宗至德元年（756年）六月，安史叛军攻下唐都长安。七月，杜甫听到唐肃宗在灵武即位的消息，便把家小安顿在羌村，只身去投奔肃宗。途中为叛军所俘，带到长安。因他官职卑微，才未被禁。诗人忧国忧民，也牵挂亲人。此时此刻，如果能得到一封家书，那真是可以"抵万金"！"烽火连三月，家书抵万金"，写出了战乱中人们的一种普遍感受，使千载之下无数读者同感共鸣，感慨万千。"白头搔更短，浑欲不胜簪"，烽火遍地，家信不通，想念远方的亲人，忧虑国家的前途与个人的命运，杜甫百般无奈，搔首踟蹰，顿觉稀疏白发更短，甚至于"浑欲不胜簪"了。诗歌就在这无限伤感之中结束了，但令人回肠荡气，思绪万端。

《春望》是一首短诗，当我们真正静下心来细细品味，我们就会沉潜到作品的意境中去，对作品心领神会，与作者心心相印，似乎能够穿越时空，感受到时代脉搏的跳动，感受到作者深沉的叹息。这里，心灵是最重要的。无限丰富的心灵世界是作品的精神之源，心灵的世界中映现着时代的苦乐，镌刻着人生的悲欢。生活丰富了心灵，心灵造就了作品。阅读，就是心灵与心灵的交流，思想与思想的碰撞，智慧与智慧的对话！

任何艺术作品都是通过艺术形象来反映生活、表达思想感情的。离开了形象，便无所谓艺术；离开了对形象的感受，便谈不上对艺术的鉴赏。对绘画作品，我们是通过感受它的形象进而领悟它的内涵；对音乐作品，我们是通过感受它的节奏和旋律进而领悟它的情感。诗歌也是形象感特别强烈的艺术形式之一，鉴赏诗歌也必须首先从感受形象入手。赵师秀的《约客》一诗，既有自然形象——雨、青草、池塘、蛙；又有人物形象——待客不至的诗人。对诗歌所描绘的这些形象我们都要细心感受。"黄梅时节家家雨，青草池塘处处蛙"是写景，写出了时令，也写出了诗人待客时的感受；与客人有约，盼客人如约而来，但又偏偏天公不作美，恰逢雨季，阴雨绵绵。诗人特别关注天气的变化，"青草池塘"，雨声蛙鸣，其实都渗透着诗人的主观感受。"有约不来过夜半，闲敲棋子落灯花"是写人，通过细节描写表现人的内心情感。本来是约好了客人，可时过半夜客人仍然未至，诗人只好"闲敲棋子落灯花"，这一形象所透出来的是待客未至的孤寂失落的心情，而非"闲适恬淡"之情。可见，从形象感受出发，进而体会诗人的思想感情，是鉴赏诗歌遵循的一条基本规律。

意境是意与境的交融。意境具有浑融性，即在一首诗中，是境与意会、情景交融、浑然一体的。因此，应该从整体上把握诗的意境，而不能将一个个意象割裂开来、彼此孤立地加以理解。李白的《静夜思》如果只看"床前明月光，疑是地上霜"这两句，很难体会到诗人那种望月思乡的情绪，而只有将这两句与下面的"举头望明月，低头思故乡"联系起来，从整体上领会，才能深刻地感受到那月光笼罩下的浓浓思乡之情。

同样，如果不从整体上把握《约客》一诗的意境，只是单凭"闲敲棋子"的"闲"字，而简单断定为表现了诗人的"闲适恬淡的心情"，那就与诗人的本意相去甚远了。试思，诗题是"约客"，在这一情景之下，是"家家雨""处处蛙"，是雨天使客难至、"有约不来"。而诗人是独自一人，伴着风声雨声，听着池塘蛙鸣，一直等到"过夜半"。他一定是预先摆好了棋盘，想与客人对弈一番。现在，客人久等未来，诗人失落孤寂，百无聊赖地"闲敲棋子"，其心情如何，不难想象。再联系后面"落灯花"的意象，就更能感受到诗歌的情感基调了。

再看杜甫的《客至》："舍南舍北皆春水，但见群鸥日日来。花径不曾缘客扫，蓬门今始为君开。盘飧市远无兼味，樽酒家贫只旧醅。肯与邻翁相对饮，隔篱呼取尽余杯。"

对这首诗的意境，也要从整体上把握。前两句写户外景色。舍南舍北，春水缭绕民居，江波浩渺，茫茫一片，每日只见鸥来，不见客至。作者寓情于景，将自己在闲适江村中的寂寞心情传达了出来，为下文写客至而喜的心情作好了铺垫。三、四两句是写庭院，引出"客至"：寂寞小院，佳客临门，喜悦之情，溢于言表。五、六两句写诗人热情待客的情景。最后两句峰回路转，别开境界，将待客的气氛推向更热烈的高潮。整首诗都在描写"客至"前后的情景，而每句诗作为独立的意象，只有将它与诗的整个意境结合起来，才能准确、深刻地体会其思想感情与艺术效果。

鉴赏诗歌的方法和规律是丰富而灵活的，远不止以上论述所能容纳。鉴赏水平和审美能力是从长期的实践中培养起来的。狄德罗说：艺术鉴赏力是"由于反复的经验而获得的敏捷性"[1]。因此，要想真正提高诗歌鉴赏能力，就必须经过反复的鉴赏实践，在鉴赏中学会鉴赏。同时，还要多方面地提高自己的艺术修养，不断增强对诗歌艺术的敏锐的感受力。

诗意人生，离不开诗歌的熏陶，教育要重视诗教，引领孩子步入诗歌艺术的殿堂，欣赏其中璀璨的艺术明珠。

---

[1] 狄德罗：《绘画论》，广西师范大学出版社，2002年版。

第五节　融入生活的海洋

巴金先生说:"不管在什么地方,我总看到一股生活的激流在动荡,在开辟它自己的路,通过乱山碎石中间。"向着大海奔腾,融入生活的海洋,阅读生活这部大书,从中汲取精神的营养。

让孩子与书为伴,养成写作的习惯,以敏锐的眼光观察生活,以生动的笔墨记录生活,以审美的感受领略生活,融入生活之中,采撷思想浪花,以眼观世界,以手写我心。

一、没有小事情,只有大手笔

离开丰富的人生,便没有丰富的艺术。写作是生活的反映和心灵的诉说,写作应该像生活一样丰富多彩,像心灵一样鲜活。扩大视野,丰富阅历,多见世面,广开视听,写起文章来自然就会得心应手,左右逢源。

生活是一部大书。这部书有丰富的内容,无穷的意蕴。先民们在古老的土地上生活。他们耕耘、伐木、狩猎,他们哀伤、痛苦、挣扎,他们歌唱、舞蹈、欢乐。他们用诗歌记录自己的生活,抒发自己的情感。他们诅咒压迫,痛恨黑暗,鞭挞丑恶;他们歌唱生活,歌唱爱情,歌唱自然——他们的歌声穿越时空的界限而传之无穷。《诗经》这部中国古代最早的诗歌总集,其实就是古代先民的生活画卷。汉代伟大的史学家和文学家司马迁能写出千古不朽的《史记》,一个重要的原因就是他在长期的游历与阅读中搜集到大量史料,从而使《史记》像无尽的森林莽莽苍苍。

美学家朱光潜先生说:"离开人生便无所谓艺术,因为艺术是情趣的表现，而情趣的根源就在人生。"[1]当我们进入作者所创造的艺术世界的时候，我们实际上是在领略生活，实际上是在与作者、与生活对话。当我们写作的时候，我们实际上也是在表达对人生的感悟、对生活的体会，实际上也是在抒写一种人生的意蕴，因为写作就是一种人生的体验。生活这部大书，是我们写作取之不尽、用之不竭的源泉。要使你的写作丰富起来，必须将眼光投向生活，用敏感的心灵去观察生活，从丰富的生活宝藏中去发掘写作的素材。

生活中不是缺少美，而是缺少发现。从生活到写作，距离并不遥远，有时往往只隔着一层窗户纸，一捅即破。其要领最为关键的就是要做一个有心人去留意观察。

如果说写作是你的支出的话，观察便是你的积累储藏。储藏丰富了，还怕支出吗？就如同水库里蓄满了水，只要一开闸门，水自然而然就流出来了。

据说莫泊桑拜福楼拜为师请教写作方法时，福楼拜首先要求莫泊桑学会观察："你走过一个坐在自己店门前的杂货商人的店前，看见一个吸着烟斗的守门人。你给我描绘一下这个杂货商人和守门人，他们的姿态、身体外貌，要用画家那样的手腕确切地描绘出他们的全部精神实质，让我不至于把他们同任何别的杂货商人和守门人混同起来。"莫泊桑按福楼拜的指点锻炼观察力，果然取得卓著的文学成就。

留心处处皆文章。鲁迅先生曾经说过："观察了又观察，研究了又研究，精益求精，哪怕是平凡的事物，也能创造出它的生命力来。"这是我们应该深深记取的。

细节中的意蕴。生活是由细节组成的，写作要有丰富的细节。一

---

[1] 朱光潜：《谈美、谈文学》，人民文学出版社，1988年版。

部《红楼梦》写出了贾、史、王、薛四大家族的兴衰,反映了广阔的社会生活,表现了深刻的思想,而它的故事又何尝不是由一个个细节组成的呢?

描写的丰富来源于观察的细致。巴金先生在《海上日出》中这样描写日出的情景:

……天空还是一片浅蓝,颜色很浅。转眼间天边出现了一道红霞,慢慢地在扩大它的范围,加强它的亮光。我知道太阳要从天边升起来了,便目不转睛地望着那里。

果然,过了一会儿,在那个地方出现了太阳的小半边脸,红是真红,却没有亮光。太阳好像负着重荷似的一步一步、慢慢地努力上升,到了最后,终于冲破了云霞,完全跳出了海面,颜色红得非常可爱。一刹那间,这个深红的圆东西,忽然发出了夺目的亮光,射得人眼睛发痛,它旁边的云片也突然有了光彩。

巴金先生观察得多么细致!日出的过程、太阳的颜色,都捕捉得那样准确细微,描绘得那样形象逼真,没有细致的观察,何来这样丰富的描写!

"没有小事情,只有大手笔。"这是美国著名女作家奥茨讲过的话,是她的创作经验之谈。

珍惜自己的生活经历与内心体验。你也许会苦恼于没有什么东西可写,这时候请你想想自己,想想你的生活,你的心灵,想想那使你幸福、使你痛苦、使你欢乐、使你忧愤、使你遗憾、使你反思的一幕幕生活。请你打开自己的心灵,让心中的话化作文字汩汩流出,这样的文字往往是最有生命力、最为精彩的,因为它是你的真情实感。

鲁迅先生的散文集《朝花夕拾》,是他早年生活的真实记录,许多篇目,如《从百草园到三味书屋》《藤野先生》等,早已脍炙人口。

朱自清先生也很善于写自己的生活和感受，《背影》这篇质朴感人的散文，其实就是记叙了作者自己亲历的一幕生活场景。我们写作时，不要忘了自己的生活与感受，这往往是最珍贵、最丰富的。

作家肖复兴《母亲》一文的写作或许能给我们以启发。肖复兴的母亲跟他一起生活了三十七个年头，他却从来没有想过应该写写她老人家。她老人家本身也是一部动人的文章。一直到母亲突然倒下了，再也起不来了。望着老人家空空的床，望着空空的屋，肖复兴的心一下子紧缩起来。临走的头一天，母亲把自己的衣服洗得干干净净，连袜子和毛巾都洗得干干净净，晾在绳上，没有给孩子留下一点点麻烦，即便是在她人生的灯盏的油即将耗尽之时，想的依然是孩子们。

肖复兴的泪水怎么也止不住，流了下来。一连几天，他怎么也睡不好觉，夜里总能梦见母亲。一下子，他想起了许许多多母亲的事情：她不是肖复兴的生母，肖复兴的生母很早就已经去世了。但这位后来的母亲待他却如同亲生儿子一般，她在他摔昏过去时背他到医院苦苦哀求大夫救他；她在三年自然灾害期间为了让他吃饱，自己吃野菜而至于吐血……父亲去世了，母亲支撑起这个家。她每天只买得几毛钱的肉却舍不得吃，留在晚上让他下班回家后吃。为了给家里添点菜金，她不顾年老体衰去给人家看小孩……

正是这一件件并不起眼的小事连缀起了一位平凡母亲的一生。当肖复兴的眼前被母亲平凡的一生照亮的时候，他才发现母亲是那样可敬，他才发现在他身边发生过的一件件小事情，正是他至可宝贵的财富。《母亲》就这样写出来了。在这篇文字里面，有作者的泪水，有作者的心。

其实，每个人都有写不完的财富，它或许就在你的身旁，或许就在你的心里……

二、吐纳珠玉之声

联想是人们根据事物之间的某种联系,由一事物想到另一有关事物的心理过程。它是由此及彼的一种思维活动。想象则是人们在原有感性形象的基础上,创造出新形象的心理过程。在写作过程中,联想和想象往往结合起来运用,不能截然分开。

朱自清先生的《荷塘月色》就充分展开了联想与想象,创造了一个美妙的艺术境界。作者由荷叶想到"亭亭的舞女的裙",由荷花想到"一粒粒明珠"和"碧天里的星星",而且还赋予荷花以人的精神:"有袅娜地开着的,有羞涩地打着朵儿的"……奇思妙想,浑然天成。

夏衍的《包身工》由"吃人"的包身工制度想到船户养墨鸦捕鱼的事,在作者看来,"饲养小姑娘谋利"与船户养墨鸦捕鱼赚钱是相同的,但船户对墨鸦并没有怎样虐待,现在将这种关系转移到"人与人之间",便连这一点温情也不存在了,从而有力地控诉了"包身工"制度的罪恶。

安徒生的创作更离不开想象,正因为有想象,他才能从花园里每一朵小花、森林里每一株小树、湖水中每一只小鸭、家庭里每一个玩具……幻化出无数童话来,使得那些没生命的变成有生命,无色彩的变得有色彩。安徒生是一个想象力极其丰富的人,所以才给人们留下了丑小鸭、海的女儿、卖火柴的小女孩……一个又一个美丽迷人的童话。

法国作家伏尔泰说:"积极想象把思考、组合与记忆结合起来。它把彼此不相干的事物联系在一起,把混合在一起的事物分离开,将它们加以组合,加以修改。"《文心雕龙·神思》里这样描写作家构思时的想象:"文之思也,其神远矣。故寂然凝虑,思接千载;

悄焉动容，视通万里；吟咏之间，吐纳珠玉之声；眉睫之前，卷舒风云之色。"

"海阔凭鱼跃，天高任鸟飞"，联想和想象是心灵的翅膀，心灵插上了翅膀，才能翱翔云天，视通万里，将万千景色，尽收眼底；使文如沧海，容纳百川。有时候，正是由于有了想象，才使得好些看似平常的事物美好起来，像眼前一轮腾空而起的太阳，像长了翅膀一样，飞进艺术的天空。

要达到这样的境界，关键是要有知识和生活。知识渊博，生活经验丰富，神思的翅膀就能飞得高，飞得远。

观察与感受并不仅仅是感性的，它们往往伴随着理性。形象思维并不是纯而又纯的，它本身便包含着逻辑思维。观察和感受之后的思考与挖掘，往往会使平淡无奇的生活顿时生辉添色，从而促成一部作品的成功。仅仅观察了，而没有感受，只能是机械的、浅层次的、缺乏文学与艺术色彩的；仅仅感受了，而没有思考、咀嚼，依然是不完全的、不深刻的。靠眼睛，靠心，同时也靠脑，写作才能进入最佳状态，作出最佳选择。

三、思想是文章的灵魂

列夫·托尔斯泰以独到的哲学思考，对他所生活的那个时代与社会进行了极富特性与见地的解剖与反思。尽管他的那些宽恕一切、爱所有人的哲学并未见得能行得通，但是，在他心底深处涌动着的岩浆般的思考，却使得他的作品，无论是《战争与和平》，还是《复活》，都有着震撼人心的力量，浸润着人的情感。

即使在一篇短小的文章中，只要融进我们的思考，也会使这文章避免平庸，避免单薄，迸发出动人的思辨光彩。

心灵的教育 | XINLING DE JIAOYU

一位同学的文章《关于生命的思考》，表现出了较好的思辨素质。

我是自然的孩子。自我呱呱坠地的那一天起，我便不同于顽石，不同于砂粒；而同这世界上一切有生命的东西一样，有血有肉，有了生存的愿望。

正是这生存的愿望，使得我们能够在极端恶劣的环境下，将自己和他人的生命延续。生的愿望使许许多多的不可能变为可能。娇生惯养的思嘉，安静柔弱如梅吉，在残酷现实一次又一次的打击下，都生存了下来，犹如钢缆一般坚韧。为什么？因为纵使千百个希望破灭了，有一个希望却永远存在——生的希望。她就在那里，闪着光，向我们微笑。只要抓住她，跟随她的光芒，那么等待我们的就将是奇迹，我们的足迹就将化作一个个音符，谱成生命的赞歌。

我们高唱生命的赞歌，不仅追求生的本身，亦追求生命的美。然而如果能用我的美丽，乃至我的生命，换来他人的幸福，换来大自然的幸福，我难道不应该无怨无悔吗？

这是生命的真谛所在。自然给予了我生命，我当以我之生命与自然融为一体。

这是一篇思考生命真谛的文章。作者以设问开篇，领起全文；然后层层深入地论述，由对生命本身的追求到对生命之美的礼赞，进而表达自己对生命价值的思索；最后又以简明的语言作结。思路清晰而又绝不呆板，观点明确而又浑然一体。

思想与情感是文章的灵魂，语言文字是文章的血肉，结构形式是文章的骨骼。有了深刻的思想与深厚的情感，文章才会富有生气；而语言与结构则是为思想感情的表达服务的。因此，只要所写的是真情实感，而又语言精当、思路清晰、行文流畅、结构自然，那就是一种成功的创作。

还有一位同学写了一篇文章《世界》：

有则寓言说，文学家、科学家和哲学家聚会时有人提议，各自用一句话来描述和赞美世界。文学家感叹地说："这世界真是太美了！"科学家认真地说："这世界珍贵的是探索。"企业家说："这世界充满着商机！"哲学家没有说话，沉思之后在纸上画了一个"？"和"！"。

文学家是感性的，他看到了世界的华丽外貌；科学家是理性的，他看到了世界的智慧；企业家是进取的，他看到了世界的笑容。哲学家介于三者之间，他全心全意地爱世界，一生不断追求真理。

把时间浪费在追求一些终将归还于世界的东西上，不懂得除了名利之外还有许多美好珍贵的东西。独处、赏花、阅读、思念……世界毫不吝惜地给予了我们许多许多，最可悲的莫过于不懂得享受它们。从现在起，试着用心去看世界。人生可以做的事没有几件，我们一定要认真挑选才不枉此生！

哲理性的思考是一种火焰，是你观察与感受生活之后燃烧起来的火焰。

为抒情而抒情，为写景而写景，为记事而记事，为描绘人而描绘人而能成为优秀作品，这样的怪事是没有的。真正优秀的作品，必定融有对于人生、对于命运、对于国家、对于民族、对于时代、对于人类、对于和平、对于理想等等的思考。思考或深或浅，或大或小，或远或近，或浓或淡……没有这种思考，便如同没有那醒目而照耀人心的火焰一样。

冯骥才的散文《珍珠鸟》记述的是这样一件事："朋友送我一对珍珠鸟。放在一个简易的竹条编成的笼子里，笼内还有一卷干草，那是小鸟舒适而温暖的巢。有人说，这是一种害怕人的鸟。在三个月的人鸟相处中，人爱怜鸟，关心鸟，使得这对珍珠鸟添了雏鸟后终于不怕人了，竟然可以飞出鸟笼来散散心，以致最后落在人的肩头上安然睡着了……"

这样一段人鸟关系的小事如何写呢？这样如实地写出吗？显然味儿不够。不同的人会有不同的思考，有人会觉得小鸟真可爱，有人会觉得小鸟真难伺候，……而冯骥才却从中悟出这样的哲理："信赖，往往创造出美好的境界。"

什么是感悟力？它与观察力是什么关系？如果观察靠的是一双眼睛，则感悟靠的是一颗心。应该说，观察在前，感受在后，但在实际生活中，观察与感受是浑然一体的，往往是心眼并用。它们是系列化的综合工程。感悟是观察结果的消化、溶解、升华。感悟将外在的他人的化为内在的自己的，融进自己的感情与血肉。如果说观察是播种的话，感悟则是含苞，写作则是结籽。感悟比观察更重要，心比眼睛更重要。

四、情感是文章的心音

感悟的深刻与否，取决于心灵是否高尚。我们要善于培养自己刚正不阿、不媚俗、易于为不平之事抒发义愤的心灵，培养自己善良的同情心。这是一切有良知的作家必备的素质，也是写作成功的重要心理基础。正义感与同情心就像敏感的琴弦，稍稍一动，便发出颤动的心音。

《小酒店》的作者，法国著名的作家左拉，就很有同情心。他年轻时生活贫困，常常饿着肚子跑到卢森堡公园里写诗。一天天气非常寒冷，他正坐在公园的椅子上写诗，一位很熟悉的少女向他走来，声音发抖地哀求道："我一点儿钱也没有了，已经24小时没吃东西了……"左拉无可奈何地答道："我也是这样啊！"可是，他立刻觉得这样回答是不妥当的，便将自己的外套脱了下来，送到少女的手中，说："拿去，到旧衣店换几个钱，差不多能吃一顿了吧？"他自己呢，只穿着一件单薄的衬衣，饿着肚子，在寒风中写他的诗。

左拉的这件事被传为美谈。是一颗善良的心驱使他这样做的。是这颗心使他去感受并再现生活，使他的作品具有了深刻的主题，博得了读者的共鸣。

思想感情是文章的灵魂。我们要用一颗鲜活的心体验生活，体验爱，获得生活的感悟和真情的体验。

正确的世界观、价值观、人生观，深刻的思想，高尚的情感，健全的人格，对真、善、美的热爱与追求，对人生的关注，对人文的关怀，看似与写作无关，实际却有密不可分的联系，"文品即人品"，作文实在是与做人不可分割。

文章，特别是文学性的作品，应有感情。古人说："感人心者，莫先乎情。"罗丹说："艺术就是感情。"感情，是写作中非常重要的因素。

只有首先感动了自己的东西，才能感动别人。我们应学会感动，我们还要善于捕捉住令自己感动的内容，这往往是最有生命力的写作素材。

文中的抒情当然是感情表达最突出的地方，但直接抒情之外，还应在记叙、描写、议论中渗透情感。

感情应该是真实的，是从自己心底流淌出来的，是至诚心性的流露。鲁迅先生谈写作时说："有真意，去粉饰，少做作，勿卖弄。"朱自清先生的《背影》之所以感人至深，就在于它写的是真挚的亲情，情真意切，是最能打动人心的。

五、想象与思考是创作的翅膀

写作与作者的德识才学密切相关，写作的丰富离不开深厚的学识修养。

语言修养与写作有着直接的关系。积累丰富的语言材料，提高运用语言的功力，广泛运用各种修辞手法与表现技法，直接决定着写作的水平。

知识也是文章内容的组成部分。在写作中做出成就的人，许多都是海纳百川、博采众长、细大不捐地涉猎方方面面的知识。马克思写《资本论》，阅读了数以千计的各类科目的书籍。美国记者威·劳伦斯为了报道日本长崎原子弹爆炸事件，对原子弹理论知识做了具体的了解，他的报道因此而获得了普利策新闻奖。鲁迅在谈创作时说过："我希望你们不要放开科学，一味钻到文学里。"文理兼通，对于写作来说，犹如车之两轮，鸟之双翼，相辅相成，相映生辉。

写作既要真实，又要创新。创新既要注重原始创新，也要注重融合创新。意象的组合是写作时常用的一种创新手法。鲁迅先生的小说在构思上往往采用"情节组合法"。《药》中革命者夏瑜为革命而牺牲，这一情节与贫民华老栓买"药"为儿子治病巧妙地组合；《祝福》中的祥林嫂的命运与"祝福"的习俗有机地相连……创新性组合增加了作品的容量，深化了思想的内蕴。

作家赵丽宏一次在贵阳街头看到两种情景：一种是"几乎家家户户阳台和窗台上都栽有一盆盆花草，其中，尤以'四季海棠'居多。那一球一球火焰的小花，使人心头发热，使人眼睛发亮"。一种是街头问路。他觉得"问路可以探知一个城市的民风"。此次贵阳问路，是"一位穿着漂亮的姑娘，热情、详尽地回答了我的问询，最后还特别叮嘱：'记住，方向不要弄错了！'"

一种花，一个姑娘，似乎很难相提并论，但赵丽宏觉得花是一种美，而姑娘的这种淳朴、真诚，是更为真实自然的美。从这一基点生发想象，使两种情境融为一体，颇似电影中的两组蒙太奇镜头，无声胜有声地连缀起来了。于是,他写成了散文《四季海棠》。

　　文以心为本,心胸阔则文章阔;文以气为胜,文气盛则文章盛。可以说,在观察与感受生活的基础上,想象与思考是写作飞翔的一对翅膀,是你用笔同时划动的两支桨,而写作的过程就是使心灵更加丰富的过程。

第六节　吹送生命的气息

　　学校的魅力在于文化。校园应该是充满诗意的地方,应该让人感受到一种诗意、一种温馨、一种鲜活向上的力量;应该给生活于其中的人以幸福和美感;应该向人传递生命的气息,使每一个生命自由舒展。在这样的校园中,生命的价值与意义得以彰显,每一个生命都得到尊重,每一个生命都有一种尊严,生命与生命和谐共处。

一、让每一个生命都鲜活起来

　　教育是一项平凡艰辛而又意义深远的工作,在平凡与艰辛之中蕴含着神圣与高贵!

　　教育把人放在中心位置,以学生为中心,以教师为根本。只有这样,才能沿着正确的方向发展,凝心聚力,行稳致远。

　　学生是中心,若无学生,则无学校,以爱与关怀培育学生,学校才能兴旺,民族才能兴旺;教师是根本,若无教师,也无学校,以爱与智慧培养教师,学生发展,学校兴旺,民族兴旺。以人为本,弘道利生,是教育的本真与使命。

　　以人为中心,就要尊重每一个人,努力创造适合每一个人发展的教育。人的个性特长、天性禀赋是不一样的，成长路径也是不一样的，只有尊重个性，才能做到以人为本。教育尊重生命，教育者应该对孩子的心灵存有敬畏之心。如果面对的是婴儿，就应该用婴儿的眼光看世界；如果面对的是儿童，就应该用儿童的心去感受世界；如果面对的是一个少年，就应该体察他的内心感受……只有这样，你的教育才能发生作用。

以人为中心，就要探求真理，务求实效，崇尚实干，不尚空谈，实事求是，求真务实。

以人为中心，就要坚守教育之正，坚守人才培养之正，遵循教育规律，遵循人才成长规律，在守正的基础上不断创新，做到守正与创新的有机统一。

学校是为人存在的。只有校舍不能称其为学校。有了老师和学生，学校才诞生，师生是学校最重要的元素。学校应该让人过自在的生活，过有意义的生活。

教育应该从学生的个性出发，尊重学生的人格，促进学生和谐发展。尊重个性思想的渊源，在中国是来自孔子的因材施教思想。"材"各其类，不一而同。根据"材"的特性实施教育，使各自的生命自由健康发展，就会出现百花齐放的景象，教育的春天就会到来。坚持尊重个性的理念，实现校园文化的多元共融。优化教育的个性化功能，培养人格健全的公民。既要从全局出发，培养学生的基本特质，又要从个性出发，尊重学生的人格和兴趣，通过个性化和社会化的统一，学校教育和自我教育的统一，培养学生良好个性心理品质。

在这样的理念引领下，我特别注重校园文化建设，丰富的学生活动成了校园文化的最好载体。在美丽的校园里，活动成了同学们展示自我、释放自我的大舞台。主持人大赛、歌舞嘉年华、学生电影节、诗歌朗诵会、文化节、社团活动、体育节、文明礼仪展示、演讲比赛、灵动知识竞赛……每一项活动都有新意。

歌舞嘉年华是学生喜闻乐见的一项活动，每到活动的时候，学校里一片欢歌曼舞，只要喜欢唱歌跳舞的同学，都可以报名参加歌舞嘉年华。这项旨在"秀出你的个性，玩转你的舞台"的歌舞盛典是全校学生快乐的节日，他们自己设计，自己排练，自己组织，自己表演，拿出十八般武艺，淋漓尽致地展现着自我的才华。在这场盛宴中，当然不乏功底深、水平高的学生，但更多的是仅仅凭着自己的一腔热情去表演的。通过这样的活动，很多同学找到了兴趣，很多学生借助这项活动弥补了自己在学习等方面的缺失，活动给孩子们带来了喜悦与自信。

教育要重视学生的全面发展，重视学生身与心的和谐，重视对学生内心的挖掘和智慧的启迪。校园电影节是广受学生欢迎的活动。电影作为教学媒介有两个层面的意涵，它既是传授知识与道德教化的媒介，也是学生学习文化与涵养德性的媒介，因此电影艺术已成为学生自我反思、自我教育的重要场域。校园电影节就是挖掘本我、释放真我的校园文化活动。

校园电影节起源于校园英语剧，从最初的舞台演出，到后来的数码播放，已走过了十几年的路程。从开始的只有少数班级参与，到现在场场爆满、掌声欢呼声不绝于耳，成为学生生活中不可或缺的一部分。《指环王》《阿拉丁》《音乐之声》《花木兰》……学生的灵性和创造力得到了充分展现。写剧本、做道具、表演、拍摄、后期制作、海报宣传，同学们越干越有劲，越做越专业。现在，英语剧又呈现出新的特点，各种高科技元素不断渗透到拍摄和制作过程中，不少同学为了制作英语剧，专门学习了数字电视制作技术，同学们在不知不觉中向社会所需要的复合型人才迈进。

校园电影节已经成为一项有着校园奥斯卡美誉的电影庆典。参加电影节的不是来自国内外的著名大片，而是同学们自编自导自演的电影。从普通的舞台剧发展到有着相当水准的电影大片，学校的影视活动已经有了长足的进步。同学们自己评选出最佳影片、最佳男女主角、最佳男女配角、最佳剪辑、最佳摄影、最佳导演等十多种奖项。颁奖典礼隆重而热烈，演员们身着正装，走过红地毯、在欢呼声中把自己的名字留在签名墙上，老师和同学同台担任颁奖嘉宾，为获奖者送上奖杯和鲜花。一位同学说："直到我负责电影拍摄时，我才发现这赐予我的不仅是挑战，更是发现自我的契机。我就像插了翅膀，从此真正为寻找自己飞翔。"

在校园生活中，社团活动是学生展现自我、幸福成长的重要天地。如国学社、模拟联合国、书法社、朗诵社、跆拳道社、摄影社、小作协、棋社、天文社、动漫社等。天文社观测流星雨，拍摄了大量有价值的照片。绘画社的作品大量获奖。文学社出版了学生作品集。棋艺社的同学自由创意、自己负责、自己商议活动内容、自己聘请辅导老师，开展棋艺友谊赛。有艺术特长的学生获得一展才华的舞台，在科学领域怀抱梦想的学生也能获得充分的发展，每一位学生都能充分发挥自己的特长与爱好。

尊重学生的需要、兴趣和人格，优化教育的个性化功能。从学生的兴趣爱好、个性特长、理想追求出发，重视学生的优势潜能，为不同类型的学生搭建展示其个性的舞台，为学生创设良好的环境，为其个性发展提供条件。倡导赏识激励教育，开展校园十佳、优秀学生评选活动。注重学生和谐发展，在帮助学生发展优良个性品质的同时，帮助学生克服不良的个性特点，培养符合现代文明要求的人格健全的学生。

教育应当把着力点放在探索全新的、适合学生发展、引导学生体验的活动上来。丰富多彩、充满活力的校园生活，洋溢着文化气息，充满着时代激情，为学生提供舞台，营造一道道亮丽的青春风景线，使学校成为学生成长的沃土。好的教育要解放学生，激发潜能，把人放在中心位置。

二、花儿并不是只有一种颜色

教育是一首生动的诗，是一首感人的歌，是春天的阳光，是宜人的风景。学校的智慧在于包容：海纳百川，有容乃大；和而不同，和衷共济；和谐共生，兼容并包。好的学校应该使人各美其美，美人之美，美美与共，共生共美。花儿并不是只有一种颜色，赤橙黄绿青蓝紫，才显得缤纷；生物并不是只有一种，飞禽走兽，花鸟鱼虫，才显得欢腾；这世界，万物相同是相对的，差异是绝对的。我们每天所看到的太阳也并非是我们昨天看到的那一轮，它总会有变化，它总会存在着差异。今天跟昨天相比，每个人都或多或少发生着改变，今天与昨天的自己存在着差异。差异是世界上最普遍的一种存在，如果没有差异，世间将会是一片死寂，如果没有差异，我们的生活将枯燥无味；如果没有差异，我们将会失去前进的动力。唯有存在差异，我们的生活才显得丰富多彩，我们的教育才会激活生命。

学校的治理在于激励：激发善意，激发正气，激发潜力，激发能量，激发动力，激发活力。好的学校应该凝心聚力，形成智慧的组织、学习的共同体。

教育要关注学生的心灵与成长，让学生的禀赋得以发扬，优势得以发挥，潜能得以发展。从来就没有抽象的学生，每一个学生都是有个性的鲜活的生命，每一个鲜活的生命都是无比珍贵的，每一个生命都是一个丰富神奇的世界，每一个生命都是独特的。教育要关心生命的幸福与尊严，使人生活得更幸福、更健康、更和谐、更有价值，获得终身发展的能力。

教育解放心灵。教育为学生的远行做准备：准备知识，准备智慧，准备修养，准备持续的自我发展能力。远行的意义并不在于目的地，物理空间的移动变换并不能与远行画等号。远行的诗意和宏伟在于精神的独立与自由，从舒适或无聊的生活环境中超越，从一成不变的日子超越，勇敢地投入苍茫的未知。对于远行者而言，山巅的壮阔雄伟或是田园的温婉静谧并没有太多不同，真正不同的是远行路上经历的人和事。远行中与自己灵魂的交流，让远行变得充满意义。远行是突破自我的过程。想要在变动不居的世界中找到真正的家，就要学会为灵魂寻找归宿。"雁引愁心去，山衔好月来"，在陌生的环境中，经历不同的人和不同的事；在全新的环境中挑战自我，突破自我，从而塑造全新的自我。远行是放飞自我的过程，在喧嚣的现代都市中人们被一件件琐碎的事情牵绊纠缠，忘了生活原本的意义，忘了梦想。远行意味着摆脱束缚，挣脱规则，释放心中的自由，做真实的自己。人们向往凯鲁亚克的经典描述："真正不羁的灵魂不会真的去计较什么，因为他们的内心深处有国王般的骄傲。"

耶鲁大学致力领袖人物的培养，本科教育的核心是通识，是培养学生批判性独立思考的能力，并为终身学习打下基础。通识教育的英文是"liberal education"，即"自由教育"，是对心灵的自由滋养，其核心是——自由的精神、公民的责任、远大的志向。自由地发挥个人潜质，自由地选择学习方向，不为功利所累，为生命的成长确定方向，为社会和人类的进步做出贡献。

真正的教育，是批判性的独立思考、是时时刻刻的自我觉知、是终身学习的基础动力。学会思考、选择，拥有信念、自由，这是教育的目的，也是获得幸福的终极能力！

教育顺天致性。尊重个性，顺应天性，不忧之太勤，不爱之过甚，使孩子的天性得到自然发展。孩子的成长是有其特定规律的，教育就是尊重儿童的发展规律和成长路径，让儿童回归本真，回归到自然状态，成为自己的主人。

学校应该是充满诗意的地方，应该让生活于其中的人诗意地栖居。

好的教育，一要对人好，二要使人更好。

在爱的圣地，每一个孩子都是发光的星星。

第六章

灵魂之爱:
凝聚祥宁的善好光明

新生命的诞生是天地间最神奇的创造，新生命的成长是人世间最艰辛的历程。爱，创造了生命，哺育了生命。父母对子女的爱是一种无私的爱，是伟大的灵魂之爱。这种爱可以凝聚无穷的力量，可以融化一切的坚冰，可以成就生命的幸福，可以提升灵魂的能量。

生命本身既具有能量，又汲取着物质与精神的资粮而生长。内在能量与外在能量的融合，使生命得以保存、生长和延续。父母是新生命最大的能量源，家庭是新生命最强的能量场。最初的教育，来自父母和家庭；最好的教育，就是使体魄和心灵尽可能得到爱与美的熏陶、得到完善的教育。

意大利儿童教育家蒙台梭利说："三岁决定一生。"可见启蒙教育对于一个人的成长具有非常重要的意义。

尊重和爱护孩子的自尊心，要留意得像对待一朵玫瑰花上颤动的露珠。崇尚珍爱生命的教育，因为生命的成长附着着一种来自他人的关爱。像自然中的生命一样，这样的生命之爱，是来自阳光的，来自泥土，来自雨水的，来自浇灌呵护管理的。这样的养育之爱，融在血液中，是刻骨铭心的，是根深蒂固的。只有珍爱生命的人，才会懂得尊重生命，享受生命。

人性中本质的需求是渴望得到赏识。就生命而言，每个幼小的生命仿佛都是为得到赏识而来到人世间的。我们对孩子要欣赏，尊重，关怀，解放。了解一滴海水，就是了解大海的前奏；理解一个孩子，就是理解生命的前奏。尊重孩子，爱护孩子，解放孩子，要像春风催生万紫千红。

我们应该对于儿童怀有敬畏之心。儿童的天真，是最高的品性；儿童的纯洁，是最美的乐章；儿童的纯粹，是最深的智慧。

第一节　家国文化的基因与价值

泱泱大国，巍巍华夏。山河壮丽，群峰并起。辉煌文明，历代传承。

文化是国家的底色，是通往美好未来的点睛之笔。

文化是一个民族和国家最深层、最持久、最伟大的力量。

文化是人类共同创造的美好家园。中华文明是炎黄子孙共同培育的民族精神，是中华民族的理想信念。

中华文明博大精深，源远流长，蕴含着优秀的文化基因，已经融入中华民族的文化血脉之中，成为民族性格的重要内涵。

修身为本，崇德兴仁，善良忠厚，书香传世，是中国传统的家国文化理念。现代家国文化应该继承融合，守正出新。

教育的灵魂是爱，是有智慧的真爱。得天地之道，而有天地之德；得人伦之道，而有人伦之德。大道之行，天下为公。从家国文化，到中华文明，乃至整个世界文明，人类的发展要遵循自然规律，符合天地正道，建立人间正德，树立崇高信仰，确立正确信念，形成一种明德至善、正大光明的文化，以促进人类的和平、进步与福祉。

文化是一个家庭最深层、最持久的力量，是一个民族奋勇前进的不竭动力。坚定文化自信，传承文化血脉，弘扬民族精神，是我们的力量之源，奋进之本。

家国文化，它是一种象征，一种印证中华民族精神信念的象征；一把钥匙，一把解读当今中国的钥匙。家国文化，是我们共同经历的非凡奋斗，是我们共同创造的美好家园，是我们共同培育的民族精神，是我们共同坚守的理想信念。

一、家国文化的文明基因

中华文明蕴含着优秀的文化基因：厚德载物，自强不息，上善若水，虚怀若谷，忠厚和平，和而不同，天人合一，道法自然，仁义礼智，诚信善良，日新又新，天下大同等，已经融入中华民族的文化血脉之中，成为民族性格的重要内涵。

中华文明的文化基因在中华大地生根发芽，久久为功，长成参天大树，护佑子子孙孙，绵延不断，相沿成习，化入人心，泽惠众生。这种文化基因，是文明的种子，融入家庭，则形成家庭文化；融入社会，则形成社会文化；融入民族，则形成民族文化。经历几千年风雨，经由无数人传承，文以化人，蔚成风气，家风于此而成，国风于此而成。家国文化，一经形成并传承，又如春风化雨，潜移默化，陶冶身心，淳化风俗，积善成德，生生不息，形成伟大的民族精神，具有磅礴的生命力量。

中国人的家国情怀是非常强的。所谓家国情怀，就是指一个人对于家庭和国家的深厚情感。由个人而家庭，由家庭而国家，由爱家而爱国。情感的纽带将人与家联结在一起，进而将家和国联结在一起。有国才有家，家和万事兴，是中国人历久弥新的观念。

国和家，构成国家。国、家各自有丰富的内涵，组合成国家之后，内涵更加深广，气势更加博大，精神更加伟大。国家是人的立身之本，生命之源。一个人的生命，与国家紧密相连，息息相关。没有国家，人的生命就失去了依托。有了国家，人的生命才有了生存发展的根基。国家强大，人民才能有幸福，有尊严，有价值，有力量。

国家好了，人民才好；人民好了，国家才好。国之本在家，家之本在身。修身文化，是家国文化的精髓，是中华文明的优良传统。

修身齐家治国平天下。注重修身，崇德兴仁，善良为人，书香传世，是中国传统的家国文化理念。范仲淹是宋代著名的政治家和文学家，其仁人之心,流芳千古。仲淹二岁而孤,母亲孤苦无依,改嫁长山朱氏。仲淹从小就有志向节操,长大后知道了自己的家世,便感动哭泣,辞别母亲,到应天府求学。他勤学苦读,昼夜不息,冬月疲惫已极,就以水洗脸继续挑灯夜读。食物不给,就喝粥度日。早上煮粥,划作四块,以为一日之食。别人不堪其苦,他却以苦为乐。后来,仲淹读书成功,举进士第,为朝廷所任用,便把母亲接来亲自赡养,以尽拳拳孝心。

仲淹性格内刚外和,性情至为孝顺,母亲在时,家庭正当贫穷,后来虽然显贵,仍然勤俭持家,艰苦朴素,淡泊明志。妻子和子女的衣食,仅能自充,只求勉强够用即可。但他却乐善好施,周济百姓,一心为民。他救济学子,减少徭役,建立义田,善行恩济百姓。他花钱买了几千亩良田作为公益田,让百姓免受饥寒。仲淹死之日,四方闻者,皆为之叹息。仲淹耿直,堂堂正正,宁鸣而死,不默而生,扬善去恶,主持公道。每到一处做官,就为百姓做好事;在朝廷任职,则不畏小人陷害,正义凛然,直言进谏。"居庙堂之高,则忧其民;处江湖之远,则忧其君。是进亦忧,退亦忧。然则何时而乐耶?其必曰:'先天下之忧而忧,后天下之乐而乐'乎!"他的《岳阳楼记》流芳百世,"先天下之忧而忧,后天下之乐而乐"成为千古名句,深刻影响了历代知识分子,成为中国文化星空的一道亮光。

"道德传家,十代以上,耕读传家次之,诗书传家又次之,富贵传家,不过三代。"一个家庭要长久兴旺,靠的是道德和智慧、善良和读书。

家风向善,福运绵长。范仲淹的善心影响了子孙后代,善行延续。因为战乱,义田曾经被毁,范仲淹五世孙范良器、范之柔兄弟将自己的财产捐献出来,使义田恢复如初。善良之人自有福报。善良家风护佑着范仲淹的后代子孙,从宋朝一直到清末,整整八百年时间,家族兴旺不衰。

一个家族的兴旺延续，既要善心善行，润泽子孙，还要读书立学，书香传家。学习改变命运，读书修养身心。范仲淹在给家人的书信中谆谆教诲家人：一要让孩子努力学习，勤学苦练。二要让孩子明白只有学有所成，才能有所成就。

范仲淹说："耕读莫懒，起家之本；字纸莫弃，世间之宝。"并把这句话作为家族的族训。在他的教育下，范家的子孙无不奋发努力，崇尚道德学问，名臣良相辈出，成为世间美谈。

云山苍苍，江水泱泱，先生之风，山高水长。范仲淹在《严先生祠堂记》中的这句话，正好可以作为他本人及其家族精神的真实写照。

二、家国文化的精神价值

家国是华夏儿女的精神原乡。中国文化重视家国人伦。中国文化对社会的影响始自于对家庭人伦的影响。家国文化的根脉发源于中华文明，是中华文明的具体体现，如孝敬为本、修身为本、仁爱善良、内圣外王等。

家国文化熏陶和感染了无数英杰，在国家前行的大势中寻找人生价值，聚焦成长坐标。

家国情怀是传统文化的一个重要组成部分，也是每个时代的公民应该具备的基本道德素养和精神品质。在我国的文化体系中，"修身、齐家、治国、平天下"这四个词构成了家国情怀的基调。中华文明深刻影响了中国人的家国伦理观念。中国人的家国伦理观念体现于家风家训中。家风家训实际上就是一个家庭的价值追求、文化信仰和生活信念。优秀的教育要置身传承民族和地域文化的高度，引领学生浸润、传承、创新传统文化，建塑担当作为的高远志向。

家国情怀是一种博大的情怀，体现了对国家富强、人民幸福的期冀，对中华文明的认同感、归属感和使命感，充满人文情怀并关注现实问题，以天下为己任。

家国文化的要义是修身文化。家国文化特别注重子孙的修身与成才。如何使子孙的修身与成才成为现实，就有了家训和家书。由家训和家书，以及世代相传的家国教育，形成一种家国文化，进而成就一种家风国风。良好的家风国风一旦形成，家庭的文脉就会源源不断，所以中国有个成语叫家学渊源。"家规"是治家教子、修身处世的重要载体，"家训"是国家法制的缩影，"家风"是中华民族传统文化的重要组成部分。家风，是隐藏在家族发展与文脉传承中的文化基因。纵使沧海桑田，但家风家训就像精神脐带一样，为后世供应着营养。无论范家"先天下之忧而忧，后天下之乐而乐"，还是翁家"诗书忠厚之泽，可及于无穷"，都昭示着当代学子应当拥有的高尚情怀！

《孟子》云："天下之本在国，国之本在家。"家国文化的核心是文化价值观。每个家庭都有其核心价值观，有的写在文字上，有的是在家庭成员中口口相授，代代相传。记得小时候，父亲喜欢跟我们在一起谈心交流。从父亲口中听到最多的一句话是："种花得花，种豆得豆。"印象最深刻的一句话是："堂堂正正做人，踏踏实实工作，认认真真学习。"等我长大成人，也有了儿子之后，才体会到父亲说这番话绝对不是无意而为，很大程度上是对我的谆谆教诲，对我的一种希望。于是我明白了一个基本道理——种花得花，种豆得豆。我铭记住了做人的基本原则——堂堂正正做人，踏踏实实工作，认认真真学习。

真正的智慧，是明道理，有道德。家国文化是建立在道德基础之上的：一定要有正确的信仰来导向家国的发展，一定要有高尚的道德来引领子女的成长。家国文化有信仰，才能福运绵长；家国风气有道德，才能长久兴旺。

德者，得也。道德之德，在古代有时也被训释为获得之得。有德之人，才能获得成功。道和德结合，合称道德。合道，谓之德。合天地之道，就有天地之德；合人伦之道，就有人伦之德。家国文化特别重视道德。为什么特别重视道德呢？因为有道德，才有正能量；积善，才有吉庆；修身，才能齐家治国平天下。

学校是一个大家庭。由家国的伦理道德演化出学校的道德，那就是：教师要像爱自己的孩子一样爱学生，学生要像敬自己的父母一样敬教师。爱与敬，构成了家国文化的基本内涵。家风好了，校风好了，国风就好了。

得天地之道，而有天地之德；得人伦之道，而有人伦之德。何为人伦之道？父子有亲，天经地义。何为人伦之德？孝悌为本，仁义礼智信。"老吾老以及人之老，幼吾幼以及人之幼，天下可运于掌。"孟子认为：爱自己的老人推及到其他老人；爱自己的孩子推及到其他孩子。如此推己及人，推而广之。由家庭，而社会国家；由亲情至爱，推广为人间大爱，实行王道，崇尚仁政，体恤民情，关注民生，以人为本，行稳致远，天下可运于掌。

大道之行，天下为公。何为大道？从家国文化，到中华文明，乃至整个世界文明，人类的发展要遵循自然规律，符合天地正道，建立人间正德，树立崇高信仰，确立正确信念，形成一种明德至善、正大光明的文化，以促进人类的和平、进步与福祉。正是从这个意义上说，家国文化应该对未来世界产生更加深远的影响。

第二节　神圣的天职

爱令时间永恒，爱令教育永恒，爱令爱永恒。

母亲是女人神圣的天职。福禄培尔说："国民的命运，与其说是操在掌权者手中，倒不如说是握在母亲的手中。因此，我们必须努力启发母亲——人类的教育者。"父亲是男人最重要的职责，一位父亲所给予孩子的是榜样的力量，父亲的人格会影响孩子的人格，父亲是什么样子，孩子往往就是什么样子。

一、父母爱子女，必为之计深远

文化应该继承融合，守正出新。所谓继承融合，就是要继承中华传统文化的精华，融合各种优秀文化要素。所谓守正出新，就是要童蒙养正，以德为本，端身正意，涵养德性，吸纳现代文明内涵，汲取先进教育理念，如对个性的尊重、对天性的呵护、对创新的包容等。有了正确的理念，才会有好的教育。爱是教育的灵魂，父母爱子女，应该有正确的理念为指导，应该是有智慧的真爱。

父母爱子女，必为之计深远。道德是人生幸福的基石，是家庭兴旺的源泉。修身齐家治国平天下，一切以修身为本。要在孩子的心灵中播下美德的种子，引领孩子向真，向善，向美，向上，做一个有道德的人。

父母爱子女，必使其正其心。正身必先正心，养德即是养心。心正则行正，心美则身美。一切福田，不离方寸，从心而觅，感无不通。君子所以异于人者，以其存心也，君子所存之心，只是爱人敬人之心。要关注孩子心灵的发育，让孩子获得和谐的发展。

父母爱子女，必教其乐读书。古今来多少世家，无非积德；天地间第一人品，还是读书；为善最乐，读书便佳。要引导孩子养成读书的习惯，读好书，读经典，读有益的书，读圣贤书，使家庭成为书香门第，让孩子终生热爱读书。

父母爱子女，必为之强身体。孩子健康成长是教育的出发点，要让孩子养成健康的生活方式和良好的运动习惯。

父母爱子女，必激发其兴趣。要着眼于孩子的终身发展，使孩子养成终身学习的兴趣和能力。培养兴趣，贵在激励，要激发孩子学习的积极性和主动性。只有积极主动学习，才能真正学好。而能够使孩子积极主动学习的关键，一是点燃孩子学习的热情，二是培养孩子自主学习的习惯，三是引导孩子学会学习。

父母爱子女，必养成其好习性。播种信念，收获行为；播种行为，收获习惯；播种习惯，收获性格；播种性格，收获命运。

父母爱子女，必尊重其个性。多元智能理论告诉我们：人的智能是多元的，每个人都有自己的优势智能。要善于发现孩子的潜能，使孩子的禀赋与特长得以充分发挥。孩子是自己在成长，任何人都无法代替。孩子成长有自己独特的路径。要尊重孩子的天赋，尊重孩子的个性，尊重孩子的兴趣，尊重孩子的特长，尊重孩子的人格，尊重孩子的感受，尊重孩子的想法，尊重孩子的自主选择，培养孩子的人生规划能力和自我发展能力。要给孩子时间和空间，让孩子做自己喜欢的有意义的事，研究自己喜欢的有价值的学问。

父母爱子女，必教其重人伦。父子有亲，天经地义。父母爱子女，子女爱父母，乃天地之人伦。爱是教育的灵魂，父母之爱是孩子至高无上的财富，是孩子生命中的太阳。教育只有与爱融为一体，才能产生巨大的能量。

父母之爱绝不是溺爱，也不是娇惯，更不是放纵。真爱子女者，必自童蒙以养正，重修身以立德，使子女懂得礼义廉耻，为子女讲明因果之道，教育子女孝亲尊师，善良仁爱，立身端正，明理诚信，诸恶莫做，众善奉行。如此方为真爱，舍此则为溺爱。

父母之爱也不是包揽代替。要让孩子学会面对挫折，经点风雨吃点苦，在生活中磨炼意志，逐渐提高抗压力与抗逆力。如此培养，方能成就孩子的勇敢精神。要培养孩子的独立性，教育孩子流自己的汗，吃自己的饭，自己的事情自己干，自己的道路自己走。如此培养，方能成就孩子的自立能力。

父母爱子女，必倾听其心声。倾听孩子的倾诉，倾听孩子的意见，理解孩子的情感，分享孩子的快乐，分担孩子的痛苦，循循善诱，平等交流，做孩子的良师益友。

父母爱子女，必遵循其规律。对孩子要管而不管，不管而管。管大事，管根本，管长远。避免专制式管理、放纵式管理、琐碎式管理、唠叨式管理、情绪化管理。有所管，方能使孩子立身正，品行端，有教养，有责任感；有所不管，方能使孩子有主见，有能力，有创新，有自由发展的空间。

父母爱子女，必为之做榜样。孩子最早的学习是从模仿开始的。他们从很小的时候开始，就会将看到、听到、感觉到的东西融化在正在发育的大脑里，并在以后的生活中不知不觉地加以效仿。著名教育家马卡连柯说："父母是孩子人生的第一任教师，他们的每句话，每个举动，每个眼神，甚至看不见的精神世界都会给孩子潜移默化的影响。"

父母爱子女，必信任欣赏子女，培养子女的自信心。一个孩子经常被我们看成什么样，经常被我们说成什么样，经常被我们怎样对待，在不久的将来，就会变成现实。1968年，罗森塔尔来到一所小学，他从一至六年级中各选3个班，在学生中进行了一次"发展测验"，然后随机确定了一份名单，并以赞美的口吻将有优异发展可能的学生名单通知有关老师。8个月后，他又来到这所学校进行观察，结果名单上的学生成绩有了显著进步，而且情感、性格更为开朗，求知欲望强，敢于发表意见，与教师关系也特别融洽。这就是著名的皮格马利翁效应，亦称罗森塔尔效应。

父母爱子女，必启发其自主性。孩子成才关键在自己，一个人需要学会依靠自己，学会尊重自己，不接受他人的施舍，不等待命运的馈赠，只有在这样的基础上，才可能做出成就。因此，在培养子女的过程中，要把更多的时间和精力用在培养孩子的自立、自尊、自信、自强的意识上，把孩子当作朋友来看待，而不是一味要求孩子顺从自己的想法。

父母爱子女，必待之以宽容和蔼。当今社会，竞争越来越激烈，孩子的学习负担、心理压力也随之加重，家长要注意为孩子舒缓压力，而不是相反。要给软弱的孩子以坚强，给自卑的孩子以信心，给无望的孩子以希望，给苦恼的孩子以欢喜，给孤独的孩子以温暖，给不幸的孩子以幸福，给幸福的孩子以激励。

父母爱子女，必放飞其心灵，让孩子的生命自由舒展。应该给孩子广阔的成长空间，顺应天性，让孩子舒展生命，自由成长。教育本大事，得失寸心知，世上没有两个完全相同的人，教育要从每个孩子的心灵出发，解放心灵，放飞心灵。

每一个孩子身上都寄托着父母的殷切希望，每一个孩子的心灵都需要阳光和关爱，每一个孩子的成长都有独特的发展路径，每一个孩子的身上都应该闪耀着德性的光辉。

好的家庭教育＝好的家长＋好的家庭环境＋好的亲子关系。好的教育要促进孩子的健康、幸福与成长，培养孩子纯洁高尚的道德、善良的心灵和终身发展的能力，给予孩子以美好的生命愿景。

二、关怀教育

关怀教育是温暖的教育。立足生命、关怀生命，是教育的原点。

关怀教育包括身心灵的关怀。通过关怀教育建立关怀型文化，这种文化关注人与自身的关系，人与人的关系，人与自然的关系。旨在建立健康和谐的身心关系，仁义礼智信的人际关系，天人合一的人天关系，最终促进身心灵的和谐发展，达到舒展生命、温暖心灵、净化灵魂的目的。关怀教育是一种爱的教育。

马丁·海德格尔说："关心是人类的一种存在形式，关心是对生命的同情，是最深刻的渴望，是一瞬间的怜悯，是人世间所有的担心忧患和苦痛。"

内尔·诺丁斯认为："关心意味着一种关系，它最基本的表现形式是两个人之间的一种连接或接触。两个人中，一方付出关心，另一方接受关心。要使这种关系成为一种关心关系，当事人双方必须满足某些条件。无论是付出关心的一方，还是接受关心的一方，任何一方出了问题，关心关系就会遭到破坏。"

关怀孩子，就要听听孩子的心里话。我在教学过程中曾经与很多孩子有过深入交流。这里摘录的是学生的几段话，让我们听听孩子们的心里话，看看孩子们心中的好家长什么样子的：

什么才叫作好家长？我认为，好家长便是：爱孩子却不宠溺，严厉却不严苛；他们引导孩子向正确的道路发展，却不过分地限制孩子未来的方向。关于好家长的定义我认为这些便已足够。每个家长都爱自己的孩子，每个爱孩子的家长都足以被称为好家长。

我心目中的家长应该是开明公正的。母亲应当感性地看待问题，坚持情理法的原则。面对孩子的问题应当首先提出来并协商解决。父亲应当更加理性，母亲劝解无效时，用更为强硬的手段疏导孩子，平时应多与孩子搞好关系，小事上不宜追究太深。

与孩子的沟通，不要总将自己摆在高高在上的家长的地位上，这样你才会发现你的孩子其实没有想象中的幼稚不懂事。

人人都有自己的小秘密。回想您的当初是不是也曾有过许多不想让家长、老师或同学知道的事情。当你与孩子的沟通效果很好，您可以成

心灵的教育 | XINLING DE JIAOYU

功地教育他"什么是对，什么是错，什么是一个学生应该做好的，什么是你的出路，认清方向"。一味地苛求严管不如让孩子学会自律成就更大。

我心目中一位好父亲应该什么样？首先，工作要努力。不说一定要赚很多钱，但一定要在自己的事业上做到最好，闯出门路。男人就应该体现出自己对社会的价值。但同时也要分得开事业与家庭。威信的树立不是靠凶残的外表，而是要以身作则，用自己的人格魅力来感染孩子，成为孩子模仿的对象，成为子女心中的榜样。另外，要在家庭生活中，在子女面前努力拒绝自己的坏习惯。不吸烟、不喝酒，努力展现好的一面。虽说父爱如山，包容博大，但也有细腻的一面，要体贴子女，多与子女交流，了解年轻人心中所想。最后，要为人低调，要可靠。

渴望指引，渴望鼓励。像是黑暗中摸索着探路的人一样，面对这个世界，我们不知道我们一直在摸索寻觅，而自己真的不知道自己身处何处，不知道正确与错误。我们的父母似乎可以指引我们从错误的位置拉回来，指引我们。而如果，我们已经在摸索中不小心走错路，那么，我们渴望鼓励。多么希望父母不要只看到我们的叛逆外表而失望。相信你们的孩子渴望成功，渴望指引，渴望鼓励。

渴望认同，渴望被爱。每一个孩子都希望得到父母的爱。每一次得到一点点小小的进步，都希望父母认同。孩子们的思想是开阔的，是千奇百怪的。我们的思想或许不被别人认同，但是请我们的爸爸妈妈一定要认同我们。我们需要这一点点，或许别人认为微不足道的认同。

给孩子一份爱护与鼓励。周婷婷是一位双耳全聋的孩子。婷婷的父亲周弘用深沉的父爱，用满腔的生命激情，彻底改变了女儿的命运，把婷婷培养成一位留美硕士，使婷婷的生命获得了健康而幸福的成长。"哪怕天下所有人都看不起你的孩子，做父母的也要眼含热泪欣赏她，拥抱她，赞美她，为自己创造的生命而自豪！"婷婷父亲在教育婷婷的过程中成功地运用了赏识教育。赏识教育就是让孩子的生命觉醒。赏识教育导向成功。婷婷教育的成功，生动地证明了家庭教育的重要性。

人的成长离不开教育，教育对青少年的影响至关重要。成功的教育，应该使孩子获得和谐全面的发展，使人格越来越健全，使孩子的眼神越来越有智慧之光。

只有当成人没有忘记做孩子时的感受，才能理解孩子的感受。孩子不听话，是因为我们不听孩子的话。教育孩子首先要学会做个听话的教育者。尤其是对于青春期的孩子，要少说多听。如果不会说，那就不要说，耐心地听孩子说。用孩子理解的语言沟通，尊重孩子的真实感受。有时孩子只想发泄情绪，并不需要指导。家长不必担心着急，给孩子一个情绪的缓冲期，调整一下，等情绪一过，慢慢就会好了。这是尊重孩子的真实感受，允许孩子情绪发泄。任何一种教育，孩子越少感觉到教育者的意图，效果越好。

对孩子的关心，不仅是一种理念，也体现在日常生活中。中国古代父母对孩子的七不责，至今读来，仍觉得很有温度：

1. 对众不责：在大庭广众之下，不要责备孩子，要在众人面前给孩子以尊严。2. 愧悔不责：如果孩子已经为自己的过失感到惭愧后悔了，大人就不要责备孩子了。3. 暮夜不责：晚上睡觉前不要责备孩子。此时责备他，孩子带着沮丧失落的情绪上床，要么夜不成寐，要么噩梦连连。4. 饮食不责：正吃饭的时候不要责备孩子。这个时候责备孩子，很容易导致孩子脾胃虚弱。5. 欢庆不责：孩子特别高兴的时候不要责备他。人高兴时，经脉处于畅通的状态，如果孩子忽然被责备，经脉就会立马憋住，对孩子的身体伤害很大。6. 悲忧不责：孩子哭的时候，不要责备孩子。7. 疾病不责：孩子生病的时候，不要责备孩子。生病是人体最脆弱的时候，孩子更需要父母的关爱和温暖，这比任何药物都有疗效。

关怀教育是给予孩子安全和自由。心理学家罗杰斯认为：心理的安全和自由是促进身心高级成长的两个重要条件。孩子在宽松和谐的心理环境中无压抑感，能无拘无束，天马行空，大胆进行思维，容易形成创新意识。因此，亲子之间必须建立一种亲密、平等、和谐的关系，淡化父母的权威意识。

孩子的乐观与快乐有时是靠一家人温馨的每日"小小座谈"塑造的。观察很多类似的案例会发现——创造融洽亲子关系的秘诀在于永葆童心。优秀的爸爸妈妈并没有把陪伴当作任务，而是非常享受与孩子在一起的时光，而这得益于父母的童心。没有童心，没有热情，就不会有教育，也不会给孩子带来乐观开朗积极阳光的品格。

无论是父母还是师长，温柔的眼神，微笑的神态，和蔼可亲的话语，都能拉近和孩子之间的距离，促进良好关系的建立。一旦良好关系建立，孩子就会展开想象的翅膀，气氛就会显得生动活泼，孩子就会变被动学习为主动学习。

尊重不平凡的发问，鼓励孩子在解决现实问题中有独特的设想和新颖的方法。宋代理学家朱熹说过：大疑则大悟，小疑则小悟，不疑则不悟。尊重和了解孩子不平凡的提问，保护孩子好奇心是非常重要的。儿时的好奇心会促使其产生对未知世界探索的兴趣，从而成为发明创造的向导。

教育能改变人的思维方式，让人活得幸福。哈佛大学的《幸福课》风靡全球，教授这门课的泰勒·本·沙哈尔教授认为："幸福取决于你有意识的思维方式。"并总结出了以下12点获得幸福的思维方式：1. 不断问自己问题。每个问题都会开启自我探索的门，然后，值得你信仰的东西就会显现在你的现实生活中。2. 相信自己。怎么做到？通过每一次解决问题、接受挑战，通过视觉想象告诉自己一定做得到，也相信他人。3. 学会接受失败。否则，你永远不会成长。4. 接受你是不完美的。生活不是一条一直上升的直线，而是一条上升的曲线。5. 允许自己有人的正常情感。其中,包括积极和消极的情感。6.记录生活。7.积极思考遇到的一切问题,学会感激。感激能带给人类最单纯的快乐。8.简化生活。贵精不贵多。对自己不想要的东西学会说NO！9.幸福的第一要素是：亲密关系。这是人的天性需求,所以,要为幸福长久的亲密关系付出努力。10.充分休息和运动。11.做事有三个层次：工作、事业、使命。找到你在这个世界的使命。12.记住：只有自己幸福,才能让别人幸福。教育子女最好的方法就是做个诚实善良而又内心丰盈的父母。

童年的经历是温暖的,一生就将是温暖的;童年得到的是关怀,长大后才会有对生命的关怀。

教育提醒孩子关于乐观、友谊和无限想象力的价值,并在以美德之甘霖助力孩子获得成功后,让孩子把快乐与活力转赠给世界。

三、春风吹过成长岁月

一个人的成长,家庭是原点。推动摇篮的手也推动整个国家。树高千尺,营养在根。合抱之木,生于毫末;九层之台,起于累土;千里之行,始于足下。汇涓流,江海以望;积跬步,千里可越。我研究了许多成功家长的教育故事和心得,也曾请家长到学校来介绍培养子女的经验和体会,本节摘录其中一些内容以共勉：

古人云："家事万端,大莫人焉。"家庭是孩子的第一所学校,父母是孩子的第一任教师。孩子是家庭的希望,也是国家的未来。家庭教育要春风化雨,让春风吹过成长的岁月。

如何认识孩子的成长？成功到底是什么？仅仅是物质财富累积,还是一个人德智体美劳全面发展,过上充实、健康、幸福的生活？

不论物质财富如何丰富,物质终究不能替代精神。一个人的幸福,不仅需要较为富足的物质生活,还来源于充实愉悦的精神世界。只有人的精神品质、真实情感以及真正的本领，才会赢得真正的幸福。

教育的目的应该是人的全面发展。孩子们要有健全的人格，成为正直、善良、诚实、有爱心的孩子，有远大志向，热爱祖国，勤奋学习，锻炼身体，积极向上，掌握真正的本领。

有研究者发现美德对人事业成功有直接影响：你为别人有所奉献，使你拥有更好的人际关系。品德高尚的人，往往胸怀宽广、豁达乐观。乐于助人的人容易有成就感，获得了对自我价值的肯定。

支持孩子积极参加集体活动、公益活动。一位家长谈到自己的孩子时说："学校有志愿者组织，这是她最愿意参加的，一进校就积极报名。她参加了社区的图书馆管理员义务工作，还参加了一个超市食品的促销活动，站柜台。她做这些真是带着一种快乐的心情去做的。她参加了手拉手给藏族小朋友写信的活动，还主动去银行给冰雪灾区汇款。她积极参加了学校红十字会的培训，拿到了急救员证书和急救包，她很高兴，一出远门就要带上。"

如何以正确的价值观引领孩子？成功的家庭教育首先取决于正确的价值导向。家长的教育理念，直接影响着家庭教育的效果；而家庭教育的效果，又直接影响着孩子的成长。对于孩子来说，需要的不是批评，而是榜样，是引领。父母应该在生活中以正确的价值导向和亲身示范，让孩子知道什么是好的人生。这对孩子的文化修养、人生感悟、人格升华，都会产生深远的影响。给予孩子坚忍不拔、自强不息、勤奋好学的精神，这种精神可以铸就孩子不屈不挠的性格，促使孩子奋发向上。

如何促进孩子全面发展？孩子就像一株幼苗，生长中既需要水分，也需要土壤、阳光和养料。美国哈佛大学心理系教授丹尼尔·戈尔曼说："人的成功，智商指数只占20%，而情商等因素占80%。"

如何激发孩子潜力？兴趣是从事某种活动的原动力。只要孩子感兴趣的事，他就一定会自觉自愿地去学习钻研，并能创造性地做好。

兴趣能激发孩子内心潜在的热情，丰富他们的生活，使他们对世界好奇，对明天抱有美好的希望。

每一个孩子都有与别人不同的天赋、兴趣和个性。只有根据孩子的个性特点，因材施教，才能获得良好的效果。家庭教育与学校、社会教育相比，其优势是更利于施以个性化的教育。教育需要父母的耐心和智慧，细心了解孩子，理解孩子，认识孩子，发现其特长，根据孩子的个性和兴趣，因势引导，进行循序渐进的教育。

如何培养孩子宽容乐观的性格？有位学生乐观自信，性格开朗。老师和她妈妈交流，她妈妈说：

我们家庭成员之间的互相交流一直是挺通畅的。有时我们仨抢着叙述自己的经历和见闻，以至于得事先平等分配时间。自幼儿园、小学到中学，孩子的几任老师和同学的名字我都挺熟，而孩子不仅了解我们俩乃至上两辈人的过去，也能说出我们的好同学、朋友和主要同事的名字及故事。特别是上中学以后，我们几乎每天互相汇报自己一天经历和见闻，遇到拿不定主意的事，也常互相帮忙出主意。心里有什么不快的事，就会以"我今天有点烦"开头，另一位会倾听，然后帮着捋清烦恼的一个或数个由头。把烦恼分成"无法控制的"和"可以改变的"，对前者接受之，对后者则酌情改变自己、改变对方或淡化、遗忘。我们很享受这种亦亲亦友的交流。

对于孩子青春期中的所谓烦恼，我们觉得孩子开始质疑父母，尝试用自己的眼光评判世界，这是她智商情商正常发展的标志。开始有些莫名的烦躁也是人之常情，关键是把握好尺度。

如何与孩子有效沟通？每个孩子都需要心灵的交流，交流和沟通非常重要。学会激励、赏识，是进行沟通的重要前提。清代思想家、教育家颜元说："数子十过，不如奖子一长。"激励可以给孩子温暖与动力，特别是在孩子遭受挫折时，给予他温情安慰和热情鼓励是对他最有力的支持。

1.与孩子平等交流,进行心灵的沟通。赢得信任才能谈沟通与交流。与孩子交往,应是平等和民主的,而不是独断的;要获得孩子的信任,不能蒙骗孩子;要尊重他,不要用训导的口吻,给予足够的时间让他尽情表达,并给予足够的理解。经常用他自己经历的事情(主要是他自己已经取得的成绩)激励他、赞赏他,给他战胜困难的信心,与他共享成功。

2.选择适当的时机,主动敞开心怀与孩子谈看法、讲见闻、说愿望、道欢乐、诉苦衷,共同营造和谐、平等的氛围。一位家长说:孩子小学五六年级时的一封书信往来,给了我很大触动。接到他的信和礼物后,我确实很感动,信中没有优美的词语,但很朴实、真挚,礼品也很简单,但一看就是亲手做的。按老师的要求,我给他写回信。回想起他成长的点点滴滴……利用3小时的时间,给他写了四页纸的回信,回忆了他的童年、少年,肯定了孩子的成绩,真诚地感谢孩子带给自己的快乐和帮助,收到很好的效果。孩子有很大触动,直到今天说起这件事,他还很感动。这就达到了心与心的交流。

3.注意选择恰当的交流形式,往往收到出人意料的效果。书信(邮件、纸条、微信)交流非常重要,能达到较好的效果,一个心平气和、连贯条理地写,一个平心静气地看,孩子会感受到一种尊重和关爱。

4.选好切入点,寻找共同语言。了解孩子的喜、怒、哀、乐,为与他们更好交流、沟通:一起看经典的动画片、欣赏音乐、看足球赛等,了解他们的生活、爱好,探讨问题,交流看法,分析判断事物,使孩子愿意与你交流,这比单纯说教更有效果。

5.提早介入,在孩子成长的几个关键阶段加强交流。要善于抓住关键时间节点进行交流,如生日、重要节日、毕业典礼、步入中学校门时。中学的学习和生活,是一个人的良好品格形成和知识积累最重要的阶段。这个时期，除了学习方式、思维方式与小学相比发生了很大的变化外，心理和身体上也要发生较大的变化。重要的生理阶段"青春期"，也会悄然而至。这些变化本来是人成长过程中正常的事情，由于是第一次经历，所以常常让人不知所措，心神不安。但有一点要把握好的就是，学习是学生最重要的事情，学做人、学知识、学交友，落落大方，彬彬有礼，集中精力，不懈努力。

沟通交流是为了更好地了解孩子，要顺势引导，掌控局面，不能失控，就像放风筝一样，无论飞多高，线总在手里。

如何培养孩子的自主学习能力？拒绝鸽子笼式的科目分类，用孩子"对经验的新态度和新兴趣的发展"来衡量学习进度，才能让孩子获得长久持续的学习效果。教会孩子独立思考，让孩子学会自己照顾自己，胜过一切空洞的说教。

一位家长说：对于孩子的学习，我们主要关心学习态度和方法。若孩子问某一个具体的学习内容，得到的回答基本是"你自己查吧。工具书和网上查询都有，求知是你自己的活儿"。授人以鱼不如授人以渔，毕竟学习是孩子自己的事情，父母不能替孩子学习。

鼓励孩子全方位地学习、感悟和享受。学好数理化，训练自己的逻辑思维。学好语史地，丰富滋养心灵，站得高看得远。扎实的写作功底和流畅的语言表达能力更是一切的基础和前提。教导孩子明白学习是为了丰富完善自己，是为了成为对社会有用的人才。

第三节　心灵的成长

相传古代欧洲的一些贵族，特别喜爱美丽的天鹅，他们常常将天鹅放养在城堡周围的池塘里，以便观赏。可由于天鹅是候鸟，每逢冬季来临就要远飞，为了阻止天鹅的离去，贵族们想出了一个"绝招"：缩小天鹅活动的水域面积，并在水上设置了很多障碍。

天鹅是鸟类中飞得很高很远的一种，几万里的路程和险峻的山峰都阻挡不了它们的远行。但天鹅的起飞就像飞机飞行需要跑道一样，也需要一定的空间距离，一旦限制了这个空间，它就飞不起来了。当冬天过去，贵族们将障碍除去，想欣赏天鹅飞行的优美姿态时，出乎意料，天鹅竟再也不敢展翅高飞了——无疑，天鹅失去了起飞的能力。

家庭与学校应当在孩子的成长过程中铺设足够长的跑道，助其起飞。海阔凭鱼跃，天高任鸟飞。会当凌绝顶，一览众山小。要鼓励孩子志存高远，勇敢飞翔。

一、放飞心灵，保持纯真，走好自己的人生路

有一位学生说：从有记忆起，爸爸妈妈的工作就是读书，而且在一个四五岁小孩的眼中，他们非常享受读书。我觉得"耳濡目染"这个词很有道理：爸爸妈妈从未将读书、学习的重要性强加于我，但他们身体力行的榜样作用对我非常重要——他们一直用行动默默地教育我，学习应该是一件令人享受的事情，而非苦差。我是在羡慕着父母的书架和书堆中长大的，遗传了父母爱读书的习惯。我的父母都是77级大学生，都插过队，经历过时代的洗礼，于是格外珍惜能安静读书的快乐。如果说关于治学他们明确教给了我什么，那就是：治学是为了让自己变得有智慧、了解世界和他人思想，而非达成任何功利性的目的。爸爸妈妈给了我超乎任何同龄人可以想象的自由——尤其是选择我自己的道路的自由。他们拒绝提供许多其他父母眼中理所应当给孩子提供的帮助，而这却恰恰让我长成为独立的人。

这个故事启示我们：给孩子广阔的成长空间，顺应天性并亲身示范。

人的精神有三种。第一是忍辱负重，被动地听命于别人或命运的安排。第二是把被动变成主动，由"你应该"到"我要"，主动争取，负起人生责任。第三是一种"我是"的状态，活出自己，有一颗赤子之心。

保持纯真是教育的使命。具有创造性的人格倾向，是自发的、轻松自然的、纯真的、自如的，能更自由地去感知世界。几乎任何一个孩子都能够更自由地去感知，而不带有"应该是这样、必须是这样、一直是这样的先入为主的看法"，这种先入为主的僵化性人格特征，必然阻碍创造性的发挥。这种"孩子气似的纯真"是每个孩子与生俱来的潜能，但随着成长，大部分孩子的这种潜能会被一成不变或者陈词滥调抑制、埋没或者遗弃，只有少部分孩子继续保持着这种纯真，并与成长中的经验相结合，形成"第二次纯真"，从而在成年后仍然能够源源不断地迸发创造性。

保持纯真并不需要教师刻意去培养，刻意培养的纯真不叫纯真，那是矫揉造作。让孩子保持纯真，只要不阻碍他这种与生俱来的潜能就好，不要去束缚孩子的思维和创造性即可。

叔本华说：意志与个性继承于父亲，智力来自母亲。身教胜于言教，要发自内心地信任孩子，尊重孩子。

尊重，不是一个空洞的概念。尊重孩子，也不是一句漂亮的口号。它有具体的内涵和丰富的外延。"尊"，勿使之卑；"重"，勿使之轻。教育者应该在人格上、情感上、智力上不看低孩子，不看轻孩子，把他们看得和自己一样高一样重，把孩子当作一个独立的、平等的个体来对待，这才是真正意义上的平等。有了这个前提，才能真正从本质上做到尊重。

奥地利作家托马斯曾说："每个人都有自己的路，每条路都是正确的；但有些人的不幸在于，他们不想走自己的路，总想走别人的路。"

找到自己真正的兴趣所在，知道自己真正想要什么，才是一个人过好一生的基础。教育者要做的不是帮孩子去设计人生，而是要发现孩子的兴趣和天赋。帮助孩子知道自己的热爱所在，其他的就没有那么难了。

二、感恩生命，意志坚强，珍惜生命的每一天

很多为人父母的人，都有过这样的瞬间：停歇了忙碌的脚步，站在凌晨时刻的阳台，眺望远方，忽然会涌上一阵愧疚，有多久没有和妈妈打电话，听听家人的倾诉？有多久没和他们一起吃饭了，听听那年老的欢笑？有多久没与他们谈心，听听他们的烦恼、他们的心声呢？忙碌的工作，繁重的家务，留下一颗疲惫的心，麻木的心，我们还有一颗感恩的心吗？而我们的孩子，他们如何学习拥有感恩的心？

从小到大，学生们写过无数感恩为主题的作文，却始终没明白感恩不是一段段华丽的辞藻，不是一句谢谢，也不是为了感恩而感恩的小举动，而是真心去爱护爱你的人。教育中应当有这样重要的一环——培育感恩之心。教会学生感受父母养育自己的艰辛，体会父母对自己无私、博大的爱，乐意了解自己的父母，并且爱他们。爱因斯坦说："一个人智力上的成就，往往取决于人格的伟大，而这一点往往超出人们通常的认识。"这足以说明人格对一个人的成长发展起着至关重要的作用，而人格的培养关键在于家长。关于爱与感恩的第一课，一定要由家长亲自教给孩子。日常生活中家长应教育孩子学会感恩，进而学会尊重他人、宽容他人、赞美他人，培养孩子独立、合作、乐观、正直等良好的品格，人的良好品格往往比学历更加重要。孝敬父母、尊重家庭成员，就是做人的根本，跟大树的根一样，如果树根没了，

树干枝叶怎么也不会茂盛起来。

《论语·学而》有子曰："其为人也孝弟，而好犯上者，鲜矣；不好犯上，而好作乱者，未之有也。君子务本，本立而道生。孝弟也者，其为仁之本与！"积善之家，福运绵长。好的家庭教育，首先要有好的家庭文化，家庭文化的核心是世界观、人生观、价值观；其次是家长的以身示范，父母是孩子最好的榜样，感恩教育是父母给予孩子最珍贵的礼物。

培养孩子坚强的心。一个坚强的人遭遇艰难困苦之时，正是心性提升之日。教育者应抓住这样的教育契机，启迪心灵，振奋其精神。一位同学的外祖母身患重病，一天，外祖母留下一张纸条，悄悄离开了这个温暖的家："今天天气真好，我出去走走，一会就回来。"这位同学很迷茫，亲爱的外祖母不是说很快就会回来吗？可是经历多方寻找，外祖母也没有归来。这位同学陷入了痛苦之中。老师和同学给了她无微不至的安慰和关爱。在老师的指导和帮助下，她将对外祖母的思念化为爱心行动，组织了赴临终关怀医院慰问活动。她说："我所应该感恩和回报的有太多，而我为别人做过的却很少……当我一次次看到松堂医院的老人们露出孩子般的笑容；看到我们的团队从起初的十余位同学渐渐扩大到四五十人；看到身边的老师、同学给予我的大力支持和帮助，我在力所能及的奉献中更被他们深深感动着……进入高中之后，我惊喜地发现，学校志愿团一直坚持着松堂关怀医院的活动，每周都有志愿者到医院看望老人，我又加入了他们的行列，并专程去看望了多年前就认识的那个老人。后来，学校在松堂关怀医院建立了自己的爱心小屋，爱与责任在更多的同学心间传递。"

当一个人的精神有了寄托，有了归宿，她就能安适，知止而后能定，定而后能安。这位同学经由家庭与学校的教育引导，由小我走向了大我，将个人的情感、生命融入社会群体中，完成了一次境界的提升。

活着的每一天都是特别的日子。一位先生讲了这样一个故事：他的太太不幸去世了。在整理太太遗物的时候，他发现了一条丝质的围巾，那是他们去纽约旅游时，在一家名牌店买的。那是一条雅致漂亮的名牌围巾，高昂的价格卷标还挂在上面，他太太一直舍不得用，她想等一个特殊的日子才用。讲到这里，他停住了，好一会儿后，他说："再也不要把好东西留到特别的日子才用，你活着的每一天都是特别的日子。"每天早上睁开眼睛时，我们都要告诉自己这是特别的一天。身为父母更要告诉孩子，生命的每一天、每一分钟，都是那么珍贵。每一天都要当成一份特别的礼物送给自己，要感恩活着的每一天。

教育本大事，得失寸心知。世上没有两个完全相同的人，教育要从孩子的心灵出发，以尊重和理解为基础。孩子的心灵是纯净的，教育就是要使纯净的心灵开出美丽的花儿。

三、阳光的问候

鼓励孩子敞开心灵与人交往，让孩子以阳光心态在世间生活，是从孩童时代就要培养的一种素质。美国作家肯特·纳本写了一个故事《一缕阳光的问候》，很有启发意义：

克雷格举止潇洒，神采奕奕，走到哪里，便把春风带到哪里。他和你交谈时，总是聚精会神，兴致盎然，让你觉得亲切。

那是暑假后开学不久的一天，我和克雷格在校园的林荫道上闲聊，忽然我看到我的一位老师从不远处的停车场走了出来。

"我不想与他照面。"我对克雷格说。

"为什么？"克雷格问。

我告诉克雷格，这位老师对我一直冷淡，似乎很不喜欢我。

克雷格朝老师的方向看了一眼。"也许是你的问题，"他说，"也许是因为你担心他轻视你，所以你不敢与他接触。说不定，他也以为你不喜欢他，所以对你不友好呢。你喜欢别人，别人才会喜欢你。如果你想让他对你感兴趣，先让他有兴趣。去，主动与他打招呼。"

克雷格的话很有道理。于是，我朝老师走去。我热情地向老师打招呼，问他假期过得如何。老师一开始显得有些惊讶，但我们边走边谈，原先的冷漠很快一扫而光。

克雷格的这一与人相处的技巧其实非常简单，简单得让我不相信自己竟然一直不知道使用。多少年来，像许多别的年轻人一样，我由于害怕遭遇冷淡，不敢与生人以及那些看上去不热情的人交往。实际上，我们自己的热情能融化任何冰山雪岭，何必非等别人先开言呢？

在越来越多的人际交往中，我发现，其实人人都需要与别人分享某些东西，而且这种分享对交往双方都是有益的。

克雷格显然知道这样做的美妙，那就是：微笑待人，和谐相处。如果你将阳光投射给别人，定会有更多的阳光折射给你！

以色列的教育经验说明，学校不应是一座孤岛，有意识地引领孩子进行社区服务，是在教孩子理解他们所生活的社会与世界，培养他们观察与理解社会状况的能力，最终可以实现个人人生观的社会化，赋予学习经验以意义。再者，将孩子之间的互动交流视为教育重点，注重培养孩子解决问题的能力，激发起孩子对社会对他人的责任感。从英国小学，以色列中学，再到美国中学，可以看到这些先锋教育学校培育的重点，更加重视儿童综合素质的培养，从要求孩子学习基础知识，到掌握实际技能，再到可以将技能变成能力，辅以良好的素养与习惯，与人沟通合作，具备解决问题的实践经验等软实力，如此，一个毕业生才成长为未来社会需要的人才。

百年前，师承杜威开办中国近代教育典范的陶行知，提出了"生活即教育，社会即学校"的教育理论，号召学生主动学习，利用一切机会向身边事物学习。今天的教育应该秉持不辍。

第四节　生命有无限可能

人在求知的路上，是自愿去探寻一切宝藏的。求知者不能总是跟随别人亦步亦趋，而是要寻找自己，努力成为自己。

凡是有生命的人，从婴儿起就有探索世界的好奇和勇气。在攀越的过程中总是要自我磨砺和自我净化。在求知的过程中，既要有尊重师长、尊重传统的谦逊，也要有超越前人、超越自己、一往无前的勇气和决心，只有这样，才能发现自己，认识自己。

一、培养孩子的积极态度

成长型理论的提出者是斯坦福大学教授卡罗尔·德韦克教授，他发现思维模式对于人的成长有着巨大的影响力，我们想要什么以及能否成功达到目标往往取绝于是否具有积极的思维和态度。与固定型思维不同的是，成长型思维有助于培养孩子积极的人生态度，有利于激发孩子面对困难和挑战的积极性，将通过激发更活跃的大脑活动，提高孩子的智商，增强孩子的自信心和上进心。拥有固定型思维的人，面对困难时总是沮丧退缩，不敢迎接挑战，"我不会""我做不到""这太难了"……这样的声音是那些人常常发出的。而拥有成长型思维的人在遇到问题时，欣然接受，乐于面对挑战和挫折，勇于超越自我。

更有研究表明，拥有成长型思维的孩子，容易拥有幸福感和满足感。社会情感教育同样属于非认知领域范畴，被认为是影响一个人成功和幸福的关键因素，社会情感能力主要是责任感、自信、批判性思维、动机、持久力和创造力、自我效能、自我控制等。

美国的教育极其重视学习科学的研究，科学家和教育者研究大脑

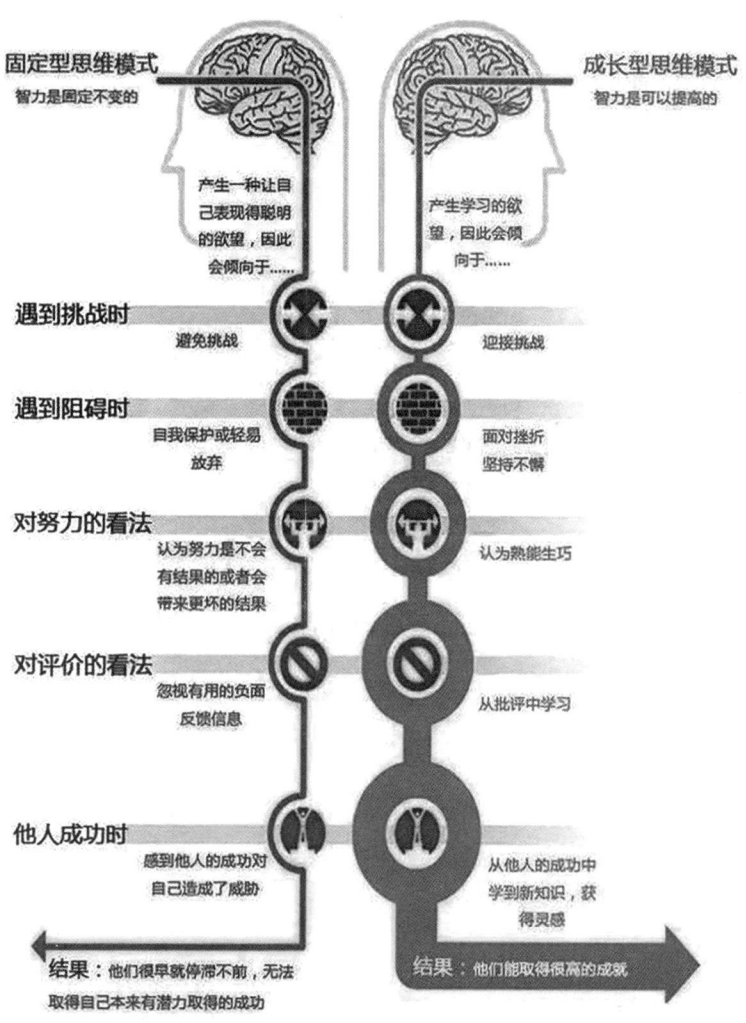

图片来源 《终身成长》斯坦福大学的心理学教授卡罗尔·德韦克

是如何学习的,研究思维是如何发展的,认知是如何发生的,会涉及心理学、教育学、神经学和行为学等多种学科。所以,在美国人眼里,教育绝对是一门科学,观察、分析、跟踪学习者的学习、心理和行为方式,然后建构理论,建立模型,再建范式,供教师们教学使用。

二、坚信自己一定会做得更好

把成长看成一个过程,相信自己,坚信最好的结果永远在前方。一位教授在一所高中得到启示,在那所学校考试不及格的孩子得到的分数不是一个意味着失败的名词(比如不合格、F),而是"not yet"(尚未达到),这两者的意味完全不同。如果你得到的是"不合格"的评定,即意味着你被判断为失败者,你已没有进步的空间。而"not yet"则意味着你已经行进在学习的轨道上,只是还没有到达终点而已。所以,如果学生说"我学不好",请让他在句尾加上 yet,意味着"你只是尚未学好而已";如果学生说"这个我做不了",请让他在句尾加上 yet,意味着"你只是现在还做不了,但你已经开始在学着如何做了";如果学生说"我试过了,但是不行",请让他在句尾加上 yet,意味着"你只是这一次不行,继续努力,下一次你会做得更好。"

迈克尔·乔丹并非天生就会运球,毕加索也非一出生就会画画,即使天才也要通过努力才能触碰成功。当我们了解了成长型思维模式的力量,当我们明白通过怎样的步骤去实践,我们就可以给自己时间去打磨天赋,追求终身成长的自己。

三、激活大脑

成长型思维认为成功离不开个人努力,善于把挑战化为机遇,以乐观的心态迎接挑战。固定型思维：规避挑战，痛恨变化，老是关注限制，在改变现状上无能为力，不接受批评，喜欢待在舒适区中，有时候觉得努力是无用功，认为毕业后无须过多学习。成长型思维：欢迎挑战，拥抱变化，总是寻找机会，凡事皆有可能，主动学习，喜欢探索新事物，把失败当作历练，不放弃努力，坚持学习，认为学习是终生的事业。智商就如同肌肉一样，是可以发展壮大的。每一次挑战大脑舒适区（Comfort Zone）去学习新的和有难度的东西，大脑神经元就会发展出新的联结，大脑就变得兴奋，就会被充分激活，长此以往，人会变得越来越聪明，越来越有信心，越来越积极。

尤瓦尔·赫拉利在《人类简史》中写道："身为人类，我们不可能脱离想象所建构出的秩序。每一次我们以为自己打破了高墙，迈向自由的前方，其实只是到了另一堵高墙，把活动范围稍稍加以扩大而已。"怎样避免封闭在信息茧房里？我们只能保持足够的"开放"，时刻提醒自己保持开放，不断地、逐步地打开自己认知的边界。

教育作为我们人类延续知识与经验传递的方式，也是未来科技信息与资源集中的一个枢纽：在今后一个以创新驱动为主的时代，对内容的掌握已不是孩子未来学习生涯的终点，"最重要的不是你知道什么，而是你能利用你知道的东西做什么"。打通教育与生活、学校与社会之间的关系，让成长教育成为生活的过程，我们才不用再担心孩子学习的是过时的知识与技能，孩子们才能紧紧跟上时代潮流的变化。

未来世界不是一个虚无缥缈般的存在，它成形于我们当代人一朝一夕对世界的改变之中。我们想要的世界，即是孩子未来生活的社会模样。拥有造物能力的科学技术，不断地在满足人们的需求，协同人们追求更成功更幸福的生活。

四、天才的产生

在德国哥根廷大学，一天晚上，一个 19 岁的青年开始做导师单独布置给他的每天例行的两道数学题。像往常一样，前两道题目顺利地完成了。但青年发现今天导师给他多布置了一道题。第 3 道题写在一张小纸条上，是要求只用圆规和一把没有刻度的直尺做出正 17 边形。他没有多想，就做了起来。

然而，做着做着，青年感到非常困难。随着时间一分一秒地过去，第 3 道题竟毫无进展。青年绞尽脑汁，感到自己学到的数学知识对解开这道题没有什么帮助。但困难激起了青年的斗志：我一定要把这道题做出来！他拿起圆规和直尺，在纸上画着，尝试着用一些超常规的思路去解决这道题。当窗口露出一丝曙光时，青年长舒了一口气，他终于做出了这道难题！见到导师时，青年感到有些不好意思。他对老师说："您给我布置的第 3 道题我做了整整一个通宵，我辜负了您对我的栽培。"导师接过学生的作业一看，一下子惊住了。他激动地说："这真是你自己做出来的？"青年有些疑惑地看着激动不已的导师，回答道："是的，但是我很笨，我竟然花了整整一个晚上才做出来。"导师让他坐下，取出圆规和直尺，在书桌上铺开纸，叫青年当着他的面做这道题。青年很快就解开了这道题。导师兴奋地对青年说："你知不知道，你解开了一道有 2000 多年历史的数学难题？牛顿没有解开，阿基米德没有解出来，你竟然一个晚上就解出来了！你真是天才呀！我最近在研究这道难题，昨天给你布置题目时，不小心把写有这个题目的小纸条夹在了你的题目中。"

后来每当青年回忆这件事时，总是说："如果有人告诉我，这是一道有 2000 多年历史的数学难题，我可能就无法解开它。"这个青年就是数学天才高斯。

高斯之所以能解出这道题，固然有它自身实力的原因，但同时也是因为他在不知道这道题有多难的情况下的自信与坚持。

实力固然重要，自信和坚持同样重要。"这么难，我应该不行吧"这句话不知毁了多少人才。有些事情，我们还没做就被自己打败了，被内心的恐惧和界定打败了！有些事情，在不清楚它的难度时，我们往往能够做得更好！

其实，我们的能力远远不止自己想的那样，我们的能力可能远超我们的想象和预期，远超他人对我们的界定。当我们在探寻真正的自我，探寻自我的真正能力范围时，我们大可以相信自己，相信自己的能力。只有拥有这种自信时，我们才可能超越自身，突破自我，发现更美好的自己！

对孩子的教育，一定要培养孩子的自信心和自主发展的自觉与能力！尼采给予人们最大的启示，就是让人忠实于自己身上真实与原创的部分。他对每一个人呐喊："要成为一个人！不要跟随我，成为你自己！你自己！"无论过去怎样，将来怎样，现在的你都可以通过自己的努力，去收获成果再现时的喜悦。

第五节　让信念眷顾一生

《易传》中提出"童蒙养正"，强调在儿童启蒙时期重视"养正"，培养端正的根基。人的一生要走正确的路，走正确的路要选好方向。方向的选择取决于自身的信念。有了正确的信念，才会有正确的志向。有了正确的志向，才会走正确的道路。

"养正"要"正其念"。人要有正念，无论在什么境遇中，遇到何人何事，都要时时提起正念。有了正确的信念，才会有正确的人生态度，才会做正确的事情。时时提起正念的习惯要从小开始培养，即"童蒙养正"。只有心念纯正了，言语行为才会纯正，做人才会堂堂正正。

"养正"要"正其气"。孟子善于养心中之正气，"一点浩然气，千里快哉风"，有了浩然正气，才能"富贵不能淫，贫贱不能移，威武不能屈"，做一个光明磊落的大丈夫。人从童年时期就应该受到良好的教育。启蒙教育要重德，德是根本，德为福根，是美好人生的基石。启蒙教育还要重视情商的培养，有了好的情商，才会有成功的人生。

父母对子女的爱是无私的爱，父母对子女的叮咛是爱的嘱托，寄托了父母殷切的希望。

一、家风的清正与志向的高远

托尔斯泰说："全部教育，或者说，千分之九百九十九的教育都归结到榜样上，归结到父母生活的端正和完善上。""教者，上所施，下所效也"，"育者，养子使作善也"。[1] 让孩子与家庭共同成长，让孩子与世界彼此拥抱，让灵魂之爱化成生命成长的巨大能量！高尔基在写给儿子的信中说：

如果你在任何时候，任何地方，给人们的都是些美好的东西——鲜花、思想，以及对你的非常美好的印象——那你的生活将会轻松而愉快。那时你就会感到所有的人都需要你，这种感觉使你成为一个心灵丰富的人。你要知道，给永远比拿愉快。

当你长大成人，自己开始建设新生活的时候，你就会明白，我没有白活在世上——这也就是我希望你的。

---

[1] 东汉经学家、文字学家许慎：《说文解字》，中华书局，1963年版。

最主要的，我亲爱的人，你要努力增长学识，所有的东西只要可能——音乐、绘画、科学、所有能美化生活的东西，都应该知道。一个人知道得越多，他对人们来说就会越有意义、越珍贵。

如果你希望你周围的人都心地善良——那你就要学着关切、和蔼，有礼貌地对待他们——你就会看见，大家都会变好。生活中的一切都决定于你自己。请相信我的话。

学习吧，朋友，这在开始时是有点枯燥和困难，可是以后——你就会离不开它，你就会很好地、容易而愉快地知道，人们过去、现在都是怎样生活的，以及他们多么想生活。

诸葛亮家族家风清正、英才辈出。诸葛氏子弟们杰出的才智，忠厚的信德，与尚德立志、质朴俭静的家风有着密切的关系。诸葛亮的家风主要体现在《诫子书》等家书之中，涉及立志、勤学、修身、养德等方面的内容，是增长福慧、涵养正气的典范之作。

夫君子之行，静以修身，俭以养德。非淡泊无以明志，非宁静无以致远。夫学须静也，才须学也，非学无以广才，非志无以成学。淫慢则不能励精，险躁则不能治性。年与时驰，意与日去，遂成枯落，多不接世，悲守穷庐，将复何及！

诸葛亮劝勉儿子勤学立志，修身养性，静思反省，俭朴节约，清心寡欲，志向坚定。诸葛亮着重围绕"静"字加以论述，同时把失败归结为一个"躁"字，对比鲜明。诸葛亮将淡泊宁静和接世济国相结合，体现了他的适度原则：不可急躁，不可淫慢，要励精治性，学以成才，淡泊明志，宁静致远。

夫志当存高远，慕先贤，绝情欲，弃凝滞，使庶几之志，揭然有所存，恻然有所感；忍屈伸，去细碎，广咨问，除嫌吝，虽有淹留，何损于美趣，何患于不济。若志不强毅，意不慷慨，徒碌碌滞于俗，默默束于情，永窜伏于凡庸，不免于下流。

志向应当高远，敬慕古圣先贤，绝私情杂欲，撇开牵掣障碍，使接近圣贤的那种高尚志向，在身上明白地体现出来，使内心震动，心领神会。要能够适应顺利、曲折等不同境遇的考验，能屈能伸，摆脱琐碎事务和感情的纠缠，广泛地向人请教，根除自己怨天尤人的情绪。做到这些以后，何必担心事业会不成功呢！如果志向不坚毅，思想境界不开阔，碌碌无为地陷身在世俗中，无声无息地被欲念困扰，永远混杂在世俗的人群中，就难免会变成没教养、没出息的人。

志存高远，一个人有了高远的志向、广阔的胸怀，就不会计较一城一池的得失，即使暂时不得志，也不会妨碍实现自己的理想。有崇高的理想、远大的志向，还必须有实现志向的行动和具体可行的措施，以及战胜困难排除艰险的毅力。如果志存高远、意志坚定，付之于行动，多想办法，持之以恒，就会取得成功。

人生要有志、识、恒。有志，则不甘心为下流。有识，则知学问无尽，不敢以一得而自足。有恒，则一定无不成之事。君子立志，有民胞物与的格局，有内圣外王的境界，不愧为天地之完人。志之所向，金石为开，谁能御之？识见超拔，境界高远，谁能挡之？持之以恒，锲而不舍，谁能胜之？

凡做一事，应该全副精神专注在此一事，不可见异思迁，做这样想那样，坐这山望那山。人而无恒，终身一无所成。浮躁者必无沉毅之识，畏惧者必无卓越之见，多欲者必无慷慨之节，多言者必无质实之心。唯天下之至诚，能胜天下之至伪；唯天下之至拙，能胜天下之至巧。黎明即起，醒后勿粘恋。行事不可任心，说话不可任口，大处着眼，小处着手，群聚守口，独居守心。

以上治家育儿思想注重品德培养，把人格品质教育放在第一位，有真知灼见，凝聚了深厚的人生经验与智慧，影响深远。

二、殷切的希望

当代著名翻译家傅雷先生对儿子有很多谆谆教诲。《傅雷家书》表达了一位父亲对于儿子的深厚爱心和殷切希望。傅雷从人生、人格、生活、艺术等方面对儿子进行叮咛，蕴含着很多做人做事、艺术修炼的道理，寄托着一位父亲对儿子的拳拳爱心。我年轻时读《傅雷家书》，感动于傅雷夫妇对儿子充满爱的叮咛。其中很多经典语录，至今仍然记忆犹新。

第一做人，第二做艺术家，第三做音乐家，最后才是钢琴家。这是儿子傅聪在1954年出国留学临行时，傅雷唯一的叮嘱。做人是第一位的，做人是基础。然后是做艺术家，对艺术有深厚的热爱，深刻的理解。然后是音乐家，有音乐的天赋和兴趣。有了以上基础，才能成为杰出的钢琴家。成为杰出的钢琴家如此，在任何领域要想取得超群出众的成就，都要以做人为根基。人最根本的价值是人品。人是以人品而自立的，是以心灵而高尚的。

有底线思维，就对可能遭遇的风险挑战有充分的思想准备，从而主动规避风险，化险为夷。抱最高的希望，就是凡事要往最高处努力、最好处争取，争取到最大的可能性和最优的结果，这样才能取得辉煌的成就。"万顷波涛鸥世界，九重云霄鹤精神"，底线思维与崇高追求的结合，才能既保证安全，又走向卓越。

不论逆境顺境，都是好境。逆境磨炼人，处于逆境要坚忍不拔，坚信风雨之后必有彩虹。顺境考验人，处于顺境，要戒骄戒躁，谦虚谨慎，利用顺风顺水的大好时机，精进努力，争取更大胜利。

成就的大小高低，一半靠人力，一半靠天赋，但只要坚强，就不怕失败，不怕挫折，不怕打击——不管是人事上的、生活上的、技术上的、学术上的打击，都不畏惧。坚强，是一种充满力量的精神，是一种走向成功的性格，是一种发自内心的自信。无论何时何地，都要坚强。坚强的人所向无敌，永葆乐观。坚强就是力量，坚持就是胜利。

人寿有限，精力也有限，要从长着眼，从容生活，有韧性、有定力、有后劲、有坚持，久久为功。凡事不可冲动，宜理性、宜从容、宜静默、宜宁静，以理化情，事缓则圆。

耐着性子，消沉的时光，无论谁都不时要遇到，但很快会过去的。忍耐，要相信任何冬天都阻挡不住春天的来临，一切都会过去，一切都会越来越好。骤雨不终朝，狂风不终日。遇到风狂雨暴，要坚信风雨过后就是彩虹。没有一个冬天能够阻挡春天的到来，没有一个黑夜能够阻挡黎明的太阳。

唯有学问和本领不辜负人；用多少工夫，就得到多少收获和进步。社会上不公平的事情很多，我们经常会遭受不公平的对待。付出很多，成就很大，但往往得不到应有的承认和肯定，有时候是小人得逞，君子受苦，想想真让人心寒。只有学问艺术和专业从来不辜负人。用力于学问艺术，用力于专业，用力于自身素质的提高，这是正确的道路。

无效社交耽误时间。花言巧语之人靠不住。珍惜时间，珍惜命光。多一些独处的时间，在独处之中潜心努力，长期积累，锲而不舍，专心致志，终能成功。

心酸的泪水可以化作培养心灵的酒浆，只要自己能在心灵的痛苦中经受磨炼，坚忍不拔，继续前行，终能化痛苦为力量，将自己造就成为强者。痛苦是心灵的资粮。痛苦来了不要怕，要善于从痛苦中成长。那些不能使我们失去生命的磨难，都会化作精神的财富。一个人如果在艰难困苦中也能精进，这个人就是不可战胜的。

只要真诚，总能打动人的；即使人家一时不了解，日后仍会了解的。做人要真诚，待人要诚恳。你可以不聪明，但一定要真诚，要用心，用真诚和真情做事和待人。生活需要真诚。精诚所至，金石为开。

美好的品德，本性的善良，天性的厚重，开阔的胸怀。有了这四样，即使遇到风浪也会化险为夷。这四个方面的品质是多么珍贵啊！哪怕具备其中的一点，也是值得庆幸的。同时具备这四者的人，一定是有大福报的。这是德根、慧根、福根，有了根，其他都可以逐渐生成。有了善根，就风雨压不垮，苦难中开花。一个本质善良的人，一定有善报。一个天性宽厚的人，一定有厚福。一个胸襟开阔的人，一定有大成。

傅雷对儿子的谆谆教诲，寄托了作为父亲的殷切希望：

希望儿子勤奋努力。"人一辈子都在高潮——低潮中浮沉，唯有庸碌的人，生活才如死水一般；或者要有极高的修养，才能廓然无累，真正的解脱。只要高潮不过分使你紧张，低潮不过分使你颓废，就好了。太阳太强烈，会把五谷晒焦；雨水太猛，也会淹死庄稼。我们只求心理相当平衡，才不至于受伤……慢慢地你会养成另外一种心情去对付过去的事；就是能够想到而不再惊心动魄，能够从客观的立场去分析前因后果，作将来的借鉴，以免重蹈覆辙。""得失成败尽量置之度外，只求竭其所能，无愧于心。""人需要不断地跳出自我的牢笼，才能有新的感觉，新的方法，也能有更正确的自我批评。""只要是真理，是真切的教训，不管是出之于父母或朋友之口，出之于熟人生人，都得接受。"

希望儿子耐得住寂寞。"耐得住寂寞是人生一大武器。""老在人堆里，会缺少反省的机会，思想、感觉、感情，也不能好好地整理、归纳。""一个人孤独了，思想集中，所发的感想都是真情实感。""人没有苦闷，没有矛盾，就不会进步。有矛盾才会逼你解决矛盾，往前迈一步。"

希望儿子艺术上精进。"艺术不但不能限于感性认识，还不能限于理性认识，必须要进行第三步的感情深入。换言之，艺术家最需要的，除了理智之外，还有一个"爱"字！所谓赤子之心，不但指纯洁无邪，指清新，而且还指爱！""无论男女，只有把兴趣集中在事业上、学问上、艺术上，尽量抛开渺小的自我，才有快活的可能，才觉得活得有意义。""一切伟大的艺术家必然兼有独特的个性与普遍的人间性。我们只要能发掘自己心中的人间性，就找到了与艺术家沟通的桥梁。""凡是一天到晚闹技巧的人，就是艺术工匠而不是艺术家。一个人跳不出这一关，一辈子也休想梦见艺术！艺术是目的，技巧是手段；老是注意手段的人，必然忘了它的目的。"

教给儿子做人的道理。"以后要多注意：坚持真理的时候必须注意讲话的方式、态度、语气、声调，要做到越有理由，态度越随和。坚持真理原是一件艰巨的斗争，也是教育工作；需要好的方法，方式，手段，还有是耐性。万万不能动火，令人误会。""感情的美近于火焰的美、浪涛的美、疾风暴雨之美，或是风和日暖、鸟语花香之美；理性的美却近于钻石的闪光、星星的闪光，近于雕刻精工的美，完满无疵的美，也就是智慧之美！情感与理智平衡所以最美，因为是最上乘的人生哲学、生活艺术。""生活中崇高的事物，一旦出自庸人之口，也可变得伧俗不堪的。""一切不能急，越是事关重要，越要心平气和，态度安详，细细观察，力求客观！感情冲上高峰很容易，无奈任何事物的高峰（或高潮）都只能维持一个短时间，要久而弥笃的维持长久的友谊可很难了。""待人要谦和有礼，善解人意，知恩图报！"

教给儿子做学问的道理。"为学最重要的是通。通才能不拘泥、不迂腐、不酸、不八股；通，才能培养气节、胸襟、目光。'通'才能成为'大'，不大不博，便有坐井观天的危险。""把自己的思想写下来（不管在信中或是用别的方式），比着光在脑中空想是大不同的。写下来需要正确精密的思想，所以写在纸上的自我检讨，格外深刻，对自己也印象深刻。"

激励儿子战胜自我。"没有经过战斗的舍弃是虚伪的，没有经过苦难的超脱是轻佻的。""真正的光明绝不是永没有黑暗的时间,只是永不被黑暗所掩蔽罢了。真正的英雄绝不是永没有卑下的情操,只是永不被卑下的情操所屈服罢了。所以,在你战胜外来的敌人之前,先得战胜你内在的敌人,你不必害怕沉沦堕落,只消你能不断的自拔与更新。"[1]

希望儿子意志坚强。"一个又一个的筋斗栽过去,只要爬得起来,一定会逐渐攀上高峰,超脱在小我之上。""不为胜利冲昏了头脑,是坚强的最好的证据。"

家庭的世界观、人生观、价值观是家庭文化的核心,家庭对孩子的影响是潜移默化的,其最深的影响是文化价值观的影响,这对于一个人的人格培养至关重要。

三、做家长要有趣味

梁启超是中国近代著名的思想家、教育家、文学家,同时也是成功的父亲。他九个子女,个个优秀。梁启超是一个好父亲的典范,不管世相如何,觉悟了的父母都应该学习梁启超。

把子女看作是平等的朋友。他和孩子们所谈话题甚广,文学、历史、家常、人生,无所不谈,亲切自然。他给子女很多建议,却并不要求他们一定照办,他说"凡学问最好是因自己性之所近,往往事半功倍。……我所推荐的学科未必合你的式,你应该自己体察做主,不必泥定爹爹的话"。

他平生最服膺曾文正的两句话:"莫问收获,但问耕耘。""一面不可骄盈自满,一面又不可怯弱自馁,尽自己能力做去,做到哪里是哪

---

[1] 罗曼·罗兰著,傅雷译:《约翰·克利斯朵夫》,人民文学出版社,1957年版。

里，如此则可以无入而不自得，而于社会亦总有多少贡献。我一生学问得力专在此一点，我盼望你们都能应用我这点精神。""学习不必太求猛进，像装罐头样子，塞得越多越急，不见得便会受益。"梁启超在书信中说的最多的是安慰的话，很少给孩子们提出什么具体的目标。

做家长要有趣味。"我晚上在院子里徘徊，对着月亮想你们，也在这里唱起来，你们听见没有？"梁先生将每一件事娓娓道来，没有家长作风。

做家长要有趣味，养出的孩子才能有趣味。我认为凡人必常常生活于趣味之中，生活才有价值。若哭丧着脸挨过几十年，那么生命便成了沙漠，要来何用？我觉得天下万事万物都有趣味，我只嫌二十四点钟不能扩充到四十八点钟，不够我享用。我一年到头不肯歇息，问我忙什么，忙的是我的趣味，我以为这便是人生最合理的生活。

我怕你因所学太专门之故，把生活也弄成过于单调。若你的学问兴味太过单调，将来也会和我相对词竭，不能领着我的教训，你全生活中本来应享的乐趣，也削减了不少。我是学问趣味方面极多的人，我之所以不能专职有成皆在此，然而我的生活内容异常丰富，能够永久保持不厌不倦的精神，亦未始不在此。我每历若干时候，趣味转过新方面，便觉得像换个新生命，如朝旭升天，如新荷出水，我自觉这种生活是极可爱的，极有价值的。

生当乱世，要吃得苦，才能站得住（其实何止乱世为然），一个人在物质上的享用，只要能维持着生命便够了。至于快乐与否，全不是物质上可以支配。能在困苦中求出快活，才真是会打算盘哩。

优游涵饮，使自得之。"每日要拿出几点钟来，每礼拜天拿出天把来玩玩，因为做学问，有点休息，从容点，所得还会深点，所以你不要只埋头埋脑做去。""凡做学问总要'猛火熬'和'慢火炖'两种工作循环交互着用去。在慢火炖的时候才能令所熬的起消化作用融洽而实有诸己。思成你已经熬过三年了，这一年正该用火炖的功夫。"

做官不是安身立命之所。"做官实易损人格，易习于懒惰与巧滑，终非安身立命之所。"

尽力去做就是第一等人物。"天下事业无所谓大小，只要在自己的责任内，尽自己力量做去，便是第一等人物。"

保持通达的人生观。他在《致梁思顺》中说："我有极通达、极健强、极伟大的人生观，无论何种境遇，常常是乐观的。"

四、帮助孩子寻找自己的幸福

沃伦·巴菲特是美国著名的投资家、企业家和慈善家。巴菲特共有三个子女，他们并没有一般富二代身上的傲慢与阔绰，而是继承了父亲质朴无华的品格，像父亲一样诚实、友爱、宽容。巴菲特给儿女的教诲是：吃苦，让人受益一生。一定要做自己喜欢的事。不要痴迷于财富。做个正直的人。学会感恩。绝不成为懦弱的人。只有尊重才能换来尊重。骄傲是前进的天敌。思考在先，行动在后。放弃，是为了更好地获得。可以平凡，但不可以平庸。好习惯成就好人生。抗拒诱惑。收获，需要耐心等待。责任重于一切。知识永远不会生锈。要有领导者的胸怀。尊重身边的每个人。经营好亲情。学会说话。投资要有勇气。聆听大自然的声音。

父母要帮助孩子找到自己的热情和兴趣所在，鼓励孩子全力以赴地去追求。找出热情所在需要很大的自由空间。父母只要告诉孩子做选择时不要考量地位或收入，要问心中的真诚。巴菲特教育孩子，如果你想人生多彩多姿，就试着做自己感兴趣的事。感觉迷失时不是你迷路了，而是找到正途前的必然之路。仔细思考什么是自己真正想要的。独立是成长的理想境界。独立思考，不让习惯左右你。独立后才能走得更远。要有独立自主的意识和独立思考的能力。凡事自己动手，独立性强，能走得更远。

奥利弗·布朗认为：教育的本质是帮助孩子在未来的生活中更成功地寻求自己的幸福，而不是为社会培养一颗合适的螺丝钉。教育的本质是帮助孩子寻求自己的幸福，不是别人，不是社会，不是国家，而是他自己。所以，给孩子最好的教育就是：帮助孩子在未来的生活中更成功地寻求自己，全心全意做好自己。

第六节　品格的力量

柏拉图说："人是习惯的奴隶。"英国诗人德莱敦说："首先我们养出了习惯，随后习惯养出了我们。"著名教育家叶圣陶先生认为教育就是培养习惯："凡是好的态度和好的方法，都要使它化为习惯，只有熟练得成了习惯，好的态度和好的方法才能随时随地表现，好的方法才能随时随地应用，好像出于本能，一辈子也用不尽。"

一、良好的品格是一笔精神财富

1988年1月18日至21日，75位诺贝尔奖获得者在巴黎集会，以"21世纪的希望和威胁"为主题，就人类面临的重大问题进行研讨。会议期间，有人问一位诺贝尔奖获得者："您在哪所大学、哪个实验室学到了您认为最主要的东西呢？"

这位白发苍苍的获奖者回答："是在幼儿园。"

提问者愣住了，又问："您在幼儿园学到些什么呢？"

科学家耐心地回答："把自己的东西分一半给小伙伴们；不是自

己的东西不要拿；东西要放整齐；吃饭前要洗手；做错了事情要表示歉意；午饭后要休息；要仔细观察周围的大自然。从根本上说，我学到的全部东西就是这些。"

童蒙养正，成就大事业者是从儿童时期的成长开始的。

在对众多杰出人才的童年教育研究中发现，他们之所以成为杰出人才，良好习惯与健康人格是最重要的原因，而智商并非最主要因素。在这些青年身上，集中体现出九种人格特点：自主自立精神；坚强的意志力；合作精神；鲜明的是非观念和正确的行为；选择良友；以"诚实、进取、善良、自信、勤劳"为做人的基本原则；正确的信念；健康的身心；高远的理想；高尚的品德。

联合国教科文组织指出，教育的使命是帮助学生学会做人、学会做事、学会学习、学会共处。教育应该使受教育者身心和谐发展，在思想道德、能力、身体、心理等方面形成一系列优良的素质。这些素质基本上都包含在学会做人、学会做事、学会学习和学会共处等四个大的方面。基于以上认识，在少年儿童良好习惯的培养上，应该集中在四个大的方面，即：做人、做事、学习和共处。

做人的核心是拥有爱心，做事的核心是规则意识，学习的核心是善于创新，共处的核心是相互尊重。

在家庭和学校日常的教育活动中，家长和教育者应有意识地进行一系列好习惯培养，有侧重地进行重点突破。

习惯是一个人终身的资本，在成长的关键时期养成好的习惯至关重要。

二、优秀是一种习惯

新秋九月，校园的空气中弥漫着纯净与清新的气息，新入学的同

心灵的教育 | XINLING DE JIAOYU

学们身着崭新的校服,文雅大方,欢快地笑着、走着,浑身洋溢着蓬勃的朝气,纯真的脸上写满对新生活的憧憬。为了让学生尽快适应学校生活,新生入学的第一课就是新生导航教育。通过一系列主题教育活动,引导学生树立正确的世界观、人生观和价值观。每年的新生导航教育,我要为学生讲好第一课,我说:

一个人既可以使自己的生命碌碌无为、暗淡无光,也可以使自己的生命焕发出美德和智慧的光彩,这完全取决于如何塑造自己。我们在成长的过程中,绝不应该忽略了思想、情感、道德和智慧的价值,绝不应该忽略了高尚人格、美好品行的培养,绝不应该忽略了文明形象的塑造。

塑造美好的形象,必须首先塑造美好的品格。品格是世界上最强大的动力之一,是人生价值的真正体现。品格塑造人,心灵是品格的源泉。一切真善美都是从心灵中流淌出来的。我们要正心、明理、崇德、笃行,懂得责任、爱心和同情,学会尊重、自律与合作,做有理想、有道德、有文化、有纪律的新世纪优秀人才……试想,如果无论何时何地,我们都能给人带来幸福和快乐,给人留下美好的回忆,那将是多么有意义的事情啊!

为人生导航,树远大理想。展望人生,领略中华文明丰富的内蕴和深厚的内涵,激励学生志存高远,奋发有为,养成良好习惯,立志报效祖国,是新生导航教育的重要内容。"道德立,百善生,智慧通,乾坤明,慕圣贤,勤精进,日日新,又日新",我为新生讲第一课时,都要安排优秀学生向学弟学妹畅谈学习和生活体会,通过学长引领、同伴教育,引导学生努力成为优秀人才。

有一年的新生导航教育,是请一位同学分享心得体会,他说:

成长需要环境。这种环境,不仅表现为漂亮的校园、宽阔的运动场、明亮的教室、一流的设备,更表现为一种精神、一种气质。这种气质,第一，就是追求卓越的进取精神，先进的办学思想，良好的文化氛围。"眼界决定视野，视野决定作为"，长期在一种拼搏向上的氛围中，你就会变得有进取心，不俗气，有比较高的理想和志向，这种东西能让你一辈子受益。第二，就是校长和老师们的学识水平，爱心和敬业精神，这些相信同学们会有最直接的体会的。第三，就是全面提高素质，全面发展的机会。我觉得，学校不光为我们学习成绩的提高创造了条件，而且非常重视我们的综合素质和综合能力的全面提高。学校有各种社团和兴趣班，你可以参与其中发展自己的兴趣爱好；学校还经常组织和参与一些辩论和论坛，这对锻炼应变、口才、机敏、雄辩是非常有好处的。此外，学校还有学代会，学生可以直接参与学校的管理，对学校的工作提出意见和建议。这些对于培养和锻炼我们的综合能力和素质，都是非常重要的机会和途径。可以说，学校是沃土，我们可以从中吸取各种养分，迅速成长；学校是舞台，我们可以充分展示自己的才华。学校为我们提供了大海和蓝天，而怎么跃，怎么飞，还要看我们自己的。

所以，下面我就把自己学习和进步的一些具体的体会和做法向大家汇报一下，供大家参考。

我要汇报的体会和做法，可以用一句话来概括，就是"优秀是一种习惯"。我听一位教育专家讲过：决定一个人学习成绩的因素主要有三方面，一是天分或者说是智商，二是学习条件，三是习惯。他说，现在人与人之间智力差异并不是特别大，人们的学习条件也相差不多，关键要有好的习惯。

习惯是什么？词典上讲，习惯是在长时间里逐渐养成的、不容易改变的行为、倾向或社会风尚。可见，习惯是一种养成，是一种比较确定的思想和行为方式。初中三年，不仅是学习知识的阶段，更是我们进入青春期，独立的人格逐渐形成的阶段。这三年太重要了，在一定意义上说这三年决定一生都不过分。总结我这三年的体会，我想跟

心灵的教育 | XINLING DE JIAOYU

大家说,初中三年最要紧的,是养成好习惯,或者说,养成好习惯,克服坏习惯。

习惯是多方面的,而且是互相影响的,下面我就自己体会比较深的,跟大家交流一下。

先说学习的习惯。这是由一些小方面组成的。第一要刻苦,要舍得花时间。每天保证一定的学习时间,养成习惯。谁也不是天才,不可能不学就会。简单地讲,要取得好成绩,数理化是做练习做出来的,英语是诵读单词课文读出来的,语文是多读多写出来的。时间是"抓"出来的,每天一个小时,可以干很多事。20分钟可以背30个英语单词,20分钟可以读1—2篇好的散文,我给大家算个数字:每天背10个单词,加上复习不超过10分钟,三年下来就是一万多,考托福都有富裕。有些事情你觉得难,其实很简单,只要你坚持做,积累起来,效果绝对超过你的想象。第二要讲究方法,要少走或者不走弯路。你再用力,花的时间再多,如果方法不对,尽走弯路,效果也不好,还会影响信心,打击自己的积极性。怎么才能不走弯路呢?首先起点要对,养成一件事从开始就把它做正确的习惯,不要稀里糊涂,不假思索地就开始,等发现错了再改,肯定浪费时间。其次标准要高,养成一下子把事情做到位的习惯。比如学数学,学了概念和公式不一定会做题,会做题了未必能讲明白,如果你按照能讲明白的标准去学数学,那么在考试中取得好成绩是没有问题的。而且我的体会是,用高标准学习和用低标准学习所用的时间是差不多的,可结果却差很多。再次,注意力要集中,养成专心致志的习惯。上课要集中,做题要集中,读书要集中,注意力集中了,效率自然就出来了。还有就是要思考,养成动脑筋的习惯。要善于思考,善于挖掘,善于总结,要抓本质、找规律,善于联想和想象,举一反三,这不仅是解决现实问题的办法,而且是创新思维的基础。

再说行为习惯。养成好的行为习惯实际是在学习"做人"。我给同学们提几个问题：在座的各位，说过谎话吗？讥笑讽刺过别人吗？骑车闯过红灯吗？排队加过"塞儿"吗？说过粗话吗？自己的书包是自己收拾吗？我想不管怎样，成了学校的学生以后，第一要习惯于坦诚，讲实话，做实事，千万别撒谎，别作假，否则会影响你一辈子；第二要习惯于尊重人，要珍视别人的优点，宽容别人的缺点，学习别人的长处，理解别人的难处，赞美别人的成功，谅解别人的失误；第三要习惯于守规矩，法律法规要遵守，制度纪律要遵守，其他一些秩序和规矩也要遵守；第四要习惯于讲究礼仪，要注意自己的站姿、坐姿、走姿，衣着要整洁，与人交谈要注视对方，语言要文明得体，等等；第五要习惯于自己的事情自己做；第六要习惯于团结协作。当然，还有一些，比如：要敢于克服困难，知难而进，乐于接受挑战；要坚强沉着，处变不惊，不怕挫折，百折不挠；要乐观豁达，心胸开阔，精神振奋。也许有的同学认为我说的这些标准高了一些，其实我和我们许多同学都在努力这样做。因为，现代社会对人要求的标准就是这样。

如果你养成了比较好的学习习惯和行为习惯，就可以说，你在学校的生活没有白过。怎么才能养成好的习惯呢？首先要有目标。人活着总得有个方向。把比较大的目标分解成阶段性目标，再制定出步骤，确定实施方法，这就是计划。坚持计划的实施，绝不半途而废，这就是一个大的习惯，是意志品质方面的习惯。其实小的方面的习惯的养成也是同样的道理。我讲一些具体的体会供同学们参考。

第一是抵御诱惑。例如说玩，特别是电脑游戏。我也接触过，好玩，爽！可它真耽误事。你要被它抓住了，陷在里面了，一时"爽"了，一辈子可能就不"爽"了。还有一种东西叫"万智牌"，千万别迷上它。我们可以玩，学习效率越高，玩的时间就越多。可一定要玩有益于身心健康的东西，而且一定要能管住自己。人是一种很奇怪的东西。有些事是他该干的，有些事是他想干的。要命的是，该干的往往不想干，想干的又往往不该干。怎么办？只能管住自己，想办法把想干的纳入该干的范围，把该干的有兴趣地干好。能比较自觉地这样做了，就是成熟了。现在，我和我的一些同学已经能够在学习的成功中享受巨大的快乐，那是任何游戏都不能相比的。

第二是从小事做起，注意细节。一个人的习惯好不好，素质高不高，往往反映在小事上。要明辨是非，随时提醒自己。比如，注意自己的站相、坐相、走相、吃相，注意每一次作业或考试书写得工整，注意待人接物的礼仪，等等。一开始可能有点"累"，但用不了多久，你就习惯了，而且让你一辈子受益。

第三是开好头不开坏头。习惯是通过过程养成的，而过程都有开头。只要是想好了准备做的事，就要果断地开头，不要拖，不要等。比如：我打算背单词了，好！开始背。我打算写日记了，好！开始写。一段时间以后，你觉得它已经成为你生活的一部分了，甚至没有什么觉得不觉得，到时候就自然而然地去做了，好习惯就养成了。相反，坏事千万别开头。因为开了头就会对自己放纵了。比如像说粗话、迟到、抄作业等等，有第一次就很容易有第二次。如果不开这个坏头，你就永远不会犯这样的错误。

第四是咬牙坚持。开了好头就要持之以恒，遇到困难要咬牙坚持，千万不能松劲。我从小学一年级开始写日记，到现在一天都没有间断过。3000多天，有累得实在不想动的时候，有病得起不来床的时候，怎么办？咬牙顶住。把日记本放在枕头上，写一句也要写。事后，你甚至会被自己的精神所感动，进而特别珍惜自己的成果，越来越不忍心放弃，于是就成了好的习惯。

第五是创造好环境。可以几个人约定，也可以班级倡议，大家互相督促，把某些好的东西坚持下来，杜绝和克服那些坏的东西。这样做很有好处，不仅有利于养成好习惯，而且，好朋友有了，好的集体风气有了。

第六是不找借口。人最容易原谅自己，事情没做好，想办法找一些原因，让自己心安理得，这是一种坏习惯。它会让你软弱，会让你偷懒，会让你逃避，结果你丧失了勇气；它会让你不去反思，不去分析原因，不去总结经验，结果你丧失了智慧；从找借口，到编借口，你就会撒谎，结果你丧失了诚信。太糟糕了吧？据说美国西点军校有一条规矩，就是不许找借口，这对于养成好习惯非常有帮助。另外还有一种借口，如，我们是孩子，我们有自己的天性，我们要放飞心情，我们要快乐人生，等等。对不对呢？我们扪心自问，如果不是以此来逃避学习，逃避一些该做的事，达到贪玩的目的，那是对的。如果掺杂了一些其他的东西，它就不一定对了。

第七是要利用一切机会来锻炼自己，习惯于为他人服务。建议大家有机会的话要乐于担任一些社会工作，如：班干部，课代表等等。它不仅不耽误学习，反而是锻炼自己责任意识、为他人服务的意识和工作能力的好机会。这些东西形成了，也是一种好习惯。

怎么才能较好地度过中学生活，我送给大家三个静（净、境）字和十个"心"字。

第一个是安静的"静"，不要浮躁。学习的压力、同学之间的竞争、贪玩、争强好胜，都会让我们很浮躁。所以，一定想办法让自己静下来，学问、能力、好的意志品质都是在静中吸取和沉淀下来的。

第二个是干净的"净"，心里要干净。青春期躁动、贪欲、攀比以及外界一些不健康的东西，会污染我们心灵的环境。所以要设"防火墙"，要不时地杀一杀"病毒"，让我们的"CPU""内存"和"硬盘"正常工作。特别是现在，社会上庸俗丑陋的东西比较多，我们要明辨是非，尽量远离庸俗，更不要把庸俗当时尚，把丑陋当前卫。

第三个是境界的"境"，要心胸开阔，要博大、宽容、深刻、高雅，

心灵的教育 | XINLING DE JIAOYU

建议大家读一些名家的东西，读一些清纯的东西，读一些有哲思的东西，点亮自己的心灯。

十个"心"字是指，学习上要虚心和专心，对他人要有爱心和诚心，做大事要有决心和恒心，遇到困难要有信心和耐心，处理问题要留心和细心。

《优秀是一种习惯》的演讲在同学中间产生了广泛影响。几年之后，曾经深受这一演讲鼓舞的一位同学做了《让负责成为一种人生态度》的演讲。他向大家推出一个观点：让负责成为一种人生态度。同时提出六个原则，"真诚友善，融入校园；广泛参与，积极主动；目标明确，坚持到底；抵制诱惑，学会选择；注意细节，追求完美；勤于反思，善于总结"。他说：

我们要做自己的主人，就是要有一种信念，有一种魄力，有一种执着，去为自己的明天奋斗。这种信念、魄力和执着的根源在于一种负责的态度。同学们刚刚进入中学，可能对于为人处事和自己的学业还没有深刻的认识，对于我讨论的原则也可能不完全理解，也可能心存异议。这是非常正常的。我也是随着年龄的增长和认识的深入才渐渐领悟了一些观点，而一种批判性继承的眼光也造就了一个与他人不同的我。

每一个人都是独特的。只有当你寻找到了与自己相适应的道路，你才有可能迈入成功的大门。然而，他人的经验教训也有相当大的普遍性，能使你少走弯路、避开歧途。我希望并相信，大家能够将六个原则贯穿于自己的生活中，不断地进步，不停地收获，不住地笑对人生。

人生导航教育引导学生树立远大理想，进行人生设计，勤奋学习，增长才干。而成人教育则引导学生做一个大人，肩负起成年的责任，用信心对自己负责，用诚心对他人负责，用爱心对家庭负责，用热心对社会负责，用赤心对国家负责，确定人生目标，大展宏图之志。

三、学习者是自己命运的主宰者

唯有学习力，才能让孩子真正提升学习效率，成为学习的主人。

学习力是一种有效益的自主学习方法和能力，是提出问题、分析问题、解决问题的能力。是学会学习，善于学习，在接受知识基础上有独到见解，独立思考，充分发挥自身主观能动性的创造力。学习力分为学习动力、学习态度、学习习惯、学习热忱、学习方法、学习能力、学习效率、创新思维和创造能力九个方面。

学习力是竞争力。学习力强的人有能力过着奉献性的生活。

学习力是教师指导下的学生自我教育。培养学习力要用启发式教学法，教给学生基本的知识和理论作为研究基础，让学生自己去研究体会，解决问题。引导学生学会学习、学会做事、学会与他人共处、学会生存、学会思考、学会创新、学会持续发展，实现人生价值。

学习需要专注的精神——上课时要集中精力听讲，看书时要聚精会神，做作业时要专心致志。这是学习最根本的保证。专注，是学习力中最具有凝聚效力、整合效力的品质。如果把一切集中到一个目标上，将身体与心智的能量锲而不舍地运用在同一个问题上，连续多年有系统地、深思熟虑地专注于一项有意义的事情，可以取得巨大的成就。蒙台利梭认为："最好的学习方法就是让学生聚精会神学习的方法。"

纳·冯·布劳恩是历史上伟大的火箭科学家，主持了土星5号运载火箭的研发，将阿波罗号飞船成功送上月球，首次实现了人类的登月梦想。我们看到了这些令人叹为观止的伟大进步，惊叹其太有创造力了。我们没看到的是这些令人仰望的成就，他们并不是一夜之间飞到那个高度的，而是在足够专注的前提下，经过大量的学习、思考、改进，慢慢积累，最终才得以成型的。阿波罗登月计划的成功背后，是无数科学家不断的探索和钻研，体现的是人类长久以来对宇宙的好奇和渴望。追溯这些成功之路会发现：成功首先来自在某个领域丰富的知识积累、足够的专注度和对成果的不懈追求；同时来自一些跨领域的感知，来自对事物本质的深度思考，来自敢想、敢做、敢为人所不为的勇气，这些素质，都是走向成功的重要因素。

哈佛有一句格言："从来没有一个时代，像今天这样需要不断地、随时随地地、深入广泛地、快速高效地学习。"哈佛所看重的8项素质是：1.信心。2.热情。3.创造精神。4.学习的欲望。5.学习的主动性。6.责任感。7.对失败的态度。8.活力。

人工智能时代，面对未来，我们和孩子一样站在原点，我们要善于解放孩子，让孩子带着生命的本真去做自己。

我们面临着一个前所未有的全新的教育时代。社会发展太快了，淘汰率和更新率不断飙升，父母身处其中压力很大，会不自觉地把焦虑和期望转嫁到孩子身上。而互联网时代，孩子面对的是爆炸式信息，分辨能力尚且不足，认知和调节能力也还不健全，在不能正常释放的情况下，就容易情绪化冲动化。家庭结构和过去截然不同。过去每个家庭有多个孩子，父母精力有限，孩子没有受到过多的关注和干扰，内心驱动力甚少受到阻断，身心发展规律相对稳定。而独生子女时代，很多都是六个家长共同关注一个孩子，虽然爱是饱和了，但六种不同的想法同时投射给孩子，自由和天性的空间却大大缩减，人格发展的机会也被剥夺了。孩子的需求和过去发生了根本的变化。过去的孩子因为物质匮乏，处于生理需求阶段，也就是吃饱穿暖就行了。而现在的孩子，早已经超越了生理需求阶段，追求的是安全需求、社交需求、尊重和自我实现的需求。

哈佛大学校长说：走出去了解整个世界是孩子们的必修课。教育的目的不仅是学习知识，而是学习一种思维方式和处世能力——在烦琐无聊的生活中，时刻保持清醒的自我意识，不是被杂乱、无意识的生活拖着走，而是生活由自己的灵魂掌控。

四、把最珍贵的爱给你

苏霍姆林斯基说："思想是根基，理想是嫩绿的芽胚，在这上面生长出人类的思想、活动、行为、热情、激情的大树。人类的精神与动物的本能区别在于，我们在繁衍后代的同时，在下一代身上留下自己的美、理想和对于崇高而美好的事物的信念。"

鲁迅先生在《我们今天怎样做父亲》中说："自己背着因袭的重担，肩扛住了黑暗的闸门，放他们到宽阔光明的地方去；此后幸福的度日，合理的做人。"先生提出了为人父母者的三个核心：一是理解，孩子的世界与成人世界不同；二是指导，长者须是指导者协商者，却不该是命令者；三是解放，使子女成一个独立的人。要培养孩子"有耐劳作的体力，纯洁高尚的道德，广博自由能容纳新潮流的精神，也就是能在世界新潮流中游泳而不被淹没的力量"。

1907年，诺贝尔文学奖获得者、英国作家约瑟夫·鲁德亚德·吉卜林给12岁的儿子写了一首诗，世界上很多人以此勉励自己，激发前进的动力，诗中写道：

如果周围的人毫无理性地向你发难，你仍能镇定自若保持冷静；

如果众人对你心存猜忌，你仍能自信如常并认为他们的猜忌情有可原；

如果你肯耐心等待，不急不躁，或遭人诽谤却不以牙还牙，或遭人憎恨却不以恶报恶；

既不装腔作势，亦不气盛趾高；

如果你有梦想，而又不为梦主宰；

如果你有神思，而又不走火入魔；

如果你坦然面对胜利和灾难，对虚渺的胜负荣辱胸怀旷荡；

如果你能忍受有这样的无赖，歪曲你的口吐真言蒙骗笨汉，或看着心血铸就的事业崩溃，仍能忍辱负重脚踏实地重新攀登；

如果你敢把取得的一切胜利，为了更崇高的目标孤注一掷，面临失去，决心从头再来，而绝口不提自己的损失；

如果人们早已离你而去，你仍能坚守阵地奋力前驱，身上已一无所有，唯存意志在高喊"顶住"；

如果你跟平民交谈而不变谦虚之态，抑或与王侯散步而不露谄媚之颜；

如果敌友都无法对你造成伤害；

如果众人对你信赖有加却不过分依赖；

如果你能惜时如金利用每一分钟不可追回的光阴；

那么，你的修为就会如天地般博大，并拥有了属于自己的世界；

更重要的是：孩子，你成了真正顶天立地之人！

时间的伟大在于它可以见证一切真实与浮华。相信信仰的力量。信仰和爱对一个人来说是非常重要的，特别是对于人的身心健康和家庭的幸福和睦。

信仰的背后有两颗重要的种子：第一颗是向善和爱的种子，第二颗是敬畏真理的种子。这样的家庭里出来的孩子永远都会记得头顶三尺有神明。

信仰和爱有着巨大的能量。信仰是连接能量的通路！掌握了种子的力量，就掌握了一切！

有一个人住在山中，每年春天，台阶上的野草刚探出头便被他清理掉了。一天，他决定出远门，叫了一位朋友帮他看守庭院。这位朋友没有修剪台阶上的野草，任其自由生长。暮夏时节，一株野草开花了，五瓣的小花氤氲着一阵阵的幽香，花形如林地里的那些兰花一样，不同的是花边呈蜡黄色。这位朋友怀疑它也是兰花中的一种，便采撷了一些叶子和花朵去请教一位研究植物的专家。专家仔细观察了一阵，兴奋地说："这是兰花的一个稀有品种，许多人穷尽了一生都很难找到它，如果在城市的花市上，这种腊兰的单株价至少是一万元。""腊兰？！"这位朋友惊呆了。而当出远门的人回来知道这个结果时，也惊呆了，他感慨地说："其实那株腊兰每年春天都会破土而出，只不过它刚发芽就被我拔掉了。要是我能耐心地等待它开花……"要给每一株野草以开花的时间，用心呵护，耐心等待，静待花开！

每一个孩子都是上天赐予我们的天使，每一个孩子都有着独特的属于自己的感知、智慧和灵魂。这一切在孩子出生时便已被仁爱地加以赋予，外部的一切都不能改变孩子作为万物灵长之本质。我们必须对这种赋予给予足够的尊重，尊重孩子接受和理解这个世界的方式，并且尽可能地引导和挖掘孩子秉性中的好奇心、对生命的热情和无与伦比的创造力，用全部热情帮助孩子成就属于自己的、绽放的、别致的、充满力量且饱含魅力的人生。

柏拉图说："最好的教育，就是使体魄和心灵尽可能得到美的熏陶、得到完善的教育。"在心灵播种美德，心灵会更加美好；在家庭播种美德，家庭会更加幸福；在人间播种美德，人间会更加和谐。君子怀德，德为福根。崇德兴仁，立美求真，是人生的福报，家庭的福气，人间的福祉。

爱默生说："一个人只要知道自己去哪里，全世界都会给他让步。"爱的根本宗旨是要给被爱的人找到一条光明的路。爱的出发点在于引领，引领是一种智慧，更是一种发自灵魂深处的大爱！

你就是你的世界，你的信念就是你的人生，修炼灵魂，做最好的自己，永远向善，相信最美好的事情终将发生。

第七章

点亮心灵：
拥有发光的智慧人生

瑞士著名教育家裴斯泰洛奇说："从早到晚，我一直生活在他们中间。我的手牵着他们的手，我的眼睛注视他们的眼睛。我随着他们流泪而流泪，我随着他们微笑而微笑。"

教育作为人类种种社会行为活动中的支柱，其真实朴素的目的必然指向一种灵魂的愉悦感。这种愉悦感来自认知的需要，来自创造的需要，来自审美的需要，而这三种需要正是构成那座著名的Maslow's Demand 金字塔顶端的所有成分。无论是认知、创造，还是美学欣赏，都是人类在学习中能够最大程度获取的东西。

每一个孩子都是一个鲜活的生命，是宇宙间最宝贵、最奇妙的存在，是天地之元气孕育的万物之灵长。生而为人，既可以碌碌无为，也可以让生命焕发出光彩；既可以甘于平庸，也可以不断升华，修炼出圣贤的光辉、臻于善美的境界。选择教育，就是在平凡中选择了崇高与伟大，选择了与人性中的光辉与美好同行。

你想成为什么样的人，就会拥有什么样的人生；你是什么样的人，就会遇见什么样的生活；你对世界的态度，决定了你将拥有怎样的世界。修炼一颗圣贤之心，做自己的生命之王，志存高远，持之以恒，怀着光明的信仰和愿望，去爱、去学习、去创造，永远相信最美好的事情终将发生。

苏格拉底说："每个人身上都有太阳，主要是如何让他发光。"

第一节 成为世界上一颗美丽的种子

教育是灵魂的启迪。人如果在一条漆黑的小径中独自摸索前行，必然心生畏惧；如果这时手中有一张地图，再给他一束光，当光束照亮前方几米远的道路时，畏惧心会减少很多；这时一个向导出现了，可以拉着他的手带他走出这条小径，那么他的恐惧便烟消云散了。教育所扮演的角色就是赋予这未知的世界、未知的人生一定程度上的确定性。知识就像那张标明了路线的地图，智慧就像照亮黑暗的亮光，而教师就是雪中送炭的领路人。

一、种子的力量

有幸生活在一个伟大的国度，处在黄金般的美好年华，正值生命的春天。春天是播种的季节。心灵是田地，信仰是种子，美德是花朵，幸福是果实。播种什么，收获什么。播种真善美，才能收获真善美。希望同学们趁着青春好时光，在心灵的田地中辛勤播种，让美德的种子在心中生根发芽。

播种美德。"积善成德，而神明自得，圣心备焉。"道德是一个人最根本的力量，人格是一个人最宝贵的财富。美好的品行是人生幸福的基石。修身齐家治国平天下，一切以修身为本。修身必先正心。心正则行正，心美则身美，一切美好的品行都是从美好的心灵中生发出来的。要从自己的心理生产光明的思想、芬芳的情感、洁净的观念，生产阳光、花朵、净水般的语言，与他人分享，共创丰美人生。

播种慈爱。爱是一切创造的源泉。我们要用全身心的爱来对待今天——每一个人、每一件事、每一棵小草、每一寸时光。星云大师说："当我们面带笑容，看在对方眼中，那朵微笑是发光的；当我们口出赞叹，听在对方心底，那句赞美是发光的；当我们伸手扶持，受在对方身上，那温暖的一握是发光的；当我们静心倾听，在对方的感觉里，那专注的神情是发光的。"因为发心向善，每个人都可以拥有一个发光的人生。

播种信仰。生命中最珍贵的就是心灵，而心灵的太阳就是信仰。要将"富强，民主，文明，和谐；自由，平等，公正，法治；爱国，敬业，诚信，友善"的核心价值观内化于心，外化于行。要建立自己的人生原则，由原则升华成信念，由信念升华成信仰。向真、向善、向美、向上，净化心灵，升华灵魂，臻于至善至纯的光明境界。

播种智慧。唯有不断觉悟，方能增智生慧；唯有不断学习，方能进德修业；唯有智慧的人生，才是真正有意义的人生。智慧就是力量，知识就是财富。要敏而好学，养成浓厚的学习兴趣，培养终身学习的习惯和能力；要发扬自己的好奇心、想象力和创造力，成为创新型人才；要爱读书、勤读书、读好书、读经典，汲取丰富的精神营养，让书香浸润心灵。

播种梦想。梦想自己伟大，才能成为伟大。希望自己成功，才能获得成功。登高壮观天地间，志存高远气浩然。一个人的理想越高远，自己的才能就发展得越充分，对社会就越是有益。要高高地放飞自己的梦想，积极乐观地生活和学习。

梦想是一粒种子。有什么样的梦想，就会成就什么样的人生。梦想的种子一旦在心中生根，我们自身的能量就会被激活，宇宙的能量就会来成全，这颗种子就会有无穷的力量，向着梦想的天空茁壮地生长。

要相信种子的力量，发愿成为这世界上一粒最美丽的种子。要相信：只要美德、慈爱、信仰、智慧、梦想的种子在心中生根发芽，就一定会有硕果累累的明天。

从这一刻起，要用无限的信心展望未来，乘着梦想的翅膀高高地飞翔。让自己的生命更加美丽！让自己的心灵更加美丽！让世界因我而更加美丽！

在成长的心灵中树立正确的信念，播种善德的种子，收获善美的果实。

梦想是希望的种子。日出江花红胜火，春来江水绿如蓝，您一定热切期待着，憧憬着，期待着美好的中学生活，憧憬着美好的人生愿景。梦想,这颗神奇的种子,在你的心中生根发芽,幻化出美妙的风光,令人神往,催人奋进,为你扬起人生的风帆!

梦想是一切成就的起点。有什么样的心灵蓝图,就会有什么样的人生。心灵的境界有多高,人生的高度就有多高;心灵的梦想有多美,人生的景象就有多美。梦想是引擎,给予我们无穷的动力;梦想是灯塔,指引我们前进的方向;梦想是种子,只要善加培养,终会长成参天大树。

美德是幸福的种子。古往今来多少世家,无非积德;天地之间第一人品,唯有德行。德为福根,幸福存在于健康的身体中,和谐的心灵中,美好的德行中。

德光普照,智光慧朗。美德之光能净化心灵,开启智慧,和谐身心,提升境界;能照亮世界,照亮未来,成就梦想,圆满生命。

欲成大材,必修大德。"大学之道,在明明德,在亲民,在止于至善",人生最大的学问在于使心中光明的道德更加光明,在于日新其德,日新其民,达到至善至美的境界且止而不退。格物致知,诚意正心,修身齐家治国平天下,一切皆以修身为本。

心存敬畏,身心净洁。最尊贵的人是最具有敬畏之心的人。心存敬畏,方知行有所依,行有所止。只有我们拥有对于生命的敬畏之心时,世界才会在我们面前呈现出它的无限生机。

爱和善是生命的种子。爱孕育了天地万物,延续着人类社会。善良的心地就是黄金。真诚地善待自己,善待众生,一定会得到美好的福报。我们要热爱生命,热爱自然,热爱真善美,热爱一切崇高而伟大的事物,热爱伟大的祖国和人民。诗人艾青说:"为什么我的眼里常含着泪水?因为我对这土地爱得深沉。"

一个心灵高尚的人最主要的天赋是爱,爱是人世间一轮温暖的太阳。让我们共同祈愿——祝愿世界和谐,人类和平,家庭和睦,人人幸福!祝愿亲爱的孩子们沐浴着金色的阳光茁壮成长!

二、金光照耀人生

金光普照，万物葱茏，奏响生命乐章，每个人都蕴藏着巨大的潜力，都可以发一等宏愿，立一等志向，养一等品格，成一等人才。

涵养生命气象，做一个精神丰富的人。一个时代有一个时代的气象，一个国家有一个国家的气象，一个人有一个人的气象。钱锺书说："成才不仅意味着事业上取得成就，还包括人生境界的提升。"青春芳华，朝气蓬勃，活力无限。开启新征程，一切都充满希望。要努力将自己的生命塑造好，养浩然正气，磅礴大气；存厚重气度，儒雅气质。要热爱读书，养成读书的习惯。"读史使人明智，读诗使人灵秀，数学使人周密，科学使人深刻，伦理学使人庄重，逻辑修辞使人善辩，凡有所学，皆成性格。"读书使我们丰厚、智慧而通达。涵养生命的气象，要多读书、读好书、读原著、读经典，从读书中汲取生命的养分；要热爱一切美好的事物，美能启迪思想、润泽心灵、陶冶人生，要热爱美、感受美、欣赏美、创造美，浸润于美好的事物之中，获得审美享受，提升审美素养。

涵养美好品德，做一个心地善良的人。善良的心灵像黄金一样珍贵。心存善念，心有良知，让善良成为生命的底色，让心灵散发仁爱的芳香，让世界因你更加美好。无论个人独处，还是与人交往，都要日行其善，日进其学，日新其德，日新又新。珍爱生命，净化心灵。诸恶莫做，众善奉行。己所不欲，勿施于人。言色和蔼，身心净洁。存好心，说好话，行好事，做好人。自强不息，厚德载物。文明生活，茁壮成长。

涵养健康身心，做一个和谐幸福的人。健康是幸福的前提，成长的基石。要养成良好的生活习惯，不熬夜，不偷懒，少看手机，早睡早起，有益家国书常读，无益身心事莫为。要养成良好的用眼习惯，电子游戏，不可过度；看书学习，坐姿端正；眼跟书本，距离一尺；胸离书桌，距离一拳；用眼时间，不要过长；眼保健操，经常练习；走在路上，不要看书；光线强弱，也要注意；勤于洗手，远离病菌；爱护眼睛，眼明心亮。养成良好的运动习惯，天天坚持，锻炼体能，锤炼毅力，锻造品格。养成和谐相处的习惯，与自然和谐相处，与社会和谐相处，与身心和谐相处。

涵养家国情怀，做一个热爱祖国的人。"风声雨声读书声，声声入耳；家事国事天下事，事事关心。"无数仁人志士，为了中华民族的独立自主和繁荣富强，上下求索，矢志不渝，家国情怀是他们不懈奋斗的强大精神力量。青年兴则国家兴，青年强则国家强。青年一代有理想、有本领、有担当，国家就有前途，民族就有希望。要立鸿鹄志，存报国心，与祖国共命运，与时代共进步，厚植道德心、中国魂、创新力，努力成为善良智慧的现代君子。

涵养家国情怀，做担当大任的时代新人。在人生的旅途中，总有一些时刻让人铭记不忘，成为开启美好前程的里程碑。在历史的长河里，总有一些时刻如同恒久不灭的灯塔，照亮人类未来的航向。人类的血战前行的历史，未能摧毁薪火相传的文明，却激发出前所未有的觉醒与奋进。多难兴邦，渡尽劫波的国度以坚定的脚步不断踏上凤凰涅槃、浴火重生的新征程，彰显一个国家的和平追求。经历了战争的人们，更加懂得和平的珍贵。战争是一面镜子，能够让人更好地认识和平的珍贵。偏见和歧视、仇恨和战争，只会带来灾难和痛苦。相互尊重、平等相处、和平发展、共同繁荣，才是人间正道。历史所启示的伟大真理是正义必胜！和平必胜！人民必胜！

让和平永驻、让正义长存，将和平、进步、发展的主题写在人类共同栖息的这个星球之上。战争毁灭了多少鲜活的生命！今天，我们能够在和平的阳光中自由呼吸，又是多么幸福！人类只有铭记历史，珍爱和平，把伤痛转化为维护和平的巨大力量，才能避免人间悲剧再度发生！

一百多年前，中华大地内忧外患，风雨飘摇。1900年，梁启超先生以饱蘸感情的笔墨著《少年中国说》，提出了"今日之责任，不在他人，而全在我少年"的主张，这炽热的文字、赤诚的情怀，鼓舞我们奋勇前行！

故今日之责任，不在他人，而全在我少年。少年智则国智，少年富则国富，少年强则国强，少年独立则国独立，少年自由则国自由，少年进步则国进步，少年胜于欧洲，则国胜于欧洲，少年雄于地球，则国雄于地球。

红日初升，其道大光；河出伏流，一泻汪洋！潜龙腾渊，鳞爪飞扬；乳虎啸谷，百兽震惶；鹰隼试翼，风尘吸张。奇花初胎，矞矞皇皇；干将发硎，有作其芒。天戴其苍，地履其黄，纵有千古，横有八荒，前途似海，来日方长。美哉，我少年中国，与天不老！壮哉，我中国少年，与国无疆！

一百多年来，这充满激情的文字，鼓舞着一代又一代青少年为中华民族的伟大复兴而努力，我们所挚爱的祖国也因此一步步走出泥沼，走向灿烂辉煌的未来。

一百多年后的今天，在这样一个继往开来的伟大时代，我们应当以更加高远的境界和神圣的使命感，开创伟大祖国更加美好的明天！

第二节　人是自己生命的雕塑师

生命时刻在创化中，太阳每天都是新的，每一天迎接初升的太阳时，生命也开始一轮新的进步。生命的每一天都应该是新鲜的，都应该以新知充实心灵，以新的生机融入血液，以新的思想深入灵魂，使灵魂变得更美，使生命更有价值。

人的一生虽然漫长，但紧要处只有几步，特别是当人年轻的时候。青春是美好的，充满生机和活力，充满力量和希望。这是生命的春天，是生长的季节，一年之计在于春，走好青春之路，对人生有深远意义。青少年时期是世界观、人生观、价值观形成的关键期，在人生的黄金阶段，如果能有一个好的学习成长经历，就会为一生的发展奠定坚实基础。青春稍纵即逝，弹指一挥间，要珍惜青春。人的潜力是巨大的，潜在能量，不可估量。青春的力量在于成长，有理想追求的人，才有希望达到理想的境地。

人是自己人生的雕塑师。人生所能达到的高度，取决于精神和理想的高度。要在心灵深处描绘人生的理想蓝图，扬起理想的风帆，树立远大的志向。有了志向，就有了前进的方向。志向是人生的航标灯。志存高远，养成高尚的气质和纯正的情怀，不为低级庸俗所羁绊，不为纸醉金迷所迷惑，神清气爽，心志高洁，智慧清明。只有心灵纯净，才能生活干净。唯有保持高洁的心志，才能保证人生之路走得纯正。

一、美好的生命景象

心灵觉悟，心地纯正。决定人的境界和高度，决定人言谈举止、风度气质的重要品质，是道德品质。道是人生之道，自然之道，宇宙之道，合道才有德。有了道德才能获得人生的成功和幸福。道德是一个人本质的力量。合乎人生之道，方有人生之德；具备人生之德，方能获得幸福。人内心深处有两个自我，美好的自我占上风时，人就会往良性方向发展。

认识自己，塑造自己。1985年美国哈佛大学教授加德纳提出了多元智力理论。多元智能理论认为，人的智能是多元的，有语言智能、数理逻辑智能、运动智能、音乐智能、人际交往智能、生存智能、自然智能等。人人都有成功的可能。人的所长是成功的基点，是否成功就看是否开发了自己的最佳智能。即使某一阶段不顺利，也要努力保持信心，相信自己一定会成为有用的人才。有了自信，有了目标，才会越来越努力，越来越强大。珍惜生命，发展生命，就要相信自己。即使在平凡的岗位上，也仍然可以成为优秀人才。相信自己，同时不轻视任何人，因为每个人都有每个人的成功，做最好的自己就是成功。

志向因人而异，各不相同，成功的形态是不一样的，但不管是什么样的成功人生，总有一条标准，就是成为最好的自己。在可选择的人生之路上走一条最好的路，在可能发展的程度上发展到最好。成功有一个基本前提就是道德，人的品质是在道德基础上形成的，发源于心灵深处，形成于整体生命气象。接触一个人，会感受到这个人身上的气质，或纯正，或污浊，或光明，或黑暗，或高尚，或卑劣，也许很难说清，但却有一种直觉。当岁月流逝，时过境迁，再来深入了解这个人，得出的结论可能跟当初的直觉一致。人从品质上所散发出来的气息，其根源就是道德修养的程度。知识的增长，不一定意味着道德品质的增长；岁月的积累，也不一定意味着道德品质的积累。提高道德品质靠持续不断的修养，修身养德是一个人最本分的事情。

人文日新。修身之道在于使光明的道德更加光明。昨天已经过去，今天的我正在创化之中，明天的我应该比今天更好，天天进步，日新又新，使生命更加新鲜，更加灵动，更加美好。

人的成长是一个发现自己、完善自己、健全人格、成就梦想的过程。如何才能看见一个新的更好的自己？解放自己的心灵，激发自身的潜能之外，汲取精神的正能量，使之化为自己生命的一部分。

学不可以已。生命不息，学习不止，每天都要进步。不仅自己进步，还要通过自己的进步，以美好的品德修养、才华气质影响别人，使别人也变得更好。

儒家把"学而时习之，不亦说乎"放在《论语》篇首，把"为学之乐"列于其余两乐之先。以"学"开头，寓意深刻。孔子一生学而不厌，诲人不倦，50岁以后开始学《易经》，一生都在学习。三人行，必有我师焉，择其善者而从之，其不善而改之。不仅要学，还要时常温习，温故知新，修养习练，成为习惯，形成习性，通过学习使美好的精神化成自己的品性，这样的人生多么充实，这样度过的每一天多么有意义。学习的时候，愉悦之情会荡漾在心中，那是多么美好的事情啊。

孔子教学生，第一门是品德，第二门是言语，第三门是正事，第四门是文艺。品德放在第一位。古今中外的教育家，中国的孔子、孟子，西方的柏拉图、苏格拉底，都是教人学做人。学习最重要的是学做人。书本告诉我们做人的道理，自己悟出来的做人的道理，要付诸实践，在实践中实行，通过修习化为习惯，由习惯而形成习性。本性是人先天固有的，习性是人后天形成的。少成若天性，习惯成自然，少年时代好好学习，所成就的习性就像天性一样。孔子倡导读《诗经》。《诗经》的语言经过提炼，淳朴纯粹，不鄙俗。有一次孔子的儿子从门前经过，孔子问儿子读《诗经》了吗？没等回答，孔子就说："不学诗，无以言。"现在的经典就更多了，要多读好书。学正事，就是学做正确的事。学文艺，就是学习文化艺术和六艺技能。

有朋自远方来，不亦乐乎。有朋友自远方来共同学习，共同进步，不是很快乐的事情吗？三人行，必有我师。朋友之间相互学习，要有鉴别地学习。学习别人的优点，择其善者而从之；看到别人的缺点，其不善而改之。

人不知而不愠，不亦君子乎。别人不了解自己而不恼怒，难道不是君子吗？受到误解的时候，能够包容宽谅有定力，这是真君子。学习生活中日日新，别人不理解自己的时候仍然日新又新，天天进步，这才是真正的明德。止于至善，达到至善的境界，而且不再退转，乃善之善者也。

孝为百善之首。孝敬父母，发自本心。一念孝敬，父母欣慰，家庭其乐融融。如果儿女不孝敬，不成器，父母愁眉苦脸，愁肠百结，整个家庭就没有幸福可言。孝敬父母从哪些地方做起呢？第一，孝养父母之身。第二，孝养父母之心。第三，孝养父母之志。真正懂事的孩子不让父母操心，把自己的事做好，让父母心里高兴安适。父母对孩子寄予厚望，子女争气是对父母最大的孝敬。成人成才，堂堂正正，成就父母之志，父母就特别高兴。在古圣先贤看来，一个人道德品质提升了，就会给亲人带来快乐，给自己带来幸福。至善之人除非没有机会，一旦有机会，一定会勇担使命，修身齐家治国平天下，使道德清明，生民幸福。

修身必先正心。心灵纯正，其身端正；心灵纯净，品行干净；心灵纯善，言行和善。心里的一切都写在脸上，相是心灵造就的，一个人的内心世界直接体现在言谈举止上。要修养美好的人格气象，端正，挺拔，和蔼、平静，庄重。内心不傲慢，气象才谦和；内心不暴躁，气度才从容；内心不懈怠，气质才勤谨；内心和谐，脸色和蔼；内心安宁，脸色安静；内心庄严，脸色庄重。

心灵世界无比珍贵。心灵就像湖水一样，要保持纯净，不要让丑恶污浊的东西污染了。心灵污染了，整个人就被污染了。日常生活中的所见所闻，会像种子一样深藏在心里。所谓一历根识，永为道种。看到美好的形象会有美好印象，看到不好的事情也会受影响。要多看好样子，多听好声音，多读好书，多与善人相处，泛爱众而亲仁，亲近有仁德的人，热爱真善美，摒弃假恶丑，珍惜心灵的纯净，呵护心灵的纯洁，非礼勿视，非礼勿听，非礼勿言，非礼勿动。

心灵是无限神奇的，可与天地合一。比海洋更广阔的是大地，比大地更广阔的是天空，比天空更广阔的是人的心灵。仰观宇宙之大，俯察品类之盛，遥想古人，俯瞰当今，怀想将来，心灵世界丰富广大。心灵是人最丰富宽广的灵魂世界，人生修炼，从心开始。

心灵世界会变化，婴儿时是一张白纸，随着年龄增长，历事渐多，习染渐深，就需要时时净化。怎么净化？注入好的东西，把不好的稀释掉，靠自己的意志，为善祛恶，扬善抑恶，激浊扬清。人与动物的区别在于，动物为所欲为，而人是有良知、有道义、有道德的。多做好事，多存好心，多说好话，心灵就会变得更加美好。正心诚意，意是心的外现。心是至诚之心，意是至诚之意，精诚所至，金石为开。

志于道，据于德，依于仁，游于艺。孔子志于求道，朝闻道夕死可矣，对道的追求多么深切。据于德，以德为据，从善如流。依于仁，依照仁爱，见贤思齐。游于艺，学习技艺本领，提升能力。怀着一颗真诚的心求知，明白人生之理，天地之理。知识有好多种，核心知识支撑人生，核心知识就是真知、真谛、真理。

上士畏因，下士畏果。有其因必有其果，懂道理的人敬畏的是因，知道做好事会产生好的结果。如果控制不住自己，暴躁冲动，应该马上想到这样做的后果，知止而后定。真正明智的人在事情到来之前就知道结果会怎样。君子慎独，在没有人的地方独处也自觉要求自己，这就是慎独。人要有敬畏之心，内心深处要有神明。知道什么是对的，什么是错的；什么是好的，什么是坏的；明白人生真谛，求真知，致良知，探求真理真相，深明因果规律，知道做什么最有意义——存好心，做好人，说好话，行好事，在人生的田地上好好播种。

善是一种美德，要在语言、行为、意念等方面修行。语言上不恶口，要实事求是，好好说话，不说粗话脏话假话和挑拨离间的话，不说奸佞和投机取巧的话，不说诽谤陷害别人的话。那些奸淫的话，投机取巧的话，污秽的话，都带有市井气，是特别不好的，一定要戒掉。没有亲眼所见，不要轻易说、随便传。谣言害人不浅。明明是好人，你道听途说，说他不好，到处传播谣言，会伤害一个人。一是一，二是二，不说假话，不知道就是不知道。不适合做的事情，就不要轻易许诺别人，如果轻易许诺了，会进退两难。要心灵清净，语言文明。说话容易犯错，假话一出口，为了继续圆下去，会说更多假话，所以要讲真话。语言最容易伤害别人，稍不留心就会出语伤人，令人心寒。言语上要纯正仁善。行为上要好好修炼，不放纵自己，不害人，不偷盗，不邪淫。伤害人的事情坚决不能做，这是道德底线。有一种伤害人的方式是精神伤害，不尊重人，随意诬蔑人，这也不能做。人有困难了，不要落井下石，不要在人的伤口上撒盐。对弱势群体，需要帮助的人，要伸出援手。人与人之间互相帮助，互相关爱，要心存善良，与人为善。不偷盗，偷是未经允许而窃取，盗则是强行占有。人类历史上受强盗之苦很深。君子有道，不为苟得，要心地纯正，行为端正。不邪淫，堂堂正正，健康明朗，珍惜自己的形象和荣誉，心灵纯净，生活干净。意念上不贪婪、不嗔怒、不愚痴。战胜自己对不良事物的痴迷，从小处做起，防微杜渐，时时警醒，不要有贪取、嗔怒、愚痴之心，要心平气和，心静如水。

真诚地对待自己，对待他人，对待一切。读书就好好读书，做事就好好做事，真心诚意，一心一意。精纯之心，特别珍贵。真正的成长靠自己。天性以外，还有习性，是由学习修身而得来的，品貌端庄，讲文明，有涵养，站如松，坐如钟，言语和，举止美，衣服洁净，美观得体，言谈举止大方。步从容，立端正，走路从容不迫，站立端端正正。青少年的天职就是使自己好好成长，吸收阳光雨露，珍惜每一天，向着理想境地努力进步。

信念不一样，愿望不一样，行为不一样，习惯不一样，结果也不一样。做事情不要忙乱，忙乱就会出错，要做好计划。事情难了不要畏惧，只要一件一件耐心做就是了。有些事情看上去简单也不要忽视，如果不好好做也容易酿成后患，细节上要认真对待。别人称赞自己，要勉励自己做得更好；听到别人指出缺点也要高兴，扬善惩恶才能进步。只有这样，正直的朋友才会越来越亲近。别人说几句好话就高兴，别人说自己的缺点就不高兴，这样的结果是损友来益友去。真正有修养的人都很谦虚，狂妄自大是涵养不够的表现。自己有才能不要自私，要帮助别人。别人有才能不要嫉妒，要赏识别人。不要向权贵谄媚，不要对贫者骄横，要不慕虚荣，崇尚俭朴。

　　仁义礼智信，一心敬圣贤。崇德景贤，谦虚谨慎，虚怀若谷，山谷里的庄稼因为受雨水多而长得好，虚怀若谷是为人处世之道。做一个好人，做一个有益于社会的人，是生而为人的本分。见贤思齐，见不贤而内自省也，看到别人的恶要反省自己，如果有这方面的问题就赶快改正，如果没有这方面的问题要加以警戒。唯有品德、学问、才华、艺术、本领不如人的时候，当自我勉励，赶快提高。衣服饮食不如人的时候，不要在意，只要穿得整洁，饮食恰到好处，就是愉悦体面的。

　　圣贤智慧启示做人的道理，要亲近仁德，亲近有君子之风的人。"与善人居，如入芝兰之室，久而不闻其香，与之化矣"，与善德之人相处，就像是进入芝兰之室，有一种很美的香气，自己会身染其香，心染其香。这是精神的香味。

　　真善美是多么美好的境界！真而不假，善而不恶，美而不丑。一念光明在心，善美之境即至。凡与圣在一念之间。信念与愿力至关重要。心有所信，方有所愿；心有所愿，方能行远。

　　要有一颗向真向善向美向上的心，怀有正念，诸善奉行，断恶修善，天天努力，不断精进，自觉要求自己，做德才兼备的人，与真善美同行。

修养身心益处很大。人是有气味的，是精神方面的味道。品位怎样，全看品德。人是有光的，要修炼出精神智慧之光，照亮人生。

二、未来世界的中国脊梁

教育应以人文主义为基础，尊重生命和人类尊严，维护平等和社会正义，促进文化多样性和国际团结，为可持续发展的未来承担责任。

互联网、云、大数据、人工智能等正在深刻影响着教育，并将对学习方式、课堂组织方式、学校管理等带来前所未有甚至颠覆性改变。但教育的本质是亘古不变的，不管用什么手段、在什么时候，都应该关注生命、关注心灵、关注精神，教育要注重道德与智慧的生成，要向人传送生命的气息，要提升人心灵的境界。

未来人才要拥有跨界和整合事物的能力，有好奇心且执着于自己感兴趣的事情，有创造力且能将人文和科技融为一体，要具备全球视野。面向未来，教育要培养具有社会责任感和大爱精神、德才兼备的未来公民，培养适应科技发展、具有国际竞争力的领军人才，培养人文和科技相交融的跨界创新人才，培养具有世界眼光的中国脊梁。

科技发展为教育提供了很多机遇。"互联网+教育"已经渗透到方方面面。美国发布2016—2045年新型科技趋势发展报告，明确了20项最值得人们关注的科技发展趋势：机器人与自动化系统、大数据分析、人类增强、智能手机与云端计算、医学、网络安全、能源、智能城市、物联网、食物与淡水科技、量子计算、社交网络、先进数码设备、混合现实、对抗全球气候变化、先进材料、新型武器、太空科技、合成生物科技。新型技术也迅速渗透到了教育领域，对教育行业产生了重大影响。创客空间、在线学习、机器人、虚拟现实、可穿戴设备，与教育密切相关，未来教育更具有信息化、智能化的特征。大数据的评价将在学校产生巨大影响，理想的状态是给学生、教师、学校提供发展的参考数据，而不要用大数据把学生进一步捆死，学生应该是自由的，学习空间应该是自由的。技术进入教育绝不是塑造一个标准化的教学流程，而是通过优化教育资源，让教育变得更有智慧。教育是关于人的教育，不是工业化、机械化的。

以学习者为中心将会更加鲜明，学习方式将呈现出社交化、个性化，将为学生提供富有个性、更加精准的教育。教师如果不以学习者为中心就会落伍，学校如果不以学习者为中心也会落伍。

在当今世界，任何一个国家都不能独善其身，任何一所学校都要与外部世界互动交流。人类知识和科学最为顶尖的拓展和发现，都在教育领域这个宏大舞台上得到交流和蔓延。世界一流的教育贯穿始终的都是崇尚真理、追求卓越、学术为基、人才为本的精神品质，其宏大的抱负，就是要在人类智慧的各个主要领域达至卓越，并以其源源不断的杰出人才为人类发展提供人才支撑。

三、黄金般的时光

时间始终伴随着人类生命的历程。它来无踪、去无声，却是实现人生价值的一大要素。两千多年前，孔子站在河边，面对滔滔的流水，曾发出了"逝者如斯夫，不舍昼夜"的感慨。意思是：时间就像那日夜流淌的河水一样，一去便永不复返了。的确，时间是无情的，不管人们多么需要它，它总是一成不变地流逝。然而，时间又是如此的重要。特别是现在，人类正处在高速发展而又充满竞争的时期。人们越来越觉得，最重要的不是金钱及商品，而是时间。时间是人类最宝贵的资源，"赢得时间就赢得了一切"；失去时间，就失去了存在的价值，失去了希望。

那么，如何科学地运筹和控制时间呢？

第一，要把握今日。时间之中，过去已不复存在，将来尚未变成现实，只有现在是实实在在的、最有价值和潜力的。要开发时间资源，最重要的就是把握今日。

立足今日，把握今日，要有行动原则，力戒犹豫迟缓之风。说学就学，说干就干。要学就全身心地投入，要干就立即付诸行动。

唐代诗人贾岛自勉："一日不作诗，心源如废井。"俄国伟大作家列夫·托尔斯泰在一生所记的51年的日记中，天天检查自己学习计划的完成情况。英国首相丘吉尔平均每天工作十几个小时，还使得10个秘书也整日忙得团团转。为提高工作效率，他还在给政府官员的手杖上都贴上了"即时行动"的签条。

明代学者文嘉写过一首《今日诗》，诗云："今日复今日，今日何其少，今日又不为，此事何时了？人生百年几今日？今日不为真可惜，若言姑待明朝至，明朝又有明朝事，为君聊赋《今日诗》，努力请从今日始！"

第二，要养成良好的用时习惯，有规律地运用时间。有这样一句名言："最重要的不是短时间的爆炸，也不是转瞬即灭的火星，而是足以引起伟大的历史转变的持久运动。"持久的运动必定是带有规律性的运动。

德国哲学家康德在哥尼斯堡大学教学期间，每晚10点上床，清晨5点起床。每日讲课、与师生谈话、吃饭散步的时间都有严格的规定，而且接连30年准确无误，恒定不变，以致他每天外出散步时，当地的居民都以此来校对时钟。

美国政治家富兰克林年轻时，为了能够获得更多的时间和精力去从事钻研，为自己制订了科学的作息时间表。他严格遵守，日积月累，增益无穷。

9岁考上大学，14岁获哲学博士学位，16岁获法学博士学位的卡尔·威特，从小其父就在小事情上培养他敏捷灵巧的习惯，如果磨磨蹭蹭地做了一件事，即使做得再好也不满意。这对养成威特雷厉风行的作风起了很大作用，使他取得了惊人的成就。可见，养成良好的用时习惯对于一个人的成长是至关重要的。英国教育思想家洛克认为："习惯的力量比理智的力量更加有恒，更加简便。"

西方商界名人中大部分都早睡早起，例如苹果公司CEO蒂姆·库克，每天晚上9：30—10：00点睡，早上3：45起床，4：30就出现在办公室。起床后的动作流程各不相同，每个人都有各自的固定套路，有的冥想，有的瑜伽，有的跑步。

成功人士都有一个共同爱好——阅读。比尔·盖茨每天阅读超过3个小时，扎克伯格每周读完一本书，巴菲特坚持每天80%的时间都在看书。

第三，要充分利用时间，还必须有崇高的目标和专心致志的治学态度。

高尔基说："一个人追求的目标越高，他的才力就发展得越充分，对社会就越是有益。"崇高的目标可以激发一个人向上的力量，可以使人最大限度地利用时间，自强不息，刻苦自励，向着成功的彼岸奋力前行。反之，一个人如果胸无大志，必将浑浑噩噩，虚掷时光，一事无成。

荀子说："蚓无爪牙之利，筋骨之强，上食埃土，下饮黄泉，用心一也。"充分利用时间，还要做到专心致志。奥地利作家茨威格青年时期曾到罗丹家里做客，罗丹带着他一起观赏自己刚刚雕塑成的一件作品。看着看着，罗丹竟不由自主地开始修改作品。他是那样的专注，全身心地投入，以致忘记了茨威格的存在。过了好长时间，当修改完毕，回过神来的时候，他才猛然意识到客人的存在，连忙向茨威格道歉。茨威格非常感激罗丹，因为罗丹使他明白了专心对于成就一件事情是多么的重要。这次经历带给茨威格的启示，使茨威格终身受益。

一个人如果长期倾注心力于一件事情，就会做出连自己也感到吃惊的成就来。罗丹如此，茨威格如此，许多卓有成就的人也大都如此。

专心致志的态度来源于强烈的兴趣。兴趣是成功的动力源，也是充分利用时间的重要前提。除了强烈的兴趣，意志和毅力也是使人能够把握时间的重要保证。在具备以上几方面的基础上，我们还要探索一些科学的方法和有效的做法。只有这样，才能充分利用时间，不断提高学习和工作的效率，提升生命的质量。

专注和深度工作才能带来进步，这意味着只有尽可能以异步方式生活，才能减少来自外界的干扰。大量烦琐事务用邮件或微信解决，这样就可以避免高效状态经常被打断。

第四，第一性原理。德鲁克谈时间管理时说：认识你的时间，只要你肯，就是一条卓有成效之路。卓有成效的管理者对自己的时间十分爱惜。重要的问题是："我是否对真正重要的事情，安排了适当的时间？"卓有成效的管理者懂得：要使用好时间，首先必须要知道自己的时间实际上是怎样花掉的。认识自身的突出优势与局限性，扬长避短、扬长补短，与探索星辰大海同样重要，且并不矛盾。以我为主，用最舒适的方式去做事，善于管理时间，离不开工作生活的艺术和创造的智慧。

第一性原理要求专注于最重要的事情上，如果你的答案是"不做这些事也没有什么影响"，应当学着说"不"，不管你是用委婉的方式还是明确的口吻，总之要说"不"。

为任务设置时长——凡是醒着状态，以尽可能短的时间为单位来安排日程，一天时光就切成了几百个"时间方糖"。工作时间每天的最低标准是处理关键的事务，始终保持快的工作节奏，完成一件事之后，立刻进行下一件，不空耗时间。

追求效率至上，对工作高标准，充满激情。时间管理最简单的一招，就是从一天 24 小时中榨出尽可能多的时间。精力充沛，胜券在握，形成自己刻苦而又轻松的时间管理风格。

珍惜时间，把握时间，利用珍贵的时间做有意义的事情，时间之神才会赐给我们幸福的人生。"及时当勉励，岁月不待人"，让生命在时间的长河中不断向上，让我们伴随着黄金般的时光创造更加美好的未来！

四、迈好人生关键一步

面对即将参加高考的同学，我经常讲这样一个故事，以缓解他们紧张的心情，使他们更好地发挥自己的水平。

同学们即将踏进高考考场，经历一次重要的考试，经受一次珍贵的体验。高考意味着机遇，是成功的契机；高考意味着进步，从此将展开新的人生历程；高考意味着希望，从此将走向理想的殿堂。高考是人生中一件期待已久的盛事。多少个日日夜夜，为了这一盛事勤奋学习，精进不息。现在，高考迈着从容的步伐走来了，它微笑着说："来吧，孩子，我已准备好成功的醇酿，等着你们来品尝呢。"

高考像一位慈祥的长者，以温和的目光看着每一位考生，缓缓地说：

孩子们，我其实并不神秘，我就像你们平时经历的每一次考试一样平常，你们完全可以像平时一样轻松愉快，镇定自如，在我微笑的目光中，如坐春风，从容答卷，书写最新最美的画卷。孩子们，你们知道我特别欢迎什么样的同学吗？

我欢迎自信的同学。很多时候，您想成功，成功就会来临；您想胜利，胜利就可能会光顾；您相信自己，您就一定会行。因为您的心里有很多信号，就像回音一样，您发出什么信号，世界就回应您什么信号。您说我肯定会成功，那么您就可能会成功！

我喜欢心静如水的同学。孩子们，你们注意到了吗？一泓秋水，清澈明净，天光云影，天地万象，就会映入其中，风光无限。只要心静下来，学过的知识，久远的记忆，练就的本领，就会映入心灵的湖水中，形成一幅完整的图卷。

我喜欢乐观的同学。你们要带着亲切的心态，带着微笑，带着自信，带着从容到我这儿来，认真而又细心，从容而又稳健地答卷。

你们一定能从这儿开始，走向更加美好的人生。

五、过一种文明向上的生活

人的第一次生命是父母给的，没有办法选择；但第二次生命完全可以由自己来做主。

在第二次生命中，你可以选择自己想要过的一种生活，可以去洗涤自己的灵魂，让自己在尘世间变得更加美好纯净。古圣先贤曾经把信念和教育非常完美地结合在了一起。《大学》开篇就讲"大学之道在明明德，在亲民，在止于至善"，这是教人向善；又说"知止而后有定，定而后能静，静而后能安，安而后能虑，虑而后能得"，这是教人如何平静淡泊，宁静致远。

教育要以人格教育为主题，以人文精神为底蕴，聚焦于生命历程，融会于生活经历，诉诸学生的理性，熔铸于学生的情感，渗透于学生的心灵，落实于学生的行为，塑造健康文明和谐向上的人格形象。

教育要重视思想、情感、道德和智慧的价值，高尚人格、美好品性的养成和文明形象的塑造。

南开中学堂有四十字箴言：面必净，发必理，衣必整，纽必结；头容正，肩容平，胸容阔，背容直；气象：勿傲、勿暴、勿怠；颜色：宜和，宜静，宜庄。

共和国第一任总理周恩来在南开中学读书时，将此箴言悬于室内，以此自勉，造就了一代大国总理的风范。这四十字箴言，不仅是对外在形象的要求，更是对精神气质的要求。只有精神纯洁高尚，形象才能纯洁高尚；只有内心世界光明正大、健康美好、文明向上，形象才能光明正大、健康美好、文明向上。外在形象是内在修养的反映，内在修养是外在形象的灵魂。塑造美好的形象，必须首先塑造美好的品格。品格是世界上最强大的动力之一，是人生价值的真正体现。品格塑造人，心灵是品格的源泉。一切真善美都是从心灵中流淌出来的。我们要正心、明理、崇德、笃行，懂得责任、爱心和同情，学会尊重、自律与合作，做有理想、有道德、有文化、有本领的新时代优秀人才……试想，如果无论何时何地，我们都能给人带来幸福和快乐，给人留下美好的回忆，那将是多么有意义的事情啊！

心灵美好的人会使环境也变得美好。《陋室铭》说："山不在高，有仙则名；水不在深，有龙则灵。斯是陋室，惟吾德馨。"美好的品德竟可以使环境变得温馨宜人。余秋雨先生在《文明的碎片》一书中记述了这样一个真实的故事：一群人游长白山，路遇一位外国少年背着帐篷准备到山上野营，这位已经很累的少年手上还挎着一个塑料口袋，边爬山边捡拾着沿路的废纸、果皮、空罐。他腼腆地告诉那些人，从小在书本画册中就知道了长白山，这是他梦中的山，当然要把它捡拾干净。他离开这群人独自继续爬山、捡拾垃圾去了。这群人上了大客车，但大家都长久地沉默着。过了很久，气氛才重新放松起来。其中有一位随手把一块果皮丢向窗外，车上的其他人都像被什么东西刺了一下，纷纷向他投去指责的目光。

这位在长白山独行的外国少年的身影是美好的，因为他用自己的行为诠释了什么叫文明。环境是一面镜子，它能照出一个人、一个社会的文明程度。心灵的美、形象的美和环境的美相互协调、相互促进、相映生辉！

净化心灵，是人一生的修行。有一个故事，小和尚学佛，师父让他扫地。扫了很长时间，小和尚说：扫地这么长时间了，还让我扫，什么时候学佛啊。师父语重心长地说：扫地，扫地，扫心地。心地要时时打扫，精神要常常清洁，使心灵更加干净。

淬炼心灵，是人一生的功课。生活中会遇到各种各样的困难和挫折，有时要经历一番苦难和磨炼，有时甚至会暂时失利以更好地东山再起。没有人会永远一帆风顺。不顺利的时候，要做一个勇者，勇敢地面对生活的磨难，勇敢地面对暂时的失利，勇敢地面对一切，用微笑来面对挫折，用坚强来战胜磨难，走出困境，走向成功。苏轼云："古今之成大事者，不惟有超世之才，亦必有坚忍不拔之志。"古今中外成就大事的人，不仅有超世的才能，也一定要有坚忍不拔的意志，这就是勇敢的心。

理想的人格境界和人文环境，应该是正大光明、健康文明、和谐向上的，应该充盈着自强不息、厚德载物的精神。

"日出江花红胜火，春来江水绿如蓝"，让我们自强不息、厚德载物、健康文明、和谐向上，沐浴着阳光，幸福地成长！

第三节 精神花园的神奇乐章

在苍茫的大海上，航船扬帆远航。人生是一个航行的过程，人的生命就是一艘航船。轮船航行要有方向，这方向就是理想。人在成长过程中不能没有理想，理想是前行的动力。青春如同初升的朝阳，洋溢着热情与活力，充满着希望，要树立远大的理想和抱负，勇往直前。

人生航船在大海中航行，既有风平浪静、朝霞满天的时候，也有惊涛骇浪、暗流涌动的时候。风和日丽中顺利航行的时候，不忘理想召唤，努力前行；遇到风浪的时候，要坚定必胜的信念，乘风破浪，勇敢前行。人生有顺境也有逆境，有逆境也必有顺境。顺境中不骄傲，逆境中不气馁。要相信，惊涛骇浪之后必然是风平浪静、朝霞满天的日子。

俄国著名作家陀思妥耶夫斯基说："我唯一担心的就是我配不上我所受的苦难。"他在流放西伯利亚前给哥哥写了一封信，信中说："请不要为我担心，凡是有人的地方，就有生活；凡是有生活的地方，我就能活下去。"正是这种信念，使陀思妥耶夫斯基战胜了生活中的各种磨难，成为一位影响深远的伟大作家。

人生航船的底部很重要。如果航行过程中，航船底部有了漏洞，水浸入到船中，就会有倾覆的危险。人生航船的底部是道德品质。道德品质好，人生航船就坚固，不管遇到什么风浪，都会安全行驶。立德修身是人生的根本。立德修身的功夫在平时生活里往往不明显，但关键时刻就会起作用。德是根本，德是福根，是人生航船能够乘风破浪的基础和前提。人一定要涵养美德，崇德向善。

"长风破浪会有时，直挂云帆济沧海。"愿人生航船乘风破浪，向着理想奋勇前进，驶向灿烂美好的未来，拥有幸福美满的人生！

一、先有伟大的学业　才有伟大的事业

我们曾在学校礼堂与天宫一号上的宇航员完成了中国历史上的第一次天地授课。这方简朴的舞台承载了太多的记忆，其中有莘莘学子

的成长史。正是这些悲欣交集的经历，让人生满载收获，信心满满地开启新的篇章。

珍重知识。书山有路，学海无涯，无论你对人生做过何种设想与规划，求学与求知都应是我们生命中不可缺少的部分。钱穆先生说："先有伟大的学业，才能有伟大的事业。"踏上更加艰苦的求学之路，开启更为精彩的人生之旅。然而，旅程中总有顺逆，路途中也难免悲喜，要始终不忘学业，终身与书为伴，探寻人生智慧，消除妄念烦恼，做一个追求真理、心境平和的读书之人。

珍重情义。人生就如一张交错编织的网，每个人都不能孤立地存在。支撑我们立于世间的是种种真挚的感情，有来自父母家人的亲情，有来自师长的恩情，有来自同学朋友的友情，还有爱情。常怀感恩之心，感谢生命中有过交集的每一个人，深怀仁心，做一个知恩图报、有情有义的善良之人。

珍重人格。飞得更高更远，所面临的诱惑也会更多。无可讳言，社会还不够完美，诚信、公平、正义的阳光并不能时刻照耀人生，但也不可因此而浊水濯足，随波逐流。要立志做社会之精英，民族之栋梁，以匡扶公理为己任，以重振道义为所求，做一个珍惜名誉、光明磊落的高尚之人。

珍重梦想。人类因梦想而伟大，只有敢于筑梦，敢于实现梦想的人才能收获真正的幸福。朝气蓬勃、意气风发，怀抱着绚烂的人生梦想。无论何时都不要放弃对理想的追求。对梦想的追求无论何时开始都不算太迟。实践是成就梦想最重要的动力，做一个敢于逐梦、勤于开拓的勇敢之人。前程珍重！

世界上没有什么能比见证一个人的成长更为神奇的事情了。作为校长，我有幸见证了你们的青春与梦想，见证了你们的进步和发展，见证了你们从懵懂少年到青年才俊的成长历程。你们强健了体魄，增长了知识，提高了能力，丰富了思想，陶冶了情操，锤炼了意志。你们将青春的激情、奋斗的汗水洒在了青春的舞台：课堂上的交流讨论，运动场的青春身影，演讲会的慷慨陈词，联欢会上的歌声舞姿，这一切都已凝聚在记忆中，变得更加精彩。你们将热烈绽放的生命活力注入了生活，将美好灿烂的青春足迹留在了记忆，这是你们的荣耀！

看到你们眼睛里闪耀着成熟、自信的光芒，我感到无比欣慰和自豪！此时此刻，在你们即将走向新生活之际，我对你们只有发自内心的希望与祝愿。

我希望，在你们精神的花园里"思想"的阳光格外明媚。哲人说，人是一根能思想的芦苇，思想成就了人的伟大。走出校园的象牙塔，面对纷繁复杂的社会，也许你们要时常面对心灵的抉择。唯有清醒的头脑、独立的思想、崇高的信仰能够指引你们正确的人生航向。远离邪恶，拒绝诱惑，做一个正直坦荡、思想高尚、信仰崇高的人，让真善美永远引领你们的人生追求。

我希望，在你们精神的花园里"责任"的大树茁壮成长。人世间有各种各样的责任，许多责任都可以分担或转让，唯有对自己人生的责任，必须只能完全由自己来承担，依靠不了他人。一个人唯有对自己的人生负责，建立了真正属于自己的人生目标和生活信念，才可以承担起对他人、对社会的责任，才可能自觉实现人生的价值。

我希望，在你们精神的花园里"卓越"的鲜花处处开放。人生如四季：春播、夏长、秋收、冬藏。唯有用心求索，努力奋斗，不断追求，才能最终收获累累硕果。不管你们的成绩是否惊天动地，只要你们人格高尚，待人坦诚，做事认真，在平凡中始终保持对高尚的追求，同样是一种令人瞩目的卓越。

青春梦想，前途无量、充满希望。毛泽东说："世界是你们的，也是我们的，但是归根结底是你们的。你们……好像早晨八九点钟的太阳。希望寄托在你们身上。"青年最富有朝气、最富有梦想，青年兴则国家兴，青年强则国家强。相信你们一定会肩负起祖国的期望，将青春的奋斗与国家的梦想联系在一起，用你们火热的青春，去创造青春之国家，青春之民族，青春之人类；用你们不懈的努力，去书写绚烂的生命华章！

珍爱生命，热爱生活，志存高远，精进不息，成一等大材，做一品国民；怀一等胸襟，进一品境界！

二、心中的明珠

宋代柴陵郁禅师云："我有明珠一颗，久被尘劳关锁，今朝尘尽光生，照破山河万朵。"

保持一颗幸福心。以梦想追求幸福，以拼搏创造幸福，以乐观的心态感受幸福，每一个人重要的就是使人生美好而幸福。用心血和汗水、聪明和勤奋，为人生奠定坚实的基础，拥有幸福人生。为了幸福要保证身体健康，把身体健康放在第一位，任何损害健康的事都不做，找到一种终身喜爱的运动，久久为功。要珍爱生命，健康美好，让生命闪耀青春的光彩、谱写壮美的华章！

保持一颗自信心。每一个人都是无比珍贵的，都有无穷的潜能，无限的可能。无论在什么地方，都要追求卓越，创造卓越，掌握自己的命运，以自己的能力回报社会，将自己的聪明才智奉献给这个世界。珍惜内心深处对梦想的渴望，使潜能充分发挥。珍惜灵魂中的明珠！

保持一颗谦和心。每个人都是了不起的，要用谦和之心来对待他人。"每见寒士将达,必有一段谦光可掬,谦则受教有地,而取善无穷。"[1]海纳百川,有容乃大,虚怀若谷,方能进步,保持谦虚进取的心,不断地向更高的目标攀登。

保持一颗敬畏心。敬畏生命,敬畏规律,敬畏天道,敬畏真理!敬自己,敬他人,敬人类,敬天敬地!信真善美,让信仰之光照耀人生之路。人生有敬才有价值,有敬的人生活才有教养。保持敬畏之心,遵守法律,敬畏天道,在和谐的氛围中度过幸福人生。

保持一颗精进心,不断向前!保持一颗真诚心,真诚生活!保持一颗梦想心,扬帆远航!保持一颗光明心,让生命放射出熠熠光彩,在天地之间把人字写得伟大而崇高!

一代人有一代人的故事,一代人有一代人的使命。成人意味着分辨、选择、担当,意味着寻找自己的人生道路顽强地走下去。所有这一切,将更多地依靠你们自己。越是杰出,越是被寄予厚望,就越需要踏实而勇敢地走好每一步。在自己所专攻的学术领域中锐意进取,勇于攀登,努力做出一番足以传世济民的贡献。在这过程中,你们自会找到那弹奏你生命之弦的不可抗拒的力量,从而明确自己的天职,寻得自己的人生路,发现真正的幸福。

未来的人生路上,可能会获得更广大的舞台、更多的机遇,也可能面临更复杂的环境、更多的诱惑,找准自己的路,走好自己的路,就更加考验智慧与意志力,更加考验德行与思想境界。"仁者不忧,知者不惑,勇者不惧",以真善美作为自己的立身准则,以崇高的信仰作为自己的人生指南,以追求卓越作为自己的人生理想,将古圣先贤所倡导的明德、至善、正心、诚意作为内在的原则,修身养德,自强不息,不断提升精神境界,成为令人尊敬的仁者智者勇者,成为华

---

[1] 袁了凡:《了凡四训》,百花文艺出版社出版,2007年版。

夏之栋梁、世界进步之力量!

三、生命之树　根深叶茂

自从中国第一批留美幼童远渡大洋彼岸，中国的许多有志青年不断地远赴海外求学。他们肩负家国使命，为中华之崛起读书，为改变中华之命运而努力。詹天佑、唐绍仪、蔡元培、胡适、周恩来、邓小平、朱德、梁思成、钱钟书、季羡林等，这些名字熠熠生辉。

不故步自封，也不盲目自大。世界上有多姿多彩的文化，每个民族，无论肤色人种，每个国家，不论经济强弱，都曾在人类文明的灿烂长河中创造出属于自己的辉煌。读万卷书，行万里路，在世界文化中吸收养分，茁壮成长。勇敢、坚持、不退缩，创造出属于自己的辉煌。学会包容与合作，与不同国家的优秀青年携起手来，共同为人类的进步事业而努力。

每一个伟大的灵魂都有着崇高的理想。孟子说"道之所存，虽千万人吾往矣"，这是为真理而勇往直前的精神。苏格拉底说"世界上最快乐的事，莫过于为理想而奋斗"，这是为目标而奋斗的精神。中华民族伟大复兴的中国梦终将在一代代青年的接力奋斗中变为现实，要将个人的志向与国家民族的命运紧密联系在一起，在追梦的过程中，始终以国家之志为志，以民族之梦为梦，将自己的生命与智慧融入时代的洪流中，始终牢记自己炎黄子孙的身份，心怀祖国和人民，为中华民族的伟大复兴贡献力量。

真善美是人心中最珍贵的品质，如果说追梦是追求真我之路，那么懂得感恩就是向善之始。感恩可以很朴素，就是在心里对至亲之人有一份挂念和感激。从你们呱呱坠地，到牙牙学语，再到蹒跚学步，你们的点点滴滴都倾注了父母的心血。那份期盼之心与舐犊情深，已经深深融入父母的灵魂；那种无私无畏与昊天罔极，已经成为父母的本能和一辈子的牵挂。父母之爱不求回报，父母之爱朴实无华，父母之爱简单纯粹。也正因如此，我们对这人间至爱也应怀有最真挚的感恩之心，给以最真挚的回报。感恩之心，应如涟漪般扩散，感念每一位曾经帮助过我们的人。感恩老师，你们的进步凝聚着他们的心血。感恩同学，他们伴你成长，与你结下了同窗之谊，给了你青葱岁月一段欢乐而美妙的回忆，他们中的很多人会成为你一辈子的朋友！感恩身边的一切，这种大爱会让我们心中常怀善意，这是开在心上的花朵，会结出善的果实；这也是对自己心灵的滋养，会让心灵平和而善良，光明而温暖，让人生受益无穷。

爱国精神是民族之魂。坚守爱国主义精神、矢志刻苦学习，奋力创新创造，积极促进对外交流。爱惜个人荣誉、爱惜国家和民族的荣誉，做传播中华文化的使者。去粗取精、兼收并蓄，把国外先进的知识、理念和技术，学习吸纳回来，报效祖国。国家和民族，是印烙在身体和灵魂上的印记，是自尊、自信的基石，更是使精神得以休憩与滋养的心灵家园。不论树的影子有多长，根永远扎在土里；不论身在何处，都要始终把祖国和人民放在心里！

生命是有根的。生命之根是家庭，是父母之爱；是祖国，是家国情怀；是美好的德行，高远的志向，文化的命脉。

生活中不仅有诗和远方，也有家和故乡，更有祖国和母亲！让我们把生命之根深深地扎在祖国文化的土壤中，伸展出生命的枝叶，汲取泥土滋养，沐浴阳光雨露，根深叶茂，茁壮成长，开出绚丽的花朵，结出丰富的果实。

第四节　心灵高贵祥和

一、把人字写得伟大而崇高

做一个幸福的理想主义者，不负此生。幸福，也许是古往今来谈论得最多的话题之一，相信也是各位在课堂内外经常谈及的话题。各位将用自己的人生轨迹，来实践你们对幸福的理解，用你们的一生来充实幸福的定义。无论每个人的理解有多么不同，无论未来的人生道路如何千差万别，我想，我们都不会怀疑这句熟悉的教诲："当你回忆往事的时候，不会因虚度年华而悔恨，也不会因碌碌无为而羞愧。"生命只有一次，切不可虚度年华。

为了理想而努力，才会拥有幸福的人生。新的人生篇章即将开启，更加广阔的人生道路呈现在眼前，当如何继续不虚此行地走下去呢？

首先需要的是理想。理想包括人生的具体目标。路依旧漫长，我们还需要执着而坚定地前行。理想包括人生的态度与境界。风雨兼程中不忘初心，在世俗功利的眼光中守住理想的本真，在个体的追求之外心怀他人，心系家国与天下。少一些迷茫，多一些坚定，少一些疲惫，多一些勇气，少一份孤独，多一份幸福。由一个追逐理想的人，成长为一个真正的理想主义者。只有这样的人生，才能让我们体会人性的光辉，生命的丰盈，天地的广阔，才会收获幸福，真正不负此生！

师长的教诲与砥砺、鞭策与鼓舞、传递与启发，真正的心愿是希望各位能够成长为幸福的理想主义者，拥有继往开来的才识、明辨是非的双眼、坚韧不拔的毅力和高远阔达的胸怀。这是关于生活的知识，关于人生的信仰，需要用一生来践行。

以坚强与勤奋立命。在课堂内外汲取营养，感受智慧的火花，进行思想的碰撞、经历心灵的涤荡，用聪明、勤奋为人生增添活力与光华；学会在彷徨中找到目标，在挫折中接受挑战，在困顿时砥砺勇气，在选择中追求梦想，凭借努力与坚持，成为矫健的雄鹰，展翅高飞，搏击蓝天！

以健康幸福立命。有追求幸福的梦想并为之努力，还要用心去感受。幸福的前提条件是身心健康，热爱生命，珍惜生命，加强体育锻炼，永远保持青春的朝气和活力。

以自尊自信立身。徐特立先生说："任何人都应该有自尊心、自信心、独立性，不然就是奴才。"面对新科技、新信息不断涌现，新思想、新制度不断碰撞的崭新时代，要想使自己能够适应于这个时代，立身于这个时代，就必须拥有自尊自信，在嘈杂的声音中听从内心的指引，勇敢面对质疑，正确把握前进方向，在困难来临时不慌神、不乱阵脚，有勇气、有能力正确应对。徐特立先生还说："自信不是自满，独立不是孤立。"拥有自尊自信，不妄自菲薄，不骄傲自大，永远保持谦虚谨慎、戒骄戒躁、艰苦奋斗的作风。

以谦和有礼处世。中国自古即是礼仪之邦，而礼之运作，离不开"谦和"之德。谦和有礼是一种崇高的姿态，也是一种处世的智慧，一个人在成功之前必有一段谦光可掬。谦和有礼更是宽容的表现，是自信的代言。作为中华民族文化的传承者，应该有"海纳百川，有容乃大"的胸襟，有"博学于文，约之以礼"的境界，有宽容和理解的心，修炼心灵，让自己的心灵高贵而安详。

以敬畏之心修身。古人云："畏则不敢肆而德以成，无畏则从其所欲而及于祸。"一个人是否心存敬畏，决定了是否能按自然规律和道德准则行事，也决定了他能达到的境界和成功的高度。常怀一颗敬畏之心，敬畏生命、敬畏规律、敬畏天道、敬畏真理，信仰真、信仰善、信仰美。人生不能越界，底线必须坚守。哪怕风雨兼程，哪怕披荆斩棘，也要时刻坚守底线，因为只有这样，才能把今生这个"人"字写得伟大而崇高。

希望前行的路上有阳光照耀，鲜花陪伴。希望在未来的人生中生活得更体面而有尊严。

二、青春如百卉之萌动

陈独秀先生在《敬告青年》中曾说："青春如初春，如朝日，如百卉之萌动，如利刃之新发于硎，人生最宝贵之时期也。"这段话说出了青春宝贵的两个原因：一个是说青春的"美"，像是百花萌发开放，是最明媚、最活跃的生命姿态。另一个说的是青春的"利"，锋利的利，就像是新磨的刀刃一样，有最敏锐的眼光，最先锋的思想。

对于个体而言，青春的意义，就是把这美好与锋利尽情舒展，感受生命的自由、饱满、健康、明艳。青春应该是向上的，要保持健康的身体、积极的心态、勇敢的气魄，对自己的人生有更深入的思考。"思而不学则殆"，要想有深刻的思考，必须多读书，多学习，对自己的过往常常反思剖析，"吾日三省吾身"，以帮助自己明晰未来的道路。说的就是这个道理。对理想和自由要勇敢地追求，哪怕自己的梦想看起来似乎不切实际，也不要因此停下脚步。甚至要有知其不可为而为之的执着，有坚持不为世俗接纳的真知灼见的"不合时宜"之精神。只有这样，才算得上不负青春。

陈独秀先生在《敬告青年》中还说道："青年之于社会，犹新鲜活泼细胞之在身。""惟属望于新鲜活泼之青年，有以自觉而奋斗耳！"《敬告青年》是《新青年》杂志的发刊词。我们都知道《新青年》这一杂志诞生在怎样的时代。那时割地赔款的中国伤痕累累，内忧外患的华夏吐纳森森。迟暮般的社会如何新生？唯有青年，唯有青年用最强的生命力，最先锋的思想和最执着的追求，才能让社会重新焕发青春。对于青年来说，唯有认识到自己的价值，肩负起国家兴亡的责任，这样才算是不负青春！

如今中国的确不再是一百多年前的中国了，世界也早已不是一百多年前的世界。科技和人文的巨大进步，让人类社会享有了前所未有的物质方面的舒适生活。然而贫穷、不公、歧视、甚至战争依然存在。若说一百多年前的中国，青年需要担负起国家的兴亡的责任，那么今天的青年则更为任重道远。

作为青年，肩负的不仅是中国的责任，还有世界的责任；不仅是捍卫国家的责任，还有去捍卫世界上每一个生命的权利和尊严的责任。正如《敬告青年》中所言，这些责任需要自己去发觉，用善良的心去体会，用敏锐的眼去洞察，用智慧的头脑去明辨，用真才实学去担当，保护国家，捍卫真理，追求自由。只有这样，才能够成为一个优秀的青年，不辜负美好的青春！

三、有仁爱之心，使命之志

从出生到成人，这段光阴是人生中最宝贵的一段时间。人生最初的十几年是在父母温暖的怀抱中长大，成人前后的一些年是在母校的教育培养下成长，身上有父母的基因、母校的精神。母亲、母校，是生命中永远感激不尽的恩人。

我们身上还有一个基因，那就是祖国的文化基因。我们是在祖国的土地上，汲取着优秀文化的营养成长起来的，是中国人，是在新时代成长起来的具有国际视野、世界眼光的中国人；是带着对祖国文化的自豪感，成为世界舞台上与世界各国同龄人一起进步、一起成长的中国人。我们忘不了自己的母亲，忘不了自己的母校，忘不了自己的祖国。

母亲、母校、祖国，是生命中永远值得珍视的宝贵财富。不管从事什么工作，不管将来的生活是什么样子，永远不要忘记母亲，永远不要忘记亲爱的祖国。

亲情、友情、家国情怀，是生命中温暖的营养，是生命获得幸福的重要因素。著名诗人汪国真在诗中写道："我们也爱母亲，却和母亲爱我们不一样。我们的爱是溪流，母亲的爱是海洋。芨芨草上的露珠，又圆又亮，那是太阳给予的光芒。四月的日子，半是烂漫，半是辉煌，那是春风走过的地方。我们的欢乐，是母亲眼里的微笑。我们的痛苦，是母亲眼里深深的忧伤。我们可以走得很远很远，却总也走不出母亲心灵的广场。"

拥有一颗爱心，为社会做公益服务。一位同学发起了关爱单亲家庭的慈善活动。毕业后，她进入耶鲁大学学习，到非洲肯尼亚难民营实地走访，觉得难民营中最需要的是教育援助，于是决心给难民营建一所学校，在耶鲁大学发起成立了一个关注难民的慈善组织。有仁爱之心、使命感、勇敢精神、担当意识、谦逊的品质、宽容的胸怀，修炼这样一种美好的人格，人生之路会越来越成功。

四、发光的人生

山泽凝暑气，万物含光辉。太阳的光辉照耀着人间万物。太阳是光明的源泉，赋予万物以生机，也赋予万物以活力，它总是与青春相统一，与美好的事物联系在一起。熠熠生辉的阳光映衬着微笑的脸庞，会显得格外的帅气和美丽！一切过往，皆为序章，愿拥有光明的未来和辉煌的前程！

学问厚重生光辉。求知是一个人永恒的生命追求。对事物抱有一颗好奇心，对未知葆有浓厚的探究欲，是一个人得以不断进步的必由之路。"先有伟大的学业，才能有伟大的事业"，无论选择何种职业，何种生活，都能身有一方书斋，心存一方净土，终身与书香为伴，与真理为伍。一个人有了充沛的知识、扎实的学问，自然而然地能由内而外地生发出美，生发出知识的光辉。

智勇兼备映光辉。仁有两翼，曰智曰勇。智，不仅是聪明更是对事物规律的洞察；勇，不仅是果敢更是对正义的无畏追求。这两件"法宝"常伴左右，不迷于歧途，不惑于乱音，敢于坚持正论，敢于捍卫真理，传达德于天下，匡正义于人心，用身体力行的实践发出仁德的光辉。

人格纯粹耀光辉。多姿多彩的大千世界中会有诱惑与陷阱，要抵御诱惑，始终以崇德为首，以修身为先，明德而至善，居敬而持志，达己而成人，培养光明的心灵，闪耀光辉的人性。

"年寿有时而尽，荣乐止乎其身。"荣于一人，止于其身；荣于一户，止于其家。超越小我，臻至大我，以家国为念，以苍生为念，以实现伟大的中国梦，实现中华民族的伟大复兴为己任，将学识的光辉、智慧的光辉、人格的光辉发扬光大，"为天地立心，为生民立命，为往圣继绝学，为万世开太平"，在新时代的大潮中为祖国、为民族、为人类建功立业。

星河灿烂，耀烁千古；日月光华，弘于一身。千圣在前，大道在兹，在这个伟大的时代，继承中华文明的优秀传统，锤炼品格，励学敦行，为人生添彩，为民族增辉！

生命是会发光的！发心求真，生命就会焕发智慧的光芒；发心向善，生命就会焕发仁德的光芒；发心尚美，生命就会焕发美好的光芒；只要心底透明，就会拥有一个发光的人生！

五、不给人生设限

作为校长，我在开学典礼上带领全体新生朗诵梁启超先生的《少年中国说》。新生进入校园的时候，我带领老师们在学校大门前热情迎新生，跟新生一一握手。我想通过这样的仪式彰显这样的理念：在学校，学生是最重要的，学校是为学生而存在的，学校的工作就是为了学生的健康、幸福和成长。同时，作为莘莘学子、炎黄子孙，要有一颗爱国心，把自己人生的发展与中华民族的伟大复兴融为一体，与人类的和平与进步融为一体，在关心自身命运的同时，热爱祖国母亲，关心人类福祉。因为每一个人的命运都与祖国的命运密切相连，每一个人类的个体都与人类息息相关。

教育的使命是立德树人，为国育才。要从人的发展出发，来探索教育问题，思考教育使命。教育为了人的发展，为了学生的健康成长，要以爱与关怀之水浇灌学生。学校一切工作的出发点和着眼点都是人，学生是学校的中心。

生命的发展有一个前提，就是要舒展生命。所以我倡导舒展生命的教育。要不断减轻学生沉重的负担，让孩子们过得幸福愉快，有时间和空间做一些自己喜欢的事，研究一些自己喜欢的学问，有充足的睡眠，有旺盛的精力，眼睛炯炯有神，身体健康美好。要让学生的个性得到充分的发展，心中有爱，眼里有光。教育是爱的事业，爱是教育的灵魂，爱就像是生命的甘霖，甘霖普降而万物同润。爱的甘霖泽及每一个孩子，每一个孩子顺着自己的天性和个性成长，成为最好的自己，这就是理想的教育境界。

使每个生命得以舒展，每个人天性充分发展，成为最好的自己，就要有丰厚的土壤和自由的空气。为此，要开设丰富多彩的选修课，成立数量众多的学生社团，让学生选择自己喜欢的课程，参加自己喜欢的社团，在丰厚的土壤中呼吸着自由的空气幸福成长。

培养学习力和创新力。注重深度学习，开展项目式学习。倡导每个学生都有课题，有自己的研究项目。项目式学习是个性化课程，跟学生的兴趣有关。我带领老师们设置了基础类课程、发展类课程和高端类课程。基础类课程面向全体，打好共同基础；发展类课程面向部分，因材施教；高端类课程面向个体，使学有余力的学生能够学得更好。我注重STEAM教育和人工智能教育，开设了大量创新课程，让学生体验人工智能的发展和科技进步的力量。

"器识为先，文艺其从，立德立言，无问西东。"学习时不要太局限，要有世界眼光，脱离条条框框，不要给自己的人生设限，认清真实的自我，选择遵循本心的生活。

少年强则国强，要使每一个孩子思想正、根基正，做一个堂堂正正的中国人，为中华民族的伟大复兴立志成才。

人不是一个独立的个体，每个人的命运都与他人息息相关。鲁迅先生说：无穷的远方，无数的人们，都与我们有关。即使远在非洲，当贫民窟的孩子在受苦时，也会牵动我们的心。要启发良知，培养大爱、大德、大情怀，以更加开阔的视野来看待人类的命运。

时时刻刻传递教育的温度。让孩子感受到教育的温暖，让孩子在享受教育的过程中实现其人生观、价值观和世界观的提升，实现人生的一个又一个跨越。教育的温度在于教育之爱、心中有爱，才能以爱传递爱，以爱启发爱，以爱培育爱。一个温暖的目光，足可以消除孩子内心的恐惧；一次温暖的鼓励，足可以建立起孩子的自信；一次温暖的教诲，足可以重新点燃孩子的希望之火。

保持内心的光，因为你不知道谁会借此走出黑暗。矢志不渝传播仁爱精神，让仁爱精神在更多年轻的心灵心中生根发芽。正是仁爱，能够将人的命运、国家的命运和人类的命运密切相连；正是仁爱，能够使世界变成美好的人间。仁爱精神要从小开始培养，教育的重要使命，就是培养学生的大爱情怀，使学生热爱自己，热爱父母，热爱他人，热爱一切需要关爱的人，热爱伟大的祖国和人民，热爱多灾多难而又无比美丽的地球，热爱历经沧桑而又充满力量的人类！

六、唤醒生命中的善美与智慧

风华正茂，亲情盈怀，豪情腾飞，直上青云。善谋事者日行千里，心明志远卓尔不群。从少年走向成人，是生命中伟大而惊心动魄的开始，是生命进程中的里程碑！不负青春，不负韶华，这是一个人走向成熟必须慎重思索的人生课题。

使生命焕发出美德和智慧的光彩，臻于善美境界，离不开一种力量，那就是唤醒。唤醒是人生新征程中最根本和最重要的力量。一个成熟的个体首先必须唤醒对于"我"的认识，从而激发更为高远和本质的人生价值。简而言之，成人首先应唤起三种自觉：唤醒生命、唤醒自我、唤醒大我。

唤醒生命的实质，就是学会感恩。知恩者不坏善根，不知恩者善根断灭。一个有感恩心的人，生命是会发光的。脸有和气，神有喜色，心地光明，磊落大气，坚韧弘毅，可担大任。这就是我倡导同学们参加志愿活动、志愿者队伍在不断壮大的根本原因所在。在成人之际，你们要深深地感恩父母，感恩师长。以前是爸爸妈妈牵着你的手，今后应该你来牵着爸爸妈妈手；以前是爸爸妈妈为你分担，今后应该是你多替爸爸妈妈分担；以前是爸爸妈妈常为你操心，以后应该是你多替爸爸妈妈操心；以前是爸爸妈妈为你做事，以后应该是你多替爸爸妈妈做事。当一个人从自我中心调频到以他人为中心，这个人就算长大了，成人了。因为感恩自然、感恩祖国这些深情大义，无有二出，一切皆从感恩父母中来。人，生而为人，长而自立，须臾离不开一个"善"字，善可养气，善可养神，善可养性。

善，还需要慧来助养，所以你们一定要多读书，腹有诗书的人，脸无俗气，神有光华，思可接物，慧可成事。善慧双运，可行大事。青春做伴好读书，多读文学作品以养情韵和美感，多读哲学、历史、科技方面的书，让自己成为一个有书香的人，一个有厚度的人。人和人最大的区别是精神慧相。积金千两，不如明解经典。捧起书本，趁着大好年华，加快觉醒自己的生命步伐吧！

十八岁是一个发现自己、唤醒自我的关键时期。要唤醒这个独一无二的、世上仅有的自我，这个自我是不可以回头、更不可能再塑的。自我的唤醒，最首要听到的是智慧和美德的声音！德光普照，智光慧朗。自我觉醒的人，会不停地思考并为之不断探索，果敢有勇气；又能静听内心细微的声音，并随着它的引导走自己的路；订下人生规划，并付诸超于常人的努力。唤醒自我的实质，其实就是教你做自己人生的主宰，有自己的人生态度、人生方向，如此才是一个真正成熟的自我！

人生只有一次，成熟的开始也必将伴随一个本质的发问：人生究竟有没有更高的具有恒久价值的意义，此种意义会不会因为这个"我"的衰老无力而丢失？面对这样的发问，先贤们给出了怎样的答案？

"如果我们选择了最能为人类福利而劳动的职业，那么，重担就不能把我们压倒，因为这是为大家而献身；那时我们所感到的就不是可怜的、有限的、自私的乐趣，我们的幸福将属于千百万人，我们的事业将默默地、但是永恒发挥作用地存在下去，而面对我们的骨灰，高尚的人们将洒下热泪。"

这篇名为《青年在选择职业时的考虑》的文章，是17岁的马克思写的。当时，马克思适逢中学毕业，面临着升学还是就业的去向选择问题。马克思没有从利己主义出发，以个人幸福作为选择理想的标准,他把理想上升到对社会的认识和对生活的态度上加以考虑。正如马克思指出,一个人唯有超越小我,把个体放置在为人类福利而奋斗,为千百万的人的幸福而努力的梦想之上时,这个"我"字就会大写于天地之间,永恒发挥作用存在下去!这个"我"字就会拥有最高贵的重量,可比大地,可比星辰!"志之所趋,无远弗届;穷山距海,不能限也。志之所向,无坚不入;锐兵精甲,不能御也。"一如17岁的毛泽东离家去湖南湘乡县求学前,夹在父亲的账簿的那首诗所表明的志向和决心。"孩儿立志出乡关,学不成名誓不还,埋骨何须桑梓地,人生无处不青山。"

乐于事,勤于事,就是一种担当。身边小事,身外大事,一点都不能含糊;自己家事,国家大事,都要全力担承。你可以活得如泰山一般巍峨,只要你勇于担当。

大事难事看担当,逆境顺境看襟度,临喜临怒看涵养,群行群止看识见。希望同学们在自己成人的首页写下这四个关键词:担当、襟度、涵养、识见。你们必将大有可为,也必将大有作为。

七、怀着正知正念 听从内心良知

在宝贵的时光里,有许多珍贵的经历,有欢笑,有泪水,有拼搏,有成功,有砥砺,有挚爱,有多姿多彩的生活。不管是何种经历,都已经化作记忆,珍藏在内心深处;不管是何种记忆,都已经化为继续前进的动力,成为人生中宝贵的精神财富。

教育旨在培养学生面对一丛野菊花而怦然心动的情怀,而不是分数的比拼。考试不是所有人都能脱颖而出,成为"春风得意马蹄疾,一夜看尽长安花"的佼佼者。但是,无论什么样的孩子最终是要进入社会的大熔炉。每个人必须要通过正确途径获得生存的本领。学校教育的目标就是让每一个孩子为自己谋幸福，真正成为自己的救世主，进而为社会服务。这样的教育，才是真正发挥了最大效力，才完成了自身"精神的托举"之使命。

人是自己生活的主人，是自己命运的设计师。天地造化，生命珍贵，我们要把自己的生命塑造好，使之更加完美。生活中，有顺境也会有逆境，有欢乐也会有忧伤。无论经历何种生活，都要自尊自信，坚强乐观，勇敢地面对生活中的一切，顺境中精进不息，逆境中保持定力，风雨压不垮，苦难中开花，做一个勇敢的前行者，做一个幸福的理想主义者，接受真正意义上的心灵的洗礼，学有所长，学有所获，达到理想境界。

人既要塑造好自己的生命，使自己越来越好，越来越有价值；同时也要关爱他人，奉献自己的聪明才智，为社会做贡献，为父母、家庭、祖国、人类带来正能量。人性中最重要的是良知，是善良的心灵，要向真向善向美向上，保持正知正念，怀有一颗善良的心灵，听从内心的良知去生活。只要有了一点良知，有了一颗善良的心，人就是高贵的，人生就是有意义的。

每个人的人生道路各不相同，但无论何种样式的人生，成功的标志应该是：第一，活出自己的精彩，做最精彩的自己，为世界奉献正能量；第二，身心健康，找到属于自己的幸福生活；第三，怀着正知正念，听从内心良知，过有尊严、有意义、有信仰的高尚生活。

一花一菩提，一叶一世界。心有多大，世界就有多大。天人合一，心包太虚，人是靠心灵而伟大的，让心灵世界与浩瀚宇宙融为一体。

第八章

唤醒心灵：
天地精神与教育本真

心灵的教育 | XINLING DE JIAOYU

  繁星闪耀，智慧永恒。行走在历史的时空中，每一天，世界都向我们涌来，展示天地的浑厚、广博与壮美。生活的大海向我们涌来，纷繁复杂，又充沛肥沃。未来向我们涌来，瞬息万变，又单纯宁静。星月交辉，万籁俱寂，遥望静谧深远的天空，心灵瞬间被唤醒。带着好奇与热忱、梦想与期待，带着一种纯朴圆融的婴儿般的天真，用灵魂拥抱教育、拥抱人生、拥抱天地、拥抱世界。

  乾坤朗朗，大宇浩瀚，天地人和，万邦咸宁，大道智慧，天地精神。道是宇宙的本原，自然的本质，事物的规律，天地的真理。人的觉醒就是一个悟道的过程，一个认识规律、觉悟真理的过程。

  日月经天，江河行地，春夏秋冬，四季更替。大自然的运行是永不止息的，他是那样的强健，又是那样的壮美。星汉灿烂，浩渺无边；朝晖夕阴，气象万千。君子应该效法自然，以自强而不息。只有自强才能不息，只有不息地自强，才能顺应自然，与时偕行，沛然刚健，生生不息，无穷无尽。

  大地是宽厚仁慈的，她以宽阔的胸怀承载着一切，接纳着一切，包容着一切。不管风霜雨雪，不论污泥浊水，她都默默地容纳着，然后生长出庄稼，流淌出清泉，养育着人间万物。她从不言说，无怨无悔，她是那样的仁慈，默默地奉献着一切，涵养着一切。江河在她的胸中奔腾，高山在她的怀中耸立。她的胸怀之中有万般景致，无限风光。君子应该像大地那样，博大其胸怀，宽厚其道德，以厚德而载物。

  天行健，君子以自强不息；地势坤，君子以厚德载物。自强不息，厚德载物，两者相辅相成，水乳交融，构成君子品格的内在美质。

第一节 与天地合其德

中华文明的宇宙观、世界观、人生观、价值观在世界文化史上具有深远的影响。在中华文明的浩瀚星空中，闪耀着深邃崇高的思想智慧之光：天人合一、道法自然、自强不息、厚德载物、上善若水、虚怀若谷、和而不同、大道至简、民为邦本、仁者爱人等。这些思想智慧之光，闪耀在历史的天空，照耀着人类的心灵，成为中华民族共同的文化人格。

一、天上的星空和心中的道德律

德国哲学家康德说："有两种事物，我越思索就越感到敬畏，那就是天上的星空和心中的道德律。"天上的星空，既指自然星空，又指文化星空。自然星空喻示自然律，文化星空喻示价值观。

美国文化人类学家洛威尔说："在这个世界上，没有别的东西比文化更难捉摸。我们不能分析它，因为它的成分无穷无尽；我们不能叙述它，因为它没有固定的形状；我们想用文字来定义它，这就像要把空气抓在手里，除了不在手里，它无处不在。"余秋雨先生对文化的定义是："文化是一种包含精神价值和生活方式的生态共同体，它通过积累和引导，创建集体人格。"这一定义在文化与人之间搭建了桥梁，让文化一词与人格有了关联。文化的意义，是在人世间倡导爱和善良。

文化是一条浩浩汤汤的长河，从远古奔流而来，翻越崇山峻岭，沉淀沧海桑田。文化是一面晶莹剔透的明镜，照亮心灵的面容，倒映历史的影子，既有慷慨高歌，亦有躬身沉思。当世界因功利而激发的竞争越来越沉重，文化恰是能放飞心灵的风筝。正如马大·安诺德所言：

"文化有一个伟大的激情,追求和美与光明的激情。"也像丘吉尔所言:"不伴随力量的文化,到明天将成为灭绝的文化。"文化有根源,既深深扎根于中华大地上,又随着历史的长河奔流不息。伴随社会的进步,传统文化与现代科学技术相互融合,相辅相成,使得中华五千年的文明生生不息。

中华文明倡导和谐之道。和是宇宙万物的辩证统一,是天地万物的生存基础,是世间万物的兴盛法则。"致中和,天地位焉,万物育焉",和是中华文化的核心思想,是中国人的根与魂,也是人类的普世价值观。

中华文明崇尚仁义礼智信。它启示我们仁者爱人,民胞物与;告诉我们"知足天地宽,贪得宇宙隘";劝诫我们"谦受益,满招损";激励我们"路曼曼其修远兮,吾将上下而求索";让我们知道"救寒莫如重裘,止谤莫如自修";让我们明白"一箪食,一瓢饮"也能觅得人生之乐;让我们具有"先天下之忧而忧,后天下之乐而乐"的情怀;让我们具有"登高壮观天地间"的胸襟;让我们具有"长风破浪会有时,直挂云帆济沧海"的勇气。

人生有三重世界:生活的世界、工作的世界、心灵的世界。人生有三重修炼:生活的优化、生命的美化、心灵的净化。丰子恺先生谈到弘一法师李叔同时说,人活在世上,有三种生活:第一层是物质生活,第二层是精神生活,第三层是灵魂生活。物质的生活就是衣食住行;精神的生活主要指科学文化艺术;灵魂的生活则是超越,是终极关怀,是心灵的净化和升华。

修炼圣贤之心,心灵光明;成为自己之王,智开慧朗——这就是中国文化所倡导的内圣外王之道。

中国文化中有两个密切相关的哲学概念是"道"和"德"。道德内涵深广。自然之谓道,合道之谓德,合乎自然就是道,道是天地之规律，合乎道就是德，道和德是连在一起的。合乎天道谓之天德，合乎地道谓之地德，合乎人道谓之人德。合道之德是一种力量。德者，得也。训诂中道德之德亦即获得之得。合道之德，能使人获得力量，获得幸福。得道即有德，失道即无德。得道者多助，失道者寡助。有德就有力量，就能最终成功；无德就没有力量，也不可能真正成功。所以道德的力量非常伟大。

天地有大德："天地之大德曰生。"世间万物，无不以天地而生，天地生长万物。天地有大爱：天之所覆，地之所载，哺育万物，大爱无言。天地有大容：海纳百川，有容乃大；心包太虚，量周沙界。

孔子说"君子和而不同"，《中庸》曰："万物并育而不相害，道并行而不相悖。"同则不继，悖则相害，和则相生，和而不同。人与他人和谐，人与自然和谐，人的身心和谐。

"夫大人者，与天地合其德，与日月合其明，与四时合其序，先天而天弗违，后天而天奉天时。"[1]大人是指道德崇高、智慧通达的圣贤。其实不仅圣贤与天地、日月、四时相合，"人皆可为尧舜"，见贤思齐，人人都可以追求圣贤的境界。人生天地间，顶天立地，与天地并称三才，应效法天地之正，有天地一样的胸怀。

自强不息，厚德载物，上善若水，虚怀若谷，和而不同，天人合一。当功利主义甚嚣尘上，中华文明正是那株绽放在物欲横流中的青莲，让我们守住了自己的精神家园。

二、道法自然与万法归宗

《道德经》说："人法地，地法天，天法道，道法自然。"《庄子》

---

[1] 黄寿祺、张善文：《周易译注》，上海古籍出版社，2001年版。

说：“臣之所好者，道也。”庄子认为，道就是"依乎天理"，"因其固然"。可见，道就是天理，是宇宙的本原、运动的规律，是事物本来的样子。简言之，道就是自然。

道法自然是中国文化中一个重要的哲学思想。"自然"含义：一曰"自然界"，日月星辰，山河大地，万物生长，生机盎然，精彩纷呈，丰富多样，唯其丰富多样，方成蔚然大观。二曰"自然律"，自然而然，本来如是，天地不失其位，四季自然更替，动物繁衍生息，植物自然流香，万物各有其性，无不顺天而生，只有顺应自然，方能得道而行。

万法归宗，内涵深广。万法，可理解为万千法门，条条门径，径径通达；归宗，可理解为种种法门，归元不二，如百川归海，终归一宗。

道法自然，就教育而言，就是要效法自然之丰富性，追求教育生态的多样化；就是尊重自然之道、遵循人的成长规律，因材施教，顺天致性，使生命得以舒展。

万法归宗，就教育而言，就是要始终不忘初心，立德树人。教育生态，丰富多样；教育方式，林林总总；教育方法，千变万化。但无论何种样式的教育，都要以人的健康、幸福和成长为宗旨；都要直指人心，培养有道德的心灵；都要以舒展生命、净化心灵、启迪智慧、提升德性、健全人格为指归，使人变得更高尚、更幸福、更有价值。

每个人都有自己的个性禀赋，都有自己独特的发展路径，教育应该顺应人的天性，追求个性化的教育，努力创造适合每个学生成长的教育，使每一个生命都得到和谐而又充分的发展。

只有多样化的教育生态才能形成"不拘一格育人才，万紫千红总是春"的教育格局；只有各种人才脱颖而出，才能形成万马奔腾、龙腾虎跃的生动局面，从而实现中华民族伟大复兴的中国梦。

形成多样化的教育生态和个性化的教育，必须有宽松的环境，肥沃的土壤，自由的空气，开放的胸襟，形成以人为本、和而不同、纵横开阖的办学格局。

不忘初心，立德树人，创造适合学生发展的教育，既要道法自然，更要万法归宗，以尊重、自主、开明为基本遵循。尊重，指尊重教育规律和人才成长规律，尊重人的个性、兴趣和禀赋；自主，指发挥人的自主性和创造性，注重学生的自主学习，培养学生终身发展的能力；开明，指开阔视野，兼容并包，融合中外教育之精华，形成一种新教育，培养既有中国心灵，又有世界视野；既热爱民族文化，又具有跨文化沟通能力的优秀人才。

教育要解放心灵，使生命自由舒展。解放心灵，舒展生命，就要顺天致性，道法自然。教育要点亮心灵，使人变得更好。要点亮心灵，使人更好，就要塑造灵魂，万法归宗。

三、卓越心灵自带光芒

柏拉图说："未经省思的生活不值得一过。"意识在任何时候都只能是被意识到了的存在。

人与高厚莫测之天地，并称三才，其意为何？才者，德能之称。天以普覆万物、生成化育为德能，地以普载万物、涵养滋培为德能。人以赞天地之化育、继往圣、开来学为德能。若无人之德能，则天地之德能犹有所憾。由于得人参赞继开之德能，使天地之德能，圆满充足，竖穷三际，横遍十方。人与天地，并称三才者，此也。

人之德能，大端有九：人者认也，体认真理，故名为人。人者仁也，仁者爱人，故名为人。人者忍也，忍辱精进，故名为人。人者韧也，坚韧不拔，故名为人。人者任也，堪当大任，故名为人。人者尽也，尽我天职，故名为人。人者信也，信仰在心，故名为人。人者愿也，宏愿大成，故名为人。人者行也，德行日进，故名为人。

心灵的教育

人之义,大矣哉!愿一切同伦,各自担荷人之大义,岂独我国之幸,实天下万国之深幸也。或曰:汝作此说,汝能一一无憾否?答曰:我乃同伦中之一员,深知自己不能一一无憾。乃以一己微薄之力,于教坛之上尽心教化,教人求真,使人向善,成人之美。冀一切同伦共同努力,众人之力,其力无穷,积微小以至宏大,可使人生得以净化,生活得以幸福,世界得以改良也。

古希腊著名哲学家毕达哥拉斯在和僭主勒翁对话时,曾经将人生比作一场奥林匹克运动会。在这场运动会上,大体上有三种人:在场边叫卖食品的小贩、比赛的人、在观众席上观看比赛的人。这三种人就对应三种不同的人生选择,或者说生活方式:小贩追求金钱,他们是为了财富而活着,他们是爱金钱的人(philochrematos);比赛的人追求的是赢得比赛,他们为了荣誉而努力,他们是爱荣誉的人(philotimos);而观看比赛的人追求的既不是财富,也不是荣誉。毕达哥拉斯说,他们是爱智慧的人(philosophos),而毕达哥拉斯就将自己称为这样一个爱智慧的人。所谓"爱智慧的人",指的就是哲学家 philosopher。

聪明不同于智慧,如何将聪明引向智慧,是教育应该探究的奥义。智慧不同于聪明,智慧强调远见卓识,从未知到新知,从学习到创造,更注重灵魂的觉悟。

聪明的人或许可以在事功上表现较为突出,但只能说他们懂得做事的方法。有智慧的人更懂得如何让事情更圆满,使人生有境界。智慧靠心灵,所谓慧由心生。科学让人聪明,哲学教人智慧。真正的智慧是善的,因而必与德性有关,必与信仰有关,必与灵魂有关。

如果宽厚与涵容是人生智慧的话,那么凡事能退一步想,以宽容之心看待成败得失,忍辱精进,持戒禅定,并非不能由此历练而获得智慧。有时智慧只在一念之间。当你转念间想到宽容是智慧的时候,你往往就能把紧绷的心绪放松。只要身心放松，大脑自然灵活，智慧会油然而生。

法国作家蒙田（Michel de Montaigne）说："我们能因他人的知识而博学，但无法因他人的智慧而睿智。"知识是可以通过传授而获得的，但是智慧却不行。因为智慧必须由自己去追寻，用眼睛去看、用耳朵去听、用鼻子去嗅、用舌头去尝、用手去触摸、用脚去丈量、用身体去体验、用心灵去感受，获得丰富的经历与深刻的体会。与此同时，又能自净其意，自正其行，优化心智，净化心灵，善用其心，持之以恒，思而生智，静而生慧，福德双增，智慧乃成。

追求智慧，就是不断觉醒；追求卓越，就是不断超越。海明威说："人真正的高贵是优于过去的自己。"无论遇到什么困境，无论生活多么艰难，都要有一个坚定的信念：今天一定要比昨天好，明天一定要比今天好，日进其学，日新其德，日新又新。有了这样的信念，谁也阻挡不住我们前进的铿锵脚步。我们可以读书，可以学习，可以写作，可以思考，可以健身，可以养心，可以发声，可以静默，可以行善，可以修炼，可以精进，可以养德，可以顺势而为，可以因势利导，可以卧薪尝胆，可以奋发有为，探寻新的道路，取得更大胜利，追求美好理想。

美德是精神的涵养，卓越是生命的品质，高贵是灵魂的修行。福慧善根，本自具足，既顺天性，又重修身，学习创造，砥砺奋进，精进不息，修炼而成。人首先要做自己的王，做自己的主人，承担自己的使命，选择自己的道路。走自己的路，让别人去说吧。无论如何都要精进，顺境逆境都是好境。在前进的道路上，我们要将逆境化为动力，将苦难变成资粮，树立志向，怀有梦想，登高望远，坚守信仰，坚持信念，坚定信心，淡泊明志，宁静致远，超越自我，追求卓越。

相由心生，命自我立，卓越心灵，自带光芒。张载《正蒙·诚明》

曰："君子之学必日新。日新者，日进也。大其心，则能体天下之物；圣人尽性，不以见闻梏其心。其视天下，无一物非我。天大无外，故有外之心，不足以合天心。"大其心，拥有大人格，怀有大境界，于人于事，无为而无不为；于己于心，自知而不自欺。人生厚重而目光纯澈，心情平静而行无偏执；独立为人，精进沉稳，自律自重，日臻圆满，"为天地立心，为生民立命，为往圣继绝学，为万世开天平"。

第二节　臻于至善的境界

古老的年代里，大陆上有一座高耸入云的塔叫巴别塔。人们围在周围，语言相通；后来神将人们分散为各地，高塔崩裂，从此大家渐行渐远，语言也不再相通——所以请每一颗求知的心去游历，去聆听经典，去聆听先哲的语言，去听各种美妙的声音，帮助已然消殒的我们，重新找拾到语言的碎片，来拼接起那个恢宏年代的声音之图。"Wir müssen wissen，wir werden wissen."我们必须知道，我们终将知道。

大学之道，在明明德，在亲民，在止于至善。知止而后有定；定而后能静；静而后能安；安而后能虑；虑而后能得。物有本末，事有终始。知所先后，则近道矣。

古之欲明明德于天下者，先治其国；欲治其国者，先齐其家；欲齐其家者，先修其身；欲修其身者，先正其心；欲正其心者，先诚其意；欲诚其意者，先致其知；致知在格物。物格而后知至；知至而后意诚；意诚而后心正；心正而后身修；身修而后家齐；家齐而后国治；国治而后天下平。自天子以至于庶人，壹是皆以修身为本。

一、心中的道德更加光明

中国传统经典包括经史子集四大部,内容深广,浩如烟海。其中"四书""五经"对中国文化影响深远,尤其是《论语》《孟子》《大学》《中庸》。《论语》是谈如何做人的著作。孔子说:"学而时习之,不亦说乎?"在学习的过程中,明白了道理,获得了真知,并且付诸实践,经常实习,由此而形成习惯,铸成习性,从而塑造自己的生命,锻造美好的品性,成为更好的自己,不是很令人愉悦的吗?这里的学习主要是指学习做人。《孟子》的思想是在《论语》的基础上发展起来的,《论语》讲仁,《孟子》讲仁政。宋代朱熹将《论语》《孟子》还有《礼记》中的《大学》《中庸》合为"四书",撰写《四书集注》。"四书"是中国人的人生修养指南,《大学》是其中一篇纲领性文章。

《大学》是教人由内在的德性修养、到外发的事业完成、一以贯之、不断精进的指针,蕴含丰富而深刻的做人做事、为学为政的道理,是本末兼备、唯精唯一、修己治人、明智达用的大学问。大学之道在于光明人的灵明德性,以臻于至善之境,止于至善而不退转。大学之道有三纲八目:三纲是明德,亲民,至善;八目是格物、致知、诚意、正心、修身、齐家、治国、平天下。

第一纲:明德。明明德的意思是使心中光明的道德更加光明。我们心中都有光明的火种,道德的良知,灵明德性是人心本自具有的,教育就是要使灵明德性发扬光大,使生命焕发光彩。

第二纲:亲民。朱熹解释"亲"同"新","亲民"即"新民","新民"的意思是不断进步,日新又新,成为新人,今天的我比昨天更好,明天的我比今天更好。王阳明认为"亲民"的意思就是亲近人民,亲近百姓,关怀民众,为民造福。两种解释,意思皆通。王阳明云:"明明德者,立其天地万物一体之体也。亲民者,达其天地万物一体之用也。

故明明德必在于亲民，而亲民乃所以明其德也。"意思是"明明德""亲民"是一贯的，不可分的。"明明德"的目的在于"亲民"，为了"亲民"所以要明其明德。好比亲爱自己的父母兄长，再将这种亲爱的仁心推及天下人的父母兄长，使其成为一体。果能如此，仁孝这种天赋的明德才能昭明。

第三纲：至善。止于至善就是达到至善的境界并止而不退。人的发展是个动态的过程，时时修身，才能止于至善。这是人生的大学问，是大学之道。由"明明德"而"亲民"而"止于至善"，是体系一以贯之、不断进取开展的过程，是有内在联系的三纲领。

知止而后有定，定而后能静，静而后能安，安而后能虑，虑而后能得。怎样才能在至善的境界中不退步？"知止"方能"有定"。佛教讲定，名正定，戒定慧就是因戒生定，因定生慧。身心定于善，与善合一，定而后能静，静而后能安。既静且安，心不浮躁，即使独处，也要慎独。定于善的境界，心里踏实，方能静心，淡泊宁静，方能心安。心不能安，原因何在？是因为没有把心定在有价值的事物上。如果定在道德上，定在真善美上，定在正义的事情上，定在有意义的事情上，心灵就能获得一种安宁。获得安宁，才能心静如水，善用其心，智慧明达。而达此境界，所思所想，所言所行，才会更有价值，更有意义。何以能臻于此善美之境呢？因为心有定力，定于至善。

如果心中皆为慈爱、道德、智慧，心灵就不会黑暗，而是充满光明。此时才能有正向的心念，会想怎样才能更好地修身齐家治国平天下。具有正知正念，才能德力具足，人生成功、灵魂升华。

物有本末，事有终始。知所先后，则近道矣。明德是根本，亲民是根本，至善是根本。抓纲务本，纲举目张。大学之道的纲领就是明德亲民至善。不忘初心，方得始终；知所先后，则近道矣。知道了初心，知道了根本，知道了纲领，则近道矣。只有明德，亲民，至于至善，才能知止而后有定，定而后能静，静而后能安，安而后能虑，虑而后能得。知道了本末终始，方能依道而行。

儒道佛都讲道。《大学》开宗明义也讲道。道，包含万有，精微玄妙，如自然知道、人伦之道、事物发展之道、社会发展之道、人类发展之道、宇宙运化之道。道就是规律，大道之行，任何人的意志都左右不了。王者守之，则能统治天下；百姓守之，则能趋利避害。近于道，合于道，方能成为有修养的人、明白道理的人，方能获得幸福成功。即使是平凡的普通人，只要有对于道的敬畏之心，也会逐渐改善命运。即使是达官显贵，不管有多大的财富和权力，如果违道而行，背道而驰，也会受到道的惩罚。所以，人要敬畏道，体悟道，尊道而行，循道而动。

杜甫诗云："致君尧舜上，再使风俗淳。"像尧舜一样的明君不仅要治理国家，还要为万民立命，为国家立德。炎黄尧舜禹，古代伟大的圣贤君王，不仅治理好国家，更重要的是为后代子孙，特别是做国君的人树立表率。像炎黄尧舜禹一样明明德于天下，才是真正伟大的君王。

想明明德于天下，得先治其国，想要国家治理好，得先从齐家开始，想把家族治理好，得先修炼自身，修身是根本。改变不了世界，但可以改变自己。哲人说：他曾经想着改变别人，但到最后才发现改变不了别人，只能改变自己。改变自己，从自己做起，也许可以改变身边的人；改变了身边的人，也许可以改变更多的人，说不定哪一天就可以改变社会了。

心是根本，心不正，就很难修养好。正身先正心，心正方能身正。怎么才能正其心呢？要诚其意。知道天地之道是诚实不欺的，人伦之道是诚实不欺的，来不得半点虚假，要把自己的心意修养得恳切诚实。诚者，成也。诚实包含着成功的意思，精诚所至，金石为开。欲诚其意者，先致其知，致知在格物。朱熹认为格物就是研究事物的道理，但是王阳明认为格物是格除物欲，格心中不正以归于正。王阳明曾经按照朱熹的方式修炼过。怎么修炼呢？格竹子，对着竹子静坐，想格出竹子的理。格了好几天，搞的精神疲惫，也没得出什么道理，就感觉到关键不在这儿。要获得真知，就要革除物欲，革除心中不正以归于正，这样才能获得真知，发现良知。致良知才能意诚，意诚才能心正，心正才能身修，身修才能家齐，家齐才能国治，国治然后天下平。自天子以至于百姓，都要以修身为本，所谓修身齐家治国平天下。

"克明俊德，皆自明也"，就是自明其德，这又跟修身联系起来了。明明德最好的方式就是自明其德。"汤之盘铭曰：'苟日新，日日新，又日新。'"想每天都新美干净，就要天天洗澡。只有这样，才能保持自身干净。由此引申，就是每天都要学习，每天都要自我反省，每天都要不断进步。只有这样，才能不断向着更美好的境界进发，正所谓人文日新。

"周虽旧邦，其命维新。"周王朝虽然是旧的邦国，但其国运就在于不断维新。与时俱进，与时偕行，是故君子无所不用其极："所谓致知在格物者，言欲致吾之知，在即物而穷其理也。盖人心之灵莫不有知；而天下之物莫不有理。惟于理有未穷，故其知有不尽也。是以《大学》始教，必使学者即凡天下之物，莫不因其已知之理而益穷之，以求至乎其极。至于用力之久，而一旦豁然贯通焉，则众物之表里精粗无不到，而吾心之全体大用无不明矣。此谓物格，此谓知之至也。"

修身之道是内圣外王之道。一个人精神向着圣贤境界努力修炼，内心像圣贤一样圣明；而对外则成为强者，成为自己的领导者，家庭的领导者，众人的领导者，有领袖素质。内圣外王，就是内心世界修炼到圣明境界，外化出来，能够主宰自己、主宰生活、主宰人生、主宰命运。内圣外王是人生的理想境界。

二、天地万物共为一体

良知就是要体会天地万物共为一体,自己与他人、社会和自然是一体的,而不是孤立存在的。内修明德,外亲民众,内明外亲。如何亲民?孔子说"孝悌为本",从孝敬父母、尊敬兄长开始,以此为本,修己以安人。孟子说"老吾老以及人之老,幼吾幼以及人之幼",孝敬自己的老人而推及到别人的老人,爱护自己的孩子而推及到别人的孩子,推己及人,关怀民众。怎样才能成为好老师呢?要热爱学生、关怀学生。怎样才能成为好校长呢?要热爱师生,关怀师生。

善是中国文化中的一个重要命题。教育关系着人的发展和人类的进步,要用善良的情怀培养人,培养善良的人。教育向善,科技向善,政治向善,文化向善,人心向善,世界向善,止于至善。定于善,在"至善"上定下来,才能静心安心,思虑周详。做教育要有定力。定于善方能心安静;心安静方能虑事全。不仅做教育如此,做人做事,都是如此。止于至善方能获得成功人生。

真正的教育是自我教育。修身就是自我教育。学习也要有自主性,没有自主学习的自觉性,不可能真正学好。人的成长归根结底是自主成长,别人无法代替。好的教育是启发人自主成长的教育,使人终身学习,终身修炼,终身发展。学生要从自身的修炼开始,老师要从自身的修炼开始,父母要从自身的修炼开始,人人要从自身的修炼开始。修身要正心诚意,格物致知。格物是革除心之不正,使内心清净纯正,这是修身的前提。世俗污染,良知蒙蔽,教育要启发良知,有良知才有希望。简言之,格物即革心之不正以归于正,致知即致良知。致良知方能格物正心诚意修身,修身方能齐家治国平天下。

对上无愧于天,对下无愧于人,这是精神之乐。作为儿子无愧于父母,作为父母无愧于孩子;作为人无愧于天地众生,没有这种无愧于心的快乐，其他快乐都无从谈起。有良知，才能无愧于父母，无愧于天地，无愧于事业，无愧于他人，无愧于世间。按照良知做事，不做损人利己的事，无私奉献，与人为善，至于别人是否理解并不重要，子云：人不知而不愠，不亦君子乎！

第三节　真正持久的力量

古希腊神殿上刻着一句话：γνῶθι σεαυτόν 认识你自己。这亘古名言一直闪耀着精神的光辉。

《中庸》曰："致中和，天地位焉，万物育焉。"又曰："唯天下之至诚，而能尽其性。""尽人之性""尽物之性""赞天地之化育""与天地参"。

一、生命的本性禀赋

《中庸》是传统文化中人生哲学、生命修为的宝典，由慎独至诚，以致赞天地之化育，探究成己成人成物、以化成天下的极则。其立教的本原，在于"天命之谓性，率性之谓道，修道之谓教"，将天道与人道化用为一，从而发明中和位育、没有偏颇、无过无不及、天人合一的思想体系，以达成"尊德性而道问学，致广大而尽精微，极高明而道中庸"的崇高境界。

"天命之谓性，率性之谓道，修道之谓教"阐明了天命、天性、修道与教育的关系。天性是人的本性、物的本质，是人之所以成为人的本来性质——人性，物之所以成为物的本来性质——物性。《中庸》直指人性、物性和天地自然之性，从根本上来探究教育的本质。何为性？天命之谓性。天命所赋谓之性，人的本性谓之人性，物的本性谓之物性。每一物因为天赋其性而成为这一物，每一人因为天赋其性而成为这一人。人与其他动物的区别，在于天命所赋予人的本性是与其他动物不一样的。人与人的天性之不同，也在于天命其性的不同。人要成为更好的自己，一要顺应天性，尊重个性，二要修身养德，教育洗礼。人在成长过程中，因为教育与生活经历不同而成为不同的人。人既有自然属性，也有社会属性，教育就是顺应人的天性而因材施教，使人成为更好的自己。天命之性实际上就是指自然本质，是万事万物的内部规定性和内在规律性。

率性之谓道，顺应天命之性谓之道。遵循天命之性，才是合乎道的做法。修道之谓教，循道而修行谓之教。修道者，依于道而有道德准则并以此修行。

经典文化对于教育有深刻理解。《大学》讲明德亲民至善，修身齐家治国平天下。《中庸》讲顺天命之性谓之道，天命所赋谓之性，天命之谓性，率性之谓道，修道之谓教，层层深入，将教育本质揭示得非常深刻。由此可见，教育有两条主线：一是明德亲民，止于至善，立德树人，使人成为更好的人；一是顺应天性，尊重个性，使人天性禀赋充分发展，成为更好的自己。明德至善之道，顺应天性之道，两者相辅相成，融为一体，成为一体之道。道先天地而生，超乎一切，又生养万物，丝毫不离万事万物，明德，至善，修身；天命，天性，修道，此中深意耐人寻味。

教育一方面培养人的美好品德，一方面尊重人的天性禀赋。培养人的美好品德使人变得更好，尊重人的天性禀赋使人成为更好的自己，此即教育之道。"道也者，不可须臾离也；可离非道也。是故君子戒慎乎其所不睹，恐惧乎其所不闻。莫见乎隐，莫显乎微。故君子慎其独也。"修身是根本，修道是教育。教育要合乎天道，循道而行，才能成功；如果违背了道，就要受到道的惩罚，所以说可离非道也。修养道德是君子的人生功课，君子慎独。隐微之处也是显著的，明显的表征往往从隐微的地方看出来。"道"是不可以片刻离开的，如果可以离开那就不是"道"了。所以品德高尚的人在没有人看见的地方也是谨慎的，在没有人听见的地方也是有所戒惧的。越是隐蔽的地方越是明显，越是细微的地方越是显著，所以君子慎其独也。

人的自然禀赋叫作"性"，顺着本性行事叫作"道"，按照"道"的原则修养叫作"教"。立教于天命之性的道理，其目的是要尊重天性，顺天致性，在此基础上导性于正途，在正途上发展其本性，以成就更好之德性。

二、和谐的人生乐章

"喜怒哀乐之未发，谓之中。发而皆中节，谓之和。中也者，天下之大本也。和也者，天下之达道也。致中和，天地位焉，万物育焉。"喜怒哀乐没有发动的时候，叫作"中"，表现出来以后符合节度，叫作"和"。"中"是人人都有的本性；"和"是大家遵循的原则。达到"中和"的境界，天地便各安其位，万物便生长繁育。

人心和谐，生态和谐，社会和谐，世界和谐。没有和谐，人类流离失所，不能得其所在自由生活，天下也不可能繁荣。中和之义大矣哉！

仲尼曰："君子中庸，小人反中庸。君子之中庸也，君子而时中。小人之中庸也，小人而无忌惮也。"子曰："中庸其至矣乎！民鲜能久矣！"

中庸是一个重要的哲学概念。"中"是不偏不倚，无过无不及，恰到好处；"庸"者，常也，正常，平常，天行有常，常态化才能持久。春夏秋冬，四季更替，人要生活，吃饭睡觉，动静相生，作息规律，这是常。人不能不睡觉，长期不睡觉就不是生命的常态了，结果可想而知。怎样处理好休息和学习的关系，要看一个人如何自我管理。自我管理能力增强了，学习才能长久，身体健康才能保障。"常"应该建立在正确的基础上，比如吃饭，整天吃得过饱或整天吃不饱，都对健康不利；吃得合适且有规律，才是正确做法，也才是正常的。所以要重视习惯养成教育，养成好习惯要靠"常"，经常做，常常做，形成常态，才能形成习惯。

总之，人的天性良知明澈清晰，没有喜怒哀乐情绪发动的时候，是"中"。人有喜怒哀乐之情，不可能不发生，发生之后都合乎规则，是"和"。中是天下之大本，和是天下之大道。"致中和，天地位焉，万物育焉"，达到了中和的境界，天地万物位置摆正了，万物就生长发育了。天以阳光雨露哺育万物成长；地以宽广厚重承载生长万物。世间也是这样，臻于中和境界，道并行而不背，万物并育而不相害，人人各安其位，万物欣欣向荣。

三、做善良而智慧的君子

君子和而不流，强哉矫！中立而不倚，强哉矫！国有道，不变塞焉，强哉矫！国无道，至死不变，强哉矫！

君子善于与人和谐，又决不无原则地迁就别人，这才是真正的刚强啊！君子真正持守中正，独立不倚，这才是真正的刚强啊！国家太平、政治清明时，君子不改变穷苦时的操守，这才是真正的刚强啊！国家混乱，政治黑暗时，君子至死不渝、坚持操守，这才是真正的刚强啊！

君子素其位而行，不愿乎其外。素富贵，行乎富贵；素贫贱，行乎贫贱；素夷狄，行乎夷狄；素患难，行乎患难。君子无入而不自得焉。

在上位，不陵下；在下位，不援上。正己而不求于人则无怨。上不怨天，下不尤人。故君子居易以俟命，小人行险以侥幸。

君子之道，辟如行远必自迩；辟如登高必自卑。《诗》曰："妻子好合，如鼓瑟琴。兄弟既翕，和乐且耽。宜尔室家，乐尔妻帑。"子曰："父母其顺矣乎！"

《中庸》对君子的描述具体生动而有力量。君子要有独立意识，独立思想。君子同流而不合污，此为强者！不偏倚强势，此为强者！国有道，不因为强权而随便改变立国之本，此为强者！君子与人相处绝不无原则逢迎，和谐而不迁就，此为强者！君子持守中正，独立不倚，此为强者！太平盛世，政治清明，君子不改变操守，此为强者！国家混乱，政治黑暗，君子宁死也坚持操守，此为强者！

君子在上位不欺凌下人，在下位不攀缘权贵，正己而不求于人则无怨。上不怨天，下不尤人。故君子居易以俟命，小人行险以侥幸。

子曰："舜其大孝也与？德为圣人，尊为天子，富有四海之内。宗庙飨之，子孙保之。故大德必得其位，必得其禄，必得其名，必得其寿。"舜是真正的大孝啊！德为圣人之德，尊为天子之位，富有四海之内，享有宗庙祭祀，子子孙孙永保福慧双增，安宁吉祥。所以大德必得其位，必得其禄，必得其名，必得其寿。正如《诗》中所言："'嘉乐君子，宪宪令德。宜民宜人，受禄于天。保佑命之，自天申之。'故大德者必受命。"

君子把德性放在第一位，修道问学。有大的格局，仰望星空，气魄宏大，身在此处，心连世界，胸怀天下之广阔。做事情要精益求精，从小处开始做起。天下大事难事都要尽精微。追求极其高明的境界，又能以中庸为道，做得恰到好处。

君子博学之、审问之、慎思之、明辨之、笃行之。君子广泛地学习，审慎地发问，谨慎地思考，明确地辨别，笃实地行动。博学、审问、慎思、明辨、笃行，行胜于言。时至今日还可以加上九个字：融会之，贯通之，创造之。使所学到的各种知识融会贯通，因为融会贯通的学问才能真正成为自己的学问。创造新的物质财富和精神财富，创造人生，创造价值，创造未来，因为学习的高阶智慧是创造。博学之，审问之，慎思之，明辨之，笃行之，融会之，贯通之，创造之，是做学问的必由之路。

四、回归本心

自诚明，谓之性；自明诚，谓之教。诚则明矣，明则诚矣。诚，天下至诚，能尽其性，可以赞天地之化育，与天地参。

《中庸》云："惟天下至诚，为能尽其性；能尽其性，则能尽人之性；能尽人之性，则能尽物之性；能尽物之性，则可以赞天地之化育；可以赞天地之化育，则可以与天地参矣。"只有天下最真诚的人，才能充分实现自己的天性；能充分实现自己的天性，则能充分实现人的天性；能充分实现人的天性则能充分实现万物的天性；能充分实现万物的天性，则可以赞助天地化育万物；可以赞助天地化育万物，则可以与天地合一了。

回到本心听听内心的声音。明白自己最大的禀赋是什么，按照天赋其性真诚精进，把自身本质的力量发展起来。举例来说，水中的鱼去爬树是不可能的，猴子到水中去游泳也是不可能的，因为天赋其性就不是让鱼去爬树、让猴子到水中游泳的。教育就在于尊重人的个性，顺应人的天性，使人的个性和天性充分发展。尊重禀赋，尊重天性，发现最擅长的是什么。教育是发现和唤醒，成长从本质来说就是自己心灵的觉醒。我是谁，从哪里来，要往哪里去。我为什么活着，我活着的目的是什么。唯天下至诚为能尽其性，能尽自己的天命之性，尽自己的秉性，方能尽人之性，充分实现人的天性，实现自己的禀赋，就可以赞天地之化育了。

充分发展自己，实现自己的天性；然后帮助别人发展其天性，实现其人生价值，自育而育人，这就是教育。实现自己的天性就是自我教育。成长的过程就是自我教育和接受别人教育的过程，教育的过程就是自我教育和对别人教育的过程。父母教育孩子是天职，同学之间互相交流影响，帮人实现其天性成为更好的自己，是一种互助式教育。如果能做到这一点，充分实现万物的天性，大自然就好了，社会就好了，人类就好了，世界就好了，就与天地合一了。天地化生万物，如果能够尽自己之心性，尽他人之心性，尽万物之心性，实际上是跟天地一样化育万物了。谈人生不能不谈教育，谈教育不能不谈人性。天命之谓性，率性之谓道，修道之谓教。顺应天性，顺其自然，是玫瑰花就自然长成玫瑰花，是月季花就自然长成月季花，是茉莉花就自然长成茉莉花，是梧桐树自然长成梧桐树，是松树就自然长成松树。从人的角度来说，也是这样。人有共性也有个性，每个人都有自己的天性，要善于发现自己的天性禀赋，成为更好的自己。

诚者，真也；真者，诚也。天地之本真，教育之本真，真诚，真心，真情，真爱，真实，真相，真知，真谛，真理；返璞归真，发现真我，发现天性，诚意修道，真诚之力可谓大哉！

真诚是一种原始之力，本真之力，真正之力，真心之力。让真我志于真道，顺道修行，明内心之性德，修身至善而致良知。

灵明性德，至善之境，修身之道，正心诚意，致知在格物：格去心中不正以归于正，正其心；格去心中不诚以归于诚，诚其意；格去心中物欲以归于净，净其心；格去心中嗔恚以归于定，定其力；格去心中愚痴以归于慧，开其智。

真诚方能善美。真诚内蕴本真之美。真理真相、真情真爱、真心真诚至为宝贵。什么是天地本真、人的本真？如何返璞归真，发现真理，回归真相？真相永远是真相，真相可以一时被蒙蔽，但不会永远被蒙蔽。受到屈辱时，要忍辱精进，保持定力，修明智慧，精神融通，心灵明澈。

教育要回归本真，本真教育引领孩子健康幸福地成长，引导孩子发现真我、发挥天性，成为最好的自己。

真诚是一种本真的智慧，真心是一种无穷的力量。让真我的本质充分发挥，让真我的能量充分涌流，让真我的智慧充分发光，让真我的潜力充分展示，让真我的禀赋充分发展，让真我成为最好的我，让真我遵循真道，顺道而行，弘扬心中灵明之性德，诚意正心而致良知，顺天命，顺天性，扩充天命之性以达于天地之道。

让信仰之光照进心灵，
以宏大心愿引领人生，
将所有经历化为力量，
以宇宙智慧成就永恒。

第九章

无边界教育：
创造人类文明新时代

心灵的教育 | XINLING DE JIAOYU

从巍峨雄峻的高山,到人迹罕至的荒漠;从峡谷冰川,到海底两万里。人类将不再亲自涉险即可通过机器对赖以生存的资源宝藏进行前所未有的探索发掘和深度作业;人工智能技术将取代程序化和高重复性的工作,使人类从枯燥乏味的劳动中解脱出来,同时也为人们的就业带来新的挑战。

预测未来最好的方法就是创造未来。面对世界百年未有之大变局,面向人类未来的发展,教育也必将面临一场深刻的触及灵魂的变革。挑战智能学校无人区,从0到1的探索充满了惊喜,而从1到100的路上更多的是积累、实践、执着和从未间断的小幅迭代。甚至到了最后,出现的东西已经完全不是最初所设想的了。

哈佛大学前任校长鲁登斯坦说:"那种依靠在学校时学到的知识就可以应付一切的时代,已经一去不复返了。"人类正处在大变革的前夜。教育准备好了吗?

未来教育的宗旨是什么?教育应该如何变革?应该如何培养创新人才?新型学习应该如何来组织?这是新时代的命题,需要我们对未来教育做出高瞻远瞩的思考,对创新人才培养做出新的探索。面对数字时代原住民,展望世界发展趋势,要更加重视自主创新和原始创新,重视创新教育和人工智能教育。随着人工智能的迅猛发展,教育要更加重视人的温度,强化立德树人,建立连接心智的学习共同体,重塑面向未来的教育新生态,培养人工智能时代的中国力量,创建中国灵魂、世界眼光的未来教育。

人类在永恒的时间和无限的空间中自见时,常因自身的渺小而怆然。但即使感觉到渺小孤独,也仍然努力发出自己的声音,以与宇宙中先此和后此的生命智慧体有灵魂的交汇。正是这种不竭的追寻,推动着灵魂教育生生不息。

未来不是我们要去的地方,而是一个需要我们创造的地方。

第一节　世界大变局中的教育创新

这是一个动荡的时代，世界日新月异，变幻莫测。"前不见古人，后不见来者。念天地之悠悠，独怆然而涕下"，陈子昂的《登幽州台歌》表达了人类对存在意义的探寻，以及在探寻中感受到的孤独和怅惘。虽然不同社会之间的联系比以往任何时候都更加密切，但是偏执和冲突现象依然层出不穷。虽然可持续性发展的机会广阔，但是挑战仍然十分严峻和复杂，地球正承受着巨大的压力。

教育是社会进步的原动力，要认识和把握教育发展规律和人才成长规律，顺应发展大势，善于在危机中育先机、于变局中开新局。教育是培养人的事业，要面向现代化，面向世界，面向未来。面向未来的教育要培养创新人才，培养创新人才的教育要遵循规律，尊重个性，激发潜能，弘扬创新精神，培养创新品质，激发创新潜能，鼓励创新思维，使教育成为创新人才成长的摇篮，使创新成为一种文化。

一、培养人工智能时代的中国力量

实现中华民族的伟大复兴，要保持战略定力，办好自己的事。人才是第一资源，国家创新和发展的根本源泉是人才。人才培养靠教育，建设教育强国是实现中华民族伟大复兴的基础工程。创新在现代化建设全局中具有核心地位，要深入实施科教兴国战略、人才强国战略、创新驱动发展战略。教育要为国育才，为国储才，培养担当民族复兴大任的时代新人。时代新人要有创新力，培养创新力要构建立体的学习空间、跨界的学习课程、超越时空的学习共同体。

2019年3月，华为的秘密武器"B计划"曝光，震惊世界。华为"B

计划"深刻强调了"科技自立"一词，而科技自立的关键是"人才自立"。没有人才的支撑，一切天花乱坠的概念迟早要被历史归零。创新驱动实质上是人才驱动，各类优秀人才是企业创新与国家创新的核心竞争力。全球科技竞争走到今天，中国必须有意识地坚持人才优先战略，以开放理念广揽天下英才。

人工智能是科技创新的前沿，是科技发展的战略制高点，人工智能教育是跨学科的综合教育，包括交叉计算机科学、数学、生物学、神经科学、认知学科、脑科学、心理学、社会学、哲学等等，本质上与STEAM教育深入融合。人工智能领域的课程，包括机器人、建模与仿真、数据挖掘、计算机视觉、自然语言处理、语音智能、人工智能与生物学、自动驾驶、大健康与人工智能、计算社会科学等多门前沿交叉课程，重在培养学生的创新思维和智能素养，注重数学、物理、生命科学等基础学科与前沿科技的联系，以前沿科学发现和科技创新激发学生的创新热情。

教育要在变革中不断超越。将人工智能教育作为重要内容之一，要认识到人工智能教育的重要性，重视人工智能人才的培养，开好人工智能课程，邀请人工智能专家与师生分享人工智能原理与前沿科技，激励更多的教师参与人工智能的跨学科教学，探索未来教育，探究未来人才培养模式。

开展人工智能教育有两个重要因素：智慧共生，开源共创。要整合优质教育资源，打破界限，落实跨学科的科技创新教育，改革人才培养模式。随着课程的深入，要带领学生去高等院校、人工智能实验室、科技创业公司参观实习，与人工智能科学家面对面交流，设疑解惑，激发热情，碰撞思维。学生的学习空间要超越教室和校园，延伸到社会；学习时间要超越课堂，延伸到课外。要从面向全体学生的普及教育，到面向部分学生选修的跨学科实践应用，再到科技特长学生的深入实践研究，提供个性化的培养路径，形成金字塔型的"STEAM+"人工智能教育课程结构，构建与人工智能感知、认知、创新三个层次相对应的人工智能教育课程体系。

在课程实施过程中，教师要尽可能将学习的主动权交给学生，调动学生探究的主动性。课堂是进行创新教育的主阵地，教师要潜心教学，悉心关注每一位学生，抓住每一次激发学生创造热情的机会，在学生内心深处播种创新的种子。学校和社会要通过开展丰富多彩的人工智能科技创新活动，激发学生兴趣，引导学生体验科技之美，走上科研之路，追求科技创新梦想。

二、打破壁垒 跨界创新

在当下及不确定的未来，"跨界"将是一个重要的关键词。一些看似互不相容、如今却能共存的能力，正在组织和个人层面发挥着巨大的优势。拥有跨界知识和技能将是未来制胜的关键。重要的是拓宽知识边界，以广泛多样的方式重新思考自己具备的潜力，接受不同寻常的选择。

将来硬性技能会继续贬值，软技能（即区别于"技术技能"的"能力技能"）更受重视。出身背景不同的人，能够带来不同视角、价值观的人，必定能够扩大认知方面的多样性，扩充教育的含义，重新定义教育机构的组织文化。

不确定的未来充斥着复杂性，如果你想让自己和团队做好准备应对未知的挑战，请思考可以在目前的技能组合里增加哪些技能、工具和调整，或者是彻底的转换。重要的是将自己的潜力视为一组灵活的肌肉、可以通过各种活动来锻炼、而不是随着不断使用而逐渐消耗力量。在一个日益混杂的世界里，混合技能将是制胜的关键。

交叉融合创新。人工智能教育需要多学科的交叉融合，需要世界视野。未来教育要融会国际教育先进理念和成功实践，进行本土化创新。要加强国际交流，结合STEAM教育的理念与实践，推进人工智能与教育的深度融合。要使人工智能教育成为一种素养教育，让学生能够正确认识、理解并应用人工智能。学生与教师是教育创新的主体，蕴藏着很强的科研创新能力。引导学生和教师共同进入教育和科技研究相互交融的发展循环之中，是真正打破壁垒、把握教育创新突破点的有效措施，对未来教育的探索和实践具有重要意义。在教育改革的浪潮中，要激发教师和学生的积极性，共同进行教育创新，开放融合，打破壁垒，共享共进，线上线下全面结合，鼓励教师与学生共同探索，共创课程，共享教学资源，合作共进。

课程融合创新。教育与科技应该相互融合，携手并进，其中进行课程融合创新是有效抓手。创新融合课程的出发点是搭建综合平台，解放学生，培养学生的创新意识、实践能力与社会责任感。学校要以基础课程、拓展课程、荣誉课程为载体，拓宽学习内容，为有突出特长的学生和在科技领域有个性禀赋的学生开设跨学科研修课。要通过开展"STEAM+"人工智能教育，将不同类型的课程进行有机整合，构建学科之间交叉融合，理、工、人文、艺术兼顾并重的课程体系，促进学生全面而自由地发展。

培养青少年学生的创新精神和实践能力，要坚持系统观念，融合思维；坚持开放共享，跨界整合；坚持扎根中国，融通中外，立足时代，面向未来。

三、基于互联网的学习共同体

未来教育有无限可能，面向未来的创新教育是基于互联网的学习共同体。美国教育家拉塞尔·L.阿克夫和丹尼尔·格林伯格认为,在后工业化时代,不再需要提供为工业社会服务的标准化的产品,而需要与时代发展相契合的教育,需要具有个性和创造力的新型人才和创新型学校。凯文·凯利在其书《必然》中讲述科技所塑造的未来社会,其中提到知化、流动、屏读、共享等未来发展趋势。教育连接着过去、现在与未来,未来教育将迅速更新,打破时空界限,不断强化心智的互动。

学生获取知识的渠道已极大丰富,他们越来越多地生活在跨界与整合的时空中。只有当学生不再需要纠结于应试,而可以根据自己的研究项目和情境需求决定选修的课程时,只有当人文与科技教育交融到一起时,才能成就高素质的未来人才。

新技术革命的来临将给我们的生产和生活方式带来颠覆性影响。我们能采取哪些措施,应对工业4.0革命的到来呢?

首先,我们需要打造面向工业4.0时代的技术和服务优势。提高在大数据平台、人工智能、虚拟现实、机器人、金融科技、精准医疗等前沿技术和新兴领域的科技竞争力,增强研发能力,占领工业4.0科技新高地。

其次,我们要培养面向新时代需求的人才。发挥人的主动精神,开发智识潜能,提升人的综合素质,加强情感沟通能力,培养创新创造能力。培育那些大数据、智能化时代所需的数据处理人才。

再次,我们要打造面向智能时代的高效扁平化组织。让大数据、人工智能技术将组织业务整合,打破信息传递的壁垒,优化组织结构,提高资源有效利用率。采用扁平化的组织方式,减少中间环节的消耗,促进跨地域、跨场景的工作协同,提高管理效率。

面向未来的学习是基于跨学科整合、在真实场景中以项目实践展开的深度学习。教学不是教师在讲台上的独舞,而是与学生的共舞;

学习知识本身固然重要，但更重要的是学会如何学习；学生不再被动地接受知识，而成为知识的建构者；小而精的高定制个性化学习会大量涌现。教学更强调以讨论来深化思维、培养思维，更强调为解决真实问题而展开的项目式教学 PBL（Project Based Learning）和 STEAM 教学；任意时间、任何地点与更多人的时时互动，是未来因需求而学习的常态；基于三维空间整合的先进信息化教学环境，将逐渐更新现有教室等基本的学习环境；数据驱动也势必对教学评价系统产生根本性的影响。

未来学习的融合性，会促使未来课堂发生改变，未来课堂应该是以人为本的立体性课堂，学习方式的转变主要体现在个性化方面。知识不再仅仅储存于课本，因为网络的进步，直接造成的结果是，有些知识在人们还没来得及学到时就已经被更新。从更多人那里了解更多知识，让知识传播途径更扁平有效，是我们需要密切关注的重要学习方式。教学方式会发生转变：知识传递在教师和学生之间变以前的单向流动为双向互动，教学活动逐渐成为学校为学生提供的一种服务，因此教师将担任更具有创造性的角色。道之所存,师之所存；能者为师，人人为师；以教师为师、以学生为师、以人人为师，是师生角色与关系的重新定位。

四、面向未来的教育新生态

未来教育组织管理与评价，会产生多方面改变。名师将会被重新定义，优秀教师与学校的关系变成了弱连接关系，这是此前的时代所难以想象的。教师不依赖学校也能生存，他们可以借助互联网的力量打造自身品牌。所以在当下时代，一切回到人才、服务于人才，给人才以机会和平台，才是教育事业生生不息的活力之所在。还有一点不得不引起注意：许多社会精英和有识之士纷纷加入办学的队伍，教育的参与者会越来越多。因此，如何找到教师自己独特的定位和价值，协调各方力量共同推动教育变革，是教育面临的机遇和挑战。

传统学校的组织形态，其优势正在退化，而其劣势则在新的时代更加凸显，尤其是标准统一、组织固化、运行机械以及在创新能力培养上的缺陷，会越来越明显。未来学校变革的主导趋势，是采用弹性学制和扁平化的组织架构，根据学生的能力而非年龄来组织学习；将跨越学科与学科之间的界限，围绕学生的真实生活重建课程体系，为每个学生提供私人定制的教育；将根据学生的个体需求提供灵活的教学安排，而不是按照传统的学期或者固定的课程结构；将打破现有的学制，加强不同学段之间的衔接，为学生提供富有选择、更有个性、更加精准的教育。

未来的综合素质评价是大数据支撑下的评价。未来考试评价是诊断性的，大数据会记录学生的学习过程，提供个性化学习建议。为适应人才成长需要，教学应该因材施教，评价应该多元开放，综合评价的科学性、发展性、激励性功能应该得到加强，束缚学生健康成长的诸多限制和单一评价应该被突破。

五、未来已来

让我们随着人均GDP的发展来看一下社会变迁的路线。人均GDP代表着生产关系随着生产力的变化趋势。不同的人均GDP阶段，经济、社会和政治会自然地出现对应的现象、问题及其解决出路。当人均GDP为1000美元时社会进入加速发展阶段；当达到3000美元则意味着社会进入小康水平，开始实现现代化的进程，这是国际上公认的一个重要转折点；而当人均GDP达到4000美元左右时，教育会成为居民消费的重点；当达到 8000 美元时，幸福和金钱没有直接的关系，幸福感不再会随着收入的上升而提高，中国在 2015 年时人均 GDP 已经达到了 8000 美元以上。这意味着什么？这意味着将来的孩子一定不会像我们一样追求车子和房子，追求金钱和稳定。他们开始追求幸福，追求好玩和有趣，追求品位和跨界，追求自我实现；这意味着我们的教育要顺应时代的发展，承接生产关系的变革，满足人才培养的需求。

单一的应试教育已经脱离教育的本质，成为一种产业，像工厂生产"计件活"一样，成批地生产着同质化人才，培养出标准件"螺丝钉"。社会需要更具有创造力的新型人才，因此人才培养模式必须做出改变。

科技发展带动教育行业巨变。首先，行业格局会发生巨变。随着经济的快速发展，大量的社会资源将涌入教育行业，催生更多优秀学校。经济发展 + 政策准入 + 资本推动，这三股力量开启了中国教育行业变革的新格局。其次，科技促进教育变革。移动互联网物联网、大数据、3D 打印、语音和图像识别、人工智能、虚拟现实和增强现实技术（VR、AR）、视频直播的应用，将产生全新的教育模式。再次，U 盘化生存方式越来越凸显。互联网带来了大范围、跨组织、跨区域协作的可能性，人们早已习惯了通过社交类软件建群、建立关系，同事的意义、工作与生活的方式正在悄然发生着改变。

教育和社交的结合是必然的趋势，近几年正在出现大量此类型的互联网产品。作为网络社交的细分领域，会丰富和深化网络社交。同时这也是很好的一种网络教育实现手段，可以补充传统教育的局限。网络教育不仅仅是把传统教育的课堂和作业搬到网上，互联网可以为教育做得更多。

互联网会促进学生转变，现在的孩子是互联网的原住民而非移民，获取知识的能力极强，牵绊少，诉求纯粹，具备自主精神，拥有跨界和整合事物的能力，有好奇心，愿意做自己感兴趣的事情，有创造力，能将人文和科技融为一体，具备全球视野，以个人幸福与自我实现为核心的学习成为其主要目的。

乔布斯在斯坦福的演讲中就提到"把点连接起来"，他从来不知道自己学习书法有什么用，但他去学了，这才有了苹果电脑最初各种各样漂亮的字体。因此，最有价值的学习内容通常不是学校里教的，而是自己学的。

六、未来教育的模样

人类的需求不是可以被强加的，而是随着时间自然而然积累的结果。珍惜灵感，激励创新，或许可以让"未来"来得更快一点。教育不仅局限于学校教育，而应拓展为家庭教育、企业教育、社区教育；也不再局限于正规教育，还有非正规教育；有现实的课堂，也有网上课堂、在线学习；有学校学习，也有社区学习，终身学习将更加重要。注重学科基础知识学习、专业素质培养的同时，还要注重创新品质的培养和情绪调控能力的培养，注重亲近自然，唤醒同理心。将打破学校人才培养的一元化格局，构建起互联网平台上的学校、家庭、企业、社会一体的交互式人才培养体系，形成学习型社会。

立体化全方位的教育环境。未来教育必然是架构在互联网上和现实场域中的新教育，拥有全新的教育文化、理念、模式，以及教学环境、内容、方法，营造先进信息化教学环境和深度应用学习空间。

以学习者为中心。构建以学习者为中心的课程体系和教学实时评价体系，深入推进现代课堂建设，满足学生多元发展需求。

与此同时，要建成具备富媒体化、强交互性、富于灵活适应性、支持完整学习流程的在线智能教材。

学习方式创新。随着科技的进步和互联网的发展，人们的学习方式也在发生深刻变化，在线学习、混合式学习、虚拟现实等已经成为现实。

在线学习。在线学习指的是发生在网络上的正式和非正式的学习。由于网络环境无处不在，学习者可以通过网络随时随地学习新知识和技能。在线学习，尤其是与虚拟现实等沉浸性技术相结合的在线学习，通过模拟有可能帮助并促进学生更好地理解和回应真实生活。在线学习趋势衍生出了基于问题的学习、基于项目的学习、个性化学习、交互式学习等多种学习形式。在线学习催生了混合学习形式。借助新技术，在线学习成为一种正常活动，尤其是在制造数字作品、获取开放教育资源、利用自适应学习工具等领域。

机器人。机器人技术指的是围绕机器人开展的设计和应用活动。自动化机器能完成一系列活动。机器人第一次被引入工厂的生产线，是为了简化和提高制造业的生产线，特别是汽车行业的生产力。当前，机器人在开采业、运输业和军事领域也能帮助改善行业的运行状况，机器人能够执行那些对人类来说不安全的和烦琐的任务。全球机器人数量将会激增，机器人技术将会拥有更大的市场价值。这种转变将影响到商业模式和全球经济。机器人技术将进入基础教育领域的主流应用，其潜在的用途是促进实践性学习（hands-onlearning），特别是在STEAM学科方面。课程和延伸项目正在整合机器人和编程，以促进学生解决问题的能力、批判性思维和计算思维。

虚拟现实。虚拟现实是指模拟实际存在的人或物体并获得身临其境的感官体验。虚拟现实对学习有着令人信服的影响。到目前为止，它已经被应用于军事训练。由于图形硬件、CAD软件以及3D打印的展示，虚拟现实技术逐渐成为主流，尤其在视频游戏领域。如今，头盔式显示器使游戏环境和行动更加逼真。随着游戏和自然用户界面都逐渐应用于课堂中，虚拟现实技术使学习模拟场景更加真实。虚拟现实技术提供身临其境的模拟世界，可以使人完全沉浸其中。学生在仿真场景中参与体验活动，有助于获取比课本学习更丰富、更深刻的学习。随着数字能力的不断增强，学习者更愿意采用虚拟现实技术，创建新的体验探索式学习。

人工智能。计算机科学在人工智能领域用来创造更贴近于人类行为的智能机器。知识工程基于可访问的数据类别、属性以及各种信息集之间的联系，使计算机能够模拟人类感知、学习并做决定。神经网络是人工智能研究的一个领域，通过语音识别和自然语音处理的方式，其对于建立更为自然的用户界面极具价值，可以使人类与机器进行交互，就像人类彼此相互交流一样。神经网络通过设计模拟动物大脑的生物功能，对特定的输入如语音和语调，做出解释和回应。随着各种潜在技术的不断发展，人工智能在提高在线学习、自适应学习软件以及更直观地响应并配合学生方面具有很大的潜力。

当人工智能嵌入到自适应学习平台上，该平台将依据每位学生在虚拟环境中的视频和阅读材料的完成情况，来判断学生对于所给提示与进展的反应，智能软件将会据此对学习者体验进行个性化设计。由于学生在平台上停留的时间较长，智能机器将会更加了解他们，就像老师或同学一起交流。随着时间的推移，机器将会推送更多定制的学习内容与方法建议，进行个性化评估，并提供定制的学习内容与相应支持，以帮助学生有效应对需要付出更多努力才能掌握的学科领域。

可穿戴设备。可穿戴设备是指被用户以配饰形式（手表、眼镜等）应用于工作生活和学习活动的智能设备。智能纺织品也可以将衣物产品，如鞋或夹克与其他设备相连接。可穿戴形式将便利的设备融入用户的日常生活中，与个人的睡眠、运动、位置等方面的数据以及社交媒体等无缝衔接并保持持续追踪。头盔式可穿戴设备可以促进沉浸式虚拟现实体验。由于课堂活动可以涵盖不同学科的教学设计、建模和编程，所以这种设备也会吸引很多参与 STEAM 学习的学生。阿迪达斯开发了一个耐用腕带来追踪学生在体育课上的心率，教师可以从中央控制太获取数据，追踪学生的进展并提供针对性的指导。

世界在变，教育也要相应做出改变。社会无处不在经历着深刻的变革，而这种变革呼唤着新的教育形式，以培养今日和明日社会所需要的创新能力。这意味着要超越识字和算术，聚焦新的学习环境和新的学习方法，以促进科技创新、公平正义、社会平等和全球团结。教育必须教导人们学会如何在承受压力的地球上共处，必须为国家的创新发展战略服务。这种教育在今天被赋予了全新的意义，反映出新的时代精神和新的使命担当。

教育要为未来人才赋能。未来人才应该是人文素养和科技素质兼备的人才，是跨界综合性人才，是创新型人才，是具有家国情怀、国际视野的中国脊梁。

放眼世界，我们必须确定新的前进方向，必须更加重视教育、重视创新人才的培养，坚持教育新发展理念，以教育创新为根本动力，深化教育改革开放，实现人的全面发展，并以此作为推动人类社会进步的力量。

第二节 未来世界与人工智能教育

未来，我们的生活将会出现像钢铁侠 AI 管家 Jarvis 这样的智能助手，它帮我们预订餐厅、搜索资料，不用像今天这样盯着手机、电脑自己操作。

未来，我们可以与语音助手 Echo 进行交流，实时关注电灯、电视、洗衣机各种家用电器的运转状态，随时了解室内温度、湿度和空气质量，还有冰箱内食物的新鲜程度，来决定需要烹饪什么和采购什么。

未来，我们买的每件产品都将拥有一份数字档案，餐桌的蔬菜和肉类都能够进行食品追溯。不用再担心餐桌上的食物是否新鲜，所有的食物信息、商品信息将全程追溯。

未来，我们的家用汽车都将有个数字操控平台，遍布汽车上的传感器监控着汽车各个系统的运行状态。零件的使用、维修状态将通过边缘网关传输到云平台上。

未来，我们的世界将进一步被数字包围，在城市管理中心，街道的交通状况、楼宇设施的运行状况一目了然。智慧城市平台面向政府、市民、企业和研究机构开放，可广泛应用于城市环境模拟仿真、城市服务分析、规划与管理决策以及科学研究等领域。

在可以远程上课的背景下，学生还要不要到学校去？答案是肯定的！到学校去是为了交流，交流是为了提高学生的处世能力。技术不能代替人的情感、体验和交流。教育是一个充满爱心的事业。需要老师投入爱心的工作，永远不可能被机器替代。

一、人工智能教育课程体系

新兴技术的发展往往超前于人类社会的接受程度，而教育正是缩短两者间距离，使未来人才更好地适应未来社会的关键要素。在人们关注的医疗领域，最新研究表明，多项医疗子领域的人机大战记分牌中，除了一般性诊断，人工智能已经明显占优。教育评价方面，机器人也开始崭露头角：尝试引入人工智能参与作文评阅；试点人工智能对口语考试进行评分，普通话水平考试开始使用机器人考官；可以预计，在不久的将来，全科试题可能也将更多实现智能阅卷。这给我们提出了一个再也不能回避的问题：当人工智能比人考得更好，评价更准确时，教育该向何处去？该怎样培养未来人才？

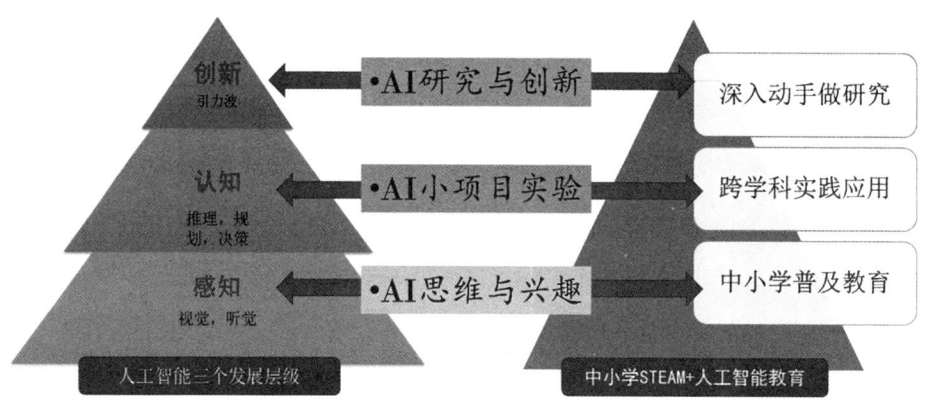

坚持站位时代前沿，持续创新课程，开设"人工智能+"各类课程，如机器人、数据挖掘、计算机视觉、无人驾驶等，从面向全体学生的普及教育，到部分学生选修的跨学科实践应用，再到科技特长学生的深入实践研究，为学生提供个性化的培养路径，形成金字塔型的中小学"STEAM+"人工智能教育课程体系，重构与人工智能感知、认知、创新三个层次相对应中小学人工智能教育课程体系。

感知层：中小学普及教育。感知层，即中小学普及教育，重在培养基本的"人工智能+"思维和兴趣。这一层次具体落地于中小学信息技术课，将高质量科普资源融入日常科学课、信息课和一些选修课。把人工智能内容渗透到常规课堂的引入环节，介绍人工智能推动各学科领域发展的前沿成果，培养学生的交叉学科创新思维。

"STEAM+"人工智能普及教育的核心要素之一是建模仿真教育。人工智能有三个支柱——大数据、计算能力和建模算法。而中学阶段最能够落地培养的就是建模和算法，这也是数学和信息这两块新课标的直接体现。因此，"人工智能+"人才培养的第一步，就是培养其建模和仿真这一核心竞争力。

建模仿真能力的培养，不仅落实在课堂，也渗透在普及性的建模活动和比赛中。比如，学生在参加国际数学建模挑战赛时，就新高考下的排课问题深入挖掘数据，建立模型，考虑了各种约束条件和优化因素，提出了一种新高考排课问题的智能解决方案，荣获中华区特等奖。在建模仿真能力的普及性培养过程中，还充分融合国际课程精华，如 IBDP 国际文凭项目，其培养目标是终身教育、全面发展；其课程体系中，建模能力培养不是局限在数学课上，各个学科都放入实实在在的课程内容，如计算机科学课程中，建模仿真是课程模块之一。重视建模能力和跨学科素养的培养，融入国际课程精华，创新本土课程，开设各种类型和层次的建模相关选修课，普及"STEAM+"人工智能教育，为"人工智能＋跨学科"人才培养打下很好的基础。

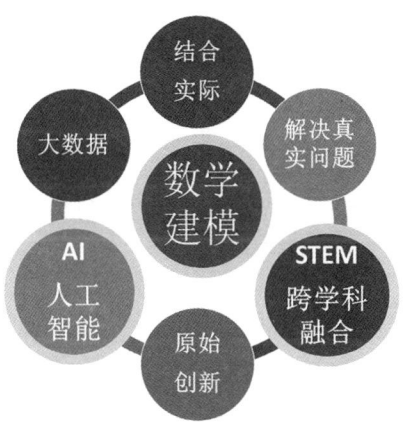

认知层：跨学科应用实践第二层是认知层，重在跨学科应用实践。人工智能将渗透至几乎任意领域，这意味着随着人工智能的应用，学科基础也要求交叉创新整合。这与 STEAM 教育理念完全吻合，因此，STEAM 整合跨学科创新是人工智能教育的绝佳实践应用平台。比如在计算机课上，让学生与视觉艺术选修课的同学合作开发 DIY 智能滤镜软件，把人工智能项目式学习的具体目标落实到 STEAM 各个学科领域。此外，科学跨学科综合实践活动是以建模为核心的"STEAM+AI"解决实际问题的高质量学习平台，即不同学科的同学组成一个小组，从不同学科角度分析同一个问题，建立模型，通过团队合作，解决实际问题。在国际文凭项目的核心课中，创新服务实践活动，拓展论文和跨学科认识论都需要学生用跨界思维解决实际问题，对"人工智能+X"的人才培养具有积极推动作用。

认知层的教学，可以在技术课及选修课中将人工智能开放平台介绍给学生，学生可以利用这些开放平台，做自己的跨学科实践应用。一位同学参加 IEEE 优必选中国机器人大赛获得银奖的儿童陪护机器人，就使用了人脸识别平台。比如，《探索人工智能的奥秘》的研学课，同学们利用开源代码，实现、创新并展示了三个人工智能小项目——手写算式自动计算、图片艺术风格化、和物体检测识别，将人工智能应用到实际生活。再比如，数据挖掘比赛中，有的学生研究的是跨学科的、贴近生活的问题，比如奥运会奖牌榜预测和电视剧收视率的预测问题。从建模仿真，到人工智能，到STEAM，都具有跨学科的本质特点；培养未来"人工智能+X"复合型人才，一定是各学科老师的合作创新，形成跨学科教学共同体。

创新层：研究与创新。第三层是创新层，即研究与创新。有的学生已经能够将人工智能算法应用到其他领域进行交叉创新。一位同学将机器学习算法与天体物理课题相结合，实现了光谱分类速度数量级上的突破。他还是人工智能课程助教，深入浅出地给学弟学妹们把人工神经网络讲得非常清楚，并且手把手带着他们进行实践——这是对学生创新能力的另一维度的培养。我们还把学生送到人工智能公司进行实习。一位学生总结说，激情、自学能力和团队沟通能力是实习过程与课堂学习最不同的地方。另一位同学在人机交互领域做出了突破式的创新。人机交互（Human Computer Interaction）主要研究计算机技术的设计和使用，重点是人（用户）与计算机之间的交互关系。研究人员观察了人类与计算机交互的方式，并设计了使人类以新颖方式与计算机交互的技术。作为研究领域，人机交互位于计算机科学、行为科学、设计、商业、媒体研究和其他几个研究领域的交汇处。HCI的一个重要方面是用户满意度（或称为最终用户计算满意度）。由于人机交互研究的是人与机器之间的通信，它汲取了机器和人类两方面的支持知识。在机器方面，计算机图形、操作系统、编程语言和开发环境中的技术是相关的；在人类方面，传播理论、图形和工业设计学科、语言学、社会科学、认知心理学、社会心理学以及诸如计算机用户满意度之类的人为因素都是相关的。由于人机交互的多学科性质，不同背景的人为人机交互的成功做出了贡献。国内目前也有众多行业领先公司非常注重用户体验感，比如华为、腾讯等等。从 App 各项功能的开发、界面设计，到硬件产品的设计等，都越来越重视人机交互专业人才，从客户的体验感角度出发，提升产品的竞争力。从 App 各项功能的开发、界面设计，到硬件产品的设计等，都越来越重视 UX 专业人才，从客户的体验感角度出发，提升产品的竞争力。

把学校的拓展特长类课程与产业界、学术界链接起来，给学生提供广阔的平台。"STEAM+"人工智能教育在师资、课程和学生三方面建立起开源共创联盟。为此，在师资上，我们建立了校内外交流和跨学科合作，推进中小学 AI 课程开发和学生创新能力的培养。学校秉承开放共享的理念，集合大家的智慧共同进步。学生也通过课程、社团平台，自主开发在线课程平台构建未来学习共同体。

二、放手让学生不走寻常路

Z 世代广义上被定义为是出生于 1997—2012 年的人群，他们很容易被老一辈分类为"对科技上瘾"。这就像把一条鱼描述为"对水上瘾"一样，这个群体完全是在一个永远在线的数字世界中长大的，而他们对此拥有前所未有的控制和选择。Z世代中的许多人，在学会说话之前就学会了在屏幕上进行操作。他们对传统事物不再信任。这就是他们的生活、学习方式，他们行走在物理世界中的同时也将数字世界装在口袋里。等到2026年，Z世代的人群数量将超过其他任何一群人，所以当下正是时候——我们必须开始关注Z世代所认为有价值的、他们尊重和关心的东西了。

现在的教育决定着未来人才的质量，要着眼未来，为国育才，不断创新育人模式，积极探索"互联网+"和"人工智能+"背景下的课程改革，让更多学生更早进入"人工智能+X"领域，激发他们的创造力。

案例一：一个中学生的人工智能之路

有一位同学，他在学校的身份不只是学生，同时也是计算机视觉与深度学习研学和人工智能与数据挖掘校本选修课的助教，负责两门课的几乎全部编程技术以及部分理论知识的教学。但不了解他的人都不会知道，现在距离他开始系统性学习Python编程才刚刚一年左右。

因为参加数学建模比赛的需求，他选择了高级数学建模作为校本选修。在这门课上，他的老师是比他大一届的学长。之前，他只会一些简单的C语言，可以被认为是没有什么基础。但是在学长的带领下，他很快掌握了Python的基本功能与语法，这是一门对他来说全新的编程语言。开始学习Python一个月后，他就直接参加了HiMCM的数学建模比赛，负责组内所有程序的编写。虽然因为经验并不丰富，比赛的结果并不完美，但是这个经历让他深入建模与算法的学习与实践，为之后的人工智能研究与创新打下了基础。

2017年1月，他开始准备数据挖掘竞赛。准备期间，在老师的引导下，他接触到了深度学习，一种较为流行的人工智能算法，并且开始着迷于神经网络可以控制结构又无法详细了解运算过程的"黑箱"特质。在初赛中他和他的队友们使用深度学习算法，综合历届奥运会的奖牌榜数据以及各个参赛国家的经济、国民体质、财政投入情况等大量的数据得到了一种预测奥运会奖牌榜的算法。他们团队的准确率甚至超过了网上公布的预测排行榜中最准确的使用传统方法进行分析预测的高盛集团。他们通过通信赛选拔，顺利进入了全国总决赛。在2017年8月举办的全国总决赛上，他们依然使用了深度学习算法，对电视剧在线播放与电视端收视率进行了预测，在可靠的模型和坚实的数据基础上，他们的团队又顺利拿到了总决赛的一等奖。

这位同学中学时加入了清华大学天体物理中心的科研团队，进行恒星光谱的研究，但由于技术限制一直没有做出什么特别的工作。在接触了深度学习算法之后，他意识到机器学习与天体光谱学交叉研究的潜力，于是自己钻研开发了一套基于深度学习的光谱特征提取与分类程序，在速度上大幅度超过了大型天文台现有的分类方法，得到了清华导师很高的评价，并且在北京市青少年科技俱乐部针对全北京市高中生科研的评议中获得"突出"评级。高三时他答应了老师让他担任课程助教的邀请，他希望像带他入门的学长一样，带领更多的学弟学妹们感受计算机编程与人工智能之美。

案例二：学生援疆教育平台

"学生援疆"项目团队由学校近20名高中同学组成，旨在了解新疆同学学习状况，并在学习生活方面给予支持，交流学习，各取所长。他们为新疆的同学们带来别开生面的网络视频微课，受到了赞扬和鼓励。核心课——创新服务实践CAS活动，拓展论文EE和跨学科认识论ToK，都需要用跨界思维解决实际问题，对"人工智能+X"的人才培养具有积极推动作用。学生援疆团队是从"创新—行动—服务"的综合实践活动出发，以自己的力量，做智能定制教育。

学生以自己的实践开启人人为师、能者为师的未来教育新模式，为促进教育公平、保证资源共享的畅通，尽自己的努力。这一学习共同体，由不同特长和特点的学生组成，他们精诚合作，共同备课，互相促进，为了共同的目标而努力。学生们每周准备一期课程需要的时间大约为 4.5 小时：分组备课 1 小时，录制 2 小时，剪辑 0.5 小时，发布及宣传 0.5 小时，反馈设计与分析 0.5 小时。他们自己排课表，自己研讨做课程计划，跨学科备课。课程包括：计算机科学、数学、物理、化学、生物、历史等，主题切合实际也兼顾国际前沿。为了更有针对性地将这一教育项目做好，同学们还前往新疆阿克苏地区，与小伙伴实地座谈，并实地授课。西部行让学生们深入了解了西部教育的实际情况，几位同学将他们在计算机课上所学到的内容进一步整理创新，为新疆的小伙伴们录制人工智能和机器人智能控制特辑。

在这一过程中，他们自己建立网络课程平台，从前端到后端，每一行代码都是自己写的。网络平台上设置了账号注册，不同类型的用户管理，评价反馈空间，讨论交流版面等等，为个性化、定制化自主设计课程建立了完全自主知识产权的技术支撑。这一项目，初步探索了"人人为师，能者为师"这一"人工智能+"时代的教育新模式。既帮助了别人，也提高了自己，在人才培养的道路上自主前进了一步。这也是立德树人、为国育才的教育理念在学生群体中潜移默化影响的结果。

案例三 科技与自然

雨果曾说："大自然是善良的慈母，同时也是冷酷的屠夫。"人类站着大自然食物链的顶端，不断地改造征服自然，然而，与此同时，大自然的警钟也不断响起：全球气候变暖、酸雨蔓延、生物种类减少……长此以往，过度的傲慢与自负让人类自食其果，只有顺应自然才能发展，莫等警钟为人类响起那一刻才追悔莫及。酸雨是一场无声无息的危机，是严重的环境威胁。随着工业化和能源消费增多，酸性排放物也日益增多，它们进入空气中，经过一系列作用就形成了酸雨。大气尘埃可能是造成酸雨问题的另一原因。学生们选取了草场和采石场，经过模拟实验，观察到酸雨对植物和大理石都有一定程度的腐蚀和伤害。并且测量了距离硫化物排放工厂的长度等影响因素，更深刻地认识到保护自然的严峻性，保护自然就是保护人类自身。

案例四 数字孪生工程师

数字孪生（Digital Twin）通过对物理世界的人、物和事件等所有要素的数字化，在网络空间再造一个与之对应的"虚拟世界"，形成物理维度上的实体世界和信息维度上的数字世界同生共存、虚实交融的格局。在这个体系中，万物生数，数生万物。在这个项目中，学生们积极尝试通过洞察反馈，持续改进真实世界中的产品与生产。

学生研究团队多次来到飞机制造生产车间，从源头采集生产数据和实体数据，之后创建物理元素和数字元素的一种映射。在产品全生命周期中，用软件实时地展现产品在设计、生产、制造和运行环境中的虚拟状态。从喷气式飞机到车间、装配线、整个工厂大楼，使人们能够虚拟地看到任何可能位于任何地方的物理资产、系统或结构，从而帮助优化其设计、监控其性能以及维护改进其性能。

教育要坚持多元创新发展。开发高水平的创新课程，形成多元、多维、交叉、创新的人工智能教育团队。《自然语言处理》课程可以由语文老师和计算机老师一起开设，《人工智能与关于心智的生物学》

课程可以由生物老师和计算机老师一起开设，未来人工智能教育应该以师生学习共同体的形式开展，不受课堂的局限，没有学科疆界，没有校园限制，能者为师，人人为师。

教育要培养未来的栋梁人才，培养完整的人格。人工智能教育要培养学生的智能素养，以智慧共生课堂培养学生的大视野、大概念和大思维，以新时代跨学科的创新教师团队激发创新活力，通过人工智能的教育、研究和实践，创造更加美好的人类社会。

教育要致力于构建未来人类文明的新时代。人工智能教育应该秉承立德树人的根本任务，为未来赋能。未来人工智能的伦理道德取决于创造它们的人类。科技与人文如鸟之两翼，车之两轮。青少年不仅要有智能素养，更要有道德素养，努力成为有能力、有情怀的新时代优秀人才。

"人工智能+"时代，教育的温度，在立德树人，在点燃，在唤醒，因此，在未来职业被人工智能取代趋势图里，教育是可能最后才被取代的那一个，或者说，真正的教育永远不可能被机器所取代。现在的教育体系，是生发于近一二百年的工业体系。人工智能时代，终身学习的教育，是带给人温度的教育，是培养丰富完整的个性、自由创意的心灵的教育。

第三节　新理念是变革的先导

互联网与人们的生活息息相关，成为人与人互动交流的重要方式，正在日益深刻地影响着我们所生活的世界。在互联网背景下，学习会发生什么变化，学校会发生什么变化，教育会发生什么变化？适应迅速变化的时代，教育应该如何守正创新？

一、教育的变与不变

日月经天，江河行地，春夏秋冬，四季更替，大自然时时在变动之中，人类社会又何尝不是这样。随着时代的发展，教育也必然会发生变化。从教学方式来说，由过去的一本书、一支笔，发展到现代教育技术的广泛运用；由过去的单渠道知识传授，发展到现在的立体化大教学……"穷则变，变则通，通则久"，不变是不可能的。只有不断变化，才能保持生命的活力。

世界范围内发生了一系列新的深刻变化，信息网络化、社会知识化的浪潮正在深刻地改变着人类的生存环境和生存方式；科学技术的突飞猛进，使知识增长和社会变化的速度空前加快。人类只有改变学习方式，才能适应社会环境的迅速变化；教育只有进行突破性的变革，才能适应人类社会由产业文明向信息文明的历史性转变。教育绝对不能忽视这一深刻的历史变革，应该放出眼光看世界，以开放的胸襟和宽容的气度接受这一变革的现实，顺应这一波澜壮阔的历史潮流。

观念的变革是一切变革的先导。在这样一个时代，教育观念应该也必须做出相应的变化。我们应该思考：面对科技革命，应该树立怎样的人才观？面对迅速变化的社会，应该确立怎样的教育观？教育应该如何处理好继承与革新的关系？

只有深入探讨并相应地改进教育，才是面对改变的正确态度。就知识的更新来说，当今世界知识更新速度加快，知识总量急剧增加，知识更新周期大为缩短，网络技术更新更是迅速。这就要求教育必须以培养能力为重点，特别是要培养学生的学习能力和思维能力，为学生的终身学习打好基础。正如叶圣陶先生所言："教育的最终目的在使学生能自学自励，出了学校，担任了工作，一直能自学自励，一辈子做主动有为的人。"就人才观和教育观的更新来说，现代社会真正能成就一番事业的人才，是对新思想、新事物、新机遇能做出迅速反应的人才，是富有主体意识、创新精神和实践能力的人才。时代呼唤创新教育，呼唤新型教学。教育教学要确立学生的主体地位，以学习者为中心实施教学，强化教学过程的民主化，创设自由探讨、平等讨论的氛围，引导学生独立思考，独立判断。要从单一结论的趋同，转变为多向思维的求异，激发学生的联想力和想象力。要使学生懂得，生活中的重大进步是来自于新的创意，来自对现状的挑战，而不是盲从于现状，要善于在前人的基础上做出新的创造。学贵有疑，好的教学应该疑问层出，好的课堂应该越讲问题越多。教育应该是点燃创新精神的火种，开发创造潜能的发动机。

创新精神要有扎实的知识和能力作基础，教育改革要以继承优秀的传统为前提。教育一方面随着时代的发展而变化，另一方面，有些基本的东西却是无论何时都不能改变的。不管在任何时候，以人为本都应当是教育的基本思想。培养健康高尚、智慧文明的活生生的人，促进人的成长与发展，是教育的根本功能。

二、教育的融合与创新

教育关系着国家的未来，创新凝聚着民族的智慧。教育培养的是未来人才，应该紧密结合新时代中国发展大势，着眼世界发展趋势，不忘初心，担当使命，立德树人，为国育才，培养担当大任的时代新人、胸怀大爱的未来人才。应该面向未来为国家培养人才，让学生为未来做好准备。

实现中华民族伟大复兴的中国梦，教育必须走在创新的前列，引领时代，为未来中国的发展提供源源不竭的人才支持和智力保障。

创新是一个民族进步的灵魂。对于青少年来说，需要培养他们的创新精神和实践能力，提高科技素养，这是一项极具挑战性的课题。培养创新人才，必须推进教学创新，培养创新型教师，构建门类齐全、种类多样、数量充足并且均衡的多元化课程体系，满足不同类型学生的发展需求。教师将学习的主动权交给学生，突出学生学习的主动性。学科之间交叉融合，理、工、人文、艺术兼顾并重，促进每位学生自由、充分、全面地发展。重视科技创新教育，学生依照兴趣进行自主选课学习。为学有特长或对某些领域有兴趣的学生提供多种途径，开设特长类课程、进行项目学习，使其能够发挥自己的优势，追求自己的科技梦想。

创新人才培养聚焦学生终身发展，培育学生健康人格、创新能力和质疑精神，使学生具有强烈的好奇心和开阔的视野。将创新教育理念渗透到教育教学各个方面，以适应学生的个性化发展和长远发展为原则，建设立体贯通的多元创新课程体系，探索与大学和科研院所对接的多元培养路径，实施动态立体的多元评价。以基础课程、拓展课程、荣誉课程为载体，加深拓宽学习内容，开展科研社会实践活动，整合社会资源，形成教育共同体，为学生搭建各种平台，让学生在自己喜爱和擅长的领域深入发展，为其未来成为某一领域的领袖型人才奠定基础。

创新，既是一个民族发展的不竭动力，也是一个人能取得成功的重要素养。教育者既要站在为国育才的高度，重视创新精神与能力的培养；也要站在为学生终身发展奠基的角度，关注学生创新素养的养成，在学生心中种下创新的种子，培养学生的创新能力，促进学生生命的绽放。

第四节　在变革中创造新秩序

人类情感需要更多的带宽来传递。互联网新技术出现时，意味着无限的升级。

在这样一个伟大的变革时代，教育如何适应时代的发展？又如何坚守育人的本质？这是时代赋予我们的重要命题，对以上命题的探究，有利于描绘未来学校的样子、未来教育的蓝图。

一、互联网时代的教学需要重新定义

未来的学校是什么样子？未来十年、二十年、三十年，甚至更长时间的教和学是什么样子？教师和校长又将起着什么样的作用？这都是需要我们思考的问题，这些问题现在还没有一致的答案，也很难得出一致的答案。

互联网给学习带来很多变化，互联网时代的教学有更多维度，教学资源是海量的。现在的老师可以用更多资源来教学，但外在的资源如果未经消化，也不能转化成生命的一部分。只有经过消化吸收的内容，才能化入生命之中。所以，对于经典的知识和内容，也应该熟读精思，精益求精，使之融入血脉，深入心灵，化为气质。

学习资源的丰富、学习方式的多元，也为教师的教学创造了新的机遇，提出了新的挑战。学校已经没有了围墙的限制，泛在的学习成为常态；学习没有了一劳永逸的可能，终身学习显得越来越重要。学无止境，学不可以已。学生可以是教师，教师也应该做学生。教师有问题搞不明白，也要向学生请教。弟子不必不如师，师不必贤于弟子。校长不学习，会跟不上教师的发展；教师不学习，会跟不上学生的发展。

道者为师，能者为师，贤者为师，会学习者为师。

互联网时代的教学更加包容，兴趣课堂更加突出，每个人都能找到自己的爱好。教师和学生的界限在模糊，评价体系更加多元化。每个人都可以是独立的个体学习者。大数据、人工智能的支持，使得每个人的学习都可以是量身打造的。教师基于人工智能可以提供更精准的教学，还可以全程数据记录，跟踪分析，优化结果。

互联网时代对教育教学的组织形式也带来变革和挑战。学校可以通过微信交流教育教学相关信息；利用网络建立并维护学生社团，推动社团活动；依托新技术进行资源共享，实现教育均衡发展；学生生涯发展也可以借助于网络；学生在网络上学习的时间越来越多，网上课堂成为新常态，隔着遥远的距离可以共上一堂课。这样的课堂，如果不是借助于互联网，根本无法实现。[1]

互联网时代，未来有没有可能出现集合人类智慧的超智能机器人教师？从教于学校之外的独立教师将来会大量出现，游离于学校之外的学生也可能会越来越多。学生可以在家学完所有功课，线上加线下，学习无处不在。

因此，互联网时代的教学需要重新定义。碎片化学习与整体学习以及学习与游戏的界限还会如此分明吗？学习旧知识、探索新问题之间的界限还会如此清楚吗？学习的空间，如教室、工作室、实体空间、虚拟空间、集体学习空间等都在发生变化。诸如此类，各种变化扑面而来，有时是难以想象的。

互联网对教学方式的变革影响深刻，但教学不是教育的全部，只是教育的一部分。互联网对教学的影响固然巨大，但不可能颠覆教育

---

[1] 吴金根：《基于互联网新技术的"先学、研学、拓学"》，江苏教育研究，2016年第6期。

的本质。教育的本质在任何时候都是客观存在的，是不以人的主观意志为转移的。一方面，我们要正视互联网对教学方式的影响，与时俱进，顺势而为；另一方面，我们又要坚守教育之道，探寻教育本真，遵循教育规律。

二、互联网时代更要回归教育的本质

在智慧学校，每个学生都有一个数字画像，学习、教育的过程就是数据不断采集、分析和加工利用的过程，这个数字画像会伴随着一个人的成长。每个教师都有人工智能助手。每一门课程都有知识图谱，我们可以根据它开发自适应学习系统，实现个性化教学辅助。每个人作业都不一样。每个人的学程都是定制的。未来的学校弹性学制会大行其道。每一种学习方式都被尊重。

只有智慧的主体是教师和学生的时候才是智慧的课堂。机器包括用互联网技术、AI的技术，它本身不可能成为智慧的主体。

变革的时代需要变通，更需要坚守。我们不仅要适应互联网时代的发展，引领潮流；还要更好地回归教育本原，追寻教育本质。

好的教育是什么？从某种程度来说就是好的师生关系。好的师生关系是教育过程中特别重要的因素。马克思说人的本质是一切社会关系的总和。教育也是这样。无论以何种方式疏远、隔离人与人的交流，都是跟教育的本意背道而驰的。

好的教师是怎样的？学高为师，身正为范；学为人师，行为世范。教师是学生学习的典范。教师不仅是知识的传播者，更要做学生成长的陪伴者和引领者。互联网虽然提供了大量的信息，但教师的价值是永远不会被取代的，学校也是不可或缺的。教育是一种场，在教育的美好氛围中，爱、关心、精神、气质和人格魅力可以替代千言万语，超越千山万水，甚至一个眼神，都很重要。

好的学校是怎样的？好的学校应该促进学生的健康、幸福和发展，应该关注学生的精神成长，引领学生的价值追求，净化学生的心灵世界。在追求速度和规模的互联网时代，社会生活节奏加快，人们希望采用高效便捷的方法，让成功变得更加快捷一些。但教育是点点滴滴、润物无声的，需要教育者真情的坚守。十年树木，百年树人。教书育人，立德树人。我们常说"君子不器"，君子不仅仅是掌握一门技术就可以了，只掌握技术的人叫专业人，而我们真正要培养的是有道德的君子。所谓"文明以健，中正而应，君子正也""谦谦君子""君子如玉""铮铮如铁，温润如玉"，都是在说君子的精神气质和道德品质。这样的气质与品质是需要在长期的教育与修炼中涵养而成的。

教育最终是以心养心的过程，是生命对生命的影响。这种影响可以通过信息传递、通过互联网来达成，但绝不能忽略生命与生命的交流、心灵与心灵的交融。在互联网时代，我们不能仅仅关注教育的工具性追求，更要注重学生全面和谐的发展，关注精神、信仰、理想、信念，培养学生慈爱悲悯的人文情怀，使学生拥有善良的心灵。

第五节　无边界学习　心智成长共同体

创造性的才智与创造性的人格，它们是动态的二重奏，无法准确地区分哪一个对于创新贡献了更多，就如同楼梯的一组台阶中，你很难说这个台阶是楼梯的一部分，而上面的那个台阶不是。相对于创造性来说，没有才智的牵引，创造性人格只是一个躲在暗处的影子；而没有创造性人格作为烘托的背景，创造性才智也顶多是偶尔的灵光一现或虚晃一枪，很难转化为持续的创造性行为。

一、新的生存方式

戴维·皮尔斯·斯奈德在《改变世界的五大趋势》中提出:"文化现代化、经济全球化、通信网络化、交易透明化和社会适应性这五大趋势将深刻影响整个世界。"

被《时代》周刊列为当代最重要的未来学家的尼葛洛庞蒂(Nicholas Negroponte)在《数字化生存》中提出:"数字化是一种生存的方式,即应用数字技术,在数字空间工作、生活和学习的全新生存方式。"

斯坦福前任商学院院长加斯·塞隆纳曾说过:"如果你是一个斯坦福 MBA 的学生,请赶快去工程学院,尽可能地学习 AI、深度学习和自动化的知识。就是现在。"

随着机器对人工的替代,发展中国家劳动力成本优势丧失。从而使生产成本在本国和他国并无太大差异。随着机器在全球范围内的普遍应用,从事简单重复生产劳动的人力将大幅减少,取而代之的是新兴服务业的产生。未来社会兴起的岗位要求人具备复杂数据分析处理能力、强情感沟通能力和高创造力。可以说,能够在工业 4.0 社会生存的人都需要拥有高技能,因此人与人之间的关系将更趋于平等。

无论是 AlphaGo 击败世界围棋冠军这样的大新闻,还是诸如刷脸付款、AI 机器人这些贴近大众生活的技术应用,都让我们真实感受到了人工智能技术就在身边。"我们拥有巨大的模型,这些模型对我们管理业务的方式有着巨大的影响。"美国最大的零售银行之一富国银行(Wells Fargo)的执行副总裁戴维·朱利安指着他面前的计算机说:"我们有数百万笔贷款,这些主要由复杂的计算机模型计算,而不是会计。"如今,富国银行不再雇用更多的出纳和会计,而是工程师和数据科学家。在美国,设计软件的极客成为最吃香的职业,甚至取代了华尔街的分析师和交易员。

无独有偶，在中国，富士康这个五年前还被称为血汗工厂的公司，如今却在大规模复制无人车间。富士康的生产线和工厂在以后将实现完全自动化，不需要工人，甚至不需要开灯。这样一来，原本一个上百万人的厂，最后只需要几万甚至几千的技术工人。

世界经济论坛《未来的工作2018》预测，不久的将来，机器承担的工作份额将由今天的29%上升到58%，而人类承担的任务将由今天的71%下降到58%。这意味着当今在各个领域的核心工作岗位中有50%即将被机器取代。同时全职类工作将大幅减少，更灵活的、不受时空限制的兼职类工作将越来越普遍。人工智能在消灭一部分岗位的同时，也创造了新的岗位，但新工种的性质与原来截然不同。据调查，新的工作岗位在消灭了10%的现有就业岗位（从31%到21%）后又创造了同等数量（由16%上升到27%）的新就业岗位。下一个十年最为走俏的21个工种包括较高专业技术要求的基因组合总监、金融健康教练、首席信托官、数据侦探、虚拟城市分析师、AI辅助医疗技术员、现实增强旅游开发商、边缘计算主管、量子机器学习分析师，以及较低技术水平能够胜任的数字裁缝、AI业务开发经理、人机协作经理、IT自动化设计师、个人数据交易员；还有部分社交类岗位如社交陪伴者、持续健身顾问、个人记忆收藏管理员、虚拟商店导购、伦理资源经理和高速公路控制员。

2018年5月，美国人工智能促进协会发布了K-12人工智能教学指南，设计了基础教育从小学到高中开展人工智能教学的目标和内容。而相对应的，目前国内教育开展人工智能活动的一般做法是：从机器人、信息技术、创客活动的内容中加入AI元素，从而逐渐融进人工智能的概念。

未来的技术都会有一个前进的方向，其发展趋势是一种必然。比如有了芯片、电波等，必然会出现互联网，出现手机。未来是一种总体趋势，这些趋势是可以预测的，尽管它的某些细节无法预测。其中未来技术的发展有七大趋势：第一个趋势是合作。在技术领域，人要和人工智能合作。第二个趋势是流动。更多的生意都可能是数据的，社会更加变动不居，科技发展日新月异，流动速度越来越快。第三个趋势是过滤。社会越来越多元化，竞争越来越激烈，对人才的过滤性会更强。要在过滤的过程中脱颖而出，需要过硬的本领、突出的特长和强劲的学习力。第四个趋势是互动。互动的影响将跟AI一样深远，成功是一个相互依赖的过程。第五个趋势是使用。所有权价值变成使用权价值。第六个趋势是共享。协作创新，共享共赢。第七个趋势是会有很多颠覆性的东西出现。因此要倡导深度学习，创新学习，跨界学习，"人工智能+STEAM"课程，为未来而学，为未来而教。

二、STEAM教育

19世纪，科学教育以传授科学知识、培养学生对科学方法的掌握为目标。这个时期科学教育围绕"什么知识最有价值"展开讨论。这个时期的教育开始主张建立科学教育体系，通过科学教育，让学生掌握知识。

20世纪，科学教育开始强调提升学生的能力，生活即教育，让学生亲自实践以获得一手的科学经验，让学生获得反省思维能力，学会科学方法。

美国国家科学技术委员会制定的《联邦政府关于科学、技术、工程和数学（STEAM）战略工程规划》，意在加强美国STEAM人才储备，保证美国在科技创新人才领域的优势地位。至此，培养科学素养成为21世纪人才的根本诉求。

STEAM教学和人工智能教育是顺应新时代教育改革需求的教学方

式,落实核心素养,为培养人才、储备人才服务,就要开展项目式学习。

STEAM教育是将学习放在一定的情境中,让学生在制作产品(作品)的过程中,体会科学、技术、工程、数学之间,相互依赖、相互支撑、相互补充的意义,实现深层次学习和理解性学习;其外延是在活动中带给孩子自信,帮助孩子获得应对未来挑战的技能和信心,学会尊重他人并赢得他人的尊重,实现全面成长[1]。STEAM教育是对学生进行跨学科素养的培养,而不只是追求创新作品的产生;同时,STEAM教育要面向全体学生,而不只是关注少数具有创新能力的学生,这些方面都体现了STEAM教育在培养德智体美劳全面发展人才方面发挥的育人功能。

以STEAM跨学科交叉创新理念为核心,从"时间长度—空间维度—课程跨度"三个角度构建可执行、可落地的STEAM课程体系,联系生活实际,精准设计项目周期,完成真项目,突出真探究;校内外联合,建设课程资源共享的学习生态;跨学科融合,信息化整合,搭建多元丰富的课程群,对国家战略人才在基础教育阶段的创新培养机制进行探索与尝试,建立符合中国国情的先进的课程体系。

STEAM教育主要从以下几个方面开展:

一是重视学科教学的STEAM教育。如物理在进行万有引力教学时,让学生撰写火星旅行计划。这份旅行计划包括旅行的工具、时间、路径的安排,资金预算,组员分工以及安全预案等内容。通过这样的研究性学习,让学生较深入地理解科学、技术、工程、经济等多学科间的联系,培养学生的合作精神,促进创新思维的发展。

二是重视选修课教学的STEAM教育。要有丰富的选修课,"科技创新实践"选修课因其综合性、实践性与创新性,吸引众多学生

---

[1] 冯华:《STEAM教育视野下的综合课程建设》,《中小学管理》2016年第5期。

参与。学生们通过这门课程了解科学技术知识，并且动手实践，在这个过程中，提高了动手能力，将创意变成现实。在研究过程中，学生们不仅收获了数学、物理、化学、信息、生物、工程等学科知识，更获得了对科技创新的情感体验，激发了创新兴趣。在"未来国际空间站设计"选修课上，通过探索研究未来空间站的设计，学生学习到空间科学知识，成立空间科学实验室。这激发了学生对航空航天的热爱，培养了学生的学科综合能力和科学创新能力，启发了学生的航天梦、太空梦。

三是重视研究性学习课程中的 STEAM 教育。研究性学习中引导学生进行课题研究，通过成果展示、论文发表、研讨交流，对学生进行鼓励。注重深度学习，倡导探究学习。学生的太阳能发电研究、认知神经科学和功能性磁共振成像、水资源与气候变化、星系中暗物质研究等研究课题，都取得了较好的效果。

三、重塑学习新生态

学习是人类社会生存与发展的永恒主题。从文明的起源到当今时代，我们无时无刻不在实践学习；我们所经历的一切，都与学习有着千丝万缕的联系。

知识改变命运是普罗大众对学习所潜藏的巨大可能性的朴素期许。正是由于这是一种普适的价值观，即学习可以为小到个人层面、大到国家甚至人类命运共同体层面带来令人欣喜的改变，并且关于教育收益率的相关研究成果已经证实，对于学习的投入在未来的实际应用中会获得可观的回报[1]。所以从孩提时代的咿呀学语到终身学习日

---

[1] 赖德胜：《教育、劳动力市场与收入分配》，经济研究，1998 年第 5 期。

渐主导国家教育的话语体系发展，学习占据了人生篇章的绝大部分。意蕴层面，学习已经被赋予了一种"改变命运""赋予人生更多可能性"的鼓舞色彩；实践层面，学习能够革新人生体验，持续性为人生输入新的活力，提升核心竞争力，在各个方面都会对人产生非凡的影响。

（一）学习生态：学习的过去、现在与未来。

学问贵在求真，要求真理、悟道理、明事理，掌握事物发展规律，通晓天下道理，丰富学识，增长见识。

玉不琢，不成器；人不学，不知道。《论语》开篇首倡学习。子曰："学而时习之，不亦说乎。"学而且经常践习，是令人愉悦的事情。孔子将"学"与"习"并提，既重视"学"，也重视"习"。由学而习，更重视习得。由习得而形成习惯，由习惯而形成习性，从而提升人的素质。《礼记·月令》中云"鹰乃学习"：刚孵化出的雏鹰，模仿老鹰飞行，一次一次反复练习，最终学会了独立飞行。顾名思义，学乃模仿，习是练习、温习、践习之意。人的潜力是巨大的，在不断学习实践中才能被充分发掘出来。

伴随着时代变迁、技术革新与文化更迭，学习本身从未停止过发展。在 21 世纪已经走过五分之一的今天，学习内容、学习资源、学习环境与评价方式等学习基本组成部分正在发生着深刻的变化，并且反映出一系列未来教育发展趋势。随着互联网生态日趋成熟、教育技术发展突飞猛进，当今的主流观点认为，传统教育体系已经不再是涵盖学习者进行有效学习的必要条件。学习既不一定是有意的和有组织的，也不一定只发生在正式或非正式的机构环境中。变革时代中，学习可以被区分为三种基本类别：正式学习（Formal Learning）、非正式学习（Non-formal Learning）和非正规学习（In-formal Learning）。对比来看，正式学习是指在专门从事教育并提供学历或资格认证的机构中进行的目的性明确的、系统的学习；非正式学习一般是指在上述机构之外的有意的、系统的学习；非正规学习一般是指在工作场所、家庭等生活背景下的无意识的、非结构化的学习[1]。

非正式与非正规学习的提出与研究，既大大拓宽了学习者的学习生涯与学习体验，又为学习自身的变革与创新提供了广阔天地，回应"人是如何学习的"这一问题与之前相比，意义维度上有了全然不同的解释。根据我国学者陈乃林和孙孔懿的观点，正式学习、非正式学习和非正规学习共同构成了人的终身学习体系[2]。这三种不同类型的学习，在不同时代、不同社会有不同的比例，不同个体的学习经历分布也不尽相同。与正规学习相比，"非正规学习"和"非正式学习"更加强调学习者的主观能动性，以自主自导为特征，依赖学习者自身制定学习规划、设计学习过程、搜集学习资源、寻找学习空间，在学习过程中也需要自主自觉完成学习任务与评价。无形之中，一种与传统教育体系完全不同的教育形态——终身学习应运而生。

从字面上理解，"终身学习"的含义一目了然，即"学习应成为贯穿于个人整个生命历程的一种惯常性活动"[3]，也可通俗解释为生命不息，学习不止。在东方，早在汉朝，刘向就曾有"少而好学，如日出之阳；壮而好学，如日中之光；老而好学，如秉烛之明"[4]的相关论述；而在西方，这种观点最早在夸美纽斯和马修·阿诺德的教育

---

[1] K. Rubenson, "Assessing the Status of Lifelong Learning: Issues with Composite Indexes and Surveys on Participation", International Review of Education: Journal of Lifelong Learning, 65(2), p. 295.

[2] 陈乃林，孙孔懿：《非正规教育与终身教育》，教育研究，2000年第4期。

[3] 克里斯托弗·K.纳普尔（Christopher K.Knapper），阿瑟·J.克罗普利（Arthur J.Cropley）：《高等教育与终身学习》，徐辉，陈晓菲译，华东师范大学出版社，2003年版。

[4] （汉）刘向：《说苑全译》，王瑛，王天海译注，贵州人民出版社，1992年版。

相关著作中就有涉及；学界一般认为，现代教育学界所讨论的"终身教育"相关观点脱胎于对成人教育研究的延伸，例如1919年在英国出版的《成人教育报告书》中就明确提到了"终身教育"（Lifelong Education）的概念[1]。从中可以看出，终身学习的相关实践在这一时期早于理论已经出现萌芽。1929年，Basil Yeaxlee出版了第一本终身教育专著《终身教育论》。随后，法国著名教育学家保罗·朗格让（Paul Lengrand）于1965年在联合国教科文组织成人教育促进国际大会上正式提出终身教育的主张，并随后出版了《终身教育导论》，1965年也被确定为终身教育元年。1972年，法国前总理与时任教育部长富尔（Edgar Faure）代表联合国教科文组织授权的国际教育发展委员会，经调研提交发表的报告《学会生存——教育世界的今天和明天》中将Lifelong Education确认为"由一切形式、一切表达方式和一切阶段的教学行动构成的一个循环往复的关系时所使用的工具和表现方法"[2]。自此，终身学习成了一个被频繁使用和广为传播的概念。

当学习为个体层面带来的利好集合上升至宏观层面，就会凝聚成巨大的人力资本积累，乃至国家核心竞争力。特别是全球化、数字化和技术发展正在导致新工作的出现和现有工作所需技能的不断更新，局限于某一特定阶段的学习所获已经无法满足个人终身成长的需求。21世纪的人们需要持续发展，并为这种发展保持着学习渠道的畅通。为适应信息社会带来的日新月异的变化，各国纷纷将终身学习作为培养合格人才的重要途径，构建终身学习体系已成为当前教育改革的重点。在承认终身学习的话语体系下，非正式学习与

---

[1] 徐莉：《基于终身教育体系构建的可持续变革研究》，华中师范大学，2017年版。
[2] 联合国教科文组织国际教育发展委员会编著：《学会生存 教育世界的今天和明天》，华东师范大学比较教育研究所译，职工教育出版社，1989年版。

非正规学习的质量决定了一个学习者终身教育,特别是脱离正式教育后的终身教育的质量。以往关于终身学习的研究,许多学者都将注意力集中于学习者的主观能动性,而低估了知识构成过程体系的潜在影响。如何在正式学习与非正式学习之间建立有效的联系,使终身学习整个过程形成联通的整体,已经成为正式教育的一项特殊使命。在此背景下,正式教育应该高度重视激发非正式教育所需要的"自主性"。

世界在变化,学习也同样正在发生着深刻的变革。新时代的竞争,归根结底是教育的竞争,归结到个人层面则正是学习的竞争。学习所追求的更高层次目标,早已不再强调知识与技能的获取,而是如何学会批判性的思考与阅读,如何清晰、有说服力地表达观点,如何运用现代科学与数学知识解决跨学科的复杂问题,以至于在人类命运共同体建设中贡献智慧与力量。在百年未有之大变局中,如何正确认识学习的新生态,抓住变革机遇,乘上创新东风,需要教育工作者与关心教育事业的人士深入思考,不断探索,砥砺前行。

(二)学习新生态:变革已然发生且不断加速。

教育的演进与发展有其历史脉络。对于学习而言,新内涵、新理念、新空间、新技术、新方法和新思路,势必会决定新的教育生态改变甚至替代旧有的教育生态。2020年,新冠肺炎疫情席卷全球,给人类社会带来的巨大冲击与影响世所罕见。疫情虽是偶然,但在疫情催化下教育生态的加速转型与深刻变革却是时代发展的必然。在各国共同打响的疫情阻击战中,学校被迫停课,学生居家远程学习。人们对"互联网+教育"的认识已经远超当初单纯提升知识获取的速度和效率、扩展知识的传播范围,而是开始思考内涵全新的教育生态新体系。"线上线下多维深度混合"的在线教育除了打破传统课堂的时空限制、赋予学习者只需智慧终端与网络支持,就能和教师与同学交流互动、完成之前必须局限于一个教室之中的学习全过程外,还承担起了从学习本质出发,帮助学习者在信息化学习环境下统筹多维学习资源、助力自我批判性思考和知识创造、进而联动正规学习和非正规学习以达成深度学习效果的任务。在信息化教育浪潮中,疫情只起到了催化剂的作用,学习形态本身早已先于时代,发生了深刻变化,并且这种变化呈现出不断加速的态势。

学习内容正在发生深刻变革。在终身学习蔚然成风的今天,个体学习者的学习周期与其生命周期的大部分相互重叠。学习发生的各个阶段由于同属一个整体,相互独立又彼此影响的效应也相对放大,形成一整套复杂且不断迭代的系统。当前,学前教育、基础教育、高等教育与高等后的成人教育等环节之间仍保持相对分明的模块化状态,但已经初显彼此的界限会趋于模糊并产生自下而上影响的端倪。总体来看,学习者在完成一定程度的正规教育后,年龄将不再作为个体接受教育的门槛或世俗限制,高等教育或成年人教育"先工后学"或"同工同学"现象将变得极为普遍,大学本身也将随之发生改变。在这样的学习体系中,高等教育目标维度里"培养终身学习能力(素养)"比重将大幅提升。为适应在毕业后的生活中进一步学习与研究,学习者需要在高等教育阶段培养诸多"学习的能力",学会"如何非正规学习"。科幻小说家刘慈欣曾在其著作《三体2:黑暗森林》中将其形容为"一种广义的学习,包括基础的文化技能习得、逻辑判断与思考,还包括学习的能力、想象力和创新能力,甚至'包括人在一生中在积累常识和经验的同时仍保持思想活力的能力,以及加强思维的体力[1]'"。虽然这段描述出现在文学作品中,但的确展现了新生态学

---

[1] 刘慈欣:《三体2 黑暗森林》,重庆出版社,2008年版。

习的某些特质。学习正在加速变革,对于面向更大受众的高等教育定位将不再局限于"高高在上的学术殿堂",而是一块"更柔韧更灵活多样"的承上启下的拼图;除了葆有科研与学术追求的高精尖特质,面向大众的高等教育也需要思考,如何助力学习在漫长的学习周期中有效发生。

学习方式正在发生深刻变革。传统学习方式已经无法匹配学习者日益增长的学习需求,"互联网+教育"的时代,关于学习,一名有自我要求的学习者大体会遵循这样的核心逻辑——研究型导向的通识培养与专业定点拔高。凭借技术赋能教育的强大优势,充分利用各方优秀的师资团队,搭建以学习者自身为中心的浓厚学习氛围,在正规学习和非正规学习全领域深耕吸纳。同时,注重跨专业与多学科交叉的知识涵养与技能提升,这也需要学习者有意识地去培养与之匹配的学习素养与创新意识。在真实的学习过程中,学习者可以"通过高水平学习过程建构高水平学习素养",从而实现学习型人才培养的良性循环。在全新学习方式的引领下,学习者除了收获研究方法与视野的专业化塑造,更重要的是能够时常审视自己的专业志趣,包含兴趣、能力、求知欲等与所学专业之间的匹配程度。在多元兼容的选择机制下,学习者能够选择到心仪的学习内容进行拔高深造,从而持久保持创新的活力。学习型社会的建设为新生态学习者的选择和成长提供了空间与土壤,培养塑造了学生者的心智、思维能力、写作能力与创新意识;而不断生发的知识和研究进展也潜移默化催生了精英学生不断学习的需求与欲望,这种双向刺激在某种程度上已然将终身学习最基础的"需求"由行动先于理念根植在了学习者心中。

学习环境正在发生深刻变革。教室已经远远超越了其单纯物理上的空间意义,不再受时间和空间的限制。学习型社会时代,学习环境需要支撑有效学习的即时发生,因此建设学习环境必须联系学习方式、评价手段与学习氛围等多个维度进行思考。教学设计者要充分统筹各种学习资源,将碎片化学习与沉浸式学习有机统一起来,借助5G与云计算技术,在"互联网+"环境中大力发展泛在学习与混合式学习方式,将学习资源动态生成适配与学习社区协同建设落实落地,从而让无处不在的学习真正有效发生。未来的学习环境要让学习者能够灵活迁移和广泛应用已经具有的储备知识,能够针对学科内容独特性有效支持学习者进行跨学科联动思考,同时要支持学习评价,为新的教育技术植入留下接口。除此之外,学习环境建设还要思考社会文化环境在其中发挥的重要作用。

(三)技术赋能学习:内涵、方式与特性

教育研究的重点从如何传授转向如何学习,结果导向的教学评价不断向偏重于过程的形成性评价迁移,学习者的主体性身份日趋彰显。学习者在泛在学习中收获的先导知识、教育信仰与学习习惯正在大大影响他们在正规教育中的学习表现,改变着他们的记忆、推理、解决问题以及获取新知识的能力。为顺应学习的变革,学习者和教育工作者都应该关注学习科学研究的最新进展,转化理论研究成果,跟随时代跨入学习的新纪元。

要重视新的学习内涵。在跨学科知识大融通的背景下,来自不同学科对学习本质的解读极大丰富了学习的内核,给我们认识学习本质、了解学习行为、激发学习动机提供了不同的切入点。如学习和迁移的研究揭示了构建学习经验的认知神经元原理,解释了学习者在不同环境中运用以往经验解决问题的过程;社会心理学和认知心理学研究成果表明学习需要存在于特定的文化模式、社会范式与期望,不同的学习环境对学习与迁移能力有着巨大影响;脑科学的研究则从人类生理机理的角度为"人是如何学习"这一问题作出科学解释[1]。在知识爆炸的时代，面面俱到的知识储备显然已经成为一件无法实现的事情，因此教育的重要任务之一即是帮助学习者发展学习所必需的基础知识储备、认知工具和学习策略，培养学习者对于学习原理更接近本质的理解，从而帮助个体实现向终身学习者的跨越。

要构建新的学习方式。学习的发展并不意味着抛弃对原始知识的积累，根据学习科学的研究，深度学习的基础在于学习者具有支持知识迁移的知识基础，因此变革中的学习并不意味着可以一蹴而就。但同样需要关注的是，把更多的时间与精力投入学习任务并不足以确保学习的有效性，重点在于学习者需要及时调整时间提高效率。学习者本身要重视自己的学习中心地位，明确自我调控对于学习的重要性，要涵养"发展学习者的学习能力，培养泛在学习习惯，践行终身学习精神"的新时代学习信仰，做有自我追求的学习者。

要强化新的学习特性。面对学习新形态，我们要以发展的眼光审视学习过程，正视学习变革带来的一系列挑战，借助技术的力量适应全新的学习模式。未来的教育发展就是立足于当前教育的内涵，向具有前瞻性的技术领域提出一系列教育实践问题，指导技术的研究和发展，并利用技术的研究成果推动教育事业的进一步提升，从而实现教育信息化推动教育现代化的美好愿景。

（四）技术赋能未来：让教育实现飞跃

思考未来学习的发展趋势，需要教育研究者高瞻远瞩，置身于整个"前沿技术+大教育"的教育大板块之中思考未来学习形态。"前

---

[1] 约翰·D.布兰思福特，安·L.布朗，罗德尼·R.科金等编著：《人是如何学习的 大脑、心理、经验及学校 扩展版》，华东师范大学出版社，2013年版。

沿技术"在于未来学习环境的定位，要选择实现教育创新最为重要且有效的技术辅助学习过程，助力教育教学。围绕以人工智能、学习科学与技术、教育大数据、"互联网＋教育"等为代表的新兴信息技术，开展教育技术理论与方法、学习科学与技术设计、终身学习与人力资源开发以及教育技术领导与政策四大方向的研究，是教育工作者的需要。一系列实践成果证明，这些新兴技术在教育上的应用都具有前所未有的特征和优势，对深化各级各类的教育改革创新都具有广泛而深刻的影响。"大教育"着眼于面向世界、面向未来、面向现代化的开放型教育，追求教育的层次性、多样性以及终身教育，建设人人、处处、时时可学的学习机制，培养创新人才，解决人类共同面临的重大课题。

面向未来教育，从技术赋能教育的角度，对教育生态做出如下思考。

首先，未来教育蓝图需要站在技术的高度进行诠释。助力教育的发展需要技术恰当且成熟的植入，这是当前和未来一段时间教育与技术研究者们需要为之努力的主战场。

其次，教育环境的发展赋能教学资源的变革，教育技术的发展将赋能教学手段和模式的变革。丰富的学习资源是富有成效的未来教育发生的先决条件，而技术的发展会对现有的教育范式特别是混合式学习范式带来冲击，进一步模糊线上线下的学习边界。例如随着较低延迟与较高速度的 5G 网络技术成熟，虚拟现实技术的用户体验感将极大增强；教师在课堂中扩大虚拟学习与混合学习内容辅助教学将拥有更多可能性，这会进一步改变传统课堂的面貌。

再次，教育技术在未来的努力方向是从根本上对教育进行重构，使教育无限趋于本质。教育技术在教育中一直以来扮演的角色都是"辅助者"，从 AECT 的定义中不难看出，教育技术起到的作用是促进学习、提升绩效。而随着新兴技术特别是人工智能的发展与成熟，它对学习带来的影响很有可能将是一场颠覆性的革命。虽然当前存在技术在教育上粗暴堆砌等不成熟、不科学的做法，但未来随着技术与教育的各个环节深度融合，教育改革的"从量变到质变"将极有可能发生，"效率提升"将会转向"重构过程"。未来，教育技术可以直接作用于认知提升、品格塑造、思维迁移以及个性化养成，让教育实现飞跃。

在学校形态与教育结构变革的背景之下，背靠新兴技术建立起的新的教育生态系统充满了创新发展潜力。真诚希望新生态的学习能够融入教育发展的历史洪流，为中国教育信息化的充分实现添砖加瓦，助力中国梦在教育领域结出更加丰硕的果实！

（五）创造性学习：精髓在于知行合一

纸上得来终觉浅，绝知此事要躬行。知者行之始，行者知之成。道虽迩，不行不至；事虽小，不为不成。在做中学，在做中想，在做中创新。只有在做的过程中才能有发现的可能性。学习中不要害怕失败，失败也许会创造另外一种成功。生命的本质就是尝试，就是行动。学习的优劣并不能单纯以考试成绩来区别，而应以能力和智慧的获得为标准。

"互联网＋教育"的趋势是不可遏制的，发展前景非常广阔。自主学习在互联网时代已经可以实现，我们要充分利用科技的红利促进教育的发展。教育要重视学习方式的变革，面向未来更要强调课程的丰富性，强调教师的综合素质，强化深度学习、项目学习、合作学习、跨界学习，引导学生进行创新性学习、混合性学习、融通性学习、跨领域学习、个性化学习、多样化学习。

创新性学习。对问题的理解要独到，有前瞻性，能挖掘多问多解的途径，找到问题的实质或模型，使复杂问题简单化。营造适合学生创造思维的教学氛围，发挥学生的主观能动性。努力寻找适合学生的学习方法。教学有法，教无定法。只有适合学生的教法才能引起学生的共鸣，易于被学生认同接受。只有这样，学生才能快速吸收、联想、形成创造性思维。探索创造性的教学方法，思考设计什么方案，采取什么方式，通过什么途径来实现教学目的，以学生为主体，提高学生主动探索的积极性。

混合性学习。注重线上线下混合式学习，注重建立跨学科综合类的学习体系。班级教学和分科教学有相对优势，这是工业社会的产物，但随着科技的发展，为了适应创新人才培养的需要，教学也应该做出改变。学校的形态会变化。每个家庭就是一个学校，有的课在线上授课，线上就是一个学校。但实体学校永远不会消失，因为教育的本质是生命对生命的影响。很多教学工作可以交给机器来做，但育人的工作是机器无法代替的，时代呼唤更多教育的良师、智慧的大师。

融通性学习。学习达到通达的境界，博古通今，触类旁通，融会贯通，一通百通。专业能力固然重要，成为通才更重要。由专业而成为通才，这样的人有悟性。

跨领域学习。寓言故事《盲人摸象》正是讲述了融通的道理。六位盲人分别摸到了大象的一部分，分别宣称大象是一堵墙、一支矛、一条蛇、一棵树、一个扇子和一根绳子。他们争论不休，却无法达成一致的意见。如果某个盲人试图从其他盲人角度摸大象，那么该盲人就类似于研究者跨学科了。如果该盲人原来摸到的是鼻子，然后试图摸耳朵，发现鼻子和耳朵之间的部位既不像鼻子也不像耳朵，他就会仔细摸这一部分，形成他的认识，那么他就类似于开创了一门新的交叉学科。可见，学者所跨越的领域越多，可能对问题的认识越全面。

个性化学习。个性化学习是对于"人之所以为人"这一教育理念的肯定和尊崇。人不是生产流水线上的产品，无法统一定制，也无法大规模地生产。每个学生都是独特的个体，要尊重每一个学生的个性，顺应每一学生的学习需求。

传统的教育模式难以支撑大规模的个性化学习，发展技术是为了支持人的个性化学习，尤其是重视学生的学习行为数据的挖掘，从而更好地服务个性化发展。人之所以成为人，是因为对于自我和世界的感知的丰富性和多元性。我们要拥抱时代，拥抱科技，重视对于人的精神和灵魂的追求。

多样化学习。有研究机构运用人工智能技术分析了十亿条过去和现在的招聘信息，分析数据表明，市场对同时具备多项软技能和硬性技能的人才的需求日益增长。如果你什么都懂一点但并不精通，现在可能正是紧俏的人才。举例来说，一半以上的IT职位需要具备数字设计技能的人选，数据科学方面的广泛知识可以帮助你获得人力资源、市场营销、金融或销售方面的工作。这些职位的工作都极度依赖数据挖掘，需要情商、同理心、好奇心、提供反馈和管理绩效等多种能力。

在企业争论"居家好还是上班好"的时代，最好的处理方法不是选定居家办公或办公室工作，而是把选择权交给员工。这也是解决关于"居家办公更好还是办公室更好"争论的唯一方式，因为具体哪种形式更好取决于性格、心理和个人生活方面的多种因素，不可一概而论。雇主要尽可能地为员工提供灵活的选择，让管理者和员工自行构建自己的工作体验。同样，对于学生而言，变化是生活的调味品，想要打造具有多样性、包容性的教育，就更要注意将选择权还给学生。要想真正推动多样性，必须破除增加学习时间才能带来好结果的观念，多关注学习实质。

创造性学习的核心是知行合一。在做的过程中自然会生发学习的愿望，激发探究的激情，自然会想怎么做得更好，学习的核心是知行合一。要鼓励学生敢于尝试，不怕失败。失败是成功之母，一次失败也许会创造另外一种成功。学生成长过程中要尝试失败，如果成长过程中没有尝试一些失败，创新过程中没有经过一些挫折，将来再补上这一课会交更多的学费。学生的成长是在正确做事和及时纠错的过程中并行而进的。

知行合一，启迪智慧，重视静思和顿悟。学识比分数重要，思维比题海重要，能力比知识重要，想象力更为重要。学习的优劣不能单从考试成绩来区别，而应该以智慧的获得为标准。智慧是学习的高追求，学习是为了开智慧。学习者进入到悟性阶段，不仅知其然，而且知其所以然，进而知其超然，达到超然自得的地步，在这个阶段获得的是智慧。学校教育如果对学习者给予正确指导，启迪智慧，使其渐入佳境，就可以说是成功的教育了。

学习有三种境界：求知、明理和创新。求知阶段获得的是"知"，即知识和信息。明理阶段获得的是"真"，即本质和规律。而创新是学习的高阶境界，这个阶段获得的是通达，是生成，是创造。

创新，没有扎实精深的专业知识不行，没有丰富的实践智慧不行，没有好的思维品质不行。创新能力一般被视为能力的高阶形式，创新思维处于最高层次。创新能力实质就是创造未来的能力。创新能力意味着不因循守旧，不循规蹈矩，不故步自封。创新将成为未来社会文化的基础和核心，创新人才将成为决定国家实力的关键。

在这样一个迅猛发展的时代，创新性学习显得尤为重要，创新性学习重视提高学习聪敏度。聪敏性学习是一种获得能力的能力，因此被称为元能力。我们正处在变革的时代，未来属于善于学习、善于创新的人才，因此要永远保持开放的心态去学习和创造。提升素质最好的途径，是学习；预知未来最好的办法，是创造。学习获得真知，学习提升本领，学习改变命运，学习创造未来，这是永恒的道理。

第六节　无边界学校　无限神奇的未来

再也没有比培养中国心更重要的使命了，再也没有比培养创新力更重要的使命了，再也没有比培养未来创新人才更重要的使命了，再也没有比培养担当民族复兴大任的时代新人更重要的使命了。

创新人才应该具有独立思考的能力和反思的精神（Rethink）；具有内在动力，有强烈的实现自己目标的欲望（Desire）；待人真诚，对社会有责任心（Fidelity）；做自己喜欢做的事情并做到极致（Zenith）。

联合国教科文组织《反思教育》中说："教育应该以人文主义为基础，以尊重生命和人类尊严、权利平等、社会正义、文化多样性、国际团结和为可持续的未来承担共同责任。"

一、技术的革新重新界定了教育的发展趋势

人才是一个随着时代的变化而变化的动态概念。因此，教育的变革必须是在对未来社会前瞻性战略考量之上而做出的，它以帮助受教育者更好地适应社会变革、服务社会、推动社会进步、实现人的自由发展为目的。

当今教育要超越狭隘的功利主义，回归教育的本原。未来人才应该是人文素养和科技素质兼备的人才，是跨界创新型人才，是有中国情怀、国际视野的中国脊梁。

突飞猛进的社会变革已经使得我们每一个人不断地自我更新、自我成长，养成终身性学习的习惯。毕竟，在这一轮的变革中，知识完全不仅仅是一次性爆炸，技术进步带来的是知识持续性爆炸，学如逆

水行舟，稍不精进，必陷迟滞。

学习知识本身固然重要，但更重要的是学会如何学习。面向未来的教学更强调以讨论来深化思维、培养思维，任意时间、任何地点与更多人的时时互动，将是未来因需求而学习的常态。

未来课堂必然是架构在互联网上的新教育，而学习方式的转变主要体现在社交化、个性化和终身化三个方面。

创设多元融合的无限育人空间。真正的学习，从来都是一种自发的社交行为。独学而无友，则孤陋而寡闻。学习不仅是学习者个体的自身行为，更需要在人际交往中才会更有效地发生。以教师为师，以人人为师，是学习方式的根本转折。独立的超级个体将大量涌现。优秀教师以通过互联网式的产品或应用，影响到千家万户，这是此前的时代所难以想象的。

互联网带来了大范围、跨组织、跨区域协作的可能性，人们习惯了通过社交类软件建群、建立关系，同事的意义正在悄然发生着改变，自由人自由联合的生存方式，是未来的发展方向。

教师不会被 AI 取代，最根本的原因，是因为教师指导学生在信息海洋中正确选择信息、处理信息；为学生设计个性化学习方案；帮助学生解决疑难问题；通过设计和组织教学活动，适时向学生提供帮助，让他们自主学习。教学除去知识，更有人与人的情感交流，这一点，AI 无可企及。管理学大师德鲁克说：组织管理的本质是激发善意。我们面对的主体是极其不标准化、复杂程度堪比宇宙的：人。德鲁克研究了 20 年 IBM 得出的结论是：我们不能只雇用员工的双手，而要连双手的主人也一起雇用。激发善意，就是雇用整个人。组织永远不可能真正激发一个人，组织只能给员工一个理由，让其自己激发。未来组织最重要的功能是赋能。赋能，简单地说，就是你原本不能，但是这个组织平台让你能。个人的动机、激情和创造力成为首要的发动机，组织的演化只是手段，而个人的实现才是目的。

二、时代呼唤自主创新

新时代的战略部署，赋予教育以新的历史使命。教育肩负着立德树人、为国育才的神圣使命。要统筹中华民族伟大复兴的战略全局和世界百年未有之大变局来思考教育的使命和学校的使命，集中到一点就是：坚持创新在我国现代化建设全局中的核心地位。具体来说有三大战略：科教兴国战略、人才强国战略、创新驱动发展战略。科教兴国靠教育，人才强国靠教育，创新驱动发展还要靠教育。培养担当民族复兴大任的时代新人，就要培养创新力，培养中国心。

这是一个需要创新而且呼唤创新的时代。比拼科技原始创新的时代已经到来。将来谁在原始创新方面具备的自主化能力高，谁对科技原始创新的投入大，谁就有可能在长期竞争中获胜。

国际环境正在加速四大趋势：

第一是数字化的社会基础。大数据时代，人们的生活方式，社会的治理方式，经济的发展方式已经并正在发生巨大的变化。

第二是生命科学的前沿。生命科学对人类的身心健康和生命质量将会起到越来越大的作用。

第三是可持续的新能源。只有不断开发新能源，并且使新能源持续发展，人类社会才能可持续发展。

第四是全球经济重心正在从西方转移到亚洲。这是机遇也是挑战，如何抓住机遇应对挑战，是对治理能力的综合考验。

过去40年的成绩主要是"中国+开放市场"，这条路走对了。在新的发展阶段是"中国+技术"，这是巨大的挑战，也是巨大的机会。国家发展靠人才，"中国+技术"式的发展尤其要靠创新型的人才。

"中国＋技术"所蕴含的机会，毫无疑问是我们这个时代的机会。但要让 AI 进入每一条流水线、每一个厂房，还需要时间，基本估计是 5 至 10 年甚至 20 年的时间，现在还没有到能爆发的时候。

要使科技创新能力适应经济社会的发展，归根结底靠人才，现在的青少年决定了国家将来的发展。

创新的灵感从哪里来？从生活中来。创新源于生活又高于生活。文学艺术创造都必须源于生活，只有源于生活才具有生命力。创新也一样，创新的灵感从生活中来。只有热爱教育事业，关注学生成长，掌握其成长规律和心理特征，适时引导，激发活力，教育创新灵感才会永不枯竭，教育才会日新月异，丰富多彩。

教育创新的灵感从哪里来？从热爱中来。热爱学生，从学生的成长出发；热爱教育，有为国育才的使命；热爱教师，助力于教师的专业发展。有了真诚的热爱，就会有创新的灵感。

创新能力是一种复杂的能力结构，在这个结构中，创新思维处于最高层次，所以一切学科的教育最终都是思维、精神、心理、智慧，要上升到这个层次来观照教学和课程。

创新思维是创新能力的重要特性，创新能力实质就是创造性地解决问题的能力，包括认识、情感、意志等各种因素。创新能力意味着不因循守旧，不循规蹈矩，不故步自封。只有创新的教师，才能创造出创新的教育；只有创新的教育，才能为国家培养源源不断的创新人才。

创新既要仰望星空，又要脚踏实地。创是过程，可以天马行空地想。新是目的，需要脚踏实地地做。这两者要结合起来，寻方向需要天马行空，那就是创新精神；战沙场需要脚踏实地，那就是流程管理。

创新有三个层次：第一层次，问题来了就去解决，这个层次的创新重点是解决问题。第二层次，从问题中创造机会，问题来了要利用这个问题创造新的机会，创新的重点是重组问题。比如说新一轮课程改革来了，这是学校要研究的课题。有远见的领导者会利用好这次契机，带动全校师生，通过课程改革，使学校迈上更好更新的台阶，为学校发展奠定基础。第三层次，创造问题探索未来，校长要不断提出新的课题，新的生发点，带领老师们研究、探索、创新。每过一段时间就提出一个问题，组建团队来研究，比如说深度学习的问题，课堂教学效益问题，线上教育线下教育融合的问题等，要不断提出问题。这个层次创新的重点是创造性的建设。

跨界创新之路越来越受到重视。跨界创新之路没有捷径可走，只有在不断反思、感受、体悟、洞察、创意、行动中积蓄能量的人，才能拓开新境；只有不断开拓，才能在激变的环境中，不断提升创新精神和创新化生存的能力。

第七节　心灵的觉醒与智慧的光明

古罗马哲学家西塞罗说："教育的目的是让学生摆脱现实的奴役，而非适应现实。"蒙田说："学习不是为了适应外界，而是为了丰富自己。"学习是为了发展个人内在的精神，提升个人的本领能力，从而在外部现实中获得自由，为世界贡献力量。

一、拥抱世界　拥有未来

管理学家德鲁克在《管理人的未来》中畅想过未来知识工作者的状态，预言过U盘化生存的可能性。"U盘化生存"能力可总结为十六个字："自带信息，不装系统，随时插拔，自由协作。"这个概念强调了：一个人做任何事情都需要有自身鲜明特点的核心竞争力，而且具有不可替代性，另外还必须有良好的适应能力，在短时间内能够跟不同的大环境融合共存。卢梭说："人天生自由，但总处在枷锁中。"世界发达国家的经济形态已经体现出了很强的知识经济的特征，而知识在中国经济发展中所占比重也越来越大。知识作为一种软要素，在某些情况下可以更少地依赖组织协作，而是通过个人更加自由的形式独立发挥作用，从这个意义上说，知识工作者将会凭借智能而走向相对自由的工作状态。

托马斯·达文波特和茱莉亚·科尔比的合作研究表明，未来社会的工作将需要人类充分发挥五种潜能，即全局意识、人机共融、高度精专的知识、情感沟通和开创能力。人不必再为简单重复、枯燥乏味的程式化生产劳动所奴役，而是去做更能体现人性的综合创意、深度钻研以及情感沟通的劳动。

世界在不断发展，必须为年轻人谋划未来。为了让学生发展适应未来的技能，需要改革教学组织结构，允许新的教学与学习形式蓬勃发展；创建包括全球性伙伴关系在内的各类伙伴关系，走出课堂，扩大视野；促进教育的守正创新，共享优质的人才培养模式和成果。

强调多元、崇尚差异、主张开放、重视平等、推崇创新、否定等级的教育思想，已经成为现代教育的主导思想；人性化、个性化、信息化和终身化的教育价值取向，已经成为教育的主要特征。

欧盟教育基金会研究，支持新学习环境的七个主要原则是：1.以学习者为中心，鼓励他们积极参与学习并理解作为学习者的角色。2.确保个体集中学习与他人协作学习之间的平衡。3.学习者的动机与学习成就中的关键作用相互关联一致。4.承认学习者的个体差异，摒弃一体适用的思想。5.让学生面对挑战而又不感到负担过重。6.使用与学习目标一致的评估方法并着重强调形成性反馈。7.促进跨领域跨学科的融会贯通，以及常规学习环境与广大社会之间的关联。

总之，我们需要为改革教学内容、教学方法以及重新构建学习时间与空间创造条件。

互联互通，打破时空限制，促进个性化教育。学习能力、接受能力不同的学生应该能根据自己的节奏来进行个性化的学习。人的学习习惯和学习节奏是不一样的，未来学校给学生提供更大的灵活性和更多的选择权利。

连接空间，实现资源共享，以便于知识传播，促进教育公平。教育资源不均衡是每个国家都会面临的问题，但通过未来学校，可以把好的老师和资源优化配置，通过网络分享，让各地的孩子都能享受到优质的教育资源。同时，也会为很多问题儿童创造学习的机会。

连接未来，对全球资源进行整合，促进国际化教育。国际化教育不是单纯指课程学习，更是指站在全球视野上，培养信息社会的基本素养（沟通、合作、解决问题、批判性思维和信息化素养），培养适应全球化发展的人才。在未来教育里学习不仅是知识的吸入，也是在进行一种社会化活动，学生采取互动、合作的学习方式，跨越时空，和来自世界各地的人进行交流。与传统教育相比，未来学校利用互联网跨时空的特点，使网络学校的办学规模、交流对象以及信息来源比传统学校大得多，让学习交流变得没有国界，从而拓宽学习的广度和深度。

二、创建中国脊梁、世界眼光的未来教育

士不可不弘毅，任重而道远。重任在肩，使命庄严！有幸躬逢盛世，献身教育，唯愿不辱使命，无私奉献，为教育事业的发展奉献自己的热忱忠诚和才华智慧！我相信道德的力量、正义的力量、仁慈的力量、智慧的力量。唯有道德、正义、仁慈、智慧的力量，方能凝聚人心，

汇聚能量；唯有与人为善，成人之美，方能取信于众，成就大业。当我们同心同德，为了梦想、前程、事业和福祉而同舟共济、勇往直前的时候，我们就会有必胜的信心和无穷的力量，我们的生活就会更加幸福，我们的事业就会更加辉煌，我们的明天就会更加美好。

发展永无止境，创新永无止境。没有最好，只有更好。让我们共同努力，建设更加和谐幸福、庄严美好、光明温暖、开放创新的未来学校，创造更加美好的教育愿景。在这样的学校里——

将会有更强烈的使命感。一切为了人的全面发展，一切为了祖国的伟大复兴，一切为了人类的和平进步。

将会有道路自信，理论自信，制度自信，文化自信。继承中国文化的优秀传统，继承中国教育的优秀成果，探索有中国特色、适合中国国情的教育发展之路，引领中国基础教育的方向，为世界基础教育的发展提供中国样本和中国方案。

将会有更加开放的胸襟和开阔的视野，熔铸中外教育之精华，形成思想与思想的碰撞、智慧与智慧的共享、文化与文化的交流。在对话与交流中，不断吸纳异质与新机，实现合作共赢与共同发展。

将会有更高远的理想，更宏大的气魄，更崇高的志向，将理想与现实有机结合，求真务实，追求卓越。

将会更加追求教育生态的多样化，遵循教育规律和人才成长规律，顺天致性，因材施教，形成不拘一格育人才、万紫千红总是春的生动局面。

将会更加尊重个性，激发潜力，一切为了学生的健康、幸福与发展。在这里，创新成为一种文化，创新教育得到弘扬，创新品质得到激励，创新精神得以培养，创造性思维得以发挥，是创新人才成长的摇篮。

将会更加涵养德行，启迪智慧，舒展生命，净化心灵，培养学生对真善美的向往，对真理与正义的追求，对崇高与伟大事物的欣赏，

心灵的教育 | XINLING DE JIAOYU

使学生具有善良悲悯的人文情怀、纯洁高尚的道德品质、和谐向上的阳光心态、文明美好的人生修养、广博自由的包容精神。

将会以崇高的信仰为灵魂，以中国文化为根基，融合现代科技和世界文明的精华，形成一种新文化。受这种文化熏陶的学生，应该具有中国心灵，世界眼光，既热爱祖国，是中国文化的继承者和传播者；同时又具有全球意识，具备国际视野和跨文化沟通能力。

将会进一步增强人的归属感，成就感和幸福感。营造一种人人心情舒畅的良好氛围，构建公平合理的制度，谋划更远更美的蓝图，让生命得以舒展，让生活更加幸福。要在学校发展的同时，促进教师的发展；在成就学生的同时，成就教师的人生。要让更多的优秀教师脱颖而出，涌现出更多有影响的名师、特级教师、教育家。在这里，每一个人既要有体面的生活又要有精神充实的人生，在相互尊重中获得一种尊严感，在相互关爱中获得一种幸福感。

将会形成更加和谐的人文环境。和谐校园，从心开始。只要扩展心胸，放大心量，则心和天下和，心平天下平。愿培植善心，心存善念，则人人和善；愿互相尊重，互相关爱，则人人和睦；愿真诚沟通，平等互助，则人际和顺；愿彼此欣赏，尊重包容，则人文和谐。家和万事兴，和谐是人们向往的美好境界，臻于这样的境界，则人人可心心相印，生活必欣欣向荣！

将会更加面向世界，面向未来，适应科学技术的迅猛发展，以新思想、新理念、新教育，培养未来人才，引领未来潮流，创造未来教育。

将会在世界范围内为教育和学习者提供更为开放平等的研究与学习环境，共享最新教育研究成果和前沿理论新知；进一步拓展中外学术研究领域的边界和内容，不断超越，提升到强化思想影响、培养社会栋梁、担当国家使命、增进人类福祉的宏伟高度。

当今世界正处在一个继往开来的伟大时代。人们备享科技昌明之成果，倍感经济发展之迅猛。与此同时，环境污染加剧，莫名疫病流行，战乱仍然时有发生，贫困仍未彻底绝迹。在文明与进步的阳光下，蒙昧与无知，野蛮与冲突，封闭与落后，依然困扰着人们的生活，阻碍着人类的发展。教育是人才培养、科技进步、经济发展、社会和谐的原动力。人的幸福与发展，人类的文明与昌盛，都离不开教育的进步。教育和谐，则世界和谐；教育昌明，则文化昌明；教育进步，则人类进步。人的幸福与发展需要教育；世界和平、文化昌明、社会进步需要教育！

长风破浪会有时，直挂云帆济沧海。值此这样一个继往开来的伟大时代，应该以更高远的境界，更开阔的胸襟，更神圣的使命感，凝聚智慧，和衷共济，实现更加美好的教育梦想！

登高壮观天地间，海纳百川气浩然。当我们所追寻的是一种超越个人的利他主义，当我们用更高境界的利他心态衡量自己的价值和意义。我们就会超越短期的利益得失和世俗成规的羁绊，为自己追求的价值意义做一个崇高的定位。有了崇高的理想信念，才有可能跃升到更新的高度。

不畏浮云遮望眼，自缘身在最高层。让我们满怀豪情，充满信心，脚踏实地，仰望星空，面向世界，面向未来，不忘初心，守正创新，树立世界基础教育的中国标杆，创建中国灵魂、世界眼光的未来教育！

三、觉醒的力量

人是生而有翼的，当不负此生，奋力翱翔。心灵是自由的，那里深藏着希望。希望是在于将来，希望永存于心中，希望是一轮鲜红的太阳，而太阳每天都会升起。不放弃理想，就永远有希望；不放弃希望，就永远有未来。满怀希望，心存善念，相信自己，相信未来，向着光明，

心灵的教育 | XINLING DE JIAOYU

勇敢前行!

亚里士多德说:"人生最终的价值在于觉醒和思想的力量,而不在于生存。"人的理想信念要从自己内心树立,千锤万凿而得,从此不论世事浮沉,都将矢志不移。信念就像黎明前的飞鸟,带领我们冲破黑暗,跨越高山,在枝头唱响希望的歌谣,在天亮之前给予我们坚持的动力。怀着坚定的信念,在破晓时启程,将信念化作隐形的翅膀,向往光明,飞跃黑暗,抵达光辉的理想。

帕斯卡说:"人,只不过是一根苇草,是自然界最脆弱的东西,但他是一根能思想的苇草。"人的全部尊严就在于思想,运伟大之思者,必行伟大之途。给时光以生命,而不是给生命以时光。Eric Bryniolfsson 在《第二次机器革命》里写道:"一年是一年,那是200年前;一个月是一年,那是20年前;一天是一年,那就是现在。"

恩格斯说:"文化上的每一个进步,都是迈向自由的一步。"茫茫大地,风雪独行,即使路途艰辛,也奋勇向前。不是有了同行者才上路,而是因为在路上才会有同行者。

教育面对的是无数鲜活的生命,每一个生命都是无比珍贵的,都应该受到珍重和关爱,都应该在成长过程中享受到好的教育。教育连接着过去、现在和将来,关系着人的健康、幸福与发展,是莘莘学子的成长沃土,寄托着无数家庭对幸福生活的美好期盼。千淘万漉虽辛苦,吹尽狂沙始到金。只要是正确的事情,只要有一个人开始,只要有一个学校去实践,这个影响力就会扩展到一群人,一个地区,一个国家,甚至整个世界。

著名社会心理学家亚伯拉罕·马斯洛认为,人的潜能是以"胚胎"形式存在的,最初的胚胎中已经包含了将来会生长成熟的、有力的胳膊和腿;人的创造性、自发性、个性、真诚、关心别人、爱的能力、向往真理等能力,也是以胚胎形式存在的。社会和教育要用"容许、促进、鼓励、帮助"的方法，把以胚胎形式存在的东西，变成真实的实际的东西。

法国著名思想家卢梭说："教育即生长，生长就是目的，在生长之外别无目的。"人的生长是自主成长，同时也需要教育的培养，就像自然中的生命一样，生命能量既是内因的生发，又是外因的促成。生命之爱来自阳光，来自泥土，来自雨水，来自浇灌、培养和哺育。这样的培育之爱，融在血液中，是刻骨铭心、根深蒂固的。只有珍爱生命的人，才懂得尊重生命，培养生命，成全生命。当我们用爱心营造出来的智慧发挥到极致时，就会变成一种深入骨髓的甜蜜，那是一种独特的幸福，将会润泽我们的心灵，在成熟的智慧和青春的热情之间架起桥梁，让我们心中有光，充满希望，永远铭记真善美。

真正的高贵在于心灵。一个精神高贵的人，有一颗满浸着人间大爱的灵魂。这样的灵魂，才会生出慈福善因的种子，才会长出美好人性的枝蔓，才会开出美德的花朵，才会结出智慧的果实，才会漫溢出爱的芳香。爱的浇灌与人性的感召，智慧的启迪与灵魂的铸造，是灵魂教育的神圣使命。

一种无穷无尽的能量源，包含并统领一切。这是浩大宇宙的生命力，这种生命力叫爱。爱是光，能启迪智慧，照亮心灵；爱是种子，能产生美好的生命；爱是地心引力，能让相爱的人心心相印。治愈心灵的能量由爱而获得。因为爱，我们才活着；因为爱，活着才有意义。爱是无穷的力量，爱是世界的希望。如果想要救赎灵魂，如果想要人类和平，如果想要拯救世界，如果想要化育生灵，爱是最好的答案。爱能温暖生命，和谐心灵；爱能摈弃仇恨，消释贪婪。每一个独立的个体都带着爱，细微的有待释放的强大的爱。给予和接受这种宇宙能量，我们就能体会——爱超越任何存在，爱能够降服一切，爱是生命的阳光，爱是能量的源泉，爱是宇宙的灵魂！

唯有心灵觉醒能使人光明，唯有灵魂教育能使人自由。浩大宇宙都与我们的灵魂相关，所有人类都是我们灵魂的一部分。德是教育的根本，智是教育的源泉，爱是教育的灵魂。一切智慧从爱中彰显，一切文明因爱而存在。用爱来拥抱世界和人生，用爱来拥抱此刻和永恒，用爱和心灵共鸣，用爱和时光相融。用爱来唤醒生命，用爱来唤醒灵魂，用爱来创造更加美好的未来！

后 记

教育关系着人的健康、幸福和发展，寄托着亿万家庭对幸福生活的美好期盼，是人类文明的薪火相传，是实现中华民族伟大复兴、促进人类和平与福祉的基础性工程，是传承文明、传播真理、塑造生命、塑造灵魂的神圣事业。

教育是泥土的事业。泥土是平凡的，生长万物，朴实无华；泥土是无私的，谦恭奉献，仁爱厚重。

有幸从事教育事业，以诚敬勤勉自励，自强不息，厚德载物，教书育人，立德树人，以爱与智慧成就莘莘学子的幸福人生！

有幸躬逢盛世，怀着初心使命，以生命影响生命，以心灵启迪心灵，播种真善美，生长真善美，培根铸魂，启智润心，虽然辛苦却深感充实和光荣！

本书是我长期以来躬耕教育事业的经验、体会、探索和研究的结晶，凝聚着几十年的心血、智慧和创造，浸透着对教育事业的赤诚、热爱和深刻感悟！我是怀着真诚恭敬的心来写这本书的，捧着这本书给您，就是捧着一颗心奉献给您！

本书是"灵魂教育三部曲"（《心灵的教育》《舒展生命的教育》《光明善好的教育》）的第一部。全书共分九章，全面阐述了灵魂教育的思想、内涵、本质和规律。第一章阐述了对生命、心灵和灵魂教育的深刻思考与感悟。第二章讲述了作为教师的成长经历和体会，包含了对课堂教学的长期实践与探索。第三章阐述了对教育本质的深入思考，表达了对教育使命的深切体认。第四章阐述了教育价值引领与学校治理现代化，重点是对校长领导力的探索和研究。第五章阐述了顺天致性、尊重个性、解放心灵、舒展生命的教育文化与人才成长规律。第六章阐述了家国文化的基因和家庭教育的智慧。第七章阐述了教育与人生的关系，蕴含着信仰、希望和爱，饱含着对学生的谆谆教诲和殷切期望。第八章阐述了中国传统文化对教育的深刻影响，是关于文化与教育的哲学思考。第九章探索了人工智能教育与创新人才培养的规律，展望了未来教育的美好愿景。

  本书的出版，得到了新华出版社领导的大力支持，得到了金牌编辑徐光副总编辑的鼎力相助。她对出版事业的强烈使命感、热诚的敬业精神、深厚的文化修养，都令我深受感动，在此一并表示感谢！北京大学光华管理学院王咏梅教授热诚参与了本书的写作，倾注了大量的心血、精力和智慧！亲友的真挚关怀与勉励支持，是我研究和写作的动力！广大读者朋友和教育同仁一直以来的大力支持和帮助，我心中感念至深，谨致以衷心的感谢！

  敬请广大读者朋友不吝赐教！

翟小宁
2021 年 10 月于北京